Fugger · Handbuch der erfolgreichen Aktienanlage

Im FinanzBuch Verlag sind aus der Reihe
Börse Online edition bisher erschienen:

Dr. Alexander Elder
Die Formel für Ihren Börsenerfolg
Strategien, Money Management, Psychologie
ISBN: 3-932114-13-2

Howard Abell
Erfolgsrezept Day Trading
Schnelle Gewinne an schnellen Märkten
ISBN: 3-932114-18-3

Anthony M. Gallea & William Patalon III
Antizyklisch Investieren
Gewinne gegen den Strom
ISBN: 3-932114-22-1

Jeff Cooper
Hit and Run Strategien
Präzises Timing für Day Trader und Kurzfrist-Anleger
ISBN: 3-932114-26-4

Joachim Goldberg & Rüdiger von Nitzsch
Behavioral Finance
Gewinnen mit Kompetenz
ISBN: 3-932114-31-0

Horst Fugger

Handbuch der erfolgreichen Aktienanlage

☐ Grundlagen
☐ Bewertung
☐ Strategien

FinanzBuch Verlag München

Die Deutsche Bibliothek – CIP-Einheitsaufnahme
Ein Titeldatensatz für diese Publikation ist bei
Der Deutschen Bibliothek erhältlich

Gesamtbearbeitung: Michael Volk, München
Satz und Repro: SatzTeam Berger, Ellenberg
Druck: Wiener Verlag GmbH, Himberg

© 2000 BY FINANZBUCH VERLAG GMBH MÜNCHEN
LANDSHUTER ALLEE 61 · 80637 MÜNCHEN
TEL.: 089/65 12 85-0 FAX: 089/65 20 96
E-MAIL: FUGGER@FINANZVERLAG.COM

Alle Rechte, einschließlich derjenigen des auszugsweisen Abdrucks sowie der photomechanischen und elektronischen Wiedergabe, vorbehalten.
Dieses Buch will keine spezifischen Anlage-Empfehlungen geben und enthält lediglich allgemeine Hinweise. Autor, Herausgeber und die zitierten Quellen haften nicht für etwaige Verluste, die aufgrund der Umsetzung ihrer Gedanken und Ideen entstehen.

ISBN 3-932114-30-2

Für mehr Bücher: www.finanzverlag.com

Inhalt

Vorwort   9

Teil I: Die Grundlagen

1. Warum Aktien kaufen?   17

2. Kleine Aktienkunde   21

    2.1. Stamm- und Vorzugsaktien   21
    2.2. Nennwertumstellung: aus eins mach zehn   22
    2.3. Inhaber- und Namensaktien   24
    2.4. Die Handelssegmente an deutschen Börsen   26
    2.5. Machen Sie einen guten Schnitt   29
    2.6. Limitierung: Der Schutz vor bösen Überraschungen   32
    2.7. An welcher Börse kaufen?   33
    2.8. Ein Gebührenvergleich lohnt immer   37
    2.9. An der Börse gibt es keine Geschenke   39
    2.10. Aktien können sich vermehren: Die Kapitalerhöhung   41
    2.11. Unternehmen als Aktienkäufer   45
    2.12. Der Wertpapierhandel an deutschen Börsen   46
    2.13. Die wichtigsten Kurszusätze   51
    2.14. Newcomer an der Börse   55

3. DAX, Dow, Nikkei & Co.: Was Indizes aussagen   61

    3.1. Der Dow Jones Industrial Average   61
    3.2. Der DAX und seine Verwandten   68
    3.3. Wie der DAX berechnet wird   73
    3.4. Der MDAX   79

Inhalt

- 3.5. Der SDAX 83
- 3.6. CDAX und VDAX 85
- 3.7. Die NEMAX-Indizes 88
- 3.8. Die Stoxx-Indizes 91
- 3.9. Die MSCI-Indizes 96
- 3.10. Weitere bedeutende Indizes 97
- 3.11. Wie man einen Aktienindex manipuliert – und warum 102
- 3.12. Börsenlotto mit Indexkandidaten 105

4. Wenn der Fiskus die Hand aufhält 110

- 4.1. Ungeteilte Freude: Steuerfreie Kursgewinne 110
- 4.2. Die Besteuerung von Dividendenerträgen 115
- 4.3. Was tun mit Buchgewinnen? 117

Teil II: Die Bewertung

1. Die Random-Walk-Theorie oder: Wozu all die Mühe? 125

2. Die Fundamentalanalyse 132

- 2.1. Aktienprüfung auf Herz und Nieren 134
- 2.2. Das Kurs-Gewinn-Verhältnis (KGV) 139
- 2.3. Das Kurs-Cash-Flow-Verhältnis (KCV) 148
- 2.4. Das Kurs-Buchwert-Verhältnis (KBV) 151
- 2.5. Das Kurs-Umsatz-Verhältnis (KUV) 155
- 2.6. Die Dividendenrendite 158
- 2.7. Weitere wichtige Kennzahlen 162
- 2.8. Zusammenfassung 165

3. Grundlagen der technischen Analyse 167

- 3.1. Widerstand und Unterstützung 173
- 3.2. Gleitende Durchschnitte 177
- 3.3. Die wichtigsten Chartformationen 179
- 3.4. Oszillatoren und Trendfolge-Indikatoren 192

4. Von Zyklikern und Nichtzyklikern: Die wichtigsten Branchen   200

5. Die dritte Ebene: Das allgemeine Börsenklima   228

   5.1. Die Zinsentwicklung   229
   5.2. Einflüsse durch die Konjunktur- und Währungsentwicklung   240
   5.3. Politische Einflussfaktoren   244

Teil III: Die Strategie

1. Börsenpsychologie: Leid und Freud   257

2. Investieren, spekulieren oder zocken?   261

3. Timing versus Kaufen und Halten   263

4. Einige bewährte Anlagestrategien   270

   4.1. Die Dow-Dividend-Strategie   270
   4.2. Averaging-Strategien   274
   4.3. Arbeiten mit Stufen- oder Treppenlimits   277
   4.4. Prozyklische Vorgehensweisen   280
   4.5. Kaufen, was andere links liegen lassen -
        Die antizyklische Strategie   285
   4.6. Wachstumsorientierte Strategien   291

5. Die Rolle der Analysten oder: Was heißt eigentlich »Halten«?   296

6. Risikomanagement - Das A und O des Börsenerfolgs   302

7 ... und was der Autor empfiehlt   315

Inhalt

Teil IV: Wie man sich Informationen beschafft

1. Die Printmedien — 333

2. Informationen im Fernsehen: Börsensendungen und Videotext — 340

3. Börseninformationen über das Telefon — 347

4. Fundgrube Internet — 349

- 4.1. Informationen durch die börsennotierten Unternehmen — 352
- 4.2. Informationen von Banken und Brokern — 355
- 4.3. Informationen von den einzelnen Börsen — 355
- 4.4. Börsenmagazine im Internet — 357
- 4.5. Einige »Lieblingsseiten« und spezielle Tipps — 358

5. Empfehlenswerte Börsenbücher — 362

6. Verzeichnis wichtiger Börsenbegriffe — 368

Literatur — 430

Vorwort

Die Aktie als Geldanlage hat in Deutschland lange Zeit eine wesentlich geringere Rolle gespielt als in anderen Industrienationen. Zwar gab es schon Ende der 50er Jahre erste Versuche der Ausgabe von „Volksaktien", aber es dauerte noch lange, bis Dividendenpapiere wirklich populär wurden. Selbst die große Hausse von 1982 bis 1986 war Sache einer Minderheit und wurde in der breiten Öffentlichkeit kaum registriert.

Für um so grösseres Aufsehen sorgte dann der Crash im Oktober 1987. Viele Anleger, die gerade erst begonnen hatten, sich mit Aktien zu beschäftigen, verabschiedeten sich damals gleich wieder von dieser Form der Geldanlage. Scheinbar hatten wieder einmal diejenigen Recht behalten, für die Aktien in erster Linie Verlustrisiken bedeuteten. Kaum waren in Deutschland erste Anzeichen einer Aktienkultur sichtbar geworden, verschwanden sie auch schon wieder. Selbst der allgemeine Börsenaufschwung nach der deutschen Wiedervereinigung änderte daran wenig.

So richtig populär wurde die Aktie erst mit dem Börsengang der Deutschen Telekom im Herbst 1996. Man mag von diesem Unternehmen halten, was man will, aber eigentlich müsste ihm jeder deutsche Börsianer täglich ein Dankgebet widmen. Plötzlich wurde nicht nur in Fachzeitschriften und überregionalen Tageszeitungen über das Börsengeschehen berichtet, auch in Publikumsmagazinen und sogar in Boulevardblättern fanden sich Anlagetipps, Indizes und Charts. Kein Wunder, denn die Deutsche Telekom hatte ihre Börseneinführung mit einem medialen Aufwand vorbereitet, der hierzulande ohne Beispiel war. Für viele Sparer war die Telekom-Aktie das erste Börsenengagement ihres Lebens, und in der Regel stellten sie sehr schnell fest, dass sie vieles von dem nicht verstanden, das die Kursentwicklung ihrer Aktien beeinflusste.

Plötzlich herrschte ein nie dagewesener Informationsbedarf zu den Themen Aktien und Börse, und die Medien haben sich bemüht, dieser

Vorwort

Entwicklung gerecht zu werden. Ein warmer Regen für die Wirtschaftspresse, aber auch in Tageszeitungen und selbst in Boulevardblättern spielen Aktien heute eine weit wichtigere Rolle als früher. Diese Popularisierung des Themas Börse in Deutschland hat dazu geführt, dass sich nun wesentlich mehr Privatanleger für Aktien interessieren als noch vor wenigen Jahren. Mit Recht, denn Aktien gehören auf lange Sicht zu den interessantesten und rentierlichsten Formen der Geldanlage; allenfalls Immobilien können da noch mithalten. Es hat zwar lange gedauert, bis sich diese Erkenntnis in Deutschland durchgesetzt hat, aber dafür ist es desto gründlicher geschehen. Manchmal hat man den Eindruck, als seien die Deutschen sozusagen im Schnelldurchlauf von Aktienmuffeln zu Aktienfreaks geworden.

Auch dies birgt natürlich Gefahren. Aktien sind Risikopapiere. Man kann mit ihnen Kursverluste erleiden, die womöglich durchaus schmerzlich ausfallen, wenn man bestimmte Grundregeln missachtet. Man kann allerdings auch traumhafte Gewinne erzielen, sogar reich werden, falls man das nötige Grundwissen mitbringt und – auch das spielt an der Börse eine Rolle – ein wenig Glück hat. Glück hat man oder auch nicht, aber die nötigen Kenntnisse kann man sich problemlos erwerben. Letzten Endes ist es so: Wer grobe Fehler vermeidet, wird mit Aktien auf Dauer kein Geld verlieren. Eines der wichtigsten Ziele dieses Buches ist es daher, Ihnen diese Fehler aufzuzeigen und Strategien darzulegen, mit denen sie sicher vermieden werden können.

Ein in der Börsenliteratur oft vernachlässigter, aber in der Praxis ungemein wichtiger Faktor ist die Persönlichkeit des Anlegers. Wer Aktien kauft, muss wissen, was er will. Es ist ein Unterschied, ob man auf schnelle Gewinne oder auf eine langfristig attraktive Gesamtrendite aus ist. Das persönliche Anlageziel ist ein wichtiger, vielleicht sogar der entscheidende Faktor für die Wahl der angemessenen Strategie. Viele Abläufe an der Börse sind zwar heute automatisiert, aber die Entscheidungen werden nicht von Computern, sondern von Menschen getroffen. Das Thema der Börsenpsychologie wird in diesem Buch daher eingehend behandelt und – ein Aspekt, der mir sehr wichtig erscheint – auch ein wenig entmystifiziert.

Natürlich gibt es für die Auswahl der richtigen Aktien nicht nur subjektive, sondern auch eine Vielzahl objektiver, „harter" Kriterien. Wer an der Börse Erfolg haben will, muss zumindest die Grundzüge der Wertpapieranalyse beherrschen, muss das konjunkturelle und monetäre Umfeld beurteilen können. Hauptziel dieses Buches ist die Vermittlung des nöti-

Vorwort

gen Wissens, das Sie brauchen, um zu einer eigenständigen, von den Meinungen wirklicher oder vermeintlicher Experten unabhängigen Einschätzung der allgemeinen Börsensituation, der verschiedenen Branchen und Einzelaktien zu gelangen.

Der erste Teil des Buches behandelt die Grundlagen, wie die verschiedenen Aktienarten, die wichtigsten Indizes und den Handelsablauf. Im zweiten Teil geht es um die Bewertung und um die Auswahl besonders vielversprechender Titel. Der dritte Teil ist dem wohl interessantesten Aspekt des Börsengeschehens gewidmet: Es werden Strategien vorgestellt, die sich langfristig bewährt haben, und mit denen man daher aller Voraussicht nach auch in Zukunft überdurchschnittliche Erfolge erzielen kann. Im vierten Teil schließlich geht es um die Frage, wie man sich die für Börsenengagements unentbehrlichen Informationen beschafft. In diesem Bereich hat sich vieles zum Besseren verändert; jeder Kleinanleger kann heute über ein Informationsangebot verfügen, von dem vor nicht allzu langer Zeit selbst Profis kaum zu träumen gewagt haben.

Noch eines: Dieses Buch handelt von Aktien. Andere Formen der Geldanlage oder, wenn man so will: der Spekulation kommen nur am Rande vor. Zum Beispiel bei der Erläuterung von Strategien, die derivative Finanzinstrumente mit einbeziehen, oder bei der Frage, wann Aktien im Vergleich zu Anleihen besonders gute Chancen bieten. Im Prinzip aber geht es ausschließlich um Aktien. Auch Fonds sind nicht Thema dieses Buchs. Schließlich ist es mein Anliegen, Ihnen alle wichtigen Entscheidungskriterien an die Hand zu geben, die Auswahl Ihrer Aktien und die Zusammenstellung Ihres Depots selbst in die Hand zu nehmen. Nur wer die aktuelle Börsensituation selbst beurteilen kann, ist in der Lage, eigenständige Entscheidungen zu treffen. Diese Entscheidungen können sich durchaus auch einmal als falsch herausstellen. Es gibt keinen Börsianer, der mit jedem einzelnen Engagement Gewinne erzielt. Verluste gehören zum Leben eines Anlegers, und wer das nicht akzeptiert – wenn auch widerwillig und zähneknirschend –, der ist an den Wertpapiermärkten fehl am Platz.

Es gibt Börsenbuchautoren, die den Lesern versprechen, mit Aktien könne jeder Laie völlig problemlos Millionär werden, womöglich auch noch innerhalb kurzer Zeit. Das ist, wenn man es derart verkürzt ausdrückt, völliger Unsinn. Natürlich kann man mit Aktien reich werden. Sehr reich sogar. Aber weder problemlos noch ohne empfindliche Rückschläge. Trauen Sie daher niemandem, der ihnen die Aktienbörse als eine Art Schlaraffenland beschreibt. Entweder weiß er es selbst nicht besser, dann ist er ein Dummkopf, der an der Börse noch sein blaues Wunder erleben wird. Oder er weiß es besser, dann ist er ein Betrüger und will in der Tat Ihr Bestes: Ihr Geld.

Die Börse ist ein Markt, auf dem Wertpapiere gehandelt werden. Sie ist der effizienteste und gnadenloseste Markt der Welt. Kleine Fehler bestraft die Börse sofort, große Fehler können Sie Ihre finanzielle Existenz kosten. Daher dürfen Sie zwar kleine, aber niemals entscheidende Fehler machen. Wie das geht, lesen Sie in Abschnitt III dieses Buchs.

Die eben erwähnten Warnungen sollen Sie aber nicht davon abhalten, die faszinierenden Seiten der Börse zu entdecken. Sie ist ein Markt der unbegrenzten Möglichkeiten und bietet neben der Aussicht auf materiellen Wohlstand auch eine ständige intellektuelle Herausforderung. Man lernt niemals aus, wenn man an der Börse agiert. Und sie ist oft sehr schnellebig, erfordert manchmal rasche Reaktionen. Ich habe das am eigenen Leib erfahren, als ich dieses Buch schrieb. Einige Kapitel, vor allem den Abschnitt über Aktienindizes, habe ich von März bis September 1999 mehrmals aktualisieren müssen. Das Buch war schon druckreif, als am 26. Oktober die Nachricht kam, dass die Zusammenstellung des Dow Jones Industrial Average mit Wirkung vom 1. November revidiert würde. Also: Noch einmal alles umschreiben, um dem Leser kein Buch zuzumuten, das schon bei der Drucklegung veraltet ist.

Dieser Aspekt wird noch offenkundiger, wenn man längere Zeiträume betrachtet. Mein erstes Aktienbuch habe ich 1988 geschrieben; 1992 folgte ein Werk über Optionsscheine. Wenn ich die beiden Bände heute aufschlage, kommen sie mir vor wie Berichte aus der Steinzeit. Es ist seltsam: Eigentlich stimmt noch alles, aber bedingt durch die rasanten Entwicklungen der vergangenen Jahre ist der Inhalt so veraltet, dass er eigentlich doch nicht mehr stimmt. Was hat sich seither nicht alles verändert: Neue Indizes, neue Marktsegmente, neue Branchen sind aufgetaucht und haben eine Bedeutung erlangt, die sich die Börsenakteure von damals nicht hätten träumen lassen. Einige Unternehmen, über die ich damals geschrieben habe, existieren längst nicht mehr, weil sie von anderen geschluckt worden sind, fusioniert haben oder den bitteren Weg zum Konkursrichter antreten mussten. Aus diesem Grund fühle ich mich bei der Lektüre meiner eigenen Bücher, die vor wenigen Jahren erschienen sind, manchmal wie ein alter Mann – obwohl ich meinen 40. Geburtstag noch vor mir habe.

Die Börse wird sich weiterentwickeln – und die Börsianer mit ihr. Tröstlich ist allemal, dass trotz aller Neuerungen doch auch vieles beim

Alten geblieben ist. Das kann man feststellen, wenn man zum Beispiel das älteste Börsenbuch der Welt liest: „Die Verwirrung der Verwirrungen" von José de la Vega aus dem Jahr 1688. Damals wie heute werden Anlageentscheidungen von Menschen getroffen, die Ziele, Wünsche, manchmal auch Ängste haben. Und schon damals sind Anleger auf die gleichen Tricks hereingefallen, mit denen man auch heute noch unbedarften Greenhorns das Geld aus der Tasche zieht. Insofern hat sich die Börse trotz der erwähnten Einschränkungen eigentlich gar nicht geändert: Heute wie damals kommt es darauf an, richtig zu investieren und sinnvolles Risikomanagement zu betreiben. Ziel dieses Buches ist es, Ihnen neben einer Fülle an Detailwissen vor allem diese beiden Fähigkeiten zu vermitteln. Letztlich sind sie es, die über Erfolg und Misserfolg an der Börse entscheiden.

An dieser Stelle möchte ich es nicht versäumen, einigen Menschen zu danken, die an der Entstehung dieses Buches beteiligt oder zumindest von ihr betroffen waren. Meine Frau Renate und mein Sohn Thomas mussten oft auf meine Gesellschaft verzichten, weil ich viele Abende und Sonntage des Jahres 1999 vor dem Computer verbracht habe. In dieser Hinsicht gelobe ich Besserung. Michael Volk und Christian Jund vom FinanzbuchVerlag danke ich sowohl für die Idee zu diesem Buch als auch für ihre Geduld, meinen ehemaligen Kolleg/Innen von BÖRSE ONLINE und RKD für eine unschätzbare Fülle von Anregungen, Ideen und Wissen, die in dieses Buch eingeflossen ist. Mein ganz besonderer Dank gilt Ralph Boelcke und Eleonore Köhler, deren Hilfe bei der Erstellung der Charts für mich unentbehrlich war.

Nun bleibt mir eigentlich nichts mehr zu tun, als Ihnen eine interessante und hoffentlich auch ein wenig vergnügliche Lektüre zu wünschen.

Horst Fugger   Mitterwöhr, im Herbst 1999

Teil I

Die Grundlagen

1.
Warum Aktien kaufen?

Wer Geld anzulegen hat, muss mehrere Entscheidungen treffen und dabei drei Kriterien beachten: Sicherheit, Rendite und Liquidität. Letztlich lässt sich jede Investition hinsichtlich dieser Gesichtspunkte klassifizieren. Zwei Extrembeispiele: Geld auf dem Girokonto bei einer erstklassigen Bank ist sicher und auch sehr liquide, denn man kann jederzeit darüber verfügen. Die Rendite ist allerdings minimal. Wer sein Vermögen dagegen in eine gut vermietete Eigentumswohnung steckt, kann mit langfristig attraktiven Renditen rechnen und hat sein Geld auch recht sicher angelegt, aber hinsichtlich der Liquidität muss er Abstriche machen. Immobilien lassen sich nun einmal nicht von einem Tag auf den anderen zu Geld machen und sind in der Regel auch als langfristige Kapitalanlagen gedacht. Außerdem binden sie meist einen großen Teil des Gesamtvermögens. Ganz im Gegensatz zu Sichteinlagen, denn wegen der niedrigen Rendite belassen vernünftige Anleger stets nur soviel Geld auf dem Girokonto, wie sie voraussichtlich in einem kurzen Zeitraum benötigen werden.

Wie alle börsennotierten Wertpapiere liegen Aktien zwischen diesen beiden Extremen. Betrachten wir sie einmal nach den drei genannten Kriterien.

Sicherheit:

Hier muss der Aktionär gewisse Abstriche machen. Aktien unterliegen Kursrisiken, die einerseits auf gesamtwirtschaftliche Einflüsse, andererseits auf unternehmensspezifische Faktoren zurückzuführen sind. Wir werden auf beide noch sehr ausführlich zu sprechen kommen. Hier zunächst nur so viel: Im Gegensatz zu festverzinslichen Wertpapieren garantieren Aktien keinen Anspruch auf Zinsen und Rückzahlung eines bestimmten Betrags. Der Kurswert einer Aktie hängt von vielen Faktoren ab, und niemand kann dem Aktionär garantieren, dass er innerhalb eines bestimmten Zeitrahmens mit seiner Investition Gewinne machen wird. Im ungünstigsten Fall kann ein Unternehmen in Konkurs gehen, und die Aktien werden wertlos. Andererseits: Neben Immobilien haben sich Aktien langfristig als die sicherste Geldanlage erwiesen. Man kann Verlustrisiken minimieren und damit sicherstellen, dass man auf lange Sicht positiv abschneidet (mehr dazu in Teil III). Man kann also sagen, dass Aktien auf kurze Sicht zwar erheblichen Verlustrisiken unterliegen, langfristig aber eine relativ sichere Form der Geldanlage darstellen.

Rendite:

Dieser Aspekt ist ein großer Pluspunkt der Geldanlage in Aktien. Mit keiner anderen Investition ist in der Vergangenheit soviel Geld verdient worden. Allerdings gelten auch hier die schon beim Punkt Sicherheit erwähnten Einschränkungen. Kurzfristig können Aktien Kursverluste erleiden, und die Rendite kann in den Minusbereich abrutschen. Wer zum Beispiel im Juni 1998 deutsche Aktien gekauft hatte, verzeichnete am Ende des Jahres ein kräftiges Minus. Entsprechendes gilt für einige andere Perioden. Je länger allerdings der betrachtete Zeitraum, desto besser schneiden Aktien im Vergleich zu allen anderen Formen der Geldanlage ab.

Das gilt übrigens nicht nur für Deutschland, sondern allgemein. In Ländern mit einer ausgeprägteren Aktienkultur wie Großbritannien, Frankreich oder USA ist dieser Effekt sogar noch deutlicher zu beobachten. Eine oft vorgebrachte und sehr berechtigte Einschränkung: Die Tatsache, dass Aktien in der Vergangenheit überdurchschnittliche Renditen erbracht haben, ist keine Garantie dafür, dass dies auch in Zukunft so sein wird. Dennoch spricht vieles dafür, dass Aktionäre auch in den nächsten Jahren und Jahrzehnten gut abschneiden werden. Die Anleger von heute stehen dem Thema Aktien aufgeschlossener gegenüber als die von gestern. Daher dürfte vor allem in Deutschland in Zukunft mehr Geld in Dividendenpapiere fließen, als dies in der Vergangenheit der Fall war. Private Altersvorsorge wird immer wichtiger, und Aktien sind ein wichtiger Teil davon. Außerdem – und das ist ein ganz wichtiger Aspekt – leben wir in einer Phase des Umbruchs. In Branchen wie Pharmazie/Biotechnologie, Telekommunikation oder Datenverarbeitung gibt es enorme Fortschritte, und mit Aktien der Unternehmen, die diese Fortschritte erzielen, wird in den kommenden Jahren so manches Vermögen zu machen sein. Zudem sieht es so aus, als sei Inflation in den Industrie-

1. Warum Aktien kaufen?

nationen auf lange Sicht kaum noch ein Thema. Auch dies wäre sehr positiv für die Aktienmärkte. Alles in allem gibt es also kaum stichhaltige Gründe, warum Aktien nicht auch in Zukunft überdurchschnittliche Renditen erbringen sollten.

Liquidität:

Auch in diesem Punkt gibt es mit Aktien keine Probleme: Man kann sie börsentäglich veräußern. Allenfalls kleinere Einschränkungen sind angebracht: Wie an allen Weltbörsen gibt es auch in Deutschland viele Titel kleinerer Unternehmen, die nicht allzu lebhaft gehandelt werden. Bei solchen Papieren kann es geschehen, dass an manchen Tagen kein Umsatz zustande kommt. Wer größere Posten solcher Aktien im Depot hat, muss also mitunter einige Zeit warten, bis er verkaufen kann, oder er muss hinsichtlich des Verkaufspreises Zugeständnisse machen. Man sollte daher grundsätzlich solche Aktien bevorzugen, die ein relativ hohes Börsenumsatzvolumen aufweisen, und die man daher auch an jedem beliebigen Tag in größeren Stückzahlen kaufen oder verkaufen kann, ohne durch den eigenen Auftrag den Kurs merklich zu beeinflussen. Natürlich darf man auch vielversprechende Nebenwerte ins Depot nehmen, aber ihr Anteil am Gesamtkapital muss dann auch entsprechend gering sein.

Grundsätzlich ist das Umsatzvolumen einer Aktie von ihrer Marktkapitalisierung und vom Anteil des Streubesitzes abhängig. Auf das Thema der Marktkapitalisierung kommen wir später noch zurück. Hier zunächst nur soviel: Man errechnet sie, indem man den Aktienkurs mit der Anzahl der vom Unternehmen ausgegebenen Aktien multipliziert. Je höher dieser Wert, desto üppiger fallen in der Regel auch die täglichen Börsenumsätze aus, und desto liquider ist die betreffende Aktie. Die Liquidität ist allerdings auch vom Streubesitz abhängig. Man versteht darunter den Prozentsatz der ausgegebenen Aktien, der nicht in festen Händen ist und daher prinzipiell für den Börsenhandel zur Verfügung steht.

Gerade bei deutschen Aktien bestehen zwischen der Marktkapitalisierung und dem Streubesitz oft erhebliche Unterschiede, weil Banken, andere Unternehmen oder institutionelle Anleger große Aktienpakete als Dauerinvestition halten. Diese Papiere kommen nicht an die Börse, und das verringert die Liquidität der entsprechenden Aktie. Das Extrembeispiel am deutschen Markt ist der Automobilhersteller Audi: Die Marktkapitalisierung beträgt zwar mehr als drei Milliarden Euro, aber 99 Prozent der Aktien sind bei der Muttergesellschaft Volkswagen in festen Händen. Nur ein Prozent aller Audi-Aktien steht dem Börsenhandel also effektiv zur Verfügung. Die jeweils aktuellen Daten zu Marktkapitalisierung und Streubesitz bietet als einziges deutsches Anlegermagazin BÖRSE ONLINE. Noch eine Einschränkung: Man kann Aktien zwar börsentäglich verkaufen, wird dabei aber nicht unbedingt den gewünschten Kurs erzielen. Das gehört zum Börsenalltag, und daher sollte man auch niemals Geld in Aktien investieren, das man kurzfristig für andere Zwecke benötigt. Sonst muss man eventuell weit billiger verkaufen, als man es eigentlich geplant hatte.

Was die drei wichtigsten Kriterien der Geldanlage betrifft, schneiden Aktien also recht gut ab: Die Liquidität ist gewährleistet, die Rendite stimmt, und die Frage der Sicherheit kann man durch sorgfältige Auswahl ebenfalls in den Griff bekommen. Es gibt übrigens keine Geldanlage, die bei größtmöglicher Sicherheit maximale Renditen erbringt. Gäbe es eine, so bräuchte dieses Buch nicht geschrieben zu werden. Wer sein Geld überdurchschnittlich mehren will, muss Risiken eingehen.

Ein brauchbarer Maßstab für risikolos erzielbaren Vermögenszuwachs ist die Rendite von Bundesanleihen. Wer sie kauft und bis zur Fälligkeit hält, kann mit einer bestimmten Rendite rechnen, die für sämtliche Anleihenlaufzeiten in jeweils aktualisierter Form in der Fachpresse und auch in Tageszeitungen veröffentlicht wird. Wer wissen will, was ihm unter dem Strich bleibt, muss von der Anleihenrendite die jeweils aktuelle Inflationsrate abziehen (steuerliche Erwägungen wollen wir hier zunächst unbeachtet lassen). Wer mehr will als diese risikolos zu erzielende Realrendite von drei, vier oder fünf Prozent, muss ein bestimmtes Risiko eingehen. Er kann zum Beispiel Aktien kaufen, muss allerdings wissen, dass es dabei keine Garantie auf eine bestimmte Rendite gibt. Die Erfahrungen der Vergangenheit zeigen jedoch, dass Aktionäre in der Regel langfristig deutlich besser abschneiden als Anleihengläubiger.

Im Prinzip spricht für die allermeisten Anleger also wenig dagegen, aber vieles dafür, zumindest einen Teil ihres Vermögens in Dividendenpapiere zu investieren. Bleibt die Frage zu klären, was Aktien eigentlich sind, und ob es über die genannten Argumente hinaus noch weitere Gründe dafür gibt, Aktionär zu werden. Der folgende Abschnitt bezieht sich, was die Rechtslage betrifft, vor allem auf Aktien deutscher Unternehmen.

2.
Kleine Aktienkunde

2. 1. Stamm- und Vorzugsaktien

Die Aktie verbrieft einen bestimmten Anteil am Grundkapital einer AG. Dieser Anteil kann entweder auf einen Währungsbetrag oder auf einen prozentualen Bruchteil des Grundkapitals lauten. Der Aktionär ist Miteigentümer der Aktiengesellschaft und hat als solcher bestimmte Rechte. Vor allem sind dies das Recht auf eine anteilsmäßige Dividende – falls das Unternehmen für ein bestimmtes Geschäftsjahr eine Gewinnausschüttung vornimmt – und das Recht, im Fall einer Kapitalerhöhung gemäß seinem bisherigen Anteil am Grundkapital „junge" oder „neue" Aktien zu beziehen.

Ein weiteres wichtiges Aktionärsrecht, die Stimmabgabe bei der jährlichen Hauptversammlung, steht nur den Inhabern von Stammaktien zu. Vorzugsaktien verbriefen bestimmte Sonderrechte bei der Gewinnausschüttung und bei der Auflösung der AG. Die meisten börsennotierten deutschen AGs haben lediglich Stammaktien ausgegeben. Vor allem in den letzten Jahren hat das Interesse an Vorzugsaktien deutlich nachgelassen. Dies hat nicht zuletzt mit der immer stärker werdenden Ausrichtung deutscher Unternehmen auf die internationalen Kapitalmärkte zu tun. Die Vorzugsaktie ist gewissermaßen eine deutsche Spezialität, die man in anderen Ländern in dieser Form nicht kennt. In den USA sind zwar „Preferred Shares" weit verbreitet, deren Bezeichnung wörtlich übersetzt nichts anderes als „Vorzugsaktien" bedeutet, aber diese Papiere weisen eher Anleihen- als Aktiencharakteristika auf und haben daher mit den deutschen Vorzugsaktien außer dem Namen wenig gemein.

Da Vorzugsaktien ihren Inhabern kein Stimmrecht gewähren, sind vor allem britische und amerikanische Großanleger an solchen Papieren nicht interessiert. Sie erwarten mit Recht, die Geschäftspolitik von Unternehmen beeinflussen zu können, an denen sie große Beteiligungen halten. Ohne die institutionellen Investoren aus dem Ausland kommt ein

Unternehmen ab einer bestimmten Größenordnung jedoch nicht aus. Daher steht zu erwarten, dass die Bedeutung von Vorzugsaktien an deutschen Börsen tendenziell weiter abnehmen wird.

Hat eine Aktiengesellschaft sowohl Stamm- als auch Vorzugsaktien ausgegeben, so notieren die Vorzüge an der Börse oft deutlich niedriger als die Stämme. Für Kleinanleger, in deren Renditeerwartungen auch die Dividendenausschüttung eine wichtige Rolle spielt, sind Vorzugsaktien daher zuweilen die bessere Wahl: Erstens liegt ihr Kurswert in der Regel unter dem der Stammaktien, und zweitens winkt eine höhere Ausschüttung. Diese Konstellation ist wie gesagt die Regel, aber natürlich gibt es Ausnahmen. So ist zum Beispiel die Vorzugsaktie des führenden deutschen Software-Unternehmens SAP im DAX vertreten, die Stammaktie nicht. Das führt dazu, dass die Vorzugsaktie einen höheren Kurswert aufweist als die Stammaktie, denn erstere steht bei institutionellen Anlegern, die mit ihrem Depot den DAX nachbilden wollen, auf der Kaufliste, während diese Investoren die Stammaktie links liegen lassen. Außerdem hat der Dividendenaspekt speziell bei dieser Aktie noch nie eine wichtige Rolle gespielt.

2. 2. Nennwertumstellung: aus eins mach zehn

Der Anteil, den eine Aktie am Grundkapital verbrieft, kann auf verschiedene Weise zum Ausdruck gebracht werden. Bis vor einigen Jahren betrug der Mindestnennwert deutscher Aktien 50 Mark, später nutzten immer mehr AGs die neu geschaffene Möglichkeit, auf Fünf-Mark-Aktien umzustellen. Die Titel wurden dadurch optisch billiger, wovon man sich verstärktes Interesse auch von Kleinanlegern und eine breitere Streuung des Aktienkapitals versprach. Aus einer 50-Mark-Aktie wurden zehn Fünf-Mark-Aktien, wodurch der früher optisch oft sehr hohe Kurswert einiger deutscher Aktien quasi über Nacht auf ein Zehntel reduziert wurde. Letztlich handelte es sich dabei natürlich lediglich um einen psychologischen Trick, denn keinem Anleger bringt es einen geldwerten Vorteil, wenn aus einer Aktie in seinem Depot plötzlich zehn Aktien werden, deren addierte Kurswerte exakt dem Wert der einen „alten" Aktie entsprechen. Ganz offensichtlich hat der Trick aber funktioniert, denn im Vergleich zu früheren Zeiten hat das Interesse der Kleinanleger am Börsengeschehen stark zugenommen.

In den USA kennt man diesen Effekt schon seit langem: Die allermei-

2. Kleine Aktienkunde

sten amerikanischen Unternehmen führen einen sogenannten Split, also eine Aktienteilung durch, wenn ihre Anteilsscheine den Kurswert von 100 Dollar überschreiten. Bei einem Split im Verhältnis von 2:1 (die alte Aktie wird eingezogen, dafür gibt es zwei neue) werden aus einem 100-Dollar-Papier zwei 50-Dollar-Aktien. Angesichts der rasanten Kursentwicklung einiger amerikanischer Technologietitel war der Split aber auch die einzige Möglichkeit, die Aktien auf einem optisch einigermaßen erschwinglichen Kursniveau zu halten. So hat zum Beispiel Microsoft von 1990 bis März 1999 sieben Splits durchgeführt. Im Juli 1999 stand die Aktie bei etwa 100 Dollar. Ohne die sieben Splits (darunter auch einige im Verhältnis 3:2) hätte der Titel 6400 Dollar gekostet – zumindest für Nichtmillionäre ein kaum erschwinglicher Aktienkurs.

Wesentlich interessanter als der Nennwert ist für den Aktionär jedoch der Kurswert seiner Papiere, der nach den Regeln von Angebot und Nachfrage an der Börse ermittelt wird. Ein wichtiges Anliegen des Aktionärs ist schließlich, dass der Wert seiner Papiere nach oben tendiert und er dadurch auf längere Sicht einen Vermögenszuwachs verzeichnet. Was ein Unternehmen an der Börse wert ist, wird durch die Marktkapitalisierung ausgedrückt: Man errechnet sie, indem man die Zahl der von einer AG ausgegebenen Aktien mit dem Kurswert eines bestimmten Tages multipliziert.

$$\text{Marktkapitalisierung} = \text{Kurswert je Aktie} \cdot \text{Anzahl der ausgegebenen Aktien}$$

Ein Börsenschwergewicht wie die amerikanische General Electric brachte es im Sommer 1999 auf einen Börsenwert von etwa 380 Milliarden Dollar. Bei deutschen Unternehmen, die sowohl Stamm- als auch Vorzugsaktien ausgegeben haben, muss man die entsprechenden Werte beider Aktienkategorien addieren, um den Gesamtbörsenwert zu ermitteln. Analog zur Marktkapitalisierung lässt sich auch die Höhe des Grundkapitals einer AG berechnen, indem man die Zahl der ausgegebenen Aktien mit dem Nennwert multipliziert – falls die Gesellschaft mit einem Nennwert versehene Aktien ausgegeben hat. Bei Unternehmen mit nennwertlosen Aktien geht das zwar nicht, aber dieser Punkt ist für den Aktionär ohnehin von untergeordneter Bedeutung. Angaben zum Grundkapital von Aktiengesellschaften findet man schließlich auch in deren Jahresberichten und seit einiger Zeit auf den Websites der Unternehmen. In Teil IV dieses Buches finden Sie die Internet-Adressen der wichtigsten deutschen und europäischen Aktiengesellschaften.

2. 3. Inhaber- und Namensaktien

Hinsichtlich der Übertragbarkeit unterscheidet man in Deutschland zwischen Inhaber-, Namens- und vinkulierten Namensaktien. Die Eigentumsübertragung von Inhaberaktien erfolgt formlos durch Einigung zwischen Käufer und Verkäufer und Übergabe der Aktienurkunde. Bei Namensaktien ist der Name des Eigentümers dagegen auf der Aktienurkunde und im Aktienbuch der AG vermerkt. Zur Eigentumsübertragung bedarf es daher einer schriftlichen Eintragung (Indossament) auf der Rückseite der Urkunde. Bei der Sonderform der vinkulierten Namensaktie ist außerdem die Zustimmung der AG erforderlich, damit die Eigentumsübertragung wirksam wird. Der ursprüngliche Zweck dieser Rechtsvorschrift war, der AG eine Möglichkeit einzuräumen, sich vor der Einflussnahme unerwünschter Aktionärskreise zu schützen.

Die weitaus meisten deutschen Dividendenpapiere sind heute Inhaberaktien, vor allem wegen der unkomplizierten Eigentumsübertragung. Lediglich in der Versicherungsbranche sind Namensaktien auch heute noch weit verbreitet. Bei vinkulierten Namensaktien ist für die Eigentumsübertragung zusätzlich die Zustimmung der jeweiligen AG nötig. Zweck der Sache ist es, unerwünschte Anlegerkreise fernzuhalten. Das kann in manchen Fällen durchaus sinnvoll sein, wenn eine AG befürchten muss, bestimmte Investorengruppen könnten versuchen, nach Erwerb einer großen Anzahl von Aktien die Geschäftspolitik in eine Richtung zu lenken, die den bisherigen Eigentümern widerstrebt. Eine solche Gefahr besteht unter anderem bei Medienaktien. So hat sich zum Beispiel die Axel Springer AG bei ihrem Börsengang für die Sonderform der vinkulierten Namensaktie entschieden. Im internationalen Vergleich ist die vinkulierte Namensaktie allerdings ein absoluter Exot und sozusagen eine Spezialität des deutschen Aktienrechts.

Gerade in jüngster Zeit erlebt die lange totgesagte Namensaktie eine unerwartete Renaissance. Im Sommer 1999 sorgten zum Beispiel die Deutsche Bank und Siemens mit der Ankündigung für Aufsehen, ihre Inhaberaktien auf Namensaktien umzustellen. Mit DaimlerChrysler hatte zuvor schon ein namhaftes Unternehmen einen entsprechenden Schritt angekündigt. Die Maßnahme der Stuttgarter war ohnehin er-

2. Kleine Aktienkunde

wartet worden, denn nach der Fusion zwischen Daimler-Benz und Chrysler hatte man bei Daimler kaum etwas ausgelassen, um sich amerikanischen Gepflogenheiten anzupassen. In den USA sind Namensaktien (Registered Shares) die bei weitem verbreitetste Aktienkategorie, und auch an den meisten internationalen Börsen, vor allem an der New York Stock Exchange (NYSE) sind Namensaktien üblich. Zwar spricht die leichtere Übertragbarkeit für Inhaberaktien, aber andererseits hat es dem Aktienhandel in den USA noch nie Probleme bereitet, dass dort Namensaktien die Regel sind.

Nun hat zwar zum Beispiel Siemens (noch) nicht mit einem amerikanischen Partner fusioniert, aber es ist für deutsche Großunternehmen durchaus sinnvoll, wenn ihre Aktien den international üblichen Kriterien genügen. So kann ein Titel zum Beispiel ohne große aktienrechtliche Verrenkungen in Frankfurt, New York und an anderen bedeutenden internationalen Börsenplätzen gelistet werden. Für institutionelle Großanleger, die letztendlich die Marschrichtung an den Wertpapiermärkten bestimmen, ist dies ein sehr wichtiger Aspekt. Seit dem erfolgreichen Börsengang der Deutschen Telekom haben die deutschen Unternehmen allerdings auch gelernt, welch bedeutende Rolle die Kleinanleger spielen. Die früher oft und mit Recht beklagte Arroganz der Vorstände und Aufsichtsräte gegenüber ihren Kapitalgebern gehört der Vergangenheit an.

Durch die Ausgabe von Namensaktien haben die Unternehmen außerdem die Möglichkeit, ihre Anteilseigner gezielt anzusprechen und zu informieren. Unter dem Sammelbegriff „Investor Relations" sind solche Maßnahmen zum Beispiel in den USA seit Jahrzehnten üblicher Standard. Die deutschen Unternehmen zeigen gerade in jüngster Zeit allerdings immer mehr Bereitschaft, die Fehler der Vergangenheit vergessen zu lassen. Man darf gespannt sein, ob sich der neue Trend weg von der Inhaber- und hin zur Namensaktie in Deutschland durchsetzen wird.

2. 4. Die Handelssegmente an deutschen Börsen

Die Geschichte der Börsen als organisierte Wertpapierhandelsplätze begann schon im 16. Jahrhundert. Aus zunächst unregelmäßigen Zusammenkünften der Marktteilnehmer an bestimmten Orten entwickelte sich allmählich der Kapitalmarkt, wie wir ihn heute kennen. In Deutschland gibt es acht Wertpapierbörsen:

- Frankfurt
- München
- Düsseldorf
- Berlin
- Hamburg
- Stuttgart
- Bremen
- Hannover

Die Bedeutung der einzelnen deutschen Börsen ist jedoch recht unterschiedlich. Mit Abstand der größte Teil des Handels mit deutschen Standardwerten konzentriert sich auf die Frankfurter Börse. Andere Handelsplätze wie München, Berlin oder Stuttgart haben in den vergangenen Jahren viel getan, um sich im Handel mit ausländischen Aktien oder Optionsscheinen zu etablieren. Unabhängig vom jeweiligen Börsenplatz gibt es in Deutschland vier Handelssegmente, die sich vor allem durch unterschiedlich strenge Zulassungsvorschriften voneinander unterscheiden.

Im amtlichen Handel gibt es die strengsten Formvorschriften. Zur Börseneinführung muss ein Emissionsprospekt vorgelegt werden, der genaue Angaben über das Unternehmen enthält (§ 36 Börsengesetz). Bilanzen und Zwischenberichte der Aktiengesellschaft müssen im Bundesanzeiger oder einer als Börsenpflichtblatt zugelassenen Publikation veröffentlicht werden. Kassakurse und fortlaufende Notierungen der betreffenden Aktie werden im amtlichen Kursblatt der Börse veröffentlicht. Das Eigenkapital einer Aktiengesellschaft, die die Zulassung zum amtlichen Handel erhalten will, darf nicht weniger als 2,5 Millionen Mark betragen. Für den Anleger interessant: Bei unlimitierten Aufträgen besteht Anspruch auf Auftragsausführung, sofern am jeweiligen Tag ein Umsatz in der betreffenden Aktie zustande kommt.

2. Kleine Aktienkunde

Der Geregelte Markt wurde im Mai 1987 quasi als Vorstufe zum amtlichen Handel an deutschen Börsen eingeführt. Im allgemeinen bestehen weniger strenge Formvorschriften als im amtlichen Handel, und die Publikation von Zwischenberichten ist nicht obligatorisch. Zur Einführung genügt ein Eigenkapital von 500 000 Mark. Der Anspruch auf Ausführung unlimitierter Orders besteht auch in diesem Handelssegment. Bei seiner Konzeption war der Geregelte Markt quasi als Vorstufe zum amtlichen Handel gedacht. Kleinere und mittelgroße deutsche Unternehmen sollten hier an die Börse gebracht werden, um später in den amtlichen Handel zu wechseln. Dieses Konzept hat sich durchaus bewährt. Eine ganze Reihe heute etablierter Unternehmen ist diesen Weg gegangen.

Der Freiverkehr hat an deutschen Börsen eine sehr lange Tradition. Es bestehen keine besonderen Zulassungsvorschriften, allerdings müssen Unternehmensberichte dem Freiverkehrsausschuss der jeweiligen Börse zugänglich gemacht werden. Da keine besondere Börsenzulassung nötig ist, können Aktien ohne größere Formvorschriften an der Börse eingeführt werden. Nicht zuletzt aus diesem Grund ist das Qualitätsspektrum im Freiverkehr wesentlich breiter als in allen anderen Handelssegmenten. Von zweifelhaften Penny Stocks bis zu absoluten Blue Chips tummeln sich hier vor allem ausländische Aktien und natürlich auch die Titel kleinerer deutscher Unternehmen.

Viele äußerst namhafte Auslandsaktien werden an deutschen Börsen im Freiverkehr gehandelt, weil die Zulassung zum amtlichen Handel mit so strengen Publizitätsvorschriften und entsprechend hohen Kosten verbunden ist. Die ausländischen Unternehmen bemühen sich daher oft – wenn überhaupt – nur an einer deutschen Börse um die Zulassung zum amtlichen Handel, an anderen Plätzen werden ihre Titel im Freiverkehr notiert. Der deutsche Kurs einer international renommierten Auslandsaktie sollte sich ohnehin am Kurs an der jeweiligen Heimatbörse orientieren, und daher ist es für einen deutschen Anleger auch sekundär, ob er einen französischen oder amerikanischen Standardwert im amtlichen Handel oder im Freiverkehr erwirbt.

Eine ganz andere Frage ist es natürlich, ob er sie sinnvollerweise nicht gleich an der ausländischen Heimatbörse kaufen sollte. Dazu später mehr. Die bloße Tatsache, dass eine bestimmte Aktie im Freiverkehr gehandelt wird, ist jedenfalls an sich kein Qualitätsmangel. Man muss schon genauer hinsehen und sich über die jeweiligen Unternehmen informieren. Andererseits kann aber auch kein Zweifel daran bestehen,

Teil I: Die Grundlagen

dass vor allem in den vergangenen Jahren etliche überaus zweifelhafte Titel in den Freiverkehr an deutschen Börsen eingeführt worden sind, die nicht die geringste Chance gehabt hätten, zum amtlichen Handel zugelassen zu werden.

Für das größte Aufsehen hat in letzter Zeit sicher das vierte und jüngste Handelssegment an deutschen Börsen gesorgt: Der Neue Markt. Dieser Handelsbereich wurde konzipiert, um jungen und kleinen Unternehmen aus zukunftsträchtigen Branchen die Möglichkeit zum Börsengang zu ebnen. Dabei stand der Gedanke an den riesigen Erfolg der amerikanischen Computerbörse NASDAQ Pate. Viele der dort notierten Unternehmen wie Microsoft, Apple Computer, Compaq oder Cisco Systems sind innerhalb weniger Jahre von Garagenbetrieben zu milliardenschweren Weltmarktführern geworden. Die NASDAQ, 1971 von der Vereinigung der amerikanischen Wertpapierhändler NASD (National Association of Securities Dealers) gegründet, verzeichnet heute ein höheres Handelsvolumen als die etablierten Börsen London und Tokio zusammengenommen und ist drauf und dran, der New York Stock Exchange den Rang als bedeutendste Börse der Welt abzulaufen. Mittlerweile sind mehr als 5500 Aktien an der NASDAQ notiert.

Als das neue deutsche Handelssegment am 11. März 1997 mit gerade einmal zwei Aktien startete, hätte allerdings kaum jemand einen Pfennig darauf verwettet, welchen Stellenwert der Neue Markt innerhalb kürzester Zeit für das Börsengeschehen und die Aktienkultur in Deutschland einnehmen würde. Unternehmen wie MobilCom oder EM.TV & Merchandising stiegen zu Börsenstars auf, und alles in allem darf das neue Handelssegment als voller Erfolg gelten. Die Zulassungsvoraussetzungen zum Neuen Markt sind streng:

- Das Emissionsvolumen muss mindestens zehn Millionen Mark betragen.
- Der Streubesitz muss bei mindestens 15 Prozent liegen; erwünscht ist ein Minimum von 25 Prozent.
- Es werden ausschließlich Stammaktien zur Emission zugelassen.
- Es muss ein Betreuer (Market Maker) für den Handel bestellt werden.
- Der Börsenzulassungsprospekt muss internationalen Standards entsprechen.
- Ein Übernahmekodex muss akzeptiert werden.

2. Kleine Aktienkunde

– Unternehmenspublikationen müssen in englischer und deutscher Sprache veröffentlicht werden.
– Die Emission muss möglichst zu mehr als 50 Prozent aus einer Kapitalerhöhung stammen.
– Die Altaktionäre müssen ihre Titel bis mindestens sechs Monate nach dem Börsengang halten.

Der letztgenannte Punkt hat im Sommer 1999 allerdings zu einigem Unmut geführt: Sinn der Vorschrift ist, dass die Altaktionäre nicht unmittelbar nach dem Börsengang Kasse machen und das weitere Unternehmensrisiko den neuen Anteilseignern überlassen. Das Problem dabei: Die Vorschrift ist nur eine privatrechtliche Vereinbarung, kein Gesetz, und daher gibt es hier auch nichts einzuklagen. Sollte ein Altaktionär also gegen die Vorschrift verstoßen, hat die Deutsche Börse AG keine juristische Handhabe, ihn dafür zur Rechenschaft zu ziehen. Nachdem 1999 einige Altaktionäre gegen die Vorschrift verstoßen hatten, wurden Stimmen laut, diese Anlegerschutzbestimmung zu verschärfen. Mit Recht. Es bleibt abzuwarten, ob sich in dieser Hinsicht etwas tun wird. Es wäre im Sinn des Anlegerschutzes allemal wünschenswert.

2.5. Machen Sie einen guten Schnitt

Die Aktienurkunde besteht aus zwei Teilen: Auf dem sogenannten Mantel sind unter anderem der Nennwert sowie Name und Sitz der AG abgedruckt. Der Bogen besteht aus den Dividendenscheinen für eine bestimmte Zahl von Geschäftsjahren. Der Aktionär kann sie abtrennen und seinen Dividendenanspruch geltend machen. Werden die Aktien nicht im Privatsafe gehortet, sondern von der Bank verwahrt, so übernimmt diese die Einreichung der Dividendenscheine. Vom jährlichen Abschneiden der Dividendenscheine kommen übrigens auch die Redewendungen „Einen guten Schnitt machen" und „Gut abschneiden". Sind die Scheine nach Jahren aufgebraucht, so berechtigt der Talon oder Erneuerungsschein zum Bezug eines neuen Dividendenscheinbogens. Das Anrecht, bei Ausschüttung einer Dividende gemäß seinem Anteil am Grundkapital berücksichtigt zu werden, gehört zu den wichtigsten Anreizen, Geld in Aktien zu investieren.

Nüchtern betrachtet gibt es ohnehin nur zwei sinnvolle Gründe für Aktienengagements: Die Aussicht auf regelmäßiges Dividendeneinkommen und die Hoffnung auf Kursgewinne. Beide hängen davon ab, ob das Unternehmen erfolgreich wirtschaftet, denn nur in diesem Fall wird es Gewinne erzielen und diese zum Teil in Form von Dividenden an die Aktionäre ausschütten können. Die Börse wird ebenfalls nur im Fall einer erfreulichen Gewinnentwicklung mit steigenden Aktienkursen reagieren. Der Aktionär ist daher gut beraten, sich vor einem Engagement gründlich über die längerfristigen Aussichten des Unternehmens zu informieren.

In Deutschland legt man übrigens mehr Wert auf regelmäßige Dividendenausschüttungen als in anderen Ländern; ja es gilt oft geradezu als Zeichen für schlechten Geschäftsgang, wenn keine Dividenden gezahlt werden. In den USA sieht man das nicht so eng. Einige der erfolgreichsten amerikanischen Unternehmen wie Microsoft, Apple oder Cisco Systems haben noch nie Bardividenden ausgeschüttet und werden dies auch in Zukunft nicht tun. Ihre Aktionäre haben nichts dagegen, denn schließlich sind viele von ihnen durch Kursgewinne zu Millionären geworden. Im Prinzip hat eine Aktiengesellschaft zwei Möglichkeiten, erwirtschaftete Gewinne zu verwenden: Sie können in Form von Dividenden an die Aktionäre ausgeschüttet werden oder beim Unternehmen verbleiben. Im letztgenannten Fall werden die Profite in die Gewinnrücklagen eingestellt, was die Kapitalbasis des Unternehmens stärkt. So steht das nötige Geld für Forschungszwecke, für die Entwicklung neuer Produkte und gegebenenfalls auch für den Aufkauf eines Konkurrenzunternehmens zur Verfügung. Möglicherweise haben die Aktionäre von einer Stärkung der Kapitalbasis ihres Unternehmens langfristig wesentlich mehr als von Dividenden, denn ihre Aktien werden wertvoller. Es ist also nicht unbedingt ein schlechtes Zeichen, wenn eine AG keine Dividenden zahlt. Auf Probleme kann man eigentlich nur dann schließen, wenn ein Unternehmen lange Zeit regelmäßige Ausschüttungen vorgenommen, diese womöglich sogar von Jahr zu Jahr erhöht hat, und dann plötzlich eine Kürzung vornimmt oder die Zahlung für ein bestimmtes Geschäftsjahr ganz aussetzt.

Es gibt noch einen zweiten Grund, warum die Dividendenrendite bei der Aktienauswahl nicht überbewertet werden sollte. Die Rendite wird stets auf Basis der jeweils letzten Zahlung berechnet, und niemand vermag mit Sicherheit zu sagen, wie hoch die Ausschüttungen in der Zukunft ausfallen werden. Gerät das Unternehmen in eine Krise, dann werden vielleicht jahrelang gar keine Dividenden bezahlt. Man kann sich also nicht darauf verlassen, dass eine Aktie, die heute noch mit einer weit

2. Kleine Aktienkunde

überdurchschnittlichen Dividendenrendite glänzt, auch morgen noch attraktive Ausschüttungen vornehmen wird. Wer großen Wert auf regelmäßige Zinseinkünfte legt, sollte daher den Großteil seines Kapitals in erstklassige Anleihen stecken und Aktien nur als Depotbeimischung in Erwägung ziehen.

Unterschätzen sollte man eine überdurchschnittliche und einigermaßen gesicherte Dividendenrendite allerdings auch nicht. Zumindest stellt sie in turbulenten Börsenphasen eine recht gute Absicherung gegen Kursverluste dar, weil ab einem bestimmten Niveau renditeorientierte Anlegerkreise auf solche Papiere aufmerksam werden. Ihre Käufe können für eine dauerhafte Kursstabilisierung sorgen.

Zwar kann man immer wieder lesen, Aktien seien im langfristigen Vergleich die rentabelste Geldanlage, doch die Aktionäre von Fokker, Bremer Vulkan oder Escom haben gute Argumente gegen solche Pauschalbehauptungen. Die Aktie ist nun einmal ein Risikopapier. Ihr aktueller Wert wird börsentäglich neu ermittelt, und im Fall einer negativen Entwicklung des betreffenden Unternehmens kommt es zu Kursverlusten. Sollte das Unternehmen gar in Konkurs gehen, so kann die Wahl des falschen Papiers für den Aktionär auch zum Totalverlust des eingesetzten Kapitals führen. Dieses Risikos muss sich der Investor immer bewusst sein. Er kann es allerdings minimieren, wenn er bei der Aktienauswahl dem Qualitätskriterium großes Gewicht beimisst.

Wer verschiedene Aktien hinsichtlich ihrer Preiswürdigkeit miteinander vergleichen will, braucht handfeste Maßstäbe. Der Kurswert für sich allein genommen sagt gar nichts aus. Eine Aktie mit einem Kurswert von wenigen Cent kann maßlos überteuert, eine andere, die mehrere tausend Euro kostet, kann ein wahres Schnäppchen sein. Der Kurswert hängt letzten Endes davon ab, welche Erwartungen die Börse in das Unternehmen setzt. Die Zahlen der Vergangenheit sind dabei schon Schnee von gestern. Eine über viele Jahre anhaltende Aufwärtsentwicklung bei Umsätzen und Gewinnen ist allerdings ein gewichtiges Argument dafür, dass die betreffende AG auch in Zukunft gut abschneiden wird – falls keine gewichtigen aktuellen Entwicklungen dagegen sprechen. Alles Wichtige über die Bewertung von Aktien finden Sie in Abschnitt II dieses Buches.

2.6. Limitierung: Der Schutz vor bösen Überraschungen

Zunächst aber zu der Frage, wie man Aktien kauft. Angenommen, Sie haben sich nach sorgfältiger Prüfung für eine bestimmte Aktie entschieden und wollen sie nun ins Depot nehmen. Bevor Sie Ihrer Bank einen entsprechenden Kaufauftrag erteilen, sind noch einige Überlegungen anzustellen. Handelt es sich bei Ihrem Favoriten um einen Wert, der in der Regel hohe Börsenumsätze verzeichnet, oder ist es ein Nebenwert, vielleicht sogar eine exotische Auslandsaktie? In den beiden letztgenannten Fällen sollten Sie unbedingt ein Limit erteilen.

Das Limit hat die Funktion, Sie beim Kauf – und später auch beim Verkauf – vor unliebsamen Überraschungen zu bewahren. Stand Ihre Aktie am Vortag zum Beispiel bei 20 Euro, und Sie möchten höchstens 21 Euro dafür anlegen, so sollten Sie Ihre Bank entsprechend instruieren. Falls der Kurs am nächsten Tag auf 22 Euro steigt, kommen Sie nicht zum Zug und müssen sich noch gedulden oder neu disponieren. Ein unlimitierter Auftrag – „billigst" bei Kauf- und „bestens" bei Verkaufsorders – heißt dagegen nichts anderes als: Sie sind zu jedem Preis zu kaufen beziehungsweise zu verkaufen bereit, bei dem ein Abschluss zustande kommt. Es ist klar, dass bei sehr umsatzschwachen Aktien schon kleine unlimitierte Aufträge erhebliche Kursausschläge verursachen können, und Sie sollten sich davor schützen, in diesem Fall der Gelackmeierte zu sein.

Es gibt Anleger, die grundsätzlich limitieren, egal, ob sich die Order auf einen Standardwert oder eine Mini-Aktie bezieht, und dagegen ist eigentlich nichts einzuwenden. Auf diese Weise kann man sich nämlich davor schützen, beim Kauf mehr zu bezahlen oder beim Verkauf weniger zu erlösen, als man eigentlich beabsichtigt hatte. Andere Investoren sehen sich zunächst einmal die börsentäglichen Umsätze derjenigen Papiere an, für die sie sich interessieren. Je höher diese Umsätze über einen längeren Zeitraum betrachtet im Durchschnitt ausfallen, desto eher kann man es wagen, unlimitierte Orders zu erteilen. Es ist ja auch klar: Wenn Sie 1000 Stück von einer Aktie kaufen wollen, deren durchschnittlicher Umsatz je Börsentag bei 500 Stück liegt, dann wird Ihr Auftrag nicht ohne Einfluss auf die Kursfeststellung bleiben – erst recht nicht, wenn sie diesen Auftrag unlimitiert erteilen. Beläuft sich der tägliche Umsatz dagegen auf mehrere Millionen Stück, dann dürfte es kaum eine Rolle spielen, ob Sie ein Limit gesetzt haben oder nicht.

2. Kleine Aktienkunde

Grundsätzlich kann man folgende Vor- und Nachteile der Limitierung von Wertpapieraufträgen festhalten: Mit einem Limit schützen Sie sich in jedem Fall vor unliebsamen Überraschungen, und das ist schon mal positiv. Andererseits kann es Ihnen mit einem zu eng limitierten Auftrag auch passieren, dass Sie wegen „Peanuts" nicht zum Zug kommen, und dass die Aktie unmittelbar darauf zu genau dem Höhenflug ansetzt, den Sie erwartet hatten. Dann haben Sie das Nachsehen, und dergleichen kann sehr, sehr ärgerlich sein. Es gibt kaum einen erfahrenen Börsianer, dem so etwas nicht schon widerfahren wäre, aber das ist ein schlechter Trost, denn wie sagt der Dichter: „Und wem es just passieret, dem bricht das Herz entzwei".

Letztendlich läuft die Frage der Limitierung also auf eine nüchterne Abwägung von Vor- und Nachteilen hinaus. Eine Faustregel: Deutsche Standardwerte, also zum Beispiel die DAX-30-Aktien, kann man an deutschen Börsen unbesorgt auch ohne Limit kaufen und verkaufen. Allerdings gibt es eine Ausnahme von dieser Regel: An den sogenannten Triple Witching Days, an denen Terminkontrakte und Optionen auf Aktienindizes sowie Optionen auf Einzelaktien auslaufen, kann es auch und gerade bei Standardwerten zu überraschenden Kurssprüngen kommen. Näheres dazu finden Sie im Abschnitt über Aktienindizes. Eine Sonderrolle nehmen die umsatzstarken Aktien am Neuen Markt ein. Mangelnde Kauf- und Verkaufsorders sind hier nicht das Problem, aber diese Titel zeigen oft einen recht sprunghaften Kursverlauf. Trotz gewöhnlich sehr hoher Börsenumsätze sollte man daher nicht unlimitiert ordern. Auch bei deutschen Nebenwerten (M-DAX, SMAX und die kleineren Unternehmen am Neuen Markt) und bei renommierten Auslandsaktien sollte man vorsichtshalber limitieren oder zumindest prüfen, wie hoch die durchschnittlichen Tagesumsätze der vergangenen Wochen waren.

Ausländische Nebenwerte und vor allem Optionsscheine – hier nur am Rande erwähnt, denn Optionsscheine sind eigentlich nicht Thema dieses Buchs – darf man dagegen niemals unlimitiert ordern. Zu viele unbedarfte Anleger sind hier schon böse hereingefallen.

2. 7. An welcher Börse kaufen?

Das wirft ein weiteres Thema auf: An deutschen Börsen werden weit mehr ausländische als deutsche Aktien gehandelt, und dieser Trend wird sich fortsetzen. Wer sich ein vernünftiges Aktiendepot zusammenstellen will, muss schließlich Papiere aus mehreren Ländern und Branchen kaufen, um Risiken zu reduzieren.

Eine ganz andere Frage ist es allerdings, an welcher Börse man sinnvollerweise ausländische Aktien kaufen sollte. In früheren Jahren verlangten die Banken für Aufträge in Mailand, New York oder Singapur oft derart hohe Gebühren, dass sich deutsche Kleinanleger meist quasi automatisch auf solche Auslandsaktien beschränkten, die an deutschen Börsen notiert waren. Damals riet auch die Fachpresse mit guten Gründen fast unisono dazu, Auslandsaktien im Zweifelsfall an deutschen Börsen zu ordern. Inzwischen hat sich die Situation allerdings wesentlich geändert: Der Erfolg der Discount-Broker hat Banken und Sparkassen dazu gezwungen, ihre Gebühren für Auslandsorders deutlich herabzusetzen. Viele Anleger haben zudem längst Konten bei Discount-Brokern eröffnet und profitieren von deren geringen Gebühren. Seither ist Preisvergleich angesagt. Eine traurige Feststellung: Ganz offensichtlich nutzen viele Börsenmakler in Deutschland die Uninformiertheit der Anleger aus und stellen exorbitant schlechte Kurse. Soll heißen: Wer zum Beispiel eine kanadische Aktie unlimitiert an einer deutschen Börse kauft, zahlt bis zu zehn Prozent mehr als er eigentlich hätte zahlen müssen, wenn man den Schlusskurs der betreffenden Aktie an der Börse Toronto von kanadischen Dollar in Euro umrechnet. Diese Praxis wird besonders deutlich, wenn man die Kurse ausländischer Nebenwerte an mehreren deutschen Börsen miteinander vergleicht. Eine Differenz von fünf oder mehr Prozent zwischen Stuttgart, Frankfurt, Berlin oder München ist absolut nichts Außergewöhnliches.

Das gilt vor allem für Aktien, die nicht aus dem Euro-Raum kommen. Die gemeinsame Währung hat dafür gesorgt, dass sich zum Beispiel die Frankfurter und Amsterdamer Kurse von niederländischen Standardwerten wie Philips oder Royal Dutch nur noch marginal voneinander unterscheiden. Das war früher anders. Dafür scheinen sich viele Makler nun mit Aktien aus Nordamerika, Japan oder aus den Emerging Markets schadlos zu halten. Man kann es leider nicht anders umschreiben: Der unerfahrene Anleger wird beim Kauf von Auslandsaktien an deutschen Börsen nicht selten schlicht über den Tisch gezogen. Daher mein Rat: Wenn Sie sich für Auslandsaktien interessieren – und das sollten Sie in Ihrem eigenen Interesse – dann klären Sie vor dem Kauf zwei Fragen:

1. *Welche Gebühren verlangt Ihre Bank oder Ihr Broker beim Kauf an der jeweiligen Auslandsbörse?* Sind diese Gebühren nicht allzu hoch, dann sollten Sie den Kauf an der Auslandsbörse erwägen.

2. Kleine Aktienkunde

2. Falls Ihnen die Gebühren zu hoch erscheinen: Wie lautete der Schlusskurs der Aktie an der Heimatbörse? Wenn Sie über einen Internet-Anschluss verfügen, ist es kein Problem, diesen Kurs in Erfahrung zu bringen. Die Websites der deutschen sowie der wichtigsten ausländischen Wertpapierbörsen finden Sie in Teil IV dieses Buchs. Rechnen Sie nun diesen Schlusskurs in Euro um und erteilen Sie einen entsprechend limitierten Kaufauftrag an derjenigen deutschen Börse, wo im langfristigen Vergleich die höchsten Umsätze der betreffenden Aktie zustande gekommen sind.

Ein großer Vorteil der technischen Entwicklung: Noch vor wenigen Jahren war es für den durchschnittlichen deutschen Kleinanleger mit fast übermenschlichen Anstrengungen verbunden, den Schlusskurs einer Aktie in Toronto, Hongkong, Lissabon oder Dublin zu ermitteln. Das hat sich geändert. Das Internet bietet in dieser Hinsicht eine Informationsfülle, von der man bis vor kurzem nur träumen konnte, wenn man nicht gerade Investmentbanker oder professioneller Aktienanalyst war. Nutzen Sie diese Informationsmöglichkeiten! Sie können wirklich geldwerte Vorteile daraus ziehen, dass der Informationsvorsprung der Profis sichtlich zusammengeschmolzen ist. Wer sich heute noch mit unfairen Kursen über den Tisch ziehen lässt, ist wirklich selbst schuld. Zumindest kann er sich nicht mehr darauf berufen, er habe keinen Zugang zu den nötigen Fakten gehabt.

Also noch einmal: Die Tatsache, dass eine Auslandsaktie an einer deutschen Börse gelistet wird, ist kein zureichender Grund, sie auch dort zu kaufen. Zunächst sollte man prüfen, wieviel der direkte Kauf an der Heimatbörse kostet. Die entsprechenden Gebühren dürften in den kommenden Jahren weiter sinken, so dass der Kauf in Deutschland immer weniger sinnvoll wird. Das gilt vor allem für Titel von Unternehmen, die außerhalb des Euro-Raums beheimatet sind. Die durch die gemeinsame Währung geschaffene Kurstransparenz dürfte dagegen bei Euroland-Titeln dafür sorgen, dass es eine immer geringere Rolle spielen wird, ob man sie nun in Amsterdam, Frankfurt, Paris oder Mailand kauft. Sollte Ihre Bank allerdings derzeit noch so hohe Gebühren verlangen, dass der Kauf an der Auslandsbörse unattraktiv wird, dann sollten Sie an derjenigen deutschen Börse ordern, die in dem betreffenden Papier die höchsten Umsätze verzeichnet. Zumindest die ein wenig bedeutenderen Auslandsaktien werden ja meist an mehr als einem deutschen Börsenplatz notiert. Wenn Sie nun noch ein Limit auf Basis des jeweiligen Schlusskurses an der Heimatbörse setzen, kann nicht mehr viel schiefgehen.

Noch eine Anmerkung zum Thema der Limitierung: Sie haben die Wahl zwischen tagesgültigen Limits und solchen, die bis zum letzten Börsentag des Monats (Ultimo) laufen. Tagesgültige Limits sind in erster Linie dann sinnvoll, wenn Sie von kurzfristigen Kursschwankungen profitieren wollen. Nehmen wir einmal an, eine Aktie sei wegen einer enttäuschenden Gewinnprognose von 40 auf 25 Euro eingebrochen. Wenn Sie diese Entwicklung für übertrieben halten und demzufolge mit einer schnellen Erholung rechnen, dann sollten Sie ein tagesgültiges Limit erteilen. Allerdings mit dem bereits erwähnten Risiko: Wenn zuviele Anleger auf die gleiche Idee gekommen sind wie Sie, dann wird sich der Kurs vielleicht schneller erholen, als Ihnen lieb sein kann, und Sie kommen mit Ihrem Limit nicht zum Zug.

Es kann also durchaus sinnvoll sein, ein ultimogültiges Limit zu erteilen. Wenn der gewünschte Kurs bis einschließlich zum letzten Handelstag des Monats erreicht wird, kann der Auftrag ausgeführt werden. Solche Limits setzt man sinnvollerweise dann, wenn man von den längerfristigen Perspektiven einer Aktie überzeugt ist und trotzdem gute Chancen sieht, sie zu einem niedrigeren als dem aktuellen Kurs erwerben zu können. Vor allem in relativ schwachen Börsenphasen kann es sich auszahlen, ein Kauflimit zu setzen, das um einige Prozentpunkte unter dem aktuellen Kurs liegt. Wenn man Glück hat, sinkt die Aktie tief genug, um den limitierten Kauf zu ermöglichen. Wenn nicht, kostet es nicht mehr als ein paar Mark Limitgebühren.

In sehr schwachen Börsenphasen gehen Profis oft mit geradezu unverschämt niedrigen Kauflimits in den Markt. Man nennt diese Vorgehensweise auf neudeutsch „Bottom Fishing", was den Versuch umschreibt, sich Aktien dann zu „angeln", wenn sie am Boden liegen. Falls die Panik der anderen Anleger stark genug ist, sprich: wenn viele Investoren unlimitierte Verkaufsaufträge erteilen, sinkt der Kurs vielleicht tatsächlich so tief, dass man für ein Spottgeld erstklassige Aktien erhält. Der Nachteil dabei: Was heute spottbillig erscheint, kann aus morgiger Sicht schon reichlich teuer sein. Auch tief gefallene Aktien können noch weitaus stärker abstürzen. Eine solche Vorgehensweise erfordert daher starke Nerven, erhebliche Bargeldreserven und nicht zuletzt einen Schuss Spekulantenblut.

2. Kleine Aktienkunde

2. 8. Ein Gebührenvergleich lohnt immer

Für Kauf und Verwahrung von Wertpapieren ebenso wie für die Entgegennahme limitierter Aufträge, die nicht am folgenden Börsentag ausgeführt werden können, stellt die Bank Gebühren in Rechnung. Wenn Sie Ihr Depot häufig umschichten, sind die Transaktionskosten durchaus ein gewichtiger Faktor in Ihrer Gewinn- und Verlustrechnung. In diesem Fall könnte es sich lohnen, zu einem Discount-Broker zu wechseln. Diese Institute – in Deutschland meist Töchter von Geschäftsbanken – verlangen wesentlich niedrigere Gebühren als ihre „Mütter", bieten dafür aber auch keine individuelle Anlageberatung an. Wenn Sie sich intensiv mit dem Geschehen an den Wertpapiermärkten beschäftigen und bereits über einige Börsenerfahrung verfügen, können Sie diesen Mangel leicht verschmerzen. Die Qualität der Anlageberatung durch die Banken ist ohnehin ein Thema, das Bücher füllen könnte.

Wenn Sie also ein erfahrener Anleger sind und relativ oft Depotumschichtungen vornehmen, dann sollten Sie den Wechsel zu einem Anbieter mit möglichst niedrigen Gebühren erwägen. Auf diese Weise lassen sich im Lauf der Zeit erhebliche Beträge einsparen. Sollten Sie allerdings ein Langfristanleger sein, der seine Papiere jahrelang im Depot hält, so lohnt sich der Wechsel zum Discount-Broker in der Regel nicht.

Die Angebote und die Gebührenstruktur der Discount-Anbieter ändern sich sehr schnell, da die Konkurrenz auf diesem Gebiet speziell in Deutschland sehr hart ist. Ich habe daher auf eine Auflistung verzichtet, da sie wohl bei der Drucklegung dieses Buches schon wieder veraltet wäre. Hier daher lediglich – ohne jede Wertung oder Anspruch auf Vollständigkeit – die Info-Telefonnummern und die Internet-Adressen der wichtigsten Anbieter:

Advance Bank
018003/33 00 00
www.advance-bank.de

Bank 24
01803/24 00 00
www.bank24.de

Comdirect Bank
01803/44 45
www.comdirect.de

Consors
01803/25 25 11
www.consors.de

Direkt Anlage Bank
01802/25 45 00
www.diraba.de

Entrium
0130/74 44
www.entrium.de

Teil I: Die Grundlagen

Fimatex
069/7107500
www.fimatex.de

1822direkt
01803/241822
www.1822.com

Auf dem Gebiet des Discout-Broking dürfte es in Deutschland bald zu weiteren, für den Kunden in der Regel erfreulichen Veränderungen kommen. So ist es bei amerikanischen Discount-Brokern üblich, Kundendepots kostenlos zu führen und lediglich pro Auftrag bestimmte Gebühren zu verlangen. Das wird sich auch in Deutschland durchsetzen. Sobald ein größerer Anbieter die Depotgebühren abschafft, werden die anderen nachziehen müssen, um ihre Kunden bei der Stange zu halten.

Demnächst wird mit der NetBank ein Neuling seine Dienste anbieten, der in Vertrieb und Auftragserteilung ausschließlich auf das Internet setzt. Da die Orderabwicklung im Internet den Anbietern Kosten spart, wird die NetBank lediglich eine Jahrespauschale erheben und Depot- oder Auftragsgebühren völlig abschaffen. Zudem werden einige amerikanische Anbieter auf den deutschen Markt drängen. Diese Häuser, wie zum Beispiel Charles Schwab, weltweit der Discount-Pionier schlechthin, könnten die deutsche Gebührenszene ebenso aufmischen wie sie es vor einigen Jahren mit der amerikanischen getan haben. Man spricht auch schon von einer anderen Zukunftsvision: Die Discount-Broker könnten ihren Kunden kostenlose Internet-PCs zur Verfügung stellen, die sich dann quasi über die Börsenorders amortisieren. Eines aber wird sich bestimmt nicht ändern: Individuelle Beratung bieten die Billigbroker nicht an. Nur deshalb können sie ja weit niedrigere Gebühren in Rechnung stellen als herkömmliche Banken. Das heißt jedoch nicht, dass es bei den Discount-Brokern keine wichtigen Börseninformationen zu holen gäbe. Im Gegenteil, denn das Info-Angebot auf den Internet-Seiten der verschiedenen Anbieter hat sich in kurzer Zeit enorm verbessert. Bei einer im September 1999 von BÖRSE ONLINE durchgeführten Untersuchung haben comdirect, ConSors und die DirektAnlage Bank in dieser Hinsicht am besten abgeschnitten. Es ist aber zu erwarten, dass die anderen Anbieter schnell nachziehen werden. Auf keine andere Weise nämlich kann ein Discount-Broker eine so effektive Kundenbindung erreichen wie über ein gutes Informationsangebot. Dieser Aspekt könnte neben der Gebührenstruktur in Zukunft zum entscheidenden Wettbewerbsfaktor werden.

2. Kleine Aktienkunde

2. 9. An der Börse gibt es keine Geschenke

Aktien bergen Verlustrisiken. An diese Aussage erinnern sich die Anleger vor allem dann, wenn die Kurse nach unten tendieren – aber sie stimmt auch in freundlichen Börsenzeiten. Bevor Sie Aktien kaufen, sollten Sie also überlegen, worauf Sie sich da eigentlich einlassen. Als Aktionär sind Sie Miteigentümer eines Unternehmens, und die Rendite Ihrer Investition hängt vor allem davon ab, wie erfolgreich dieses Unternehmen in Zukunft wirtschaften wird. Aktien sind keine Gläubigerpapiere wie etwa Anleihen, deren Inhaber sich darauf verlassen können, zu den festgelegten Terminen Zinsen zu erhalten und am Ende der Laufzeit ihr eingesetztes Kapital zurückzubekommen. Zwar kann auch der Anleihenbesitzer eine böse Überraschung erleben, wenn sein Schuldner zahlungsunfähig wird, aber dieser Gefahr kann er dadurch vorbeugen, dass er nur Schuldtitel erstklassiger Emittenten kauft.

Im Vergleich dazu geht der Aktionär tatsächlich ein höheres Risiko ein. Im schlimmsten Fall kann „sein" Unternehmen in Konkurs geraten, und die Aktien werden wertlos. Die Wirtschaftsgeschichte ist voll von spektakulären Pleiten auch solcher Unternehmen, die noch wenige Jahre zuvor als Börsenlieblinge gegolten hatten. Ähnlich wie der Anleiheninhaber kann auch der Aktionär dieses Risiko meiden, indem er auf Qualität achtet und zweifelhafte, hochspekulative Titel meidet.

Mit der Gefahr von Kursverlusten muss der Aktionär jedoch immer rechnen. Selbst die besten Aktien dieser Welt haben schon empfindliche Kurseinbrüche erlebt, und dergleichen wird auch in Zukunft wieder passieren. In Teil III dieses Buches wird ausführlich dargelegt, wie man sich vor ruinösen Kursverlusten schützen kann, aber zwischenzeitliche Werteinbußen lassen sich niemals ganz ausschließen. Jeder Anleger muss für sich selbst die Frage beantworten, ob er sich auf die mit Aktienengagements nun einmal verbundenen Risiken einlassen will. Wer diese Frage verneint, ist mit erstklassigen Anleihen besser bedient als mit Aktien.

Er muss zwar unter Umständen auf hohe Kursgewinne verzichten, aber das ist immer noch besser als wegen der Angst vor Kursverlusten schlaflose Nächte zu verbringen. Hinzu kommt: In den allermeisten Zeiträumen der Vergangenheit haben Aktien zwar tatsächlich bessere Renditen erbracht als festverzinsliche Wertpapiere, es gibt allerdings keine Garantie, dass dies auch in Zukunft so sein wird. Und auch in der Vergangenheit mussten Aktionäre oft lange Durststrecken überstehen, um schließlich in die Gewinnzone zu kommen. Wer zum Beispiel im September 1929, unmittelbar vor dem großen Crash an der Wall Street, in amerikanische Aktien investierte, kam erst im Sommer 1954 aus der Verlustzone. Die enormen Kursgewinne der vergangenen Jahre sollten keinen Anleger zu der Annahme verleiten, dass es immer so weitergehen wird. Im Gegenteil: Eine derart lange Aufwärtsbewegung ist im historischen Vergleich die ganz große Ausnahme, und wir werden mit absoluter Sicherheit auch wieder magere Börsenjahre erleben. Der Zweck dieses Buches ist also nicht, Sie zu Aktienengagements zu überreden, wenn Sie sich mit festverzinslichen Wertpapieren eigentlich wohler fühlen. Falls Sie sich allerdings für Aktien entschieden haben, werden Sie in diesem Buch hoffentlich Antworten auf alle Ihre Fragen finden. Sogar Antworten auf solche Fragen, die Ihnen noch gar nicht in den Sinn gekommen sind.

Der Langfristchart des DAX zeigt es eindeutig: An der Börse treten mitunter jahrelange Durststrecken auf. Von 1964 bis 1981 gab es am

DAX-Langfristchart 1964 bis 1999.

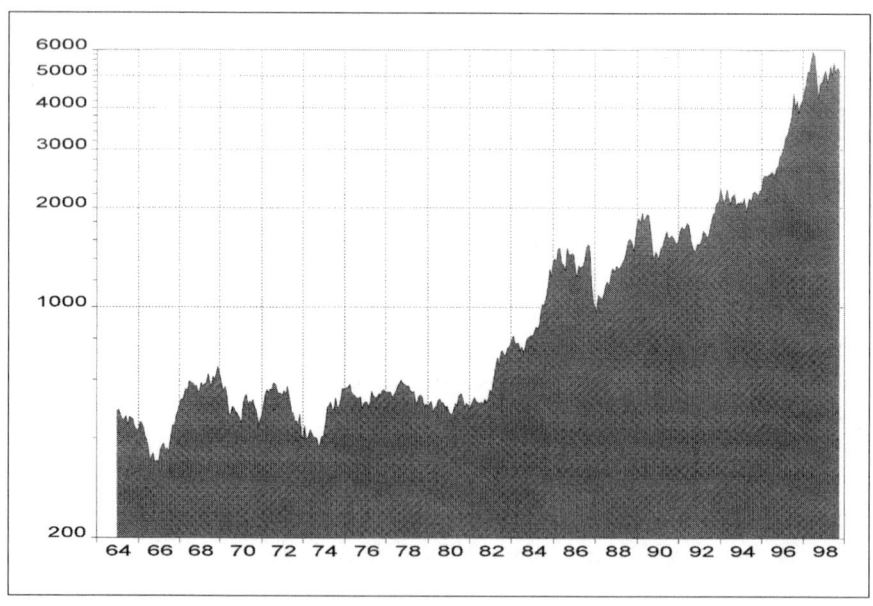

Quelle: Datastream

2. Kleine Aktienkunde

deutschen Aktienmarkt eine ausgeprägte Seitwärtsbewegung. Wer 1969 deutsche Aktien gekauft hatte, kam erst 1982 in die Gewinnzone. Danach gab es allerdings mehrere starke Aufwärtsschübe. Der Crash vom Oktober 1987 und die Kuwait-Krise im Sommer 1990 sind im Langfristvergleich wenig mehr als Korrekturen in einer langfristigen Hausse, die im Prinzip seit 1982 anhält. Wie der Kurseinbruch im Sommer 1998 zu interpretieren ist, wird sich allerdings erst in Zukunft herausstellen. Jahrelange Seitwärtsbewegungen und scharfe Einbrüche sind an der Börse immer möglich. Eine Anmerkung: Der DAX wurde zwar erst 1988 konzipiert, aber durch Einbeziehung früherer Aktienkurse und Dividendenausschüttungen ist es problemlos möglich, Indexentwicklungen auch für Zeiten darzustellen, in denen es den Index in dieser Form noch gar nicht gab. Näheres zu diesem Thema finden Sie in Teil I. 3. dieses Buches.

Kursverläufe wie die im abgebildeten Chart lassen sich an sämtlichen Aktienindizes dieser Welt verfolgen. Auch der Dow Jones zeigte jahrelange Seitwärts- und Abwärtstrends. Stets wird dabei deutlich: Im Prinzip trifft es zu, dass Aktien eine überaus rentable Geldanlage sind. Die Rendite hängt jedoch stark vom betrachteten Anlagezeitraum ab, und es wäre sehr kurzsichtig, die Kursgewinne der vergangenen zehn oder 15 Jahre als Normalfall zu werten.

2. 10. Aktien können sich vermehren: Die Kapitalerhöhung

Wenn Unternehmen für neue Investitionen Kapital benötigen, so haben sie grundsätzlich zwei Möglichkeiten, es sich zu beschaffen: Zunächst können sie bei ihren Hausbanken langfristige Kredite aufnehmen oder eine Anleihe auf den Markt bringen. In beiden Fällen handelt es sich jedoch um Fremdkapital, das verzinst und schließlich zurückgezahlt werden muss. Verständlich, dass diese Vorgehensweise in Zeiten niedriger Zinsen verbreiteter ist als in Hochzinsphasen.

Aktiengesellschaften haben aber auch noch eine andere Möglichkeit der Kapitalbeschaffung: Sie können auf dem Weg über eine ordentliche Kapitalerhöhung (§§182 – 191 Aktiengesetz) das Grundkapital erhöhen und somit ihre Eigenkapitalbasis stärken. Die AG gibt also neue Aktien aus, und zwar zu einem festgesetzten Emissionskurs. Er liegt in der Regel deutlich unter dem aktuellen Börsenkurs der „alten" Aktien des Unternehmens, um die Teilnahme an der Kapitalerhöhung für die bisherigen Aktionäre und auch für andere Investoren attraktiv zu machen.

Das Grundkapital der AG erhöht sich um die Summe der Nennwerte der neuen Aktien – falls die Titel des Unternehmens mit einem Nennwert ausgestattet sind. Tatsächlich fließt dem Unternehmen aber wesentlich mehr Geld zu, da der Kurswert der Altaktien, an dem sich der Emissionspreis der neuen Aktien orientiert, meist deutlich über dem Nennwert liegt. Bei einer ordentlichen Kapitalerhöhung haben die Aktionäre das Recht, entsprechend ihrer bisherigen Beteiligung am Grundkapital neue Aktien zu erwerben. Dieses Recht nennt man Bezugsrecht. Wird die Kapitalerhöhung im Verhältnis 5:1 durchgeführt – das heißt: je fünf alte Aktien wird eine neue ausgegeben und das Grundkapital somit um 20 Prozent erhöht –, so kann der Altaktionär für je fünf alte Aktien eine neue erwerben, indem er den von der AG festgelegten Emissionspreis bezahlt. Danach besitzt er sechs Aktien, und an seiner prozentualen Beteiligung an der AG hat sich nichts geändert.

Ganz so glatt läuft es allerdings nicht immer. Ein Aktionär hält zum Beispiel eine Anzahl von Aktien, die nicht durch fünf teilbar ist. Er hat nun die Wahl, zusätzliche Bezugsrechte zu erwerben oder die überschüssigen zu verkaufen. Er kann natürlich auch alle seine Bezugsrechte zu Geld machen, wenn er an der Kapitalerhöhung nicht teilnehmen will. Solche Transaktionen können während der etwa zweiwöchigen Bezugsfrist vorgenommen werden. In dieser Zeit werden die Bezugsrechte an der Börse gehandelt. Theoretisch entspricht der Wert eines Bezugsrechts der Wertminderung, die eine Altaktie durch die Kapitalerhöhung erfährt. Die Formel zur Berechnung lautet:

$$\text{Wert} = \frac{\text{Kurs der Altaktie} - \text{Emissionspreis der jungen Aktie}}{\text{Bezugsverhältnis} + 1}$$

Bei einer Kapitalerhöhung im Verhältnis 5:1, einem Kurs der Altaktien von 300 Euro und einem Emissionspreis der neuen Aktien von 240 Euro liegt der Wert des Bezugsrechts bei $(300 - 240) : (5 + 1) = 10$ Euro.

Da das Bezugsrecht am Beginn der Bezugsfrist von der Altaktie abgetrennt und sie fortan „ex Bezugsrecht" gehandelt wird, sinkt ihr Kurs, von anderen Einflüssen auf die Preisbildung abgesehen, theoretisch um den Wert des Bezugsrechts, in unserem Beispiel um zehn Euro.

Rein rechnerisch bleibt es sich aus der Sicht eines Altaktionärs also

2. Kleine Aktienkunde

gleich, ob er an der Kapitalerhöhung teilnimmt oder seine Bezugsrechte verkauft. Während der Bezugsfrist unterliegt der Kurs der Altaktie – und damit der Wert des Bezugsrechts – selbstverständlich den an der Börse üblichen Schwankungen. Es kann also durchaus sein, dass der Wert des Bezugsrechts sich in diesem Zeitraum mehr oder weniger deutlich nach oben oder unten bewegt.

Die Frage, ob man nun an einer Kapitalerhöhung teilnehmen oder sein Geld lieber anderweitig investieren soll, lässt sich nicht allgemeingültig beantworten. Schon kurz nach der Ankündigung einer solchen Kapitalmaßnahme kann man allerdings an der Reaktion der Börse ablesen, ob die Konditionen – insbesondere der Emissionspreis für die neuen Aktien – positiv oder ablehnend aufgenommen werden. Letzten Endes steht der Altaktionär vor der Entscheidung, ob er zusätzliches Geld in ein Unternehmen investieren will, an dem er schon beteiligt ist. Die Antwort auf diese Frage hängt vor allem davon ab, wie er die Perspektiven „seiner" AG beurteilt. Dies gilt jedenfalls für den Fall einer ordentlichen Kapitalerhöhung.

Wenn man in der Presse liest, eine AG habe Gratisaktien ausgegeben, dann könnte man den Eindruck gewinnen, hier sei etwas verschenkt worden. Das aber steht im Widerspruch zum Börsenlehrsatz Nummer eins: An der Börse gibt es keine Geschenke. In der Tat ist die Bezeichnung irreführend: Der Aktionär muss für diese Papiere zwar nichts bezahlen, sein Depot erfährt jedoch auch keine Wertsteigerung.

Zur Ausgabe von Gratis- oder besser: Berichtigungsaktien kommt es, wenn die AG eine Kapitalerhöhung aus Gesellschaftsmitteln durchführt. Im Gegensatz zur ordentlichen Kapitalerhöhung müssen die Altaktionäre für die neu ausgegebenen Aktien keinen Zeichnungspreis entrichten, denn es handelt sich lediglich um eine Umwandlung offener Rücklagen in Grundkapital. Der Sinn dieser Maßnahme aus Sicht der AG ist es, das haftende Eigenkapital in ein angemessenes Verhältnis zu den Rücklagen zu bringen. Positiv für die Gläubiger des Unternehmens: Wegen der Ausschüttungssperrfunktion des gezeichneten Kapitals erhöhen sich ihre Sicherheiten. Eine durchaus erwünschte Nebenwirkung kommt hinzu: Da die AG durch die Kapitalumschichtung ja nicht mehr wert geworden ist, aber zusätzliche Titel emittiert hat, sinkt der Aktienkurs. Dadurch wird die Aktie optisch billiger und womöglich auch für solche Anleger interessant, die sich zuvor aufgrund des hohen Kurswerts nicht engagiert hatten.

Werden zum Beispiel Berichtigungsaktien im Verhältnis 1:1 ausgegeben, das heißt: Der Aktionär erhält für jede bislang gehaltene Aktie eine zusätzliche neue, so sinkt der Aktienkurs theoretisch auf die Hälfte des Werts vor der Kapitalmaßnahme. Das ist auch logisch: Während bei der ordentlichen Kapitalerhöhung der AG Geld zufließt – die Aktionäre müssen für den Bezug der neuen Aktien ja einen Preis entrichten –, bleibt ihr Vermögen nach einer Kapitalerhöhung aus Gesellschaftsmitteln unverändert. Da sich die Zahl der Aktien aber erhöht hat, repräsentiert eine einzelne Aktie nun einen kleineren Anteil am Gesamtvermögen.

Für den Altaktionär ändert sich dadurch nichts: Falls er im erwähnten Beispiel vorher vier Aktien mit einem Kurswert von je 50 Euro hatte, so besitzt er nach der Kapitalerhöhung acht Papiere, von denen jedes 25 Euro wert ist. Die optische Absenkung des Kurswerts könnte die Aktien allerdings für Investoren interessant machen, denen sie bei 50 Euro pro Stück zu „teuer" erschienen waren. Genau aus diesem Grund haben, wie bereits kurz erwähnt, in den vergangenen Jahren viele deutsche AGs den Nennwert ihrer Aktien von 50 auf fünf Mark herabgesetzt.

Das deutsche Aktienrecht kennt neben der ordentlichen Kapitalerhöhung und der Kapitalerhöhung aus Gesellschaftsmitteln auch die bedingte Kapitalerhöhung. Sie ist für die Gewährung von Umtauschrechten für die Inhaber von Wandel- und Optionsanleihen vorgesehen. Außerdem kann sie zur Vorbereitung einer Fusion mit einem anderen Unternehmen dienen.

Eine Kapitalerhöhung ist übrigens nicht mit einer Aktienteilung (Split) zu verwechseln. Beim Split kommt es nämlich nicht zu einer Erhöhung des Grundkapitals, sondern es wird lediglich für eine bisher gültige Aktie eine bestimmte Anzahl neuer Titel ausgegeben. Auch beim Split entsteht also für den Aktionär weder ein Gewinn noch ein Verlust. Nach der Maßnahme besitzt er zwar eine größere Anzahl von Aktien, aber am Gesamtwert seines Investments ändert der Split nichts. War die Aktienteilung früher vor allem in den USA eine verbreitete Maßnahme zur optischen Verbilligung von Aktienkursen, so wenden jetzt auch deutsche Unternehmen immer öfter diesen Kunstgriff an. Vor allem einige Titel am Neuen Markt, deren Kurswert enorm angestiegen war, wurden durch einen Split wieder „billiger" gemacht.

Wesentlich seltener als zu einem Split kommt es in den USA zur gegenteiligen Maßnahme, dem Reverse Split. Dabei werden mehrere Aktien zu einer zusammengefasst. Reverse Splits werden dann durchgeführt, wenn der Aktienkurs ein sehr niedriges Niveau erreicht hat und führen dazu, dass er optisch wieder ein wenig zurechtgeschminkt wirkt. Reine Kurskosmetik also, und meist kein gutes Zeichen für die betreffende Aktie.

2.11. Unternehmen als Aktienkäufer

Im Gegensatz zur Kapitalerhöhung und zum Split wird also beim Reverse Split die Anzahl der von einem Unternehmen ausgegebenen Aktien geringer. Eine andere Maßnahme, die ebenfalls zu diesem Ergebnis führt, hat in letzter Zeit immer mehr an Bedeutung gewonnen: Der Rückkauf eigener Aktien durch Unternehmen.

In den USA haben Börsenriesen wie IBM, General Motors oder Eastman Kodak in den vergangenen Jahren in großem Stil eigene Aktien zurückgekauft. In Deutschland war dies bis vor kurzem nicht erlaubt, doch seit die Gesetzeslage sich verändert hat, ergreifen auch immer mehr deutsche Unternehmen diese Maßnahme. Nach einer Meldung der *„Süddeutschen Zeitung"* vom 3. August 1999 hatten zu diesem Zeitpunkt nicht weniger als 238 deutsche Aktiengesellschaften den Rückkauf eigener Papiere beschlossen.

Warum tun sie das? Sinnvoll ist der Rückkauf nur dann, wenn ein Unternehmen gute Gründe hat, die eigene Aktie für unterbewertet zu halten. In solchen Fällen ist der Kauf auch ein deutliches Signal an die Börse beziehungsweise an die Marktteilnehmer: Wenn die Unternehmensführung, die ja eigentlich in der Lage sein sollte, den Wert der eigenen Aktie zutreffender zu beurteilen als jeder Außenstehende, diese Aktie für krass unterbewertet hält, dann ist sie vielleicht tatsächlich zu billig. Ansonsten würde das Management des betreffenden Unternehmens das Geld sinnvollerweise anderweitig investieren.

Rückkäufe eigener Aktien sind also durchaus dazu geeignet, die Aufmerksamkeit der Marktteilnehmer zu erregen und damit zumindest auf längere Sicht für steigende Kurse zu sorgen. Dergleichen liegt natürlich im Interesse der Anleger. Hinzu kommt: Wenn die Anzahl der ausgegebenen Aktien kleiner wird, steigt ceteris paribus der Wert jedes einzelnen Anteilsscheins. Auch für die Unternehmen hat der Aktienrückkauf seine Vorteile. Zunächst tut das Management damit etwas für die Aktionäre, und auch in Deutschland hat es sich inzwischen herumgesprochen, dass solche Maßnahmen – Stichwort: Shareholder Value – langfristig durchaus im Interesse des Unternehmens sind. Zudem werden Dividendenzahlungen eingespart, wenn weniger Aktien im Umlauf sind. Damit muss ein geringerer Teil der Gewinne ausgeschüttet werden, oder der Spielraum für jedem Aktionär stets willkommene Dividendenerhöhungen auf die verbliebenen Aktien wird größer. Auch das dient dem ureigenen Interesse des Unternehmens.

Die Schutzgemeinschaft der Kleinaktionäre (SdK) beklagte im Sommer 1999 allerdings, dass Aktienrückkäufe in Deutschland meist nicht im Interesse der Anteilseigner vorgenommen wurden, sondern anderen Zielen dienten: Oft wurden die Papiere nicht eingezogen, sondern an institutionelle Investoren verkauft, oder sie dienten dem Aktientausch im Rahmen der Fusion mit einem anderen Unternehmen. Durch die Rückkäufe wurde die Zahl der ausgegebenen Aktien also nicht geringer, es änderte sich lediglich die Aktionärsstruktur – meist nicht eben zugunsten der Kleinanleger.

In den USA hat es sich meist bewährt, auf solche Unternehmen zu setzen, die umfangreiche Aktienrückkäufe angekündigt hatten. Dort haben Rückkäufe allerdings auch eine weitaus längere Tradition als in Deutschland, und zudem werden die Titel dort meist tatsächlich eingezogen. Dennoch spricht für den deutschen Privatanleger nichts dagegen, diesem Punkt einige Aufmerksamkeit zu widmen. Die Ankündigung eines Aktienrückkaufprogramms ist sicherlich kein zureichender Grund, sich für einen bestimmten Titel zu entscheiden – aber ein kleiner Pluspunkt ist sie in jedem Fall.

2. 12. Der Wertpapierhandel an deutschen Börsen

An den acht deutschen Börsenplätzen werden nicht nur Aktien, sondern auch festverzinsliche Wertpapiere, Devisen und derivative Finanzprodukte gehandelt. Die Handelszeiten sind in den vergangenen Jahren, einem internationalen Trend folgend, immer mehr ausgeweitet worden und stellten sich im Herbst 1999 wie folgt dar:

Börse Frankfurt	Aktien und Optionsscheine	9.00 bis 17.00 Uhr
	Renten	9.00 bis 17.00 Uhr
	Neuer Markt	9.00 bis 17.00 Uhr
	XETRA	9.00 bis 17.00 Uhr

2. Kleine Aktienkunde

Börse Düsseldorf	Wertpapiere	8.30 bis 17.00 Uhr
	Devisen	13.00 bis 14.00 Uhr
Börse München	Aktien	8.30 bis 17.00 Uhr
	Renten	10.30 bis 13.30 Uhr
Börse Berlin	Aktien	8.30 bis 17.00 Uhr
Börse Stuttgart	Aktien und Optionsscheine	8.30 bis 16.59 Uhr
	Renten	8.30 bis 16.59 Uhr
Börse Hamburg	Aktien	8.30 bis 17.00 Uhr
Börse Bremen	Aktien	8.30 bis 17.00 Uhr
	Renten	8.30 bis 17.00 Uhr
Börse Hannover	Aktien und Optionsscheine	8.30 bis 17.00 Uhr

Wie man hört, dürften die Handelszeiten in Zukunft noch weiter ausgedehnt werden. In den USA diskutiert man derzeit das Thema des Aktienhandels rund um die Uhr, und es gibt Gegner wie Befürworter einer solchen Regelung. Man muss allerdings kein Prophet sein, um zu ahnen, dass es irgendwann so weit kommen wird, und zwar nicht nur an der Wall Street und an der NASDAQ, sondern an allen wichtigen Börsenplätzen dieser Welt.

Nach einer Meldung der *„Süddeutschen Zeitung"* am 22. Oktober 1999 plant die Deutsche Börse AG in Frankfurt, ihre Handelszeiten schon bald weiter auszudehnen. Ab dem 17. April 2000 soll das elektronische Handelssystem XETRA den Handel bis 20.00 Uhr ermöglichen. Scheitern könnte der Plan allenfalls an technischen Problemen oder an Meinungsverschiedenheiten mit den sieben anderen europäischen Aktienmärkten, die mit Frankfurt kooperieren. Man sieht also deutlich, wohin in Zukunft die Reise gehen wird.

Für den Privatanleger wesentlich interessanter ist jedoch eine andere Entwicklung. Traditionell gibt es an deutschen Börsen den Kassamarkt und den variablen Handel. Am Kassamarkt werden Aktien gehandelt, deren tägliche Börsenumsätze gering ausfallen. Daher wird täglich nur ein Kurs festgestellt, zu dem ein Maximum aller vorliegenden Kauf- und Verkaufsorders abgewickelt werden kann.

Die umsatzstarken Standardwerte werden dagegen variabel gehandelt. Börsentäglich werden so viele Kurse ermittelt, wie Angebot und Nachfrage im für den variablen Handel erforderlichen Volumen zusammentreffen.

Der variable Aktienhandel kam früher für Privatanleger aus naheliegenden Gründen kaum in Frage. Der erforderliche Mindestschluss, also die Mindeststückzahl, lag in der Regel bei 50 Aktien. Wer Anfang der 90er Jahre zum Beispiel Daimler-Aktien variabel handeln wollte, musste schon etwa 35 000 Mark dafür aufwenden. Das ist mehr, als die meisten Anleger für eine einzelne Depotposition zu investieren bereit waren. Die Lage wurde ein wenig besser, als viele deutsche Aktiengesellschaften den Nennwert ihrer Anteilsscheine von 50 auf fünf Mark umgestellt hatten. Die Mindeststückzahl bei Fünf-Mark-Aktien wurde auf 100 festgelegt, obwohl aus einer „alten" Aktie durch die Nennwertumstellung ja zehn neue geworden waren.

Daher musste man nur noch ein Fünftel des früheren Betrags aufwenden, um am variablen Handel teilnehmen zu können. Auch das war des Guten aber noch nicht genug. Inzwischen hat man die Mindeststückzahl für den variablen Handel an den meisten Börsen völlig abgeschafft. Man kann also schon eine einzige Aktie variabel erwerben oder verkaufen.

Wer vor zehn oder 20 Jahren einmal ein Börsengebäude in Deutschland besucht und von der Galerie aus das Geschehen auf dem Parkett beobachtet hat, gewann einen prägenden Eindruck fürs Leben. Damals ging es im Börsensaal noch richtig rund, besonders an umsatzstarken Tagen. Die Händler riefen sich quer über das Parkett ihre Geld- und Briefkurse zu, und sie taten das mit durchaus erhobener Stimme. Heute dagegen läuft es wesentlich ruhiger ab. Man hört keine lauten Rufe, die Makler sitzen mehr oder weniger entspannt vor ihren Terminals, und die Börsen haben dadurch ein wenig von ihrer früher unvergleichlichen Atmosphäre eingebüßt.

Das ist der Zug der Zeit, nicht nur in Deutschland, sondern an den meisten bedeutenden Börsenplätzen. Der Computerhandel hat den Parketthandel weitgehend verdrängt, und die elektronische Orderabwicklung wird immer mehr an Bedeutung gewinnen.

Im elektronischen Handelssystem XETRA (Kürzel für (**Ex**change **E**lectronic **Tra**ding) können Anleger schon seit dem 12. Oktober 1998 alle in Frankfurt notierten Aktien ohne Mindeststückzahl handeln. Ab April 2000 sollen auch Optionsscheine in XETRA ge- und verkauft

2. Kleine Aktienkunde

werden. Das Handelssystem ersetzt seit November 1997 das alte IBIS-System. Dieses diente früher so gut wie ausschließlich Banken und institutionellen Großanlegern zur Abwicklung ihrer Börsengeschäfte. Bei XETRA war es anfangs auch nicht anders, aber inzwischen steigt der Anteil der Privatanleger am Gesamtumsatz. Bis zum Sommer 1998 gab es auch noch Mindeststückzahlen, und es wurden lediglich 109 deutsche Aktien im XETRA-System notiert.

Dabei handelte es sich um die Werte aus dem DAX-30, dem MDAX, die Vorzugsaktien solcher Unternehmen, deren Stammaktien im DAX vertreten sind (wobei es bei SAP exakt umgekehrt war) und die Aktie von ProSieben.

Das Spektrum ist später auf alle in Frankfurt notierten Wertpapiere ausgedehnt worden, und die Mindeststückzahl wurde abgeschafft. Es gibt noch einige weitere wichtige Besonderheiten:

- Es ist nun möglich, im XETRA-System Stop-Loss-Aufträge zu erteilen. Bei Unterschreiten des Stop-Kurses wird die Position sofort verkauft.
- Etwa 80 Prozent der Frankfurter Börsenumsätze in den DAX-30 Werten entfallen auf XETRA.
- Seit dem 21. Juni 1999 ermittelt die Deutsche Börse AG den Stand des DAX-30 und des MDAX nur noch aus XETRA-Kursen. Der altbekannte Parkett-DAX ist damit abgeschafft. Die Ermittlung des MDAX-Standes anhand der XETRA-Kurse ist und bleibt allerdings umstritten, da nach wie vor der Großteil der Aufträge in den MDAX-Werten im Parketthandel abgewickelt wird.
- Standardwerte sind ab einem Ordervolumen von 100 Stück sofort in XETRA handelbar, die Titel des Neuen Markts und Auslandswerte schon ab einer Aktie. Aufträge von weniger als 100 Stück in DAX-Werten werden im Rahmen von Auktionen abgewickelt, die dreimal täglich stattfinden (8.30 Uhr, 13.00 Uhr und 17.00 Uhr).
- Alle Werte des Neuen Markts und des SMAX werden von mindestens einem Experten (Designated Sponsor) betreut. Er stellt auf Antrag verbindliche Geld- und Briefkurse.

Die Frankfurter Börse weist selbst darauf hin, dass es sich bei Nebenwerten empfiehlt, limitierte Aufträge zu erteilen. Marktbeobachter bekräftigen diese Empfehlung, da es im XETRA-Handel oft zu recht breiten Spannen zwischen Geld- und Briefkursen kommt. Ebenfalls wichtig: Im XETRA-Handel sind Teilausführungen möglich. Das heißt, dass ein Börsenauftrag eventuell aufgeteilt, zu mehreren Zeitpunkten und zu unterschiedlichen Kursen abgewickelt werden kann. Wer dies vermeiden will, muss seine Bank oder seinen Discount-Broker entsprechend instruieren. Die entsprechenden, nicht wörtlich zu übersetzenden Anweisungen stammen aus dem amerikanischen Optionshandel und sind inzwischen international üblich:

Anweisung	Bedeutung
Fill or kill	Der Auftrag darf nur als Ganzes ausgeführt werden. Wenn dies nicht möglich ist, muss er gestrichen werden.
Immediate or Cancel	Der Auftrag soll mit der maximalen Stückzahl ausgeführt werden. Ein eventueller Rest ist zu streichen.

Das XETRA-System bietet also, ganz im Gegensatz zum früheren IBIS-System, auch Privatanlegern viele Möglichkeiten. Die Sache hat allerdings auch Schattenseiten. So beklagen die deutschen Regionalbörsen, dass der XETRA-Handel sie inzwischen in ihrer Existenz gefährdet, weil er große Handelsvolumina vom Parketthandel abzieht. Das wiegt um so schwerer, weil es noch eine weitere Tendenz gibt, die den Regionalbörsen zu schaffen macht: Sehr große Aktienpakete werden immer öfter direkt zwischen Käufer und Verkäufer, also unter Umgehung der Börsen gehandelt. Dieser Verlust an Handelsvolumen schmeckt den Verantwortlichen verständlicherweise gar nicht.

Sowohl die Frankfurter Parketthändler als auch ihre Kollegen an den sieben deutschen Regionalbörsen fordern daher seit längerer Zeit, den Handel bis 22.00 Uhr auszudehnen. Das scheiterte bislang vor allem an technischen Problemen, aber die Regionalbörsen werden sicher darauf bestehen, dass ihnen zumindest die gleichen Handelszeiten zugestanden werden, die im XETRA-System üblich sind, also voraussichtlich ab April 2000 bis 20.00 Uhr.

Wie dem auch sei: Für den Privatanleger hat sich durch die rasante Entwicklung der vergangenen Jahre vor allem ein Vorteil ergeben: Er kann heute im elektronischen Handel variable Stückzahlen ordern, und das war noch vor wenigen Jahren ausschließlich den Profis vorbehalten.

2. Kleine Aktienkunde

Das erleichtert zwar nicht die Wahl der richtigen Aktie, aber dafür ihren Erwerb, wenn man sie denn gefunden hat.

2. 13. Die wichtigsten Kurszusätze

Wenn man einen Kurszettel liest, stößt man bei vielen Aktien auf zusätzliche Erläuterungen, die über nähere Einzelheiten der Kursfeststellung oder der Angebots-Nachfrage-Situation informieren sollen. Zum Teil werden in den verschiedenen Medien unterschiedliche Kürzel für bedeutungsidentische Kurszusätze verwendet.

Obwohl sich natürlich jeder Börsianer in erster Linie für den Kurswert seiner Aktien interessiert, sollte man diese Kürzel nicht einfach überlesen. Sie liefern oft wichtige Details, die zur Entscheidungsfindung über Kauf und Verkauf beitragen können. Zum Teil lassen sie auch Rückschlüsse auf die wahrscheinliche Kursentwicklung des folgenden Tages zu. Vor allem aber machen sie deutlich, bei welchen Aktien eine Auftragslimitierung sinnvoll oder sogar unumgänglich ist. Sehen wir uns einmal die wichtigsten Kurszusätze an.

Kurszusätze und Erläuterungen

Kürzel	Bedeutung	Erklärung
b, bez oder kein Zusatz	bezahlt	Angebot und Nachfrage waren ausgeglichen. Außer den limitierten Aufträgen wurden auch alle zum oder über dem genannten Kurs limitierten Kauforders und alle zum oder unter dem Kurs limitierten Verkaufsorders durchgeführt.
B	Brief	Zum genannten Kurs lag lediglich Angebot vor, dem keine entsprechende Nachfrage gegenüberstand. In dem betreffenden Wertpapier fanden keine Umsätze statt.
G	Geld	Es lag lediglich Nachfrage zum genannten Kurs vor, dem kein entsprechendes Angebot gegenüberstand. Es fanden keine Umsätze statt.
bB	bezahlt Brief	Zum genannten Kurs fanden Umsätze statt. Es gab jedoch noch zusätzliches Angebot zu diesem Kurs, für das sich kein Käufer fand.

Teil I: Die Grundlagen

ebB	etwas bezahlt Brief	Zum genannten Kurs fanden Umsätze statt, die jedoch nur kleine Volumina erreichten. Es gab noch zusätzliches Angebot, für das sich zu diesem Kurs kein Käufer fand.
bG	bezahlt Geld	Zum angegebenen Kurs gab es Umsätze und darüber hinaus zusätzliches Käuferinteresse ohne entsprechendes Angebot.
ebG	etwas bezahlt Geld	Es gab zum angegebenen Kurs kleine Umsätze. Darüber hinaus war zusätzliche Nachfrage vorhanden, der jedoch kein entsprechendes Angebot gegenüberstand.
- B	gestrichen Brief	Es lagen lediglich unlimitierte Verkaufsaufträge vor. Keine Nachfrage.
- G	gestrichen Geld	Es lagen lediglich unlimitierte Kaufaufträge vor. Kein Angebot.
T	Taxkurs	Kein Umsatz. Kurs vom Kursmakler geschätzt.
r, rat oder rep	rationiert, repartiert	Es erfolgte eine beschränkte Zuteilung. Aufträge konnten nicht in Höhe der vom Auftraggeber gewünschten Stückzahlen ausgeführt werden. Die Kurszusätze r, rat oder rep kommen häufig in Kombination mit den Kürzeln bB und bG vor.
D oder ex D	ex Dividende	Kurszusatz am Tag des Dividendenabschlags, meist am zweiten Tag nach der Hauptversammlung des betreffenden Unternehmens. Die Dividende für das vergangene Geschäftsjahr ist ab dem Ex-Tag nicht mehr im Kurs enthalten.
exB, xB oder ex B	ex Bezugsrecht	Kurszusatz an demjenigen Börsentag, an dem eine Aktie erstmals ohne Bezugsrecht gehandelt wird
au, ausg.	ausgesetzt	Die Aktie war am betreffenden Tag vom Börsenhandel suspensiert. Folglich fanden auch keine Umsätze statt.
ratG	rationiert Geld	Zum Kurs und höher limitierte sowie umlimitierte Aufträge konnten nur in beschränkten Stückzahlen ausgeführt werden.
ratB	rationiert Brief	Zum Kurs und niedriger limitierte sowie unlimitierte Verkaufsaufträge konnten nur in beschränkten Stückzahlen ausgeführt werden.

2. Kleine Aktienkunde

*	Sternchen	Kleine Aufträge konnten nicht ausgeführt werden.
ex BA	ex Berichtigungs-Aktien	Kurszusatz an demjenigen Börsentag, an dem die Aktie eines Unternehmens, das eine Kapitalerhöhung aus Gesellschaftsmitteln vornimmt, erstmals ohne Anspruch auf Bezug von Berichtigungsaktien (Gratisaktien) gehandelt wird.

Nun zu der Frage, welche Rückschlüsse die einzelnen Kurszusätze ermöglichen. Sinnvollerweise sollte man sich natürlich nicht nur den Kurszettel eines einzelnen Tages ansehen, sondern die Entwicklung über einen etwas längeren Zeitraum beobachten.

Taucht hinter dem Kurs einer Aktie in der Regel gar kein Kürzel, allenfalls „bG" oder „bB" auf, dann ist alles in Ordnung. Es handelt sich offenbar um ein Papier mit hohen täglichen Börsenumsätzen. Fällt die Kursentwicklung nicht allzu volatil aus, kann zur Not auf ein Limit verzichtet werden. Ganz anders ist die Situation zu beurteilen, wenn über mehrere Tage Kürzel wie „T", „- B" oder „- G" auftreten. In diesen Fällen hat kein Umsatz stattgefunden, und es liegen nur Angebot, nur Nachfrage oder keines von beiden vor. Wenn Sie sich für die betreffende Aktie interessieren, sollten Sie bei Kauf oder Verkauf unbedingt limitieren. Findet über längere Zeit kein Umsatz statt, dann kann es auch sinnvoll sein, sich nach einem anderen Börsenplatz umzusehen, an dem der Titel ein wenig reger gehandelt wird. Umsatzlose Tage sind vor allem bei an deutschen Börsen gehandelten Auslandsaktien keine Seltenheit. In diesem Fall sollten Sie Ihre Order gegebenenfalls an der jeweiligen Heimatbörse erteilen. Tun Sie das aber nicht, ohne sich zuvor über die dann fälligen zusätzlichen Gebühren erkundigt zu haben.

Finden Sie bei einer Aktie über mehrere Tage den Kurs „50,00 B" vor, dann können Sie daraus folgende Schlüsse ziehen: Offenbar liegt ein einziges, möglicherweise recht umfangreiches Verkaufsangebot zum Kurs von 50 Euro vor. Allerdings ist der realistische Kurs niedriger anzusetzen, denn zu 50 Euro hat seit Tagen niemand gekauft, obwohl ein entsprechendes Angebot vorhanden war. Sollten Sie die betreffende Aktie im Depot haben und mit einem Verkauf liebäugeln, dann können Sie einen etwas niedriger limitierten Auftrag erteilen und zum Beispiel ein Limit bei 49,50 Euro setzen. In diesem Fall haben Sie recht gute Chancen, Ihre Papiere loszuwerden. Vergessen Sie nie, dass die Börse ein Markt ist wie jeder andere auch – nur weit besser organisiert und wesentlich transparenter als andere Märkte. Wenn Ihr Angebot einen niedrigeren Preis aufweist, also für einen Kaufinteressenten besser ist als ein anderes, werden Sie zum Zug kommen.

Mit umgekehrten Vorzeichen gilt das oben Gesagte, wenn über mehrere Tage Geldkurse zu verzeichnen sind. Falls Sie sich für eine Aktie interessieren, deren Kurs seit Tagen mit „50,00 G" festgestellt worden ist, dann erscheint es ziemlich sinnlos, einen auf 50 Euro limitierten Kaufauftrag zu erteilen. Ganz offensichtlich ist ja niemand dazu bereit, sich zu diesem Kurs von den Papieren zu trennen. Sie sollten also ein wenig mehr bieten, zum Beispiel 51 Euro, wenn Sie die Aktie wirklich haben wollen.

Spannend wird es, wenn ein Kurs ausgesetzt, die betreffende Aktie also vom Börsenhandel suspendiert worden ist. Diese Maßnahme kann verschiedene Ursachen haben, erfreuliche wie unerfreuliche, aber stets ist der Grund in einer unerwarteten Entwicklung des betreffenden Unternehmens oder der Aktie zu suchen. Ist der Kurs nur einen Tag lang ausgesetzt, dann steht in der Regel eine Unternehmensmitteilung an, die geeignet ist, den Kurs erheblich zu beeinflussen. Dabei kann es sich zum Beispiel um die Bekanntgabe einer größeren Kapitalmaßnahme oder einer geplanten Fusion handeln. Durch die Kursaussetzung soll gewährleistet werden, dass die Anleger Gelegenheit haben, die nötigen Informationen zu sammeln und entsprechend zu reagieren. Andernfalls hätten nämlich besonders gut und schnell Informierte einen Wissensvorsprung, den sie zum Nachteil anderer ausnutzen könnten.

An den amerikanischen Börsen ist man in dieser Hinsicht besonders streng: Eine Aktie wird schon im Fall auffälliger Kursveränderungen vom Handel ausgesetzt, bis die Börsenaufsichtsbehörde SEC (Securities and Exchange Commission) geklärt hat, wer und was hinter der Sache steckt. Auf diese Weise sind schon zahlreiche Insidertransaktionen aufgeklärt und die Übeltäter mit teils drakonischen Strafen belegt worden. Was die Börsenaufsicht betrifft, ist Deutschland leider noch ein Entwicklungsland, jedenfalls im Vergleich zu den USA.

Aber zurück zum Thema: Ob der Grund für eine Kursaussetzung erfreulich oder unerfreulich war, erfahren Sie spätestens anhand der Kursentwicklung des folgenden Tages. Bei größeren Unternehmen können Sie den Grund in der Regel auch schon bald in der Tagespresse oder im Fernsehen erfahren. Wird aber zum Beispiel eine kleinere Auslandsaktie, die Sie im Depot haben, über mehrere Tage vom Handel suspendiert, dann sollten Sie alle Hebel in Bewegung setzen, um die Gründe zu erfahren. Vor allem gilt dies, wenn die Aktie zuvor starke Kursverluste erlit-

2. Kleine Aktienkunde

ten hat. Möglicherweise ist das Unternehmen pleite oder es erfüllt die Kriterien nicht mehr, an einer bestimmten Börse, in einem bestimmten Handelssegment gelistet zu werden. Informationen erhalten Sie am schnellsten auf der Internetseite und im amtlichen Kursblatt der jeweiligen Börse oder auf der Internetseite des Unternehmens selbst – falls es eine hat. Jedenfalls sollten Sie sich schnellstens informieren, denn in einem solchen Fall ist tatsächlich Gefahr für Ihr Kapital im Verzug.

2. 14. Newcomer an der Börse

Wenn eine Aktie einem breiten Investorenkreis zugänglich gemacht werden soll, muss sie zunächst einmal an die Börse gebracht werden. Es gibt in Deutschland mehr als 4000 Unternehmen in der Rechtform der Aktiengesellschaft, aber nur etwa 800 davon sind börsennotiert. Die Tendenz zum Börsengang ist allerdings steigend – vor allem seit Mitte 1998.

Ein wenig ältere Anleger werden sich daran erinnern, dass Börseneinführungen deutscher Unternehmen noch Mitte der 80er Jahre Seltenheitswert hatten. Pro Jahr wagte sich kaum mehr als eine Handvoll auf das Börsenparkett, und es handelte sich dabei in der Regel um relativ alte, seit langem etablierte Marktführer in bedeutenden Branchen. Daran hat sich einiges geändert. Vor allem der Erfolg des Neuen Markts als jüngstes deutsches Börsenhandelssegment hat dazu beigetragen, dass Mitte 1999 beinahe täglich vergleichsweise kleine und junge Unternehmen ihren bevorstehenden Börsengang angekündigt haben.

Die Zahl der Börsenneulinge ist also deutlich angestiegen, der Anleger hat damit eine größere Auswahl als in früheren Jahren. Die Entscheidungen, die er treffen muss, sind jedoch die gleichen geblieben. Beim Kauf einer seit langem notierten Aktie hat der Investor ein ganzes Arsenal von analytischen Instrumenten zur Verfügung. Er kann sich die langfristige Gewinn- und Umsatzentwicklung ansehen, den Kursverlauf, die Dividendenpolitik des Unternehmens und vieles mehr. Bei der Entscheidung für oder gegen einen Börsenneuling muss sich der Anleger dagegen auf seine Erfahrung und auf den Emissionsprospekt verlassen, in dem Vergangenheit und Zukunft des Newcomers beschrieben werden. Wer sich beim Aktienkauf auf Charts verlässt, also auf die graphische Darstellung von Kurs- und Umsatzverläufen in der Vergangenheit, steht bei der Beurteilung eines Börsenneulings auf völlig verlorenem Posten. Da die Aktie noch nie börsennotiert war, hat sie kein charttechnisches

"Vorleben". Und wo es keinen Chart gibt, da gibt es logischerweise auch keine technische Wertpapieranalyse.

Völlig auf Informationen verzichten muss ein interessierter Anleger natürlich nicht. Da ist zum ersten der Emissionsprospekt, den er sich bei seiner Bank besorgen kann. Zum zweiten kann er bei dieser Gelegenheit gleich dort nachfragen, ob die Bank eine Analyse des Unternehmens erstellt hat oder eine Kaufempfehlung für die Aktie gibt. Möglicherweise organisiert und begleitet das Geldinstitut aber als Emissionshaus den Börsengang des Unternehmens oder gehört zum Emissionskonsortium aus mehreren Banken, wie es bei Börsengängen großer AGs üblich ist. In beiden Fällen wird sich das Haus mit kritischen Kommentaren zurückhalten. Wer objektive Informationen sucht, wird sich anderswo umhören müssen. Dafür haben die Kunden der emissionsbegleitenden Banken aber weitaus bessere Chancen als andere Anleger, einige der begehrten Stücke zu erhalten. Drittens schließlich beschäftigen sich die deutschen Finanzzeitschriften ausführlich mit Börsenkandidaten. In den Wochen vor der Erstnotiz kann man in solchen Blättern objektive und informative Unternehmensanalysen finden, die eine Investitionsentscheidung erleichtern.

Wenn sich ein Anleger nach intensivem Faktenstudium schließlich für die Aktien des Newcomers entscheidet, kann er eine bestimmte Stückzahl zeichnen. Damit ist gemeint, dass er ein limitiertes oder auch unlimitiertes Kaufangebot abgibt. Mit der Zeichnung hat der Investor zwar den ersten und wichtigsten Schritt getan, die Aktien aber besitzt er noch lange nicht. Bei den meisten Börsengängen interessanter Unternehmen übersteigt das Kaufinteresse der Anleger bei weitem das Emissionsvolumen. Das bedeutet, dass nicht alle Zeichner die gewünschte Stückzahl erhalten. Viele bekommen weniger als sie kaufen wollten, und oft genug bekommt der Großteil der Antragsteller gar nichts. Damit muss man leider leben, wenn man sich für Aktien von Börsenneulingen interessiert.

Das kann aber auch ärgerlich sein. Vor allem natürlich dann, wenn die erste Börsennotiz der Aktie weit über dem Emissionskurs liegt. Viele Anleger kaufen Titel von Börsen-Newcomern ja ohnehin nur zu dem Zweck, sie gleich am ersten Handelstag zu verkaufen und den sogenannten Zeichnungsgewinn einzustreichen. Bei einigen weit überzeichneten Börsengängen am Neuen Markt kam es vor allem während der Boomphase in der ersten Jahreshälfte 1998 zu spektakulären Zeichnungsgewinnen. Wer Aktien erhalten hatte, konnte schnell viel Geld verdienen.

2. Kleine Aktienkunde

Schon verständlich, wenn da bei weniger vom Glück begünstigten Börsianern Neidgefühle aufkommen.

Allerdings können sich selbst die spektakulärsten Zeichnungsgewinne am Neuen Markt nicht mit einigen Ereignissen aus den 80er Jahren messen, als es noch nicht alle paar Tage eine neue deutsche Aktie auf dem Kurszettel gab. Am aufsehenerregendsten verlief wohl der Börsengang des Sportartikelherstellers Puma. Die Aktie kam zu einem Emissionspreis von 310 Mark in den Handel. Schon nach einigen Tagen war sie bis auf knapp 1500 Mark gestiegen. Der Hintergrund: Boris Becker hatte kurz zuvor zum zweitenmal hintereinander Wimbledon gewonnen, das bedeutendste Tennisturnier der Welt. Er war damals erst 18 Jahre alt, und beide Erfolge hatte er mit einem Racket von Puma errungen. Das Unternehmen gehörte traditionell zu den beiden wichtigsten Fußball-Ausrüstern der Welt, aber im Tennisgeschäft war Puma erst seit kurzem vertreten. Wer sich noch an den Tennisboom erinnern kann, den Beckers frühe Erfolge auslösten, versteht vielleicht auch die Euphorie für die Puma-Aktie.

Wer zu Höchstkursen einstieg, sah sein Geld allerdings nie wieder – oder doch nur einen Rest davon. Der Titel stürzte relativ schnell wieder auf ein Niveau von 800 Mark und landete nach langer Talfahrt sogar unter 200 Mark. Damals konnte man quasi einen Schnellkurs in Börsenkunde absolvieren: Wie vervielfache (und vergeige) ich mein Geld innerhalb weniger Wochen?

Es gab in den 80er Jahren auch noch einige andere sehr spektakuläre Börsengänge: Die Porsche-Vorzugsaktie war zur Emission 80fach überzeichnet, und auch bei Escada, Nixdorf oder Feldmühle Nobel reichte das Angebot bei weitem nicht aus, um die Nachfrage zu befriedigen. Kaum Interesse fanden dagegen Viag und IVG, die beide zu Emissionskursen von je 165 Mark aus Bundesbesitz an die Börse kamen. Jeder Kaufwillige erhielt mindestens sechs Stück. Wer damals zugriff oder kaufte, als beide Titel wenige Monate später auf ein weit tieferes Kursniveau gefallen waren, hat ein sehr gutes Geschäft gemacht.

Damals verliefen Börsengänge noch recht simpel: Vom Unternehmen und der emissionsbegleitenden Bank wurde ein fixer Preis festgelegt, zu dem Interessenten die neuen Aktien zeichnen konnten. Die Bestimmung eines solchen Preises ist allerdings ein heikles Unterfangen: Ist er zu niedrig, verzichtet das Unternehmen auf Geld, das ansonsten, also bei einem höheren Preis, in seine Kassen geflossen wäre. Liegt er aber zu hoch, dann stößt die Emission eventuell auf wenig Interesse, oder – noch schlimmer – die Aktie fällt nach einiger Zeit des Börsenhandels auf ein Niveau, das deutlich unter dem Emissionskurs liegt. Solche unerfreulichen Entwicklungen verärgern Anleger auf Dauer, und vor allem schaden sie dem Ruf der emissionsbegleitenden Bank. Aus diesen Gründen lag es eigentlich nahe, zur Festlegung des Preises eine Methode anzuwenden, die sich in den USA schon seit langem bewährt hatte: das Bookbuilding-Verfahren. Seit 1995 hat es sich auch in Deutschland durchgesetzt. Im Gegensatz zum früheren Festpreisverfahren ist der Emissionskurs nun keine vorgegebene Größe mehr, sondern es wird eine Preisspanne festgelegt, innerhalb derer Interessenten ihre Zeichnungsangebote abgeben können. Wenn die Nachfrage sehr groß ist, wird der Emissionspreis letztlich im oberen Bereich dieser Spanne liegen, bei flauem Interesse in der unteren Hälfte. Diese Vorgehensweise bietet mehrere Vorteile:

- Der Emissionspreis ist ein marktgerechtes Resultat des Verhältnisses zwischen Angebot und Nachfrage.
- Wer mehr bietet, hat größere Chancen, Stücke zu erhalten.
- Das Unternehmen erhält einen fairen Preis für die Aktien.

Der Emissionspreis wird am Ende der Zeichnungsfrist festgelegt und gilt natürlich für alle Interessenten; auch für die, die höhere Gebote abgegeben hatten.

Das Verfahren hat leider auch Nachteile: Wer zu wenig bietet, kommt nicht zum Zug. Außerdem: Wenn die Nachfrage sehr groß ist und demzufolge fast alle Gebote am obersten Ende der Bookbuilding-Spanne liegen, kommt es letztlich doch wieder zu einem Festpreis-Verfahren zu eben diesem Kurs. Die Aktien werden in relativ kleine Päckchen unterteilt und anschließend unter den Zeichnern verlost. Eine Garantie für die Erfüllung aller Anlegerwünsche bietet also auch das Bookbuilding-Verfahren nicht.

Eine faire, das heißt: dem tatsächlichen Wert der Aktie angemessene Bookbuilding-Spanne fällt natürlich ebenso wenig vom Himmel wie ein fairer Festpreis. Schon Monate vor dem Börsengang beginnt daher die sogenannte Pre-Marketing-Phase: Die Emissionsbank klopft sozusagen den Markt ab und führt Gespräche mit institutionellen Anlegern. Die Annäherung an eine angemessene Bookbuilding-Spanne geschieht mit Hilfe standardisierter mathematischer Verfahren, von denen die Ertragswertmethode in Deutschland wohl immer noch am weitesten verbreitet ist. Dabei werden die erwarteten zukünftigen Erträge des Unternehmens mit einem bestimmten Faktor abgezinst. Dieser sogenannte Kapitalisierungszins setzt sich aus einem Basiszinssatz, der geschätzten zukünftigen Inflationsrate und einer Risikokomponente zusammen. Hier fließen gleich mehrere Schätzgrößen ein, die die Berechnung des Ertragswerts nicht leichter machen. Je nachhaltiger, also je besser prognostizierbar die künftigen Unternehmenserträge sind, desto bessere Ergebnisse liefert in der Regel die Ertragswertmethode. Neben diesem Verfahren spielt auch die sogenannte DCF-Methode eine wichtige Rolle. DCF steht hier für Discounted Cash Flow (mehr zu diesem Thema in Teil II dieses Buches). Hier wird nicht der Ertrag, sondern der voraussichtlich in Zukunft zu erwirtschaftende freie Cash Flow eines Unternehmens abdiskontiert. Mit Hilfe solcher Berechnungsmethoden lässt sich ein mehr oder weniger fester Rahmen für die Bookbuilding-Spanne ermitteln.

Ohne Werbung geht bekanntlich nichts in der Wirtschaft. Das gilt auch für Börsenkandidaten. Vor dem Börsengang werden daher sogenannte Roadshows veranstaltet. Dabei handelt es sich um teilweise mit beachtlichem Aufwand und entsprechenden Kosten verbundene Werbeveranstaltungen, die meist an bedeutenden Börsenplätzen Deutschlands oder, bei Emissionen großer und etablierter Unternehmen, zusätzlich auch noch in New York, London oder Tokio über die Bühne gehen. Nach der Pre-Marketing-Phase und den auf mehr oder weniger Begeisterung bei den Investoren gestoßenen Roadshows sollte das Unternehmen oder die Emissionsbank genügend Informationen für die Ermittlung einer angemessenen Bookbuilding-Spanne gesammelt haben. Nachdem sie festgelegt und das Bookbuilding-Verfahren abgeschlossen ist, erfolgt die Bestimmung des Emissionspreises und die Zuteilung der Aktien an die Zeichner. Nun beginnt das Börsenleben der Aktie. Da viele Neuemissionen der vergangenen Jahre trotz des Bookbuilding-Verfahrens weit überzeichnet waren, halten viele Börsenkandidaten für alle Fälle noch eine gewisse Reserve an Aktien zurück, um die Emission bei unerwartet großer Nachfrage aufstocken zu können. Diese Reserve nennt man Greenshoe – womit ein weiterer kaum übersetzbarer Anglizismus Einzug in die deutsche Börsensprache gehalten hat.

Trotz aller Neuerungen hat sich eines nicht geändert: Unter den Börsenneulingen befinden sich nicht nur künftige Kursraketen, sondern auch etliche Flops. Ein solcher Misserfolg kann zum Beispiel daran liegen, dass das Interesse der Anleger in einer freundlichen Börsenphase den Emissionspreis auf ein Niveau getrieben hat, das sich später als viel zu hoch erweist. Der Grund kann aber auch der gleiche sein wie bei jedem anderen Börsenflop. Wenn die Gewinnentwicklung eines Unternehmens die Erwartungen nicht erfüllt, kommt der Aktienkurs zwangsläufig unter Druck. Das ist bei Börsenneulingen nicht anders als bei seit Jahrzehnten börsennotierten Titeln. Der Anleger darf also nicht mit quasi automatischen Gewinnen rechnen, wenn er bei einer von viel Tohuwabohu begleiteten und mehrfach überzeichneten Emission ein paar Stücke ergattert. Auch wenn der erste Börsenkurs weit über dem Emissionspreis liegt, ist das keine Garantie für künftige Erfolge. Puma-Aktionäre können ein Liedchen davon singen. Sollten also sehr hohe Zeichnungsgewinne anfallen, dann kann es nichts schaden, sie sicherheitshalber durch Verkauf zu realisieren.

3.
DAX, Dow, Nikkei & Co.: Was Indizes aussagen

Ein Aktienindex ist im Prinzip eine feine Sache: Mit einem Blick lässt sich ein allgemeiner Eindruck der Börsentendenz eines bestimmten Tages gewinnen. Indizes sind die Barometer der Weltbörsen; an ihrer Entwicklung kann man den Trend des Gesamtmarkts ablesen, und daher finden sie in Anlegerkreisen mit Recht größte Beachtung.

Es gibt zwischen den bekannten Indizes jedoch erhebliche Unterschiede; gemeinsam ist ihnen allen eigentlich nur, dass sie jeweils eine bestimmte Anzahl von Einzelaktien umfassen, deren durchschnittliche Kursentwicklung in einem Anstieg oder Rückgang des Index ihren Ausdruck findet. Bei der Zusammensetzung und der Berechnung gibt es jedoch erhebliche Unterschiede. Für jeden Börsianer ist es lohnend, sich ein wenig näher mit diesem Thema zu befassen.

3. 1. Der Dow Jones Industrial Average

Dieser oft kurz „Dow" genannte Index ist, entgegen einer weitverbreiteten Meinung, zwar nicht der älteste Aktienindex (diese Ehre gebührt dem 1884 eingeführten Dow Jones Transportation Average), aber er ist seit Jahrzehnten der am stärksten beachtete Gradmesser der Börsenwelt. Er wurde 1896 von Charles Dow (1851 – 1902) konzipiert. Benannt ist der Index nach seinem geistigen Vater und dessen Geschäftspartner Edward Jones (1856 – 1920). Zunächst umfasste er lediglich zwölf Aktien. Der „Dow" wird seit dem 26. Mai 1896 veröffentlicht, hat seinen 100. Geburtstag also bereits hinter sich. Schon ein Blick auf die heute weitgehend unbekannten Unternehmen zeigt, dass damals ganz andere Branchen Beachtung fanden als heute:

Teil I: Die Grundlagen

American Cotton Oil	Laclede Gas
American Sugar	National Lead
American Tobacco •	North American
Chicago Gas	Tennessee Coal & Iron
Distilling & Cattle Feeding	U.S. Leather
General Electric	U.S. Rubber

Als einziger Ur-Wert ist General Electric (GE) – mit einer Marktkapitalisierung (Börsenwert) von etwa 380 Milliarden Dollar nach Microsoft das zweitteuerste Unternehmen der Welt – auch heute noch im Dow Jones vertreten. Selbst GE kann allerdings nicht auf eine lückenlose Dow-Historie zurückblicken: Von 1898 bis 1899 und von 1901 bis 1907 war der Titel nicht im Index vertreten. Recht bemerkenswert: Nur zwei von den glorreichen Zwölf der Ur-Besetzung sind pleite gegangen, was angesichts der Börsenturbulenzen der letzten 104 Jahre wirklich keine schlechte Quote ist. Die meisten Unternehmen sind in größeren Konzernen aufgegangen. So wurde zum Beispiel aus U. S. Rubber der Reifenhersteller Uniroyal. Außer General Electric existiert nur Laclede Gas noch unter dem damaligen Namen und ist heute ein relativ unbedeutender regionaler Energieversorger in der Region um St. Louis.

Ab 16. Oktober 1916 wurde der Dow auf 20 und am 1. Oktober 1928 schließlich auf die noch heute gültige Zahl von 30 Werten aufgestockt. Natürlich hat sich seine Zusammensetzung seither stark geändert, denn einige Unternehmen verloren an Bedeutung, und neue Branchen entstanden. Dem musste Rechnung getragen werden, denn schließlich sollte und soll der Index ein möglichst genaues Abbild der amerikanischen Wirtschafts- und Börsenentwicklung sein. Und obwohl der Dow Jones nur 30 Werte umfasst, von denen viele zudem längst nicht mehr an frühere Glanzzeiten heranreichen, hat er diese Aufgabe stets erfüllt. Das ist um so erstaunlicher, als der Dow eigentlich gar kein Index in des Wortes strengerer Bedeutung ist, sondern lediglich ein ungewichteter Mittelwert. Man berechnet ihn durch Addition der 30 Kurswerte und Division der Summe durch einen Faktor, der an der Wall Street als „Dow Divisor" bekannt ist. Ursprünglich, also anno 1896, genügte die bloße Addition der Kurswerte. Veränderungen der Indexzusammensetzung und Aktiensplits der Unternehmen machten es jedoch erforderlich, einen Kontinuitätsfaktor – eben den Dow Divisor – mit einzubeziehen. Im Oktober 1999 betrug er 0,19740463.

Dow Jones Industrial Average. Unternehmen, Branchen und Marktkapitalisierung in Mrd. US-$ (Stand: April 1999)

Unternehmen	Branche	Marktkapitalisierung
General Electric	Mischkonzern	371,3
Wal-Mart Stores	Handel	211,2
Merck	Pharmazie	195,9
Exxon	Öl	173,4
AT&T	Telekommunikation	168,6
IBM	Computer	164,8
Coca-Cola	Getränke	155,9
Citigroup	Finanzen	144,8
Procter & Gamble	Haushaltswaren	133,0
Johnson & Johnson	Pharmazie	125,1
Philip Morris	Tabak, Lebensmittel	91,9
Hewlett-Packard	Computer	70,0
Walt Disney	Unterhaltung	67,5
DuPont	Chemie	65,3
McDonald's	Restaurants	60,9
Chevron	Öl	58,1
General Motors	Automobile	57,2
American Express	Finanzen	54,9
Boeing	Flugzeuge	31,9
United Technologies	Maschinenbau	30,6
Minnesota M. & M.	Mischkonzern	28,2
AlliedSignal	Mischkonzern	27,9
J. P. Morgan	Bank	21,9
Eastman Kodak	Photo, Optik	21,0
Sears Roebuck	Kaufhäuser	17,6
Caterpillar	Baumaschinen	16,8
Alcoa	Aluminium	14,9
Intl. Paper	Papier	13,3
Goodyear Tire	Reifen	7,6
Union Carbide	Chemie	6,1

Marktkapitalisierung gesamt: 2,607 Billionen US-$.

Quelle: Barron's

Teil I: Die Grundlagen

Unter den Aktienindizes ist der Dow heute insofern ein Exot, als er ungewichtet ist, die Marktkapitalisierung der in ihm repräsentierten Unternehmen also nicht berücksichtigt. Auch seine Zusammensetzung wird immer wieder als längst nicht mehr zeitgemäß kritisiert. In den meisten Aktienindizes sind die jeweils größten oder bedeutendsten Unternehmen eines Landes zusammengefasst, und es gibt harte Kriterien – wie etwa beim DAX, auf den wir bald zu sprechen kommen werden –, ob ein Unternehmen die Voraussetzungen zur Aufnahme in den Index erfüllt oder nicht.

Beim Dow Jones läuft es ganz anders. Das von den Indexvätern gegründete Unternehmen Dow Jones & Company existiert nämlich auch heute noch.

Es gibt unter anderem das *„Wall Street Journal"* heraus. Diese fünfmal wöchentlich erscheinende Zeitung gilt den einen als das Zentralorgan der kapitalistischen Internationalen, den anderen einfach als die weltweit bedeutendste Börsenpublikation. Ein Redaktionskommitee des Wall Street Journal entscheidet über die Zusammensetzung des Dow Jones, wobei es die folgenden Kriterien beachtet:

- Ein Unternehmen muss eine lange Geschichte haben, wobei die Aktienkursentwicklung sich in guten wie in schlechten Börsenzeiten als relativ stabil erwiesen haben soll.
- Das Unternehmen darf nur relativ wenige Verlustjahre aufweisen.
- Die Aktien müssen breit gestreut sein. Das heißt: Kein allzu großer Prozentsatz der ausgegebenen Aktien darf sich in festen Händen befinden.
- Die Aktie muss von möglichst vielen Unternehmensanalysten regelmäßig beurteilt werden.

Früher galten auch noch regelmäßige Dividendenausschüttungen als wichtiges Kriterium, aber dieser Punkt hat an Bedeutung verloren, da viele der erfolgreichsten amerikanischen Unternehmen der 80er und 90er Jahre völlig auf Bardividenden verzichten.

Ein weiterer wichtiger Punkt: Bis zum 1. November 1999 wurde keine Aktie in den Dow Jones aufgenommen, die nicht an der New York Stock Exchange (NYSE) gelistet war. Das hat in erster Linie historische Gründe, denn früher war es in der Tat eine Art Qualitätsbeweis für eine Aktie, nicht an einer Regionalbörse wie Boston oder Philadelphia, son-

64

3. DAX, Dow, Nikkei & Co.: Was Indizes aussagen

dern an der NYSE notiert zu werden. Das hat sich in den vergangenen Jahren deutlich verändert, denn die meisten bedeutenden Unternehmen der Computer- und Software-Industrie haben ihren Börsengang an der NASDAQ (National Association of Stock Dealers' Automated Quotation System) vollzogen und sind seither auch dort geblieben.

Im Lauf der Zeit sind aus den einstigen Garagenbetrieben Weltmarktführer geworden: Die NASDAQ-Unternehmen Microsoft, Intel und Cisco Systems belegen in der amerikanischen Marktkapitalisierungs-Rangliste mittlerweile die Positionen eins, vier und fünf. Der Börsenwert von Microsoft betrug im Frühjahr 1999 das 75fache des kleinsten Dow-Jones-Werts Union Carbide. Es erschien also durchaus denkbar, dass das Redaktionskommitee des Wall Street Journal bald auch NASDAQ-Titel in den Dow aufnehmen würde, falls sie die genannten Kriterien erfüllen. Einen Haken gibt es dabei allerdings: Bei den meisten der großen Computer- und Software-Unternehmen befindet sich ein erheblicher Aktienanteil in festen Händen beim jeweiligen Management. Ohne dieses Manko – das besagt zumindest ein Gerücht an der Wall Street – wäre Microsoft spätestens 1997 in den Dow Jones aufgenommen worden. Im März 1997 wurde nämlich die bislang vorletzte Indexrevision vorgenommen. Damals mussten Bethlehem Steel, Texaco, Woolworth (heute: Venator Group) und Westinghouse (heute: CBS) weichen, und Hewlett-Packard, Wal-Mart Stores, Travelers Group (heute: Citigroup) sowie Johnson & Johnson wurden neu aufgenommen.

Ich erwähne das deshalb so ausführlich, weil sich anhand dieser Neubesetzung des Dow Jones recht gut aufzeigen lässt, wo die Stärken und Schwächen des Index liegen. Wie erwähnt ist der Dow – ganz im Gegensatz zu allen anderen wichtigen Aktienindizes mit Ausnahme des Nikkei-225 – nicht nach Marktkapitalisierung gewichtet, und es gibt auch keine harten Kriterien für die Eliminierung aus oder die Aufnahme in den Kreis der Erlauchten. Während der DAX im Prinzip stets die 30 größten deutschen Unternehmen enthält und Jahr für Jahr nach diesem Kriterium revidiert wird, repräsentierte der Dow im Schnitt der vergangenen Jahre lediglich zwischen 13 und 16 der 30 bedeutendsten amerikanischen Aktien. Das dürfte sich nun allerdings ändern: Am 26. Oktober 1999 kam die Nachricht, dass mit Wirkung vom 1. November die vier Indexveteranen Chevron (Öl, seit 1930 im Dow vertreten), Sears Roebuck (Handel, seit 1924), Goodyear Tire (Reifen, seit 1930) und Union Carbide (Chemie, seit 1928) aus dem Dow eliminiert werden.

Aufgenommen werden dafür neben Microsoft und dem Microchip-Weltmarktführer Intel der Handelskonzern Home Depot und der Telecom-Wert SBC Communications.

Es sind dennoch weiterhin Unternehmen im Dow vertreten, die für die US-Wirtschaft nur eine vergleichsweise geringe Rolle spielen. Zur Verdeutlichung: Der weit umfassendere und zudem nach Marktkapitalisierung gewichtete S & P 500 Index enthält, wie der Name schon sagt, die Aktien der 500 größten amerikanischen Unternehmen. Die Marktkapitalisierung dieser 500 Titel betrug im April 1999 durchschnittlich 22 Milliarden US-Dollar. Und nicht weniger als acht der 30 Dow-Jones-Werte lagen damals unter diesem Schnitt.

Als der Dow Jones am 29. März 1999 erstmals bei mehr als 10 000 Punkten schloss, machten einige Marktbeobachter eine interessante Rechnung auf: Ohne die Indexrevision vom März 1997 wäre der fünfstellige Bereich zu diesem Zeitpunkt noch in weiter Ferne gelegen; der

Dow Jones Industrial Average von 1993 bis 1999

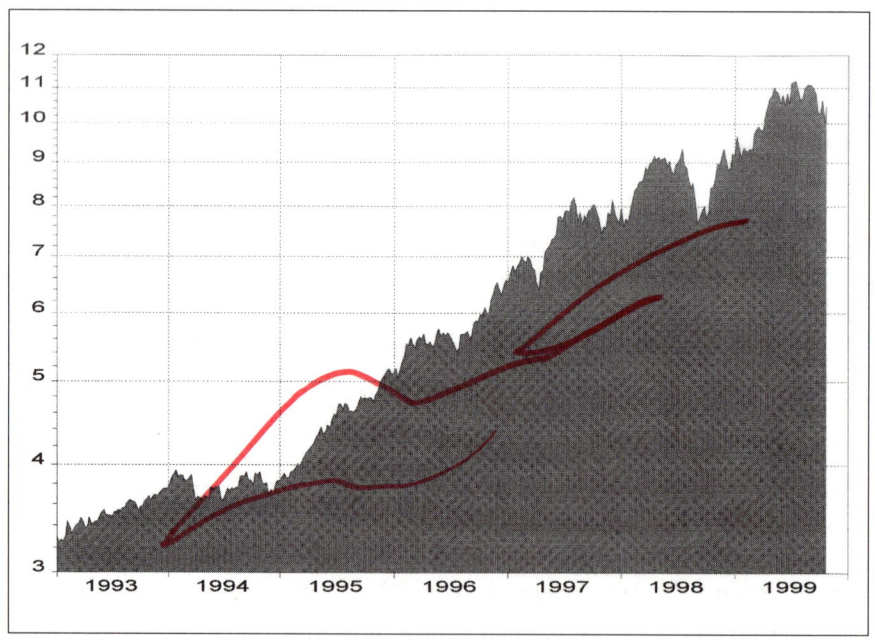

Quelle: Datastream

3. DAX, Dow, Nikkei & Co.: Was Indizes aussagen

Dow hätte in etwa 9000 Punkte erreicht. Hätte man 1997 aber Microsoft anstelle von Hewlett-Packard aufgenommen, was damals heftig diskutiert wurde, dann wäre die 10 000er-Marke schon um Monate früher wie warme Butter durchschnitten worden. Die Aussagekraft von Aktienindizes ist also durchaus beschränkt; beim Dow Jones hängt sie mehr oder weniger von der Willkür des erwähnten Komittees ab. Zu dessen Ehrenrettung sei gesagt: Der Dow Jones hat trotz der erwähnten Kritikpunkte die Entwicklung der amerikanischen Börsenlandschaft erstaunlich gut abgebildet. Von vorübergehenden Schwankungen abgesehen gibt es kaum nennenswerte Unterschiede zum S & P 500. Der Dow Jones wird seinem Zweck also noch immer gerecht: Er liefert ein zutreffendes Abbild der Börsentendenz in den USA.

Der Dow Jones Industrial Average ist also trotz der teilweise durchaus berechtigten Einwände gegen die Willkürlichkeit seiner Zusammensetzung über die Jahrzehnte der wichtigste Börsenindex der Welt geblieben. Immer wieder lässt es sich beobachten, dass die europäischen Börsen die Tendenz nachvollziehen, die tags zuvor an der New York Stock Exchange, ablesbar am Dow Jones, vorgegeben worden ist. Nicht umsonst heißt es: Wenn New York hustet, bekommt Frankfurt eine Lungenentzündung. Ein sehr erfahrener Börsianer hat es sogar noch drastischer formuliert: Wenn New York Fieber hat, macht sich Europa in die Hosen.

Neben dem Dow Jones Industrial Average gibt es auch zwei deutlich weniger beachtete Dow-Jones-Indizes, nämlich den Dow Jones Utilities, der 15 amerikanische Energieversorger umfasst, und den Dow Jones Transportation, in dem die Aktien von 20 US-Transportunternehmen vertreten sind. Die Aktien der drei Dow-Indizes bilden den sogenannten Dow-65. Dem Utilities-Index wird eine gewisse Vorreiterrolle gegenüber dem Dow Jones Industrial Average zugesprochen: Die Energieversorger sind in der Regel überaus zinssensitive Unternehmen, und ihre Aktien reagieren vergleichsweise früh auf Veränderungen der Zinslandschaft. Daher folgte auf kräftige Anstiege oder Einbrüche des Utilities-Index mit einiger Zeitverzögerung oft eine ähnliche Bewegung des Dow Jones Industrial Average. Der Transport-Index gilt als Indikator für die allgemeine Wirtschaftslage, denn wenn es den Transportunternehmen gut geht, boomt im allgemeinen auch die gesamte US-Wirtschaft. Auch die beiden genannten Branchenindizes werden von der Kommission kontrolliert, die über die Zusammensetzung des Dow Jones Industrial Average entscheidet.

Die 15 Werte des Dow Jones Utility Average

American Electric Power	Enron	Reliant Energy
Columbia Energy	Edison International	Southern
Consolidated Edison	PG & E	Texas Utilities
Consolidated Natural Gas	PECO	Unicom
Duke Energy	Public Service	Williams Consolidated

Quelle: Barron's

Die 20 Werte des Dow Jones Transportation Average

AMR (American Airlines)	Northwest Airlines
Airborne Freight	Norfolk Southern
Alexander & Baldwin	Roadway Express
Burlington Northern	Ryder System
CNF Transportation	Southwest Airlines
CSX	UAL (United Airlines)
Delta Air Lines	Union Pacific
FDX	US Airways
GATX	US Freightways
J. B. Hunt	Transport Yellow Corporation

Quelle: Barron's

3. 2. Der DAX und seine Verwandten

Wenn vom DAX die Rede ist, dann ist fast immer der DAX 30 gemeint. Dieser Index vereinigt in der Regel die 30 bedeutendsten börsennotierten deutschen Unternehmen. Im Gegensatz zum Dow Jones gibt es feste Kriterien für die Aufnahme in die Elite der deutschen Blue Chips. Nach der sogenannten 35/35-Regel muss eine Aktie sowohl hinsichtlich des Börsenumsatzes als auch in puncto Marktkapitalisierung zu den 35 größten deutschen Börsenwerten gehören, um für eine Aufnahme in Frage zu kommen. Wenn ein DAX-30-Titel diese Kriterien nicht mehr erfüllt, kann er ersetzt werden. Daneben existiert auch ein ungeschriebenes, „weiches" Kriterium: Da bestimmte Branchen wie Chemie, Banken

3. DAX, Dow, Nikkei & Co.: Was Indizes aussagen

oder Automobile schon sehr stark im DAX-30 vertreten sind, haben es Kandidaten aus diesen Branchen sehr schwer, dort Aufnahme zu finden. Da der DAX als meistbeachteter deutscher Aktienindex auch die Aufgabe hat, die deutsche Wirtschaft zu repräsentieren, darf er nicht allzu branchenlastig werden.

Der DAX wird einmal jährlich nach den genannten Kriterien revidiert, und die Fluktuation ist daher bedeutend stärker als im Dow. Es gibt noch zwei weitere sehr wichtige Unterschiede zum Vater aller Indizes: Der DAX ist nach Marktkapitalisierung gewichtet. Das heißt: Die Kursbewegung eines Schwergewichts wie Deutsche Telekom, Allianz oder DaimlerChrysler wirkt sich auf den Index deutlich stärker aus als das Auf und Ab vergleichsweise kleiner Unternehmen wie Henkel oder Schering. Natürlich ändert sich die Gewichtung ständig: Steigt der Aktienkurs und damit auch die Marktkapitalisierung eines Unternehmens stärker als der Indexdurchschnitt, dann erhöht sich die Gewichtung der betreffenden Aktie auf Kosten aller anderen. Ebenso läuft es bei einer Indexrevision: Im Herbst 1996 wurden die beiden „Zwerge" Continental und Metallgesellschaft eliminiert, die Börsengiganten Deutsche Telekom und Münchener Rück wurden an ihrer Stelle aufgenommen. Dadurch verringerte sich tendenziell die Gewichtung der übrigen 28 DAX-30-Aktien, denn schließlich steht als Summe der Einzelgewichtungen unter dem Strich immer die Zahl 100.

Ein weiterer wichtiger Unterschied zum Dow: Der DAX spiegelt nicht nur die Kursentwicklung, sondern auch die Dividendenausschüttungen der in ihm repräsentierten Unternehmen wieder. Bei sämtlichen Aktienindizes dieser Welt unterscheidet man übrigens nach den Kriterien gewichtet/ungewichtet und Preisindex/Performance-Index. Während der Dow ein ungewichteter Preisindex ist (keine Gewichtung nach Marktkapitalisierung und keine Berücksichtigung der Dividenden) ist der DAX ein gewichteter Performance-Index, wobei man unter Performance die Gesamtrendite versteht, also Kursentwicklung und Dividendenausschüttungen.

Teil I: Die Grundlagen

Zusammensetzung und Gewichtung des DAX im Zeitvergleich; 31. 7. 1996 und 12. 4. 1999

31. 7. 1996

Aktie	Indexgewichtung (%)
Allianz Holding	11,60
BASF	4,54
Bayer	6,53
Bay. Hypobank	2,04
BMW ST	2,99
Bay. Vereinsbank	2,22
Commerzbank	2,46
Continental	0,41
Daimler Benz	7,29
Deutsche Bank	6,95
Degussa	0,78
Dresdner Bank	3,33
Henkel VZ	0,72
Hoechst	5,30
Karstadt	0,83
Metro	1,01
Lufthansa ST	1,49
Linde	1,44
MAN ST	1,03
Metallgesellschaft	0,48
Mannesmann	3,58
Preussag	1,01
RWE ST	5,33
SAP VZ	3,88
Schering	1,29
Siemens	7,86
Thyssen	1,54
Veba	6,75
Viag	2,21
Volkswagen ST	3,14

3. DAX, Dow, Nikkei & Co.: Was Indizes aussagen

12. 4. 1999

Aktie	Indexgewichtung (in %)
Adidas-Salomon	0,51
Allianz Holding	10,41
BASF	3,30
Bayer	3,78
BMW ST	2,27
Commerzbank	2,20
DaimlerChrysler	12,20
Deutsche Bank	3,75
Degussa-Hüls	0,79
Dresdner Bank	3,00
Deutsche Telekom	5,75
Henkel VZ	1,42
Hoechst	3,66
HypoVereinsbank	2,91
Karstadt	0,42
Linde	0,66
Lufthansa	1,17
MAN ST	0,62
Mannesmann	7,24
Metro	2,86
Münchner Rück NA	4,91
Preussag	1,16
RWE ST	3,44
SAP VZ	4,38
Schering	1,06
Siemens	5,26
Thyssen-Krupp	1,44
Veba	3,72
Viag	1,89
Volkswagen ST	3,75

Quelle: BÖRSE ONLINE

Teil I: Die Grundlagen

Aus dem Vergleich der DAX-Daten vom 31. 7. 1996 und vom 12. 4. 1999 sollten zwei Dinge klar geworden sein. Erstens: Ein Aktienindex lebt und verändert sich. Etliche Unternehmen sind in diesen knapp drei Jahren durch andere ersetzt worden. Das wird auch in Zukunft so sein. Zweitens: Auch die Unternehmen zeigen ein ausgeprägtes Eigenleben und verändern sich. Die Bayerische Hypo und die Bayerische Vereinsbank, 1996 noch beide im DAX 30 vertreten, haben fusioniert.

Die ehemalige Daimler-Benz AG hat sich mit dem drittgrößten US-Automobilhersteller Chrysler zusammengetan. Das neue Unternehmen hat dadurch eine weit höhere Marktkapitalisierung aufzuweisen. Auch an Unternehmensnamen wie Degussa-Hüls oder Thyssen-Krupp lässt sich ablesen, dass die DAX-Werte von 1999 mit denen von 1996 nur bedingt vergleichbar sind. Dieser Trend wird sich fortsetzen, denn in vielen Branchen ist Größe Trumpf, und nicht nur innerhalb Deutschlands werden sich weiterhin Unternehmen zusammenschließen, um auf den Weltmärkten bestehen zu können. Zudem ist es interessant, die Gewichtung der einzelnen Werte zu betrachten, wobei man allerdings berücksichtigen muss, dass seit 1996 etliche Börsenzwerge durch Unternehmen mit hoher Marktkapitalisierung ersetzt worden sind. Eine wichtige Änderung erfolgte im Juni 1999, als die Deutsche Telekom die zweite Tranche ihrer Aktien an die Börse brachte. Die Indexgewichtung dieses Unternehmens erreichte nun mehr als 13 Prozent. Dies führte dazu, dass eine Obergrenze von 15 Prozent eingeführt wurde, um einem einzelnen DAX-30-Wert keine allzu hohe Indexgewichtung zukommen zu lassen.

Der umgekehrte Schritt ist bislang nur einmal erfolgt: Das klassische deutsche Chemie- und Pharma-Unternehmen Hoechst hat 1999 eine Fusion mit der französischen Rhône-Poulenc vollzogen. Das dadurch entstandene neue Unternehmen mit dem Namen Aventis hat seinen Sitz in Straßburg, ist also nicht in Deutschland ansässig und kann folglich kein DAX-Wert sein.

Deshalb beschloss die für die Zusammenstellung des DAX zuständige Deutsche Börse AG am 20. Juli 1999, Hoechst aus dem Index zu nehmen und mit Wirkung vom 20. September durch den Dialyse-Weltmarktführer Fresenius Medical Care (FMC) zu ersetzen. Hoechst hatte zum Zeitpunkt der Entscheidung eine Indexgewichtung von etwa drei Prozent. Die wesentlich kleinere FMC mit einer Marktkapitalisierung von lediglich 4,9 Milliarden Euro bringt es dagegen nur auf ungefähr 0,5 Prozent.

3. 3. Wie der DAX berechnet wird

Schon bei der Konzeption des DAX standen die beiden wichtigsten Ziele fest:

- Der DAX soll eine repräsentative Abbildung des gesamten deutschen Aktienmarkts liefern.
- Er soll als Basisobjekt für Terminmarktinstrumente fungieren.

Den letzteren Aspekt können wir hier vernachlässigen, weil derivative Finanzinstrumente nicht Thema dieses Buchs sind. Das erstgenannte Ziel hat der DAX locker erreicht: Der Umsatz in den DAX-30-Werten macht etwa 80 Prozent des gesamten Aktiengeschäfts an deutschen Börsen aus. Von diesen 80 Prozent entfallen wiederum etwa drei Viertel auf die zehn umsatzstärksten Werte.

Der DAX-30 wurde am 23. Juni 1988 offiziell präsentiert. Zu diesem Zeitpunkt hatte er allerdings schon eine etwa halbjährige „Probezeit" hinter sich. Als Bezugstermin wurde im Nachhinein der 30. Dezember 1987, als Basis die Zahl 1000 gewählt. Um Indexstände auch für frühere Zeiträume berechnen zu können, wurde der DAX mit dem Index der Börsenzeitung verknüpft. Dieser wiederum war 1981 aus dem Hardy-Index entstanden, den es seit 1959 gab. So wurde es möglich, fiktive DAX-30-Stände quasi im Nachhinein zu ermitteln.

Wie schon erwähnt, ist der DAX ein nach Marktkapitalisierung gewichteter Performance-Index. In die Indexentwicklung gehen also nicht nur der Kurs, sondern auch Dividendenausschüttungen und Kapitalmaßnahmen ein. Der DAX gibt sozusagen die Wertentwicklung eines konstant gehaltenen, aus den 30 Werten bestehenden Aktiendepots wieder, wobei jede einzelne Aktie einen desto größeren Depotanteil einnimmt, je höher der Börsenwert des jeweiligen Unternehmens liegt. Um die Indexentwicklung und Veränderungen der Zusammensetzung zu erfassen, müssen entsprechende Verkettungs- und Korrekturfaktoren in die Berechnung einfließen. Die grundlegende Formel lautet:

$$DAX(t) = K(T) \cdot \frac{\Sigma_i \, p(i,t) \cdot q(i,T) \cdot c(i,t)}{\Sigma_i \, p(i,0) \cdot q(i,0)} \cdot 1000$$

Teil I: Die Grundlagen

Dabei gilt:

t	= minütliche Berechnungszeitpunkte
T	= letzter Anpassungs- oder Verkettungstermin
i	= Die AG i (also: i = DAX-Wert 1 bis DAX-Wert 30)
p (i,0)	= Schlusskurs der Aktie von i am Basisdatum 30. Dezember 1987
p (i,t)	= Kurs der Aktie von i zum Zeitpunkt t
q (i,0)	= Grundkapital der Aktiengesellschaft i am 30. Dezember 1987
q (i,T)	= Grundkapital von i zum Zeitpunkt T
c (i,T)	= Korrekturfaktor von i zum Zeitpunkt t (dient der Einbeziehung von Dividenden und Kapitalmaßnahmen)
K (T)	= Konstanter Verkettungsfaktor, gültig ab Verkettungstermin T
1000	= Basiswert am 30. Dezember 1987

Die Gewichtung entsprechend der Marktkapitalisierung geht folgermaßen in die Berechnung ein: Der Kurs wird mit dem Grundkapital der AG zum Basiszeitpunkt 30. 12. 1987 und zum Zeitpunkt t multipliziert. Die Summe der Marktkapitalisierungen zum Zeitpunkt t wird ins Verhältnis zur Summe am 30. 12. 1987 gesetzt. Der jeweils gültige Stand des DAX-30 repräsentiert daher die Relation der Marktkapitalisierungen der Indexwerte zu den beiden Zeitpunkten. Das ist jedoch noch nicht alles, denn Dividendenzahlungen und Kapitalmaßnahmen müssen ebenfalls berücksichtigt werden

Die prozentuale Gewichtung gemäß der Marktkapitalisierung wird folgendermaßen ermittelt:

Prozentualer Anteil des Grundkapitals Zum Zeitpunkt T
$$q\%(i,T) = \frac{q(i,T)}{\Sigma_i\, q(i,T)} \cdot 100$$

Prozentualer Anteil des Grundkapitals Zum Zeitpunkt 0
$$q\%(i,0) = \frac{q(i,0)}{\Sigma_i\, q(i,0)} \cdot 100$$

3. DAX, Dow, Nikkei & Co.: Was Indizes aussagen

Nun werden in der ursprünglichen DAX-Berechnungsformel die absoluten durch die prozentualen Werte ersetzt. Es resultiert die folgende Formel:

$$DAX(t) = K(T) \cdot \frac{\Sigma i\, q\,(i,t)}{\Sigma i\, q\,(i,0)} \cdot \frac{\Sigma i\, p\,(i,t) \cdot q\%\,(i,T) \times c\,(i,t)}{\Sigma i\, p\,(i,0) \cdot q\%\,(i,0)} \cdot 1000$$

Nach einigen weiteren Umrechnungsschritten, die für unsere Zwecke zu weit auf das Gebiet der Mathematik führen würden und daher wohl nur für Spezialisten von Interesse sind, erhält man die Formel:

$$DAX\,(t) = \frac{\Sigma i\,(p_i,t) \cdot F\,(i)}{A} \cdot 1000$$

Dabei steht F (i) für den von der Frankfurter Wertpapierbörse täglich für alle im DAX-30 vertretenen Aktien veröffentlichten Faktor, der die Einzelgewichtung der Titel angibt. Der Ausdruck A setzt sich aus der Marktkapitalisierung des Index

$$\Sigma i\, p\,(i,0) \cdot q\,(i,0)$$

dividiert durch die Summe des Grundkapitals aller Indexwerte zum Basiszeitpunkt

$$\Sigma i\, q\,(i,0)$$

zusammen. Er ist also ein Vergangenheitswert, eine Indexkonstante mit dem Wert 29 356,73.

Die Dividendenbereinigung des Index wird am Tag der jeweiligen Ausschüttung vorgenommen, also am Ex-Tag, wenn die betreffende Aktie erstmals ohne Anspruch auf Ausschüttung der auf das vergangene Geschäftsjahr entfallenden Dividende notiert wird. Da sich der Aktienkurs am Ex-Tag (andere Einflüsse auf die Kursbildung einmal ausgeklammert) theoretisch um die Höhe der Ausschüttung vermindert, käme es ohne eine Dividendenbereinigung zu einem Indexsprung. Um dies zu vermeiden, wird der Kurs auf ein Niveau hochrevidiert, das der Kurs-

Teil I: Die Grundlagen

feststellung ohne die Ausschüttung entsprochen hätte. Dazu benötigt man einen Korrekturfaktor. Dieser wird ermittelt, indem man den Schlusskurs der Aktie am Tag vor der Dividendenausschüttung

$$p\ (i,t\ cum\ Dividende)$$

Mit dem um die Dividendenzahlung berichtigten Schlusskurs

$$[p\ (i,t\ cum\ Dividende) - Dividende]$$

vergleicht. Der Korrekturfaktor errechnet sich also folgendermaßen:

$$c1\ (i,t) = \frac{p\ (i,t\ cum\ Dividende)}{[p\ (i,t\ cum\ Dividende) - Dividende]}$$

Die Bezugsrechtsbereinigung im Fall einer ordentlichen Kapitalerhöhung erfolgt am Tag, an dem die betreffende Aktie ex Bezugsrecht gehandelt wird. Die Berechnung dieses Einflussfaktors verläuft analog zur Dividendenbereinigung. Der Korrekturfaktor lautet also:

$$c2\ (i,t) = \frac{p\ (i,t\ cum\ Bezugsrecht)}{[p\ (i,t\ cum\ Bezugsrecht) - theoretischer\ Bezugsrechtswert]}$$

Der theoretische Bezugsrechtswert wird anhand der Formel

$$Bezugsrechtswert = \frac{p\ (i,t\ cum\ Bezugsrecht) - Emissionskurs\ der\ jungen\ Aktien - Dividendennachteil}{Bezugsverhältnis + 1}$$

Ermittelt. Näheres zum Bezugsverhältnis finden Sie im Abschnitt I. 2. 10. Falls während eines bestimmten Zeitraums bei einem Indextitel sowohl Bezugsrechtsabschläge als auch Dividendenausschüttungen vorkommen, müssen beide Korrekturfaktoren multiplikativ verknüpft werden. Der Korrekturfaktor der Indexformel lautet dann:

$$c\ (i,t) = c1\ (i,t) \cdot c2\ (i,t).$$

3. DAX, Dow, Nikkei & Co.: Was Indizes aussagen

Wenn solche Korrekturfaktoren über einen längeren Zeitraum kumuliert werden, kann es zu einer Gewichtsverzerrung der einzelnen Indextitel kommen. Ihre Gewichtung entspricht also nicht mehr den tatsächlichen Verhältnissen in Relation zu den anderen im Index vertretenen Aktien. Daher hat man einen jährlichen Indexverkettungstermin eingeführt, an dem die Korrekturfaktoren wieder auf 1 zurückgeführt und in einen Verkettungsfaktor überführt werden. Man kann sich das so vorstellen, dass die in den einzelnen Aktien angefallenen Erträge aus Dividenden und Bezugsrechten gemäß der zuvor vorgenommenen Aktualisierung über alle im Index vertretenen Titel verteilt werden. Die Verkettung erfolgt einmal jährlich, und zwar in der Regel am dritten Freitag im September. Am Tag vor der Verkettung lautet die DAX-Berechnungsformel:

$$DAX\,(T-1) = K\,(T\,\text{alt}) \cdot \frac{\Sigma i\; p\,(i,T-1) \cdot q\,(i,T\,\text{alt}) \cdot c\,(i,T-1)}{\Sigma i\; p\,(i,0) \cdot q\,(i,0)} \cdot 1000$$

Dabei gilt:

Si	= Summe über alle i, also über alle 30 Einzelaktien
T – 1	= Tag vor dem nächsten Verkettungstermin T
T alt	= letztvergangener Verkettungstermin
DAX (T – 1)	= DAX-Schlusskurs am Tag T – 1
K (T alt)	= Verkettungsfaktor, der seit dem Termin T alt gültig ist
P (i,T – 1)	= Schlusskurs der Aktie am Tag vor dem nächsten Verkettungstermin
Q (i, T alt)	= Grundkapital der Gesellschaft i am Tag der letzten Verkettung
C (i,T – 1)	= Korrekturfaktor der Gesellschaft i am Tag vor dem nächsten Verkettungstermin

Nach etlichen Umrechnungs- und Kürzungsschritten erhält man schließlich die folgende Formel für den Verkettungsfaktor:

$$K(T) = K(T \text{ alt}) \cdot \frac{\Sigma i\ p\,(i, T-1) \cdot q\,(i, T \text{ alt}) \cdot c\,(i, T-1)}{\Sigma i\ p\,(i, T-1) \cdot q\,(i, T)}$$

Die erste Indexverkettung wurde am 15. September 1989 vorgenommen, und seither kommt es alljährlich zu einer solchen Maßnahme. Ein wenig komplizierter wird die Verkettung bei einer Veränderung der Indexzusammensetzung. Dazu kann es kommen, wenn eine Gesellschaft in Konkurs gerät (bei DAX-30 Titeln allerdings extrem unwahrscheinlich), wenn sie fusioniert (Im Fall Hoechst half man sich damit, die Aktie aus dem Index zu eliminieren, weil die neue Gesellschaft ihren Sitz nicht mehr in Deutschland hatte) oder – und das ist der weitaus häufigste Grund – wenn bestimmte Aktien aufgrund der 35/35-Regel durch andere ersetzt werden. Im Fall einer Indexrevision müssen neben den Grundkapitalbeträgen und den Kursen der verbliebenen Titel auch die Daten der neuen Titel mit einbezogen werden. Das führt zunächst zum folgenden DAX-Zwischenwert:

$$\text{DAX-Stand} = \frac{\Sigma i \text{ neu } p\,(i \text{ neu}, T-1) \cdot q\,(i \text{ neu}, T)}{\Sigma i \text{ neu } p\,(i \text{ neu}, 0) \cdot q\,(i \text{ neu}, 0)} \cdot 1000$$

Dabei gilt:

i neu = die im neuen Index repräsentierten Aktien

p (i neu, T-1) = Schlusskurs der im neuen Index repräsentierten Gesellschaft i am Tag vor dem neuen Verkettungstermin

p (i neu, 0) = Schlusskurs der im neuen Index repräsentierten Gesellschaft i am Basistag

q (i neu, T) = aktuelles Grundkapital der im neuen Index repräsentierten Gesellschaft i

q (i neu, 0) = aktuelles Grundkapital der im neuen Index repräsentierten Gesellschaft i am Basistag.

Den neuen Korrekturfaktor K (T) erhält man als Quotienten aus dem DAX-Schlusskurs am Tag vor dem Verkettungstermin und dem oben erwähnten Zwischenwert:

3. DAX, Dow, Nikkei & Co.: Was Indizes aussagen

$$K(T) = \frac{DAX(T-1)}{DAX\text{-Zwischenwert}}$$

Durch Einsetzen erhält man schließlich den neuen Korrekturfaktor nach der Veränderung der Indexzusammensetzung:

$$K(T) = \frac{K(T\ alt) \cdot \dfrac{\Sigma i\ p(i,T-1) \cdot q(i,T\ alt) \cdot c(i,T-1)}{\Sigma i\ p(i,0) \cdot q(i,0)} \cdot 1000}{\dfrac{\Sigma i\ neu\ p(i\ neu,T-1) \cdot q(i,neu,T)}{\Sigma i\ neu\ p(i\ neu,0) \cdot q(i\ neu,0)} \cdot 1000}$$

Dieser neue Korrekturfaktor gilt bis zum nächsten Verkettungstag oder bis zur nächsten Indexaktualisierung als konstanter Multiplikator.

3. 4. Der MDAX

Nun ist der DAX-30 zwar der bei weitem meistbeachtete deutsche Aktienindex, aber er gibt natürlich nur die Kursbewegungen der allergrößten deutschen Unternehmen wieder. In den vergangenen Jahren war zwar Größe meist Trumpf, aber auch unter den Werten der zweiten Reihe lässt sich so manches Juwel entdecken. Diese zweite Reihe wird in Deutschland durch den MDAX repräsentiert. M steht dabei für Mid Cap, was im internationalen Börsenjargon ein Unternehmen mit mittlerer Marktkapitalisierung bedeutet. Im MDAX sind also die Unternehmen vertreten, die zu klein für den DAX-30 sind, aber dennoch zu den größeren deutschen Börsenwerten gehören. Auch für die Zusammensetzung des MDAX gibt es feste Kriterien, und wenn ein Unternehmen neu in diesen Index aufgenommen wird, bedeutet dies eine Aufwertung, die meist auch mit steigenden Aktienkursen einhergeht.

Die Zusammensetzung des MDAX wird zweimal jährlich durch einen Ausschuss festgelegt, der sich aus Vertretern von Banken und der Deutschen Börse AG zusammensetzt. Das wichtigste Kriterium ist die 110/110-Regel: Eine Aktie kann nur dann neu in den MDAX aufgenommen werden, wenn sie hinsichtlich der Marktkapitalisierung und

Der MDAX von 1997 bis 1999

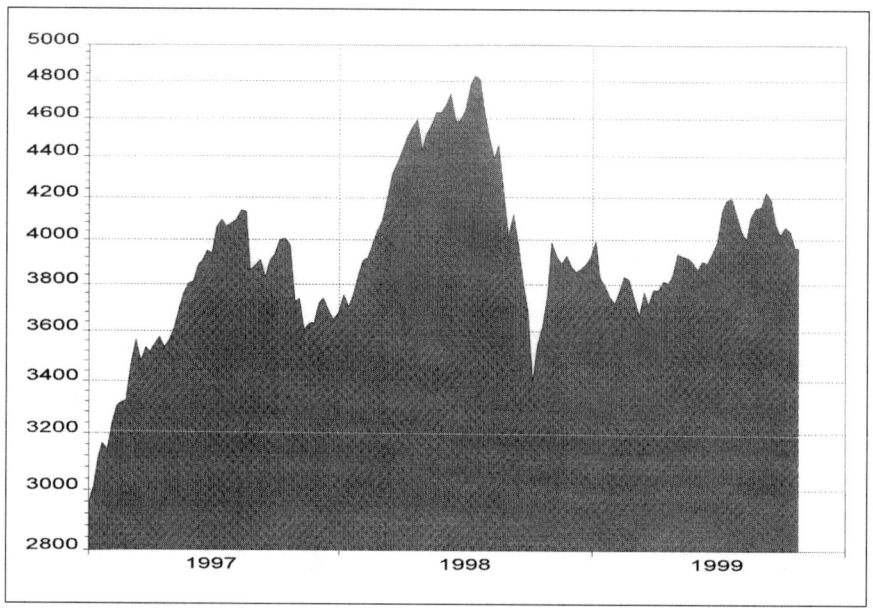

Quelle: Datastream

des Börsenumsatzes zu den 110 größten deutschen Börsenwerten gehört. Erfüllt eine bislang im Index vertretene Aktie diese Voraussetzung nicht mehr, kann sie durch eine andere ersetzt werden. Im Prinzip sind die Kriterien also die gleichen wie beim DAX-30. Ein weiteres Kriterium: Der Streubesitz muss mindestens bei 15 Prozent liegen, damit die nötige Liquidität an der Börse gewährleistet ist. Natürlich spielen auch noch andere Dinge eine Rolle. Zum Beispiel die Branchenzugehörigkeit. Im Zweifelsfall hat der erste Kandidat aus einem bestimmten Industriezweig bessere Chancen als der achte aus einem anderen. Auch dieses „weiche" Auswahlkriterium kennen wir schon vom DAX-30. Ausgangsbasis des MDAX ist ebenfalls der 30. 12. 1987 mit einem Indexwert von 1000 Punkten.

Die 70 Werte des MDAX (Stand: 12. Oktober 1999)

Unternehmen	Branche	Marktkapitalisierung (in Millionen Euro)
Agiv	Maschinenbau-Holding	691,44
Altana	Gesundheit	2573,95
AMB Inhaber	Versicherungs-Holding	4439,59
AVA	Handel	1178,22
AXA Colonia VZ	Versicherungs-Holding	424,92
Babcock Borsig	Maschinenbau	345,95
Bankgesellschaft Berlin	Bank	3445,58
Beiersdorf	Kosmetik	5459,93
Bewag	Energie	2934,42
BHF-Bank	Bank	3323,81
Bilfinger + Berger	Bau	727,43
Boss VZ	Bekleidung	624,58
Brau und Brunnen	Getränke	262,61
Buderus	Bauzulieferer	1013,71
Continental	Reifen	2530,06
DBV Winterthur	Versicherungs-Holding	1754,22
DePfa-Bank	Hypothekenbank	2739,52
Deutz	Anlagenbau, Motoren	373,58
Douglas Holding	Einzelhandel	1405,05
Dürr	Lackieranlagen	311,96
Dyckerhoff VZ	Zement	428,55
Ergo	Versicherung	8190,79
Escada VZ	Bekleidung	102,54
FAG Kugelfischer	Kugellager	544,14
Fielmann VZ	Handel	303,98
Fresenius VZ	Pharmazie	1567,17
Gehe	Pharmahandel	2376,59
Gerresheimer Glas	Glas	385,89
Gold-Zack	Emissionshaus	748,30
Grohe, Friedrich VZ	Sanitäranlagen	386,83
Hannover Rück	Rückversicherung	2155,63
Heidelberger Druck	Spezialmaschinen	4767,89

Teil I: Die Grundlagen

Heidelberger Zement ST	Baustoffe	3649,64
Hochtief	Bau	2456,97
Holzmann, Philipp	Bau	723,84
IKB	Bank	1548,81
IVG Holding	Holding	1903,80
IWKA	Maschinenbau-Holding	418,85
Jenoptik	Holding	651,21
Jungheinrich VZ	Flurförderzeuge	191,98
K + S	Dünger/Salze	652,50
Kamps	Bäckerei	1143,00
Kiekert	Autozulieferer	317,45
Klöckner-Werke	Maschinenbau	714,69
Kolbenschmidt Pierburg	Autozulieferer	404,31
Krones VZ	Etikettiermaschinen	101,44
KSB VZ	Pumpen	91,68
Merck KGaA	Pharmazie	1563,66
Metallgesellschaft	Anlagenbau/Chemie	3014,33
MLP VZ	Finanzdienstleistungen	1841,40
Phoenix	Autozulieferer	204,77
Porsche VZ	Automobile	2178,85
ProSieben VZ	Fernsehen	696,53
Puma	Sportartikel	284,69
Rheinmetall VZ	Maschinenbau-Holding	214,22
Rhön-Klinikum VZ	Kliniken	302,29
Schmalbach-Lubeca	Verpackung	481,89
Schwarz Pharma	Pharmazie	750,55
SGL Carbon	Graphit/Kohlenstoff	1376,38
Sixt ST	Autovermietung	520,15
SKW Trostberg	Spezialchemie	1556,77
Software AG	Systemsoftware	1016,47
Spar VZ	Handel	107,49
Südzucker VZ	Zucker	426,82
Tarkett Sommer	Bodenbeläge	256,94
Varta	Batterien	228,56
Vossloh	Elektro	290,14
WCM	Holding	5967,00
Wella VZ	Kosmetik	591,60

Quelle: BÖRSE ONLINE

3. 5. Der SDAX

Seit dem 21. Juni 1999 hat die DAX-Familie weiteren Zuwachs bekommen. Der SDAX als Index für kleinere Nebenwerte hat die Funktion, den Anlegern eine Messlatte für die Entwicklung der dritten Reihe am deutschen Aktienmarkt zu gewährleisten. Das war auch dringend erforderlich, denn kleine Unternehmen haben es an der Börse meist schwer, die nötige Aufmerksamkeit der Analysten, institutioneller und privater Investoren auf sich zu ziehen. Es gibt unter den Mini-AGs an deutschen Börsen so manche Perle zu entdecken, und der SDAX könnte dazu beitragen, dass diesem Marktsegment in Zukunft mehr Aufmerksamkeit gewidmet wird als früher. Dazu muss man wissen: Für ein Unternehmen und vor allem für die Kursentwicklung seiner Aktien ist es äußerst wichtig, dass Analysten angesehener Banken oder Investmenthäuser regelmäßig über die neuesten Entwicklungen berichten. Nur dann nämlich nimmt die Anlegerschaft überhaupt wahr, dass es hier eventuell ungeahnte Werte zu entdecken gibt.

In den vergangenen Jahren war immer wieder festzustellen, dass der DAX-30 eine deutlich bessere Performance erzielte als der deutsche Aktienmarkt in seiner Gesamtheit. Kein Wunder, denn die ausländischen Großinvestoren kennen zwar BMW und Bayer, vielleicht noch Heidelberger Zement und Ergo, aber von Beru oder Koenig & Bauer haben sie noch nie etwas gehört.

Abgesehen vom Problem geringerer Marktkapitalisierung und Liquidität, das auch der SDAX nicht lösen wird, hatten die kleinen Unternehmen also vor allem damit zu kämpfen, dass sich kaum jemand für ihre Aktien interessierte. Vor allem die Gelder institutioneller Großanleger fließen nun einmal vor allem in Standardwerte. Aber der SDAX ist in jedem Fall ein Schritt in die richtige Richtung. Er dient dem Ziel, zumindest ein kleines Rinnsal von den internationalen Kapitalströmen abzuzweigen und in Aktien kleiner deutscher AGs zu lenken.

Quasi zur Wegbereitung für den SDAX hat die Deutsche Börse AG ab dem 26. April mit dem SMAX ein neues Marktsegment speziell für Aktien kleinerer Gesellschaften eingeführt. Allerdings ist in diesem Marktsegment nicht jedes Unternehmen willkommen; man hat gewisse Qualitätsstandards gesetzt, die von vorneherein klarstellen sollten, dass zweifelhafte Titel hier keine Aufnahme finden werden:

Teil I: Die Grundlagen

- Nur Aktien, die zum amtlichen Handel oder im geregelten Markt zugelassen sind, werden in den SMAX aufgenommen.
- Der sogenannte Free Float, also der Aktienanteil, der nicht in festen Händen liegt und dem Börsenhandel somit zur Verfügung steht, muss mindestens 20 Prozent betragen. Die Deutsche Börse AG empfiehlt sogar ein Minimum von 25 Prozent.
- Quartalsberichte – möglichst auch in englischer Sprache – müssen spätestens zwei Monate nach Abschluss der Rechnungsperiode vorliegen.
- Jedes im SMAX gelistete Unternehmen muss zumindest einen Betreuer (Designated Sponsor) aufweisen, der einen funktionierenden Aktienhandel gewährleistet. Seine Aufgabe ist es, auf Anfrage im elektronischen Handelssystem XETRA Geld- und Briefkurse zu stellen. Zudem soll der Betreuer (in der Regel eine Bank oder ein Finanzdienstleister) Researchmaterial über die Aktie zur Verfügung stellen.
- Der Übernahmekodex der Deutschen Börse AG muss von jedem Unternehmen anerkannt werden, das die Aufnahme in den SMAX beantragt. Diese Vereinbarung beinhaltet unter anderem, dass Kleinaktionäre bei Unternehmensübernahmen ein Abfindungsangebot erhalten müssen.
- Im Jahresabschluss muss veröffentlicht werden, wie hoch der anteilige Aktienbesitz von Vorstand und Aufsichtsrat liegt.
- Das Unternehmen verpflichtet sich, zumindest einmal jährlich eine Analystenkonferenz abzuhalten und über die neuesten Entwicklungen zu berichten.

Ähnlich wie im DAX-30 gibt es allerdings auch im SMAX ein deutliches Übergewicht bestimmter Branchen. Im Mai 1999 stellte sich die Branchenzusammenstellung im SMAX wie folgt dar:

3. DAX, Dow, Nikkei & Co.: Was Indizes aussagen

Konsum und Handel	29 Prozent
Automobile und Maschinenbau	16 Prozent
Immobilien/Finanzen	15 Prozent
Bau und Bauzulieferer	10 Prozent
Elektro	7 Prozent
Sonstige	23 Prozent

Der SDAX, rückgerechnet bis 1988

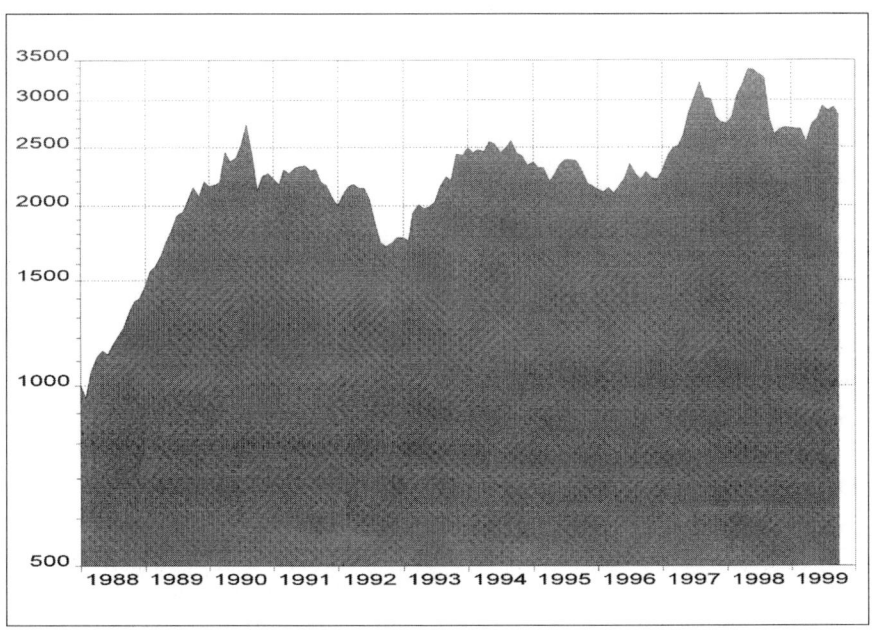

Quelle: Datastream

3. 6. CDAX und VDAX

Die wohl am wenigsten beachteten „DAXE" sind der CDAX und der VDAX. Fangen wir beim letztgenannten an. Das „V" steht hier für Volatilität. Der VDAX misst die Kursausschläge der im DAX vertretenen Aktien und ist daher für die Liebhaber derivativer Finanzinstrumente von besonderem Interesse. Optionen und Optionsscheine sind zwar eigentlich nicht Thema dieses Buchs, aber im Zusammenhang mit dem VDAX

Teil I: Die Grundlagen

müssen wir doch kurz darauf eingehen. Nach der modernen Optionspreistheorie, als deren geistige Väter die Amerikaner Fisher Black und Myron Scholes gelten, gibt es einige Kriterien für den Wert von Optionsrechten. Eines der wichtigsten ist die Volatilität des Basisobjekts. Das heißt: Je höher die Kursbeweglichkeit zum Beispiel einer Aktie oder auch eines Index ausfällt, desto wertvoller werden Optionen, die sich auf dieses Basisobjekt (Basisinstrument) beziehen. Übrigens unabhängig davon, ob es sich um Kauf- oder Verkaufsrechte handelt.

Aus diesem Grund steigt der Preis von Optionsrechten auch deutlich an, wenn an der Börse hohe Kursschwankungen zu verzeichnen sind. Der VDAX misst diese Schwankungen, wobei die Faustregel gilt: Je höher der Stand des VDAX, je stärker also die Kursschwankungen der Indexwerte ausfallen, desto wertvoller und teurer werden Optionen, die sich auf den Index beziehen. Die Volatilität der einzelnen Aktien kann natürlich auch gemessen werden, und zwar für alle relevanten Zeiträume. Der VDAX misst jedoch die Indexvolatilität, und daher interessieren sich für seinen Verlauf vor allem die Teilnehmer an den Termin- und Optionsmärkten.

Der CDAX („C" steht für „Composite") umfasst alle Aktien, die in Frankfurt im amtlichen Handel notiert werden. Seine Berechnungsbasis ist der 30. Dezember 1987 mit einem Kurs von 100 Punkten, also einem Zehntel der Berechnungsbasis von DAX-30 und MDAX. Er ist, was die Zahl der in ihm repräsentierten Titel betrifft, der bei weitem umfangreichste Index aus der DAX-Familie. Wie seine bekannteren Geschwister ist er nach Marktkapitalisierung gewichtet. Eine jährliche Revision erübrigt sich insofern, als es keine feste Zahl von Indexwerten und nur ein einziges Aufnahmekriterium gibt: Eben die Notierung im amtlichen Handel in Frankfurt. Das Interessanteste am CDAX oder Composite DAX ist aber, dass er in 16 Branchenindizes unterteilt ist. Im einzelnen umfassen diese Subindizes die Branchen

- Automobile
- Bau
- Chemie
- Beteiligungen
- Elektronik
- Brauereien
- Hypothekenbanken
- Geschäftsbanken

3. DAX, Dow, Nikkei & Co.: Was Indizes aussagen

- Transport
- Maschinenbau
- Papier
- Energieversorgung
- Stahl
- Textil
- Versicherungen
- Konsum

Anhand dieser Teilindizes kann man branchenspezifische Entwicklungen entdecken. Oft ist es interessant, die einzelnen Branchen in Deutschland oder zum Beispiel auch die Performance der deutschen Energieversorger mit der ihrer internationalen Konkurrenten zu vergleichen. Auf diese Weise stößt man oft auf sehr attraktive Investmentchancen. Wir werden später in diesem Buch noch ausführlich darauf zu sprechen kommen.

Der CDAX von 1997 bis 1999

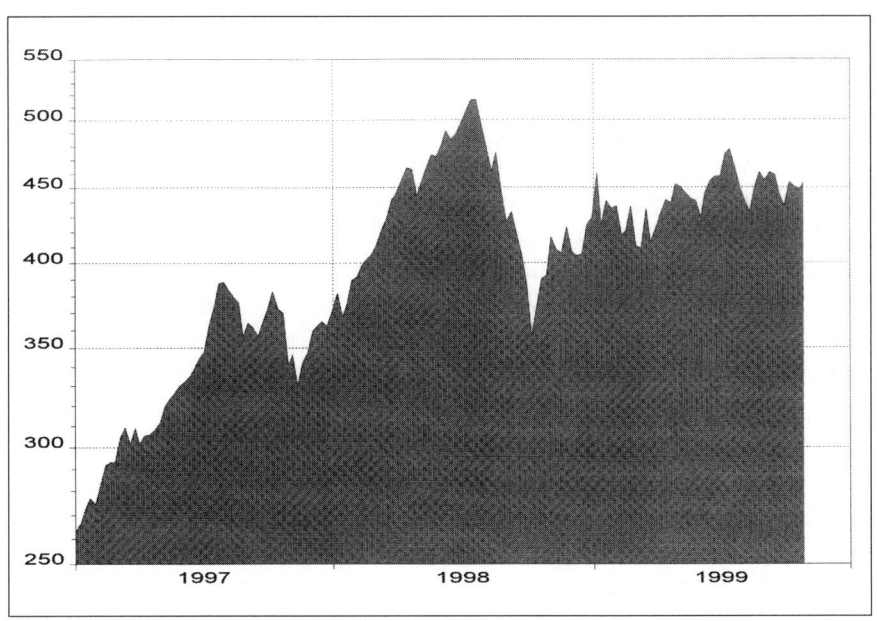

Quelle: Datastream

Teil I: Die Grundlagen

3.7. Die NEMAX-Indizes

Weil sich der Neue Markt als jüngstes Handelssegment an deutschen Börsen rasch etablierte und immer mehr an Aufmerksamkeit gewann, wurde allmählich der Ruf nach einem repräsentativen Index laut. Im Sommer 1999 war es dann soweit. Seither gibt es den NEMAX-All-Share-Index, der alle in diesem Börsensegment gehandelten Aktien umfasst, und den NEMAX 50. In ihm sind die 50 Neuer-Markt-Titel mit der höchsten Marktkapitalisierung vertreten.

Dazu muss man wissen: Am Neuen Markt gibt es noch immer einige sehr kleine Werte, und es kommen durch Neuemissionen ständig weitere Small Caps hinzu, aber einige dort gelistete Unternehmen haben inzwischen einen Börsenwert erreicht, der sie problemlos für den MDAX, ja sogar für den DAX-30 qualifizieren würde. So lag die Marktkapitalisierung von EM.TV & Merchandising mit etwa 4,8 Milliarden Euro im Oktober 1999 höher als die des DAX-30-Werts Linde. Auch in puncto Börsenumsatz brauchen sich die Platzhirsche am Neuen Markt vor den etablierten deutschen Blue Chips nicht zu verstecken. Die Unterschiede zwischen den einzelnen Unternehmen bezüglich der beiden wichtigsten Kriterien (Marktkapitalisierung und Börsenumsatz) sind am Neuen Markt größer als in anderen Marktsegmenten. Es wird daher oft bemängelt, dass drei, vier große Werte die Tendenz vorgeben und viele andere kaum eine Rolle spielen. Das mag so sein, lässt sich aber nicht ändern. Man darf nicht vergessen, dass der Neue Markt noch ein sehr junges Handelssegment ist. Es wird dort noch etliche Erfolgsgeschichten geben, einige andere Unternehmen werden an Bedeutung verlieren – wie es eben an jeder Börse der Welt der Fall ist.

Der NEMAX 50 ist jedenfalls in recht kurzer Zeit zu einem der meistbeachteten deutschen Aktienindizes geworden, und er wird seiner wichtigsten Aufgabe zweifellos auch gerecht: Er liefert ein zutreffendes Abbild der Gesamttendenz am Neuen Markt.

Die Titel des NEMAX 50 (Stand: 12. Oktober 1999)

Unternehmen	Branche	Marktkapitalisierung (in Millionen Euro)
1&1	Call Center/Internet	388,38
Adva	Datenübertragung	472,50
Aixtron	HL-Beschichtungen	1605,00
artnet.com	Internet-Kunsthandel	56,50
Basler	Sehsysteme	315,00
BB Biotech DT	Biotechnologie-Fonds	1081,12
BinTec	Netzwerktechnik	138,60
Brain International	ERP-Software	175,36
Brokat	Internet-Software	944,21
ce Consumer Electronic	Chip-Broker	660,33
CineMedia	Filmdienstleistungen	135,42
ConSors Discount	Discount-Broker	2314,40
CPU Software	Bankensoftware	349,35
Cybernet	Internet-Dienstleistungen	316,09
edel music	Musik/Tonträger	952,66
EM. TV & Merchandising	Film	4801,45
Endemann Internet	Internet-Suchmaschinen	108,81
FortuneCity.com	Internet-Gemeinde	286,03
Heyde	Beratung/Software	372,12
Highlight Communications	Filmlizenzhandel	601,73
i:FAO	Reisebuchungs-Software	209,44
IDS Scheer	IT-Dienstleister	390,53
Infomatec	Software/Internet	733,20
Infor	ERP-Software	189,00
Intershop	Internet	1883,20
Intertainment	Filmlizenzhandel	838.39
iXOS	Archivsoftware	574,88
Jumptec	Computertechnik	223,09
Kinowelt Medien	Lizenzhandel/Filme	1377,47
LHS Group	Telecomsoftware	1789,99
mb Software	Visualisierungssoftware	123,44
Medion	Elektronik-Dienstleister	1461,12
Micrologica	Call-Center-Technologie	99,89

Teil I: Die Grundlagen

MobilCom	Telekommunikation	2185,92
Nemetschek	Bau-Software	564,87
NSE	Bankensoftware	175,50
Pfeiffer Vacuum	Vakuumtechnik	325,65
Prima	ComKabelnetz	1000,91
Qiagen	Biotechnologie	1598,00
real	TechIT-Dienstleistungen	310,00
SCM Microsystems	Kontrollsysteme	566,90
Senator Film	Filmproduktion	371,97
SER Systeme	Dokumentensoftware	717,00
Singulus	DVD/CD-Anlagen	703,80
Steag Hamatech	DVD/CD-Anlagen	703,50
TelDaFax	Telekommunikation	571,69
Telegate	Telefonauskunft	420,09
Teleplan	Monitor-Service	648,82
Teles AG	Telecom-Produkte	605,27
Utimaco	Sicherheitssoftware	228,39

Quelle: BÖRSE ONLINE

Der NEMAX 50-Index

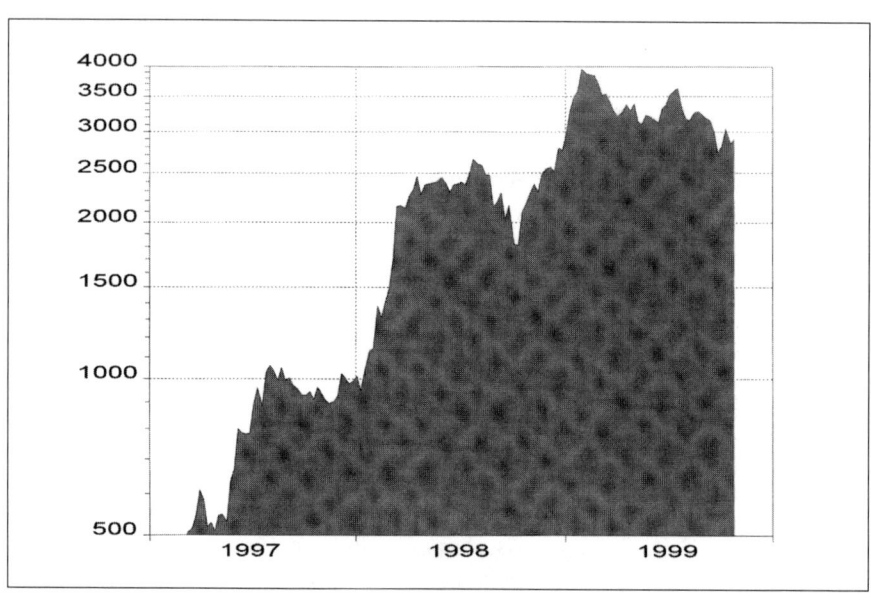

Quelle: Datastream

3. DAX, Dow, Nikkei & Co.: Was Indizes aussagen

Der NEMAX All-Share-Index

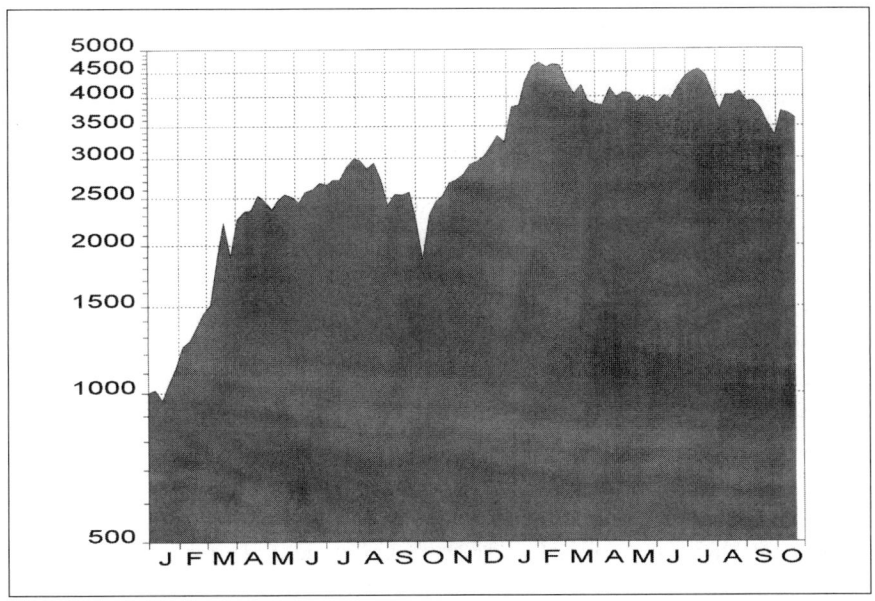

Quelle: Datastream

3. 8. Die Stoxx-Indizes

Als 1998 die Einführung der gemeinsamen europäischen Währung bevorstand, lag es eigentlich nahe, von den nationalen Aktienindizes abzurücken und Börsenbarometer für den neu entstehenden Währungsraum zu schaffen. Diese Idee führte zu den Stoxx-Indizes, die sich in relativ kurzer Zeit einen beachtlichen Stellenwert im europäischen Börsengeschäft erobern sollten. Konzipiert wurde die Stoxx-Indexfamilie von der deutschen, der Pariser und der Schweizer Börse in Zusammenarbeit mit dem US-Unternehmen Dow Jones. Diese Firma kennen wir ja schon von einigen anderen Börsenbarometern her. Neben den drei „Dow Averages", die wir bereits kennengelernt haben, laufen noch einige andere Indizes unter dem Namen des Unternehmens. Aus dem Dow Jones Europe, einem 665 Aktien aus 16 europäischen Ländern umfassenden Aktienindex, entstanden die vier Stoxx-Indizes:

Dow Jones Euro Stoxx 50   50 Aktien aus dem Euro-Raum
Dow Jones Stoxx50   50 Aktien aus Gesamteuropa
Dow Jones Euro Stoxx 326   326 (oder weniger) Aktien aus dem Euro-Raum
Dow Jones 665   665 (oder weniger) Aktien aus Gesamteuropa

Von den vier genannten Indizes hat vor allem der Euro Stoxx 50 starke Beachtung gefunden und galt schon kurz nach seiner Einführung als entscheidender Gradmesser für die Börsentendenz im Euro-Raum. Ähnlich wie der DAX ist auch der Euro Stoxx 50 ein nach der Marktkapitalisierung gewichteter Index. Jedes Jahr im September wird die Zusammensetzung revidiert, und schon bei den ersten beiden derartigen Maßnahmen 1998 und 1999 war die Fluktuation erheblich.

Die Kriterien sind nicht ganz unkompliziert:

Für die Indexzusammensetzung verantwortlich ist der Indexprovider Stoxx Ltd. Er stellt zunächst einmal den breitgefassten Euro Stoxx 326 zusammen. Seinem Namen zum Trotz kann dieser Index auch weniger als 326 Titel umfassen. Im Sommer 1999 waren es 297. Dabei werden alle Aktien einem bestimmten nationalen Markt zugeordnet. Es kommen keine Titel in Frage, die zu mehr als 75 Prozent einem anderen Konzern gehören.

Jetzt wird weiter gesiebt: Titel, die in puncto Marktkapitalisierung zum letzten Prozent des jeweiligen Landes gehören oder im letztvergangenen Quartal an mindestens zehn Tagen nicht gehandelt wurden, fallen durch das Raster. Auch Titel, deren durchschnittlicher täglicher Börsenumsatz am unteren Ende des Spektrums lag, werden eliminiert

Der Rest der Aktien wird nach Herkunftsland und Branche eingeteilt. Diejenigen Titel, deren kumulierte Marktkapitalisierung 50 Prozent des Börsenwerts einer Branche im jeweiligen Land ausmachen, werden in den Euro Stoxx 326 aufgenommen. Nun wird „aufgefüllt", bis jede Branche zu 80 Prozent vertreten ist. Mit diesem Schritt ist der Euro Stoxx 326 vollendet.

Nun erfolgt eine Aufteilung in 19 Branchen. Die Titel mit der höchsten Marktkapitalisierung aus jeder Branche werden in die vorläufige Kandidatenliste aufgenommen. Auch die Nummer zwei wird integriert, wenn die Summe der Kapitalisierungen beider Unternehmen der Marke von 60 Prozent des Branchen-Gesamtwerts näher liegt als die Marktkapitalisierung der Nummer eins für sich allein genommen.

3. DAX, Dow, Nikkei & Co.: Was Indizes aussagen

Der Euro Stoxx 50, 1998 und 1999

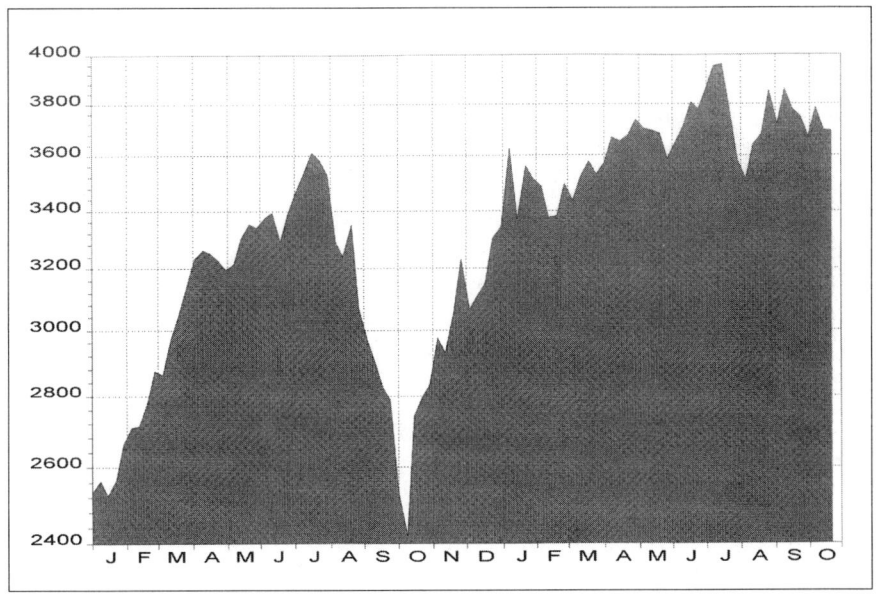

Quelle: Datastream

Nach dem gleichen Kriterium kann auch die Nummer drei der Branche aufgenommen werden. Die 50 Titel mit der höchsten Kapitalisierung bilden nun den Euro Stoxx 50, wobei es Ausnahmen gibt: Um eine allzu starke Fluktuation von Jahr zu Jahr zu vermeiden, wurde die sogenannte 40-bis-60-Regel entworfen. Gehört ein bislang im Index vertretenes Unternehmen nicht mehr zu den 60 größten, so fällt die Aktie heraus. Erreicht eine bisher nicht vertretene Aktie die Top-40 in puncto Marktkapitalisierung, dann wird sie aufgenommen. Ein Titel kann also vorübergehend in die Ränge zwischen 51 und 60 absacken, ohne gleich eliminiert zu werden. Fällt er aber unter dieses Niveau oder erwirbt ein anderer Indexwert die Mehrheit an dem betreffenden Unternehmen, dann wird der Titel durch einen Newcomer ersetzt.

Ähnlich wie beim DAX ändert sich auch beim Euro Stoxx 50 die Indexgewichtung der einzelnen Unternehmen je nach der Entwicklung ihres Börsenwerts. Je deutlicher also eine Aktie steigt, je wertvoller also das ganze Unternehmen wird, desto mehr Gewicht wächst dem Titel im

Index zu. Solche Veränderungen können erheblich sein. Bei der Konzeption des Euro Stoxx 50 war der niederländische Öltitel Royal Dutch mit einer Gewichtung von etwa neun Prozent der mit Abstand schwerste Indexwert. Inzwischen hat ein ehemaliger Zwerg wie die finnische Nokia enorm zugelegt, und die Deutsche Telekom hat Royal Dutch als gewichtigster Euro-Wert abgelöst.

Der Euro Stoxx 50 spiegelt die Börsentendenz im Euro-Raum gut wieder, und es steht zu erwarten, dass er weiter an Beachtung gewinnen wird. Er ist kein Ersatz für die nationalen Indizes wie den DAX-30 oder den CAC-40, aber er ist eine wichtige Ergänzung. Als Europa-Index hat er eigentlich nur einen Schönheitsfehler: Man vermisst doch schmerzlich Titel wie Novartis, Roche, British Telecom oder Glaxo Wellcome. Diese Titel, die zwar aus Europa, aber nicht aus dem Raum der Europäischen Währungsunion kommen, sind im Dow Jones Stoxx 50 vertreten, doch dieser Index genießt bei weitem nicht soviel Aufmerksamkeit wie der Euro Stoxx 50.

Der Euro Stoxx 50. Daten am 5. Oktober 1999

Unternehmen	Land	Branche	Marktkapitalisierung (in Milliarden Euro)	Indexgewichtung (in Prozent)
ABN Amro	NL	Finanzen	31,43	1,63
Aegon	NL	Versicherung	53,43	2,78
Ahold	NL	Konsum	18,87	0,98
Air Liquide	F	Chemie	12,29	0,64
Alcatel	F	Elektro	26,59	1,38
Allianz	D	Versicherung	67,52	3,51
AXA-UAP	F	Versicherung	42,18	2,19
Banco Bilbao Vizcaya	E	Bank	26,81	1,39
BASF	D	Chemie	26,88	1,40
Bayer	D	Chemie	27,94	1,45
BSCH	E	Bank	35,57	1,85
Carrefour	F	Handel	35,89	1,87
Daimler-Chrysler	D	Automobile	69,04	3,59

3. DAX, Dow, Nikkei & Co.: Was Indizes aussagen

Name	Land	Branche	Kurs	Gewicht
Deutsche Bank	D	Bank	40,39	2,10
Deutsche Telekom	D	Telekommunikation	120,88	6,28
Dresdner Bank	D	Bank	25,04	1,30
Electrabel	B	Energie	17,13	0,89
Elf Aquitaine	F	Öl	42,91	2,23
Endesa	E	Energie	19,42	1,01
ENI	I	Energie	46,72	2,43
Fortis	B	Finanzen	21,62	1,12
France Télécom	F	Telekommunikation	86,32	4,49
Generali	I	Versicherung	31,87	1,66
Hypo-vereinsbank	D	Bank	22,80	1,19
ING Groep	NL	Finanzen	49,98	2,60
KPN	NL	Telekommunikation	20,14	1,05
L'Oréal	F	Kosmetik	41,24	2,14
LVMH	F	Luxusgüter	27,30	1,42
Mannesmann	D	Maschinen/Telekom	58,87	3,06
Metro ST	D	Handel	14,61	0,76
Münchener Rück	D	Versicherung	35,30	1,83
Nokia S	F	Telekom-Geräte	108,40	5,63
Paribas	F	Bank	17,30	0,90
Philips Electronics	NL	Elektronik	30,55	1,59
Repsol	E	Öl	21,48	1,12
Rhône-Poulenc „A"	F	Chemie/Pharma	18,28	0,95
Royal Dutch	NL	Öl	118,94	6,18
RWE ST	D	Energie	18,45	0,96
Saint Gobain	F	Bau	15,07	0,78
Sanofi-Synthélabo	F	Pharma/Kosmetik	29,01	1,51
Siemens	D	Elektronik	47,65	2,48
Société Générale	F	Bank	20,64	1,07

Teil I: Die Grundlagen

Suez Lyonnaise des Eaux	F	Wasserversorgung	23,18	1,20
Telecom Italia	I	Telekommunikation	44,88	2,33
Telefónica	E	Telekommunikation	48,30	2,51
Total Fina	F	Öl	39,83	2,07
Unicredito Italiano	I	Bank	22,78	1,18
Unilever	NL	Haushaltswaren	36,43	1,89
Veba	D	Energieversorgung	25,54	1,33
Vivendi	F	Medien/Versorger	40,50	2,10

Quelle: BÖRSE ONLINE

3. 9. Die MSCI-Indizes

Die Idee länderübergreifender Aktienbarometer ist wesentlich älter als die Stoxx-Indizes. Schon seit etwa 30 Jahren dienen die internationalen Indizes von Morgan Stanley Capital International (MSCI) vor allem institutionellen Investoren als „Benchmark", also als Maßstab für die Performance ihrer Depots.

Die MSCI-Indizes umfassen insgesamt eine Wertpapierpalette von mehr als 24 000 Titeln aus 51 Ländern. Es gibt eine Vielzahl von MSCI-Indizes die nach verschiedenen Kriterien zusammengestellt sind. Zu den meistbeachteten gehört der Weltaktienindex „MSCI World Index", der die Aktienmärkte von 23 Ländern mit mehr als 1500 Titeln umfasst. Hierbei finden nur die etablierten Märkte Berücksichtigung; für die Emerging Markets gibt es andere MSCI-Indizes.

Neben dem MSCI World gibt es auch regionale (z. B. Europa), nationale und branchenorientierte Indizes. Für viele Anleger sind besonders letztere sehr interessant. Anhand der Branchenindizes, zum Beispiel Stahl, Automobile, Nahrungsmittel und so weiter, lässt sich die internationale Performance der verschiedensten Wirtschaftszweige verfolgen. So kann man auf einen Blick sehen, ob zum Beispiel die zyklischen Branchen wie Metalle, Chemie, Maschinenbau oder Papier in der Spitzengruppe zu finden sind. In einem solchen Fall liegt es nahe, sich nach interessanten, eventuell noch ein wenig zurückgebliebenen Einzeltiteln umzusehen. Besonders interessant ist auch der Performancevergleich internationaler mit nationalen Branchenindizes. Zum Beispiel kann man den MSCI-Chemie-Index mit dem Chemie-Subindex des CDAX vergleichen. Durch solche Untersuchungen kommt man oft auf recht gute Ideen. Sind die Branchenvertreter eines bestimmten Landes hinter der internationalen Entwicklung zurückgeblieben, dann kann dies zum Beispiel daran liegen, dass dieses Land im Konjunkturzyklus ein wenig hinter der internationalen Entwicklung her hinkt. In diesem Fall könnte es Titel mit Kursnachholbedarf zu entdecken geben. In diesem Zusammenhang ist es natürlich – wie bei jeder anderen Indexuntersuchung auch – sehr wichtig, einen geeigneten Untersuchungszeitraum zu wählen, damit man nicht auf kurzfristige, eventuell schnell wieder beendete Trends hereinfällt. Die wichtigsten Vertreter aus der MSCI-Familie werden börsentäglich im „*Handelsblatt*" veröffentlicht.

3. 10. Weitere bedeutende Indizes

Der CAC-40

Der maßgebliche französische Aktienindex wird seit dem 15. Juni 1988 von der Kursmaklervereinigung CAC (Compagnie des Agents de Change) publiziert. Er enthält 40 an der Börse Paris notierte französische Blue Chips. Auswahlkriterien sind – ähnlich wie beim DAX-30 und beim Euro Stoxx 50 – Marktkapitalisierung, Branche und Börsenumsatz.

Der CAC-40 wird fortlaufend berechnet. Es fließen nur Kurs- und Kapitalveränderungen in die Berechnung ein, Dividenden werden nicht berücksichtigt. Aus diesem Grund ist seine Entwicklung nicht ganz mit dem DAX-30 vergleichbar, obwohl es sonst wichtige Parallelen gibt: Basiswert des CAC-40 ist wie beim DAX ein Stand von 1000 Punkten am 30. Dezember 1987.

Der FTSE-100

Dieser wichtigste britische Index wird im Börsenjargon lautmalerisch „Footsie" genannt. Sein voller Name lautet Financial Times Stock Exchange 100 Index. Daraus geht schon hervor, wo der „Footsie" seinen Ursprung hat: Er ist von der bedeutenden Wirtschaftszeitung „*Financial Times*" konzipiert worden und erhält 100 an der Londoner Börse gehandelte britische Standardwerte. Die Basis ist ein Stand von 1000 Punkten zu Ultimo 1983. Wie beim CAC-40 gehen Dividenden nicht

Der CAC-40 von 1997 bis 1999

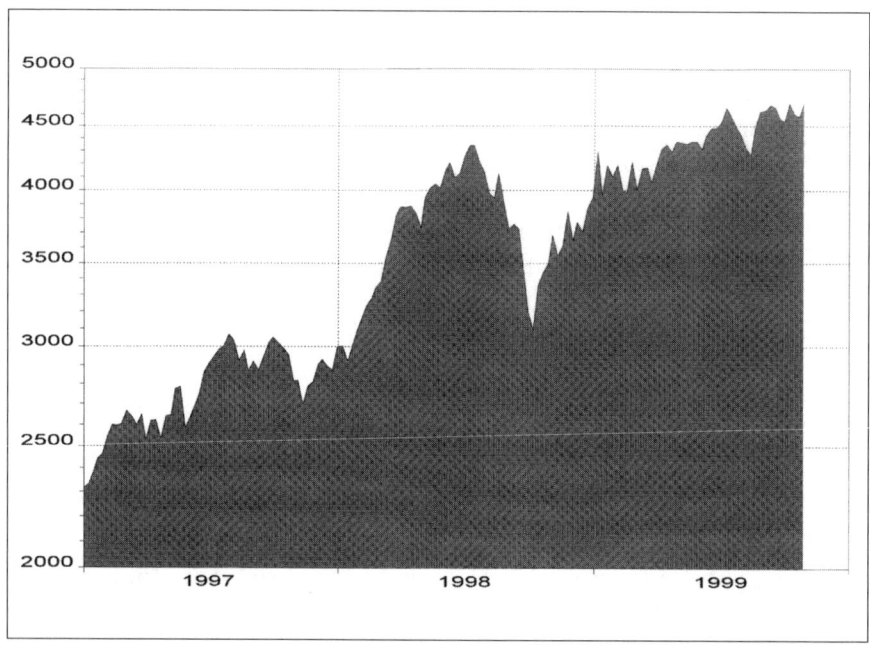

Quelle: Datastream

in die Berechnung ein. Beide sind also im Gegensatz zum DAX keine Performance-Indizes.

Der AEX

Der maßgebende niederländische Aktienindex umfasst 25 an der Amsterdamer Börse (**A**msterdam Stock **Ex**change) gehandelte Standardwerte. Der AEX ist nach Marktkapitalisierung gewichtet, wobei es allerdings eine Obergrenze gibt: Kein Wert kann ein höheres Indexgewicht als zehn Prozent erlangen. Diese Regelung enspricht also der im Sommer 1999 erlassenen „Lex Telekom" im DAX-30. In Amsterdam ist in erster Linie das Schwergewicht Royal Dutch davon betroffen. Die Berechnungsbasis des AEX ist der 1. Mai 1983 mit einem Stand von 100 Punkten.

3. DAX, Dow, Nikkei & Co.: Was Indizes aussagen

Der FTSE-100 von 1997 bis 1999

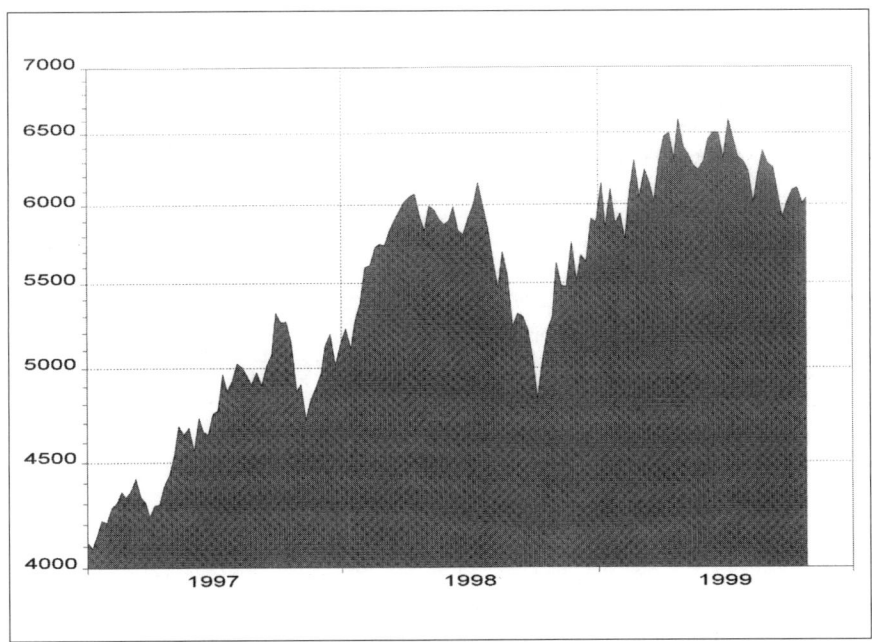

Quelle: Datastream

Der IBEX

Der wichtigste spanische Index umfasst 35 nach den Kriterien der Marktkapitalisierung und der Börsenumsätze ausgewählte Standardwerte. Die Indexrevision kann zweimal jährlich erfolgen. Die Berechnungsbasis sind 3000 Punkte am 29. Dezember 1989.

Der ATX

Der **A**ustrian **T**raded Inde**x** ist das wichtigste Aktienbarometer der Wiener Börse und hat in dieser Funktion den alten CA (Creditanstalt)-Index abgelöst. Er umfasst 18 im variablen Handel (Fließhandel) notierte österreichische Standardwerte. Die Basis: 1000 Punkte am 2. Januar 1991.

Der SMI

Der **S**wiss **M**arket **I**ndex umfasst 24 Schweizer Blue Chips. Er wird während des Börsenhandels fortlaufend ermittelt. Auswahlkriterien sind die Marktkapitalisierung der Unternehmen und die frühe Verfügbarkeit der Aktienkurse. Die Berechnungsbasis ist der 30. Juni 1988 mit einem Stand von 1500 Punkten.

Der Mibtel

Im computerisierten variablen Handel der Mailänder Börse (**Mi**lano **B**orsa **Tel**ematica) fortlaufend ermittelter italienischer Aktienindex, der den seit 1973 einmal täglich berechneten BCI-Index an Bedeutung überholt hat und inzwischen als wichtigstes italienisches Aktienbarometer gilt. Der Mibtel hat eine Berechnungsbasis von 1000 Punkten zu Ultimo 1975.

Der Nikkei-225

Im Vergleich zu den meisten wichtigen Aktienindizes dieser Welt weist der Nikkei-225 zwei Besonderheiten auf: Zum einen hat er seinen bisherigen Höchststand schon 1989 erreicht, genau genommen sogar am allerletzten Börsenhandelstag der 80er Jahre. Damals kletterte er auf 38 915 Punkte. Zum anderen ist er nicht nach Marktkapitalisierung gewichtet. Wir haben ja schon gesehen, dass die Marktkapitalisierung auch bei den Dow Averages nicht mit einfließt, aber ansonsten ist es üblich, diesen Faktor bei der Berechnung eines Aktienindex mit einzubeziehen.

Der Nikkei-225 besteht aus 225 in der ersten Sektion der Tokioter Börse gelisteten Aktien. Diese Aufteilung in zwei Sektionen ist eine Besonderheit am Kabutocho, wie die wichtigste Börse Asiens in der Landessprache genannt wird. Neu gelistete Titel müssen sich erst in einer der ersten untergeordneten zweiten Sektion „bewähren", bevor sie in die erste Reihe vorrücken dürfen. Basiswert des Nikkei-225 ist ein Stand von 176,21 Punkten am 16. Mai 1949. Die Berechnung entspricht dem schon beim Dow Jones geschilderten Verfahren: Die Summe der Aktienkurse wird durch die Zahl der Aktien dividiert und ins Verhältnis zu einem Korrekturfaktor gesetzt. Um Titel mit unterschiedlichem Nennwert miteinander vergleichbar zu machen, wird zuvor jeder Kurs

3. DAX, Dow, Nikkei & Co.: Was Indizes aussagen

Der Nikkei-225 von 1997 bis 1999

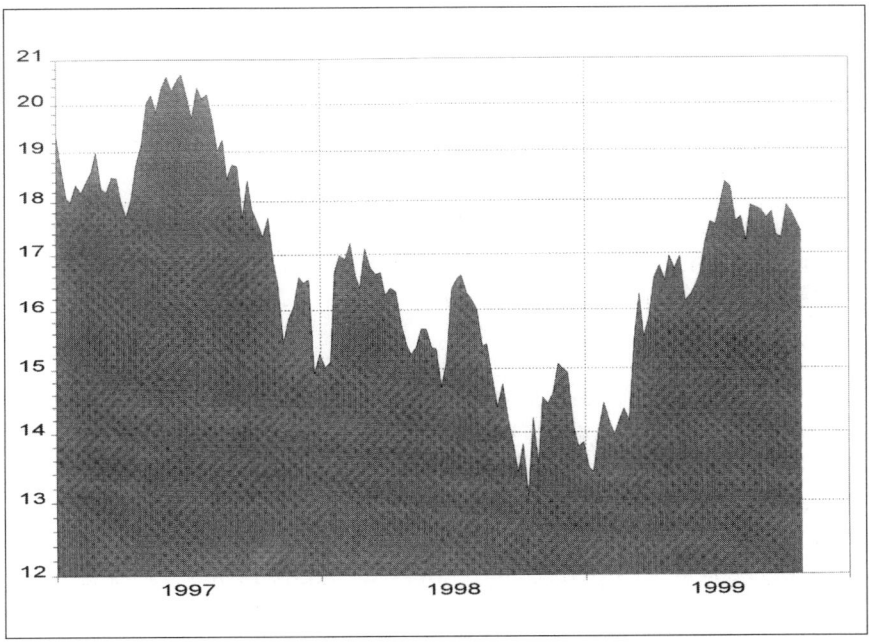

Quelle: Datastream

mit einem Gewichtungsfaktor multipliziert, so dass alle Aktien in Titel mit einem Nennwert von 50 Yen umgerechnet werden.

Der TOPIX

Der **To**kyo Stock **P**rice **Index** umfasst alle in der ersten Sektion der Tokioter Börse notierten Aktien und ist im Gegensatz zum Nikkei-225 nach Marktkapitalisierung gewichtet. Die Berechnungsbasis: 100 Punkte am 4. Januar 1968.

Der Straits Times Industrials

Von der Wirtschaftszeitung „Straits Times" konzipierter, maßgebender Index der Börse Singapur. Er umfasst 30 Titel und hat eine Berechnungsbasis von 100 Punkten am 30. Dezember 1964.

Der Hang Seng

Wichtigster Aktienindex der Börse Hongkong. Er enthält etwa 35 Titel; die Anzahl wechselt von Zeit zu Zeit. Die Basis des Index ist der 31. Juli 1964 mit 100 Punkten.

Der Sydney All Ordinaries

Maßgebender Index an der Australian Stock Exchange (ASX) in Sydney. Er umfasst etwa 300 Aktien und ist nach Marktkapitalisierung gewichtet. Basis: 500 Punkte zu Ultimo 1968.

3. 11. Wie man einen Aktienindex manipuliert – und warum

Zu den periodisch wiederkehrenden Nervenkitzeln des Börsianers gehören die „Triple Witching Days". Man könnte diesen an allen Börsen der Welt bekannten Anglizismus mit „Dreifacher Hexensabbat" übersetzen, weil das englische Wort für Hexe (witch) darin steckt. Was aber hat es damit auf sich?

An diesen Tagen, in der Regel jeweils am dritten Freitag eines Monats, laufen drei verschiedene derivative Finanzinstrumente ab. Das heißt, die damit verbundenen Rechte können letztmals ausgeübt werden. Andernfalls verfallen sie wertlos. Bei diesen Instrumenten handelt es sich um

– Terminkontrakte auf Indizes
– Optionen auf Indizes
– Optionen auf Einzelaktien.

Bei vielen dieser Optionen und Kontrakte kann es zum Verfallstermin richtig spannend werden. Steht der DAX an einem Triple Witching Day zu Handelsbeginn bei 4990 Punkten, dann verfallen alle Kaufoptionen auf den DAX wertlos, die einen Basispreis von 5000 Punkten oder mehr aufweisen – falls der Index bis zum Handelsschluss auf dem Anfangsniveau verharrt. Verständlicherweise haben die Inhaber der Kaufrechte allergrößtes Interesse daran, den Index an diesem Tag noch über den Basispreis zu hieven. Schließlich geht es hier um viel Geld. Einen Index in die Höhe treiben kann man allerdings nur, indem man die in ihm

3. DAX, Dow, Nikkei & Co.: Was Indizes aussagen

repräsentierten Aktien kauft – mit einer wichtigen Ausnahme, auf die wir gleich zu sprechen kommen werden.

Diese Tatsache legt nahe, dass es eine ganze Menge Geld erfordern kann, den Index in die gewünschte Richtung zu bewegen. Ein wichtiger Punkt kommt hinzu: Wie wir schon ausführlich erörtert haben, sind die meisten wichtigen Aktienindizes dieser Welt nach Marktkapitalisierung gewichtet. Das soll zum einen gewährleisten, dass die Indexentwicklung das tatsächliche Börsengeschehen möglichst realistisch wiedergibt. Wenn zum Beispiel ein Börsenschwergewicht wie die Deutsche Telekom um drei Prozent zulegt, dann hat das auf den DAX-30 eine erheblich größere Auswirkung als eine gleich starke Kursbewegung eines vergleichsweise kleinen DAX-30-Werts wie Henkel oder Fresenius Medical Care.

Es gibt aber auch noch einen zweiten Grund für die Indexgewichtung. Reine Kursindizes sind viel leichter manipulierbar als ihre gewichteten Pendants. Wenn die Marktkapitalisierung nicht in die Indexentwicklung einfließt, kann man durch massive Käufe der kleinsten Werte deren Kurs in die Höhe jagen, was sich natürlich auf den gesamten Index auswirkt. So können kapitalkräftige Anlegergruppen an entscheidenden Tagen erreichen, dass ihre Terminkontrakte und Indexoptionen nicht zu Verlustgeschäften werden. Bei nach der Marktkapitalisierung gewichteten Indizes ist das weit schwerer, wenn auch nicht unmöglich. Dies ist übrigens auch ein wichtiger Grund, warum in den USA nicht der ungewichtete Dow Jones Industrial Average das übliche Basisinstrument für Index-Terminkontrakte und -optionen ist, sondern der S & P 100. Hierbei handelt es sich gewissermaßen um das obere Fünftel des umfassenderen S & P 500. Der 100-Index enthält in der Regel die 100 größten und bedeutendsten US-Aktien und ist wie sein größeres Pendant nach Marktkapitalisierung gewichtet. Es gibt allerdings auch eine Vielzahl von Terminkontrakten auf den S & P 500.

In Deutschland stellt sich dieses Problem nicht: Sowohl der DAX-30 als auch der MDAX als die bei weitem verbreitetsten Basisinstrumente für derivative Finanzprodukte sind gewichtete Indizes. Problematischer ist die Angelegenheit in Japan, denn der Nikkei-225 ist ungewichtet. Die Vielzahl der in ihm vertretenen Aktien erschwert die Manipulation zwar ein wenig, aber wenn man es wirklich darauf anlegt, kann man es schaffen. Vorausgesetzt natürlich, man verfügt über das nötige Kleingeld.

Der Nikkei-225 ist weltweit der einzige ungewichtete Aktienindex, auf den es Futures und Optionen gibt. Als er im Mai 1949 anlässlich der

Wiedereröffnung der Tokioter Börse nach dem Zweiten Weltkrieg eingeführt wurde, war die Berechnung sehr einfach: Die Summe der Kurswerte aller 225 Aktien wurde durch 225 geteilt. Am 16. Mai 1949 ergab sich auf diese Weise der oben erwähnte Ur-Indexstand von 176,21 Punkten. Später wurde die Einführung eines Adjustierungsfaktors nötig, und zwar aus den gleichen Gründen, die wir schon im Abschnitt über den Dow Jones Industrial Average erörtert haben. Es gab Unternehmenszusammenschlüsse, manche Aktien schieden aus dem Index, andere wurden neu aufgenommen, es kam zu Kapitalmaßnahmen und dergleichen mehr. Um die Indexkontinuität zu gewährleisten, also Stände aus der Vergangenheit mit dem aktuellen Niveau vergleichbar zu machen, musste man einen Divisionsfaktor in die Berechnung aufnehmen.

Da die Kursentwicklung der einzelnen Titel aber nicht relativ zu ihrer Marktkapitalisierung, sondern gemäß ihrer bloßen Kurswerte den Index beeinflusst, haben hochpreisige Aktien relativ kleiner Unternehmen einen überproportionalen Einfluss auf den Nikkei-225. Vor allem amerikanische Terminmarktprofis haben das jahrzehntelang ausgenutzt, um den Index an entscheidenden Tagen in die gewünschte Richtung zu treiben. Sie suchten dabei nach Aktien, die folgende Eigenschaften aufwiesen:

- Ein optisch sehr hoher Kurswert
- Eine geringe Marktkapitalisierung des Unternehmens
- Spärliche Börsenumsätze.

Der letztgenannte Punkt ist deshalb wichtig, weil sich Titel wie Sony, NTT, Pioneer oder Toyota Motor, die sehr hohe Umsätze aufweisen, nicht mit einigermaßen überschaubarem Kapitaleinsatz nach oben oder unten manipulieren lassen. Gerade weil der Nikkei aber so viele Aktien enthält, finden sich immer einige Titel, auf die alle drei genannten Eigenschaften zutreffen. Und das ist noch nicht alles: Da es in Tokio – im Gegensatz etwa zu Frankfurt oder New York – keine für Einzeltitel zuständigen Kursmakler (Market Maker) gibt, wird der Börsenhandel eines Titels erst eröffnet, wenn ein Anfangskurs festgestellt ist, zu dem alle unlimitierten Orders abgewickelt werden können. Bis zur Ermittlung dieses ersten „Bezahlt"-Kurses fließen auch Geld- oder Briefkurse in die Indexberechnung ein – übrigens im Gegensatz zum Dow Jones Industrial Average, der ja sonst viele Gemeinsamkeiten zum Nikkei-225 aufweist: Hier werden in diesem Fall die Vortagesschlusskurse zur Indexermittlung herangezogen.

3. DAX, Dow, Nikkei & Co.: Was Indizes aussagen

Wenn es ein Terminkontrakt-Spekulant also geschickt anfängt und ein wenig Glück hat, kann er den japanischen Index beeinflussen, ohne überhaupt Geld dafür einsetzen zu müssen. Kein Wunder, dass sich dieses Spiel so lange größter Beliebtheit bei amerikanischen Terminmarktprofis erfreute, bis einfach zu viele merkten, wie simpel es war. Die Vielzahl der Nachahmer hat dazu geführt, dass die Indexmanipulation heute weit schwieriger und weniger einträglich geworden ist.

Die Triple Witching Days verlaufen allerdings an allen Börsen spannend, nicht nur in Tokio. Oft genug sind es ja nur einige Indexpunkte, die über Gewinn oder Verlust entscheiden. Hinzu kommt, dass an diesen Tagen nicht nur Indexkontrakte und −optionen ablaufen, sondern auch Optionen auf Einzelaktien. Daher kann man an solchen Tagen immer wieder regelrechte Kämpfe zwischen Bullen und Bären erleben. Die einen versuchen, bestimmte Aktien nach unten zu drücken, andere wollen sie nach oben treiben. Für den Privatanleger, der sich nur mit Aktien, nicht aber mit Derivaten beschäftigt, ergibt sich an solchen Tagen daher oft ein Problem: Wenn die Bullen oder die Bären einen entscheidenden Sieg davontragen, kann es zu Kursentwicklungen kommen, die mit fundamentalen oder technischen Kriterien weder zu erklären noch zu prognostizieren sind. Es empfiehlt sich also sehr, an solchen Tagen nicht einmal bei umsatzstarken Standardwerten mit unlimitierten Aufträgen in den Markt zu gehen. Oft sind es nämlich gerade die größten Titel, bei denen sich die härtesten Schlachten der Optionsprofis abspielen. Da kann man als Kleinanleger leicht unter die Räder kommen, wenn man sich nicht durch ein Limit vor bösen Überraschungen schützt.

3. 12. Börsenlotto mit Indexkandidaten

Die Aufnahme in einen repräsentativen Index kommt für jede Aktie sozusagen der Erhebung in den Adelsstand gleich. Außerdem ist so etwas in der Regel auch recht förderlich für die weitere Kursentwicklung, und das hat einen simplen Grund: Zahlreiche institutionelle Anleger in der ganzen Welt versuchen mit ihren Investments bestimmte Indizes nachzubilden. Auf diese Weise stellen sie zumindest sicher, dass ihre Performance in etwa der des Index entspricht – und das kann nicht jeder Fondsmanager von sich behaupten. Dieses „Index-Tracking" hat zur Folge, dass viele Investoren Aktien kaufen *müssen*, die in einen Index aufrücken – ganz egal, was sie nun im Einzelfall von einem bestimmten Titel halten mögen. Im Gegenzug stoßen sie Aktien ab, die aus dem Index eliminiert werden.

Das hat nicht unbedingt sehr viel mit der Qualität der Aktie zu tun. Ein Beispiel: Die amerikanische Chrysler-Aktie war zwar seit 1979 nicht mehr im Dow Jones Industrial Average vertreten, aber immerhin noch im umfassenden S & P 500. Nach der Fusion mit Daimler-Benz wurde der Titel von Chrysler aus diesem Index eliminiert, da das neu entstandene Unternehmen seinen Sitz in Deutschland hatte. In einem amerikanischen Index war somit kein Platz mehr für die Aktie. Hier ist die Lage ein wenig kompliziert: Im S & P 500 sind zwar traditionell sehr wohl nichtamerikanische Titel verteten – etwa die Niederländer Unilever und Royal Dutch oder die Kanadier Inco, Alcan, Placer Dome, Barrick Gold, Northern Telecom und Laidlaw – aber kein „Ausländer" wird mehr aufgenommen. Die durch die Fusion neu entstandene DaimlerChrysler-Aktie fand also keine Gnade. Das drückte in den USA eine ganze Weile auf den Kurs, obwohl die Verbindung zwischen Daimler und Chrysler allgemein als geradezu ideale Partnerschaft in der Autobranche bewertet wurde.

Manche Indizes werden regelmäßig revidiert. Die meisten sogar, wobei wiederum die drei Dow Averages die große Ausnahme bilden. Im Spätsommer rätseln die Börsianer, welche Titel wohl in den Euro Stoxx 50 aufrücken könnten. Die heißesten Indexkandidaten verzeichnen dabei oft merkliche Kursanstiege. Der Grund liegt auf der Hand: Wer schon vor der endgültigen Entscheidung die richtigen Titel im Depot hat, profitiert anschließend von wachsender Nachfrage und somit von tendenziell steigenden Kursen.

Beim Euro Stoxx 50 gibt es dieses Spiel erst seit 1998, da der Index noch sehr jung ist. Beim DAX-30, der allerdings geringerer Fluktuation unterliegt, laufen solche Spekulationen schon länger. Beim MDAX sogar zweimal im Jahr, da der Midcap-Index ja alle sechs Monate revidiert werden kann. Ähnliche Motivationen der Anleger bewegen auch viele Indexkandidaten in anderen Ländern. Wieder einmal die große Ausnahme sind die Dow Averages: Ihre Zusammensetzung wird nicht nur unregelmäßig, sondern auch sehr selten verändert. Die Anleger erfahren von einer Revision erst, nachdem sie schon beschlossene Sache ist. Eine Spekulation mit Indexkandidaten erübrigt sich also.

Im Prinzip klingt es durchaus vernünftig, Aktien zu kaufen, die in einen repräsentativen Index aufrücken könnten. Wie so oft im Leben ist es aber auch hier der Tod einer guten Idee, wenn zu viele Leute sich danach

3. DAX, Dow, Nikkei & Co.: Was Indizes aussagen

richten. Vor allem bei glasklaren Indexkandidaten, deren Aufnahme quasi nur eine Formsache ist, erfolgt der eigentlich erst nach der Aufnahme erwartete Kursanstieg schon vor der endgültigen Entscheidung. Zu viele Anleger spekulieren auf die gleiche Entwicklung, und die tatsächliche Aufnahme in den Index erweist sich daher oft genug als *„Fait accompli"*. Darunter versteht man an der Börse das Phänomen, dass eine allgemein erwartete Entwicklung schon im Kurs eskomptiert, also eingepreist ist, wenn sie tatsächlich eintritt.

Daher ist es nur auf den ersten Blick absurd, wenn Aktien nach einer guten Nachricht an Kurswert verlieren. Zu viele Anleger haben die positive Entwicklung erwartet und nehmen ihre Kursgewinne mit, nachdem ihre Spekulation aufgegangen ist. Zumindest aber lässt sich nach der Aufnahme neuer Indexwerte meist keine überdurchschnittliche Performance mehr beobachten, während solche Titel vor der Entscheidung oft erhebliche Zuwächse verzeichnen. Eine interessante Untersuchung zu diesem Thema hat Heinz-Jürgen Schäfer von Dresdner Kleinwort Benson veröffentlicht (Charts aus *„Börsenzeitung"* vom 21. Februar 1998):

Schäfer stellt fest, dass neu in den DAX-30 oder MDAX aufgenommene Aktien vor der Bekanntgabe eine relativ bessere Performance zeigen als die jeweiligen Indizes, während es im selben Zeitraum bei solchen Aktien zu einer unterdurchschnittlichen Entwicklung kommt, die aus dem Index eliminiert werden. Wenn die Indexrevision allerdings erst einmal bekannt und offiziell ist, ändert sich das Bild: Bei den Neulingen im DAX-30 lässt sich keine statistisch relevante Überperformance mehr erkennen. Ein klassischer fall von *„Fait accompli"* also. Die neuen Aktien im MDAX entwickeln sich dagegen auch nach der Bekanntgabe überdurchschnittlich, während die aus dem Index eliminierten Titel relativ schlecht abschneiden. Das spricht nach Schäfers Auffassung für eine weniger effiziente Informationsverarbeitung bei den kleineren Werten.

Dem kann man aller Erfahrung nach nur zustimmen. Der DAX-30 findet bei internationalen Großanlegern erhebliche Beachtung. Wenn ein Titel daher gute Chancen hat, neu in diesen Index aufgenommen zu werden, stößt er plötzlich auch in New York, Paris oder Tokio auf das Interesse, das er zuvor nicht genossen hatte. Folglich fließt neues Geld in die betreffende Aktie; schnell und in erheblichem Umfang. Wenn die Indexveränderung erst einmal offiziell bekannt ist, sind die Investoren oft bereits voll engagiert und nehmen keine weiteren Zukäufe mehr vor. Ob dagegen ein Wert neu in den MDAX aufgenommen werden soll, interessiert die Verwalter der großen Investment- oder Pensionsfonds weit

Relative Kursentwicklungen vor und nach Indexrevisionen des DAX-30

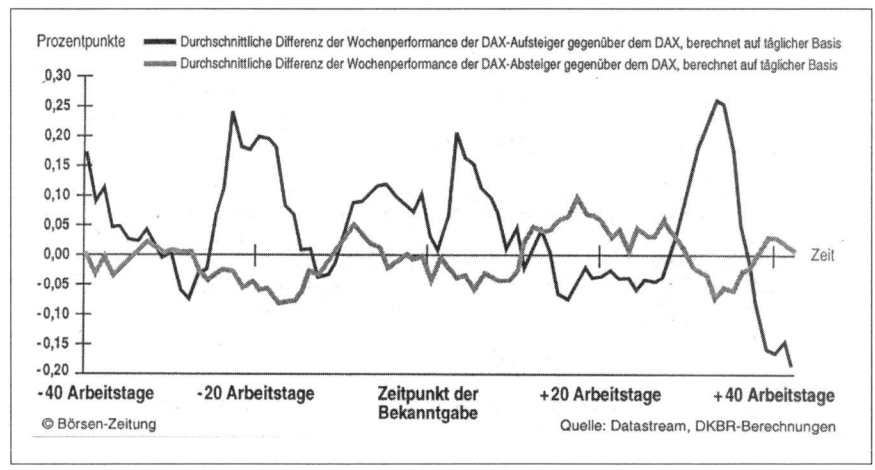

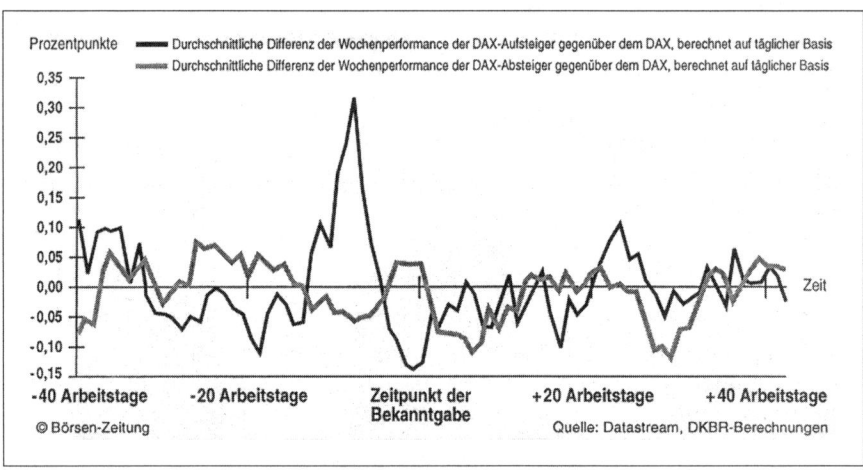

Quelle: Börsenzeitung

weniger. Zumindest aber reagieren sie nicht schon vor der Indexrevision mit Käufen potentieller Kandidaten, sondern warten erst einmal ab. Daher fließen die Gelder spärlicher, langsamer und später in die betreffenden Titel. Es kommt im Vergleich zum DAX-30 zu einer Verzögerung, was dazu führt, dass die neuen Indexwerte auch nach der Bekanntgabe noch Luft nach oben haben.

Als Fazit lässt sich festhalten, dass es sich kaum lohnt, neue DAX-30-Werte zu kaufen, wenn der Index bereits revidiert ist. Beim MDAX sieht

3. DAX, Dow, Nikkei & Co.: Was Indizes aussagen

Relative Kursentwicklungen vor und nach Indexrevisionen des MDAX-30

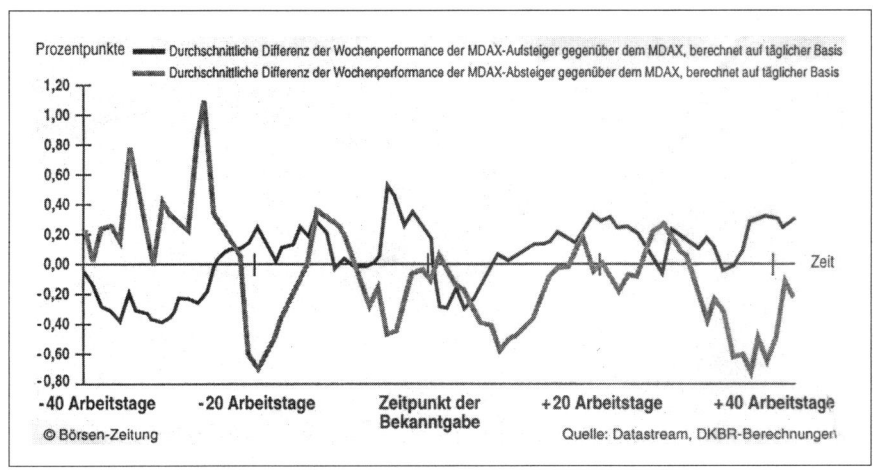

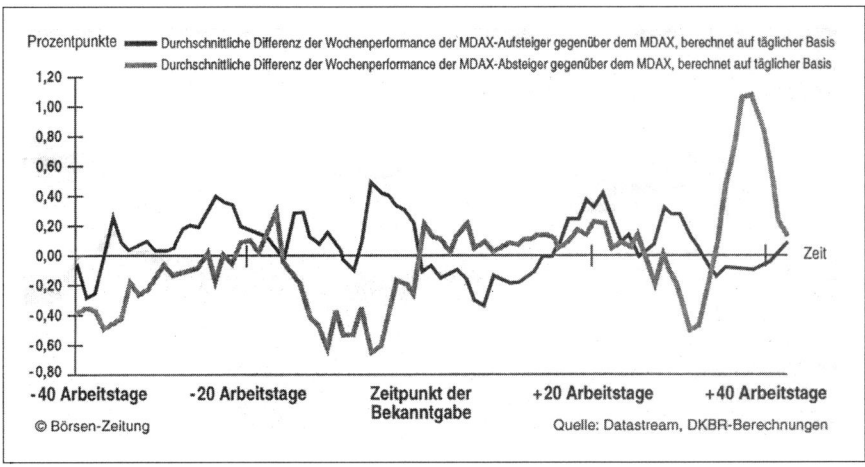

Quelle: Börsenzeitung

es schon anders aus. Relativ schlechte Aussichten – zumindest auf kurze Sicht – haben allerdings solche Titel, die aus einem repräsentativen Index eliminiert werden. Das gilt eigentlich für alle großen Börsenbarometer dieser Welt.

Wer schon vor einer Veränderung der Indexzusammenstellung die Aktien heißer Kandidaten kauft, kann manchmal gute Gewinne erzielen. Allerdings gilt auch hier das Wort von Michail Gorbatschow, dass das Leben denjenigen bestraft, der zu spät kommt.

4.
Wenn der Fiskus die Hand aufhält

Zwei unangenehme Dinge sind bekanntlich nicht zu vermeiden: Der Tod und die Steuer. Daher wird es wohl niemanden überraschen, dass der Fiskus sich durchaus für Börsengeschäfte interessiert. Das deutsche Einkommensteuerrecht kennt sieben Einkunftsarten. Zwei davon sind für Aktionäre besonders relevant. Dividendeneinnahmen werden als „Einkünfte aus Kapitalvermögen" besteuert, Kursgewinne fallen unter die Rubrik „Sonstige Einkünfte". Dies jedoch nur dann, wenn sie als Spekulationsgewinne einzustufen sind. Was Spekulationsgewinne eigentlich sind, werden wir nun ein wenig näher untersuchen.

4. 1. Ungeteilte Freude: Steuerfreie Kursgewinne

Vor der Bundestagswahl im September 1998 bangten viele Aktionäre, eine rot-grüne Bundesregierung könnte die Gesetzeslage bezüglich Börsengewinnen und Spekulationsfristen grundlegend umkrempeln. In der Tat hatten deutsche Börsianer viel zu verlieren. Nach deutschem Steuerrecht ist es nämlich möglich, Kursgewinne in jeder Höhe steuerfrei zu vereinnahmen, wenn zwischen Kauf und Verkauf eine bestimmte Frist verstrichen ist. Das ist bei weitem nicht überall so. Zum Beispiel sind Kursgewinne aus Aktienanlagen in den USA grundsätzlich steuerpflichtig, auch wenn die Papiere jahrelang im selben Depot waren. Wenn ein Texaner heute General-Electric-Aktien verkauft, die er vor 15 Jahren gekauft hat, steht die Finanzbehörde schon auf der Matte.

Im Vergleich dazu haben es deutsche Börsianer wirklich gut. Viele Jahre lang hieß die Regel: Kursgewinne sind nicht zu versteuern, wenn zwischen Kauf und Verkauf mindestens sechs Monate und ein Tag verstrichen sind. Das galt nicht nur für Wertpapiere, sondern auch für alle anderen sogenannten Spekulationsgeschäfte. Die einzige Ausnahme

4. Wenn der Fiskus die Hand aufhält

bildete der Immobilienbereich, wo die Spekulationsfrist zwei Jahre betrug.

Die völlige Abschaffung dieser Regelung und die Übernahme der amerikanischen Gewinnbesteuerung wäre das Schlimmste gewesen, was den deutschen Aktionären hätte passieren können. Erfahrene Steuerrechtler haben die verantwortlichen Politiker allerdings stets vor diesem Schritt gewarnt. Wenn Börsengewinne grundsätzlich steuerpflichtig geworden wären, dann wäre es im Umkehrschluss wohl auch unvermeidlich gewesen, Börsenverluste in jeder Höhe steuerlich abzugsfähig zu gestalten. Bis Ende 1998 waren solche Verluste jedoch nur gegen im gleichen Kalenderjahr angefallene Spekulationsgewinne verrechenbar, und zwar maximal bis zur Höhe der letzteren. Das heißt: Wer mit einer unglücklich verlaufenen Börsenspekulation 100 000 Mark in den Sand gesetzt und im gleichen Jahr mit anderen Engagements nur 5000 Mark gewonnen hatte, konnte den Gesamtverlust von 95 000 Mark nicht steuerlich geltend machen, indem er ihn gegen seine Einkünfte aus unselbständiger Arbeit, Vermietung oder dergleichen verrechnete. Und die Finanzminister in der Geschichte der Bundesrepublik hatten einen guten Grund, daran nicht zu rütteln. Ansonsten wäre es nämlich in Jahren mit schwacher Börsentendenz unweigerlich zu Steuerausfällen in Milliardenhöhe gekommen.

Andererseits sind die Börsengewinne der 90er Jahre wohl einfach zu gewaltig ausgefallen, um nicht die Begehrlichkeit der Finanzpolitiker und sonstiger Umverteiler in allen politischen Parteien zu wecken. So kam es nach dem Regierungswechsel 1998 zu einer Reihe von Änderungen des Steuerrechts. Die Definition des Begriffs „Spekulationsgewinne" wurde modifiziert, indem man einfach die entsprechende Frist verlängerte. Zu versteuern sind nun solche Kursgewinne aus Wertpapiergeschäften, bei denen zwischen Kauf und Verkauf nicht mindestens ein Jahr und ein Tag verstrichen sind. Damit lässt sich durchaus leben, wenn man die Rechtslage in anderen Ländern betrachtet. Die Gesetzesveränderung betrifft somit eigentlich nur diejenigen, die auf schnelle Kursgewinne aus sind. Im Optionsscheinbereich hat sie also durchaus für Veränderungen gesorgt, im Aktienbereich ist man nach einem pflichtschuldigen Aufstöhnen über die marginale Verschlechterung der Lage schnell wieder zur Tagesordnung übergegangen. Wie gesagt: Viele hatten weit Schlimmeres befürchtet.

Zunächst kam es allerdings zu Missverständnissen: Einige Börsianer realisierten Anfang 1999 durch Verkauf Buchgewinne aus Aktienkäufen, die zwar länger als sechs, aber weniger als zwölf Monate zurücklagen. Falsch gedacht. Entscheidend nämlich, so mussten sie sich belehren lassen, war nach der neuen Rechtslage einzig und allein der Zeitpunkt des Verkaufs. Somit handelte es sich beim Ertrag aus diesen Geschäften um steuerpflichtige Spekulationsgewinne. Es gab und gibt jedoch juristische Bedenken gegen dieses Rechtsauffassung. Zumindest ist die rückwirkende Besteuerung bislang steuerfreier Kursgewinne ein wenig ungewöhnlich. Der Rechtsstreit in dieser Sache dürfte die Gerichte wohl noch eine ganze Weile beschäftigen. Betroffene Anleger sollten gegen ihre Steuerbescheide jedenfalls Einspruch einlegen, bis die Sache entschieden ist. Am Finanzgericht Schleswig-Holstein ist unter dem Aktenzeichen V 7/99 ein Verfahren anhängig, und wahrscheinlich wird der Rechtsstreit mindestens bis zum Bundesfinanzhof, vielleicht sogar bis zum Bundesverfassungsgericht gehen.

So weit, so schlecht. Aber die neue Gesetzeslage hat durchaus auch ihre Schokoladenseiten. Ein wichtiger Punkt: Die Freigrenze von 1000 Mark pro Person und Kalenderjahr wurde nicht angetastet. Das bedeutet, dass man auch weiterhin jährlich maximal 999,99 Mark an solchen Börsengewinnen steuerfrei vereinnahmen darf, die nach der neuen Rechtslage unter die Definition des Spekulationsgewinns fallen. Ein kleines, aber relevantes Detail: Dabei handelt es sich wie gesagt um eine Freigrenze, nicht um einen steuerlichen Freibetrag. Der Unterschied: Während bei einem Freibetrag nur die Differenz zwischen diesem und den Einkünften steuerbar ist, wird bei einer Freigrenze die volle Summe steuerpflichtig, sobald die Grenze überschritten ist. Bei in einem bestimmten Kalenderjahr angefallenen Spekulationsgewinnen von 1010 Mark müssen also nicht nur zehn Mark versteuert werden, sondern der ganze Betrag. In einem solchen Fall gibt es allerdings eine ganze Reihe von Maßnahmen, die Gewinnsumme wieder unter die Freigrenze zu drücken. Als steuerlich abzugsfähig anerkannt sind zum Beispiel:

- Fachliteratur
- Alle im Zusammenhang mit den Spekulationsgewinnen angefallenen Depotführungskosten
- Kosten, die im Zusammenhang mit dem Besuch der Hauptversammlung einer AG angefallen sind, deren Aktien man im Depot hat

4. Wenn der Fiskus die Hand aufhält

Hier gilt allerdings der Grundsatz der Verhältnismäßigkeit: Wer zehn Aktien von Philip Morris besitzt, kann dem Finanzamt nicht den Aufwand für einen 14tägigen Urlaub in New York aufs Auge drücken. Zumindest müsste er außergewöhnlich überzeugende Argumente dafür haben.

Neben dem Beibehalt der steuerlichen Freigrenze weist die neue Rechtslage noch einen sehr positiven Aspekt auf, der gegenüber der früheren Situation sogar eine entscheidende Verbesserung bedeutet. Früher waren Spekulationsverluste ja steuerlich irrelevant, wenn man sie nicht gegen im selben Kalenderjahr angefallene Spekulationsgewinne verrechnen konnte. Das hat sich geändert. Wie so oft musste auch hier das Bundesverfassungsgericht der Politik auf die Sprünge helfen, indem es das steuerliche Abzugsverbot von Spekulationsverlusten für verfassungswidrig und damit unzulässig erklärte (Aktenzeichen 2 BvR 1818/91; 30. 9. 1998).

Nun gilt: Spekulationsverluste können steuerlich rück- und vorgetragen werden. Voraussetzung ist allerdings, dass sie nach dem 31. Dezember 1998 entstanden sind. Wer die Verluste schon vor diesem Datum durch Verkauf realisiert hat, sieht leider in die Röhre. Besonders interessant erscheint die Zulässigkeit der steuerlichen Rücktragung. Wer 1999 hohe Spekulationsverluste erleidet und im Vorjahr wesentlich besser abgeschnitten hat, kann die „alten" Gewinne mit den „neuen" Verlusten verrechnen. Selbst wenn er im Vorjahr keine Gewinne erzielt hat, können die 99er Verluste steuerlich noch relevant werden. Der Anleger darf sie nämlich auch zeitlich unbegrenzt vortragen. Erzielt er im Jahr 2000 hohe Spekulationsgewinne, dann wird die darauf entfallende Steuer gemindert, weil er die Miesen des Vorjahrs dagegen aufrechnen kann.

Noch eines: Der Begriff der Spekulationsgewinne bezieht sich nicht ausschließlich auf Aktien, sondern auf alle Gewinne, bei denen Kauf und Verkauf innerhalb der Spekulationsfrist erfolgt sind. Das ist das einzige Kriterium. Der Fiskus kümmert sich verständlicherweise nicht darum, ob ein Anleger mit einem bestimmten Engagement auf schnelle Gewinne spekulieren wollte, oder ob er ein beabsichtigtes Langfristinvestment aus irgendwelchen Gründen vorzeitig aufgelöst hat. Mit der Klärung solcher Fragen hätte die Finanzbehörde ja auch viel zu tun. Ebenfalls nicht relevant ist die Frage, ob ein Spekulationsgewinn mit Wertpapieren oder mit anderen Dingen erzielt worden ist. Zum Beispiel mit Immobilien, wo die Spekulationsfrist 1999 von zwei auf zehn Jahre verlängert wurde.

Man kann also Spekulationsgewinne und -verluste, die ab dem 1. 1. 1999 entstanden sind, in Zukunft zeitlich unbegrenzt gegeneinander aufrechnen. Wer mit einem Grundstücksgeschäft Geld verloren hat, kann die Steuern auf seine mit Aktiengeschäften erzielten Spekulationsgewinne mindern, und das gleiche gilt im umgekehrten Fall. In bestimmten Einzelfällen bietet die neue Rechtslage also durchaus erhebliche Vorteile im Vergleich zur alten. Der Vollständigkeit halber, obwohl es ohnehin auf der Hand liegt: Für die Besteuerung von Bezugsrechten (bei einer ordentlichen Kapitalerhöhung) oder von Berichtigungsaktien (bei einer Kapitalerhöhung aus Gesellschaftsmitteln) ist entscheidend, wie lange die Altaktien schon im Depot liegen. Sind weniger als ein Jahr und ein Tag seit dem Kauf verstrichen, kann der Fiskus Steuern einfordern.

Noch ein Sonderfall: Es kommt vor, dass ein Anleger mehrere Einzelposten der gleichen Aktie im Depot hat, die zu verschiedenen Zeitpunkten erworben worden sind. Das geschieht zum Beispiel, wenn man mit Averaging-Strategien oder mit Stufenlimits arbeitet (mehr dazu in Teil III dieses Buchs). Im Fall der Veräußerung galt früher die sogenannte LIFO-Regel: Last in, first out. Das bedeutete folgendes: Wenn man zum Beispiel von insgesamt 300 Aktien, die zu drei verschiedenen Zeitpunkten in Paketen zu je 100 Stück erworben worden waren, 100 Stück verkaufte, dann ging der Fiskus davon aus, dass es sich dabei um das zuletzt erworbene Teilpaket handelte. Lagen Kauf und Verkauf innerhalb der Spekulationsfrist, dann wurden Steuern fällig, obwohl die 200 verbliebenen Aktien vielleicht schon seit vielen Jahren im Depot waren. Zugegeben, das war eine völlig willkürliche, ausschließlich vom Eigennutzen des Fiskus geprägte Annahme. Aber es war eben geltendes Steuerrecht, bestätigt durch eine Vielzahl von Gerichtsurteilen.

Inzwischen hat sich die Rechtslage geändert. Zwar gilt die FIFO-Regel – First in, first out – nicht uneingeschränkt, aber die alte Willkür ist abgeschafft worden. Besteuert werden nur Gewinne aus solchen Wertpapiergeschäften, bei denen zweifelsfrei feststeht, dass sie innerhalb der Spekulationsfrist erfolgt sind. Ein kleines Beispiel soll das verdeutlichen. Ein Anleger hat 300 Aktien zu folgenden Zeitpunkten gekauft:

       100 Stück am 1. 6. 1998
       100 Stück am 1. 3. 1999
       100 Stück am 1. 9. 1999.

4. Wenn der Fiskus die Hand aufhält

Am 1. 2. 2000 verkauft er 150 Aktien und erzielt damit beträchtliche Kursgewinne. Sein erster Kauf liegt schon 19 Monate zurück, ist steuerlich also nicht mehr relevant. Seit Kauf 2 und Kauf 3 sind jedoch noch keine zwölf Monate vergangen. Er muss daher den Gewinn aus 50 Aktien versteuern, den Rest kann er steuerfrei vereinnahmen, da seine zuerst gekauften 100 Titel ja keiner Spekulationsbesteuerung mehr unterliegen. Für die Berechnung der auf die übrigen 50 Aktien entfallenden Steuern ist der durchschnittliche Kaufkurs der Titel maßgebend, die noch unter die Steuerpflicht fallen. Nehmen wir an, der Kurs habe am 1. 3. 1999 genau 100 und am 1. 9. 1999 150 Euro betragen. Der Verkauf am 1. 2. 2000 erfolgte zu 200 Euro. Dann rechnet der Finanzbeamte wie folgt:

(100 · 100) + (100 · 150) = 25 000 : 200 = 125
= durchschnittlicher Kaufkurs.
Der Spekulationsgewinn je Aktie beträgt demnach
(200 − 125) = 75 Euro.

Da der Anleger 50 noch der Spekulationsbesteuerung unterliegende Aktien veräußert hat, beträgt der steuerpflichtige Gewinn 50 x 75 = 3500 Euro. In diesem Zusammenhang ist es natürlich völlig gleichgültig, ob etwaige Spekulationsgewinne oder -verluste mit deutschen oder ausländischen Aktien erzielt worden sind. Entscheidend ist nicht das Herkunftsland des Wertpapiers, sondern die Frage, in welchem Land ein Anleger steuerpflichtig ist.

4. 2. Die Besteuerung von Dividendenerträgen

Ebenso wie zum Beispiel Spar- oder Anleihenzinsen fallen Dividendeneinnahmen steuerlich in die Rubrik „Einkünfte aus Kapitalvermögen". Der Besteuerung unterliegt die Differenz zwischen der Summe aller Erträge aus dieser Einkunftsart und dem Sparerfreibetrag. Dieser beträgt derzeit (Herbst 1999) 6000 Mark plus 100 Mark Werbungskostenpauschale pro Person und Kalenderjahr, wird aber zum kommenden Jahreswechsel halbiert. Hierbei handelt es sich wohlgemerkt um einen *Freibetrag* im Gegensatz zur oben besprochenen *Freigrenze*. Steuerlich relevant ist nur, was Sie über den Freibetrag hinaus in einem Kalenderjahr vereinnahmt haben.

Was jeder Sparer weiß, ist auch für den Aktionär wichtig: Wenn Sie ein Aktiendepot bei einer bestimmten Bank haben, dann sollten Sie dort einen Freistellungsauftrag in der ungefähren Höhe der zu erwartenden Zins- und Dividendenertäge hinterlegen. Ansonsten wird nämlich die 25prozentige Kapitalertragsteuer auf Dividendenausschüttungen einbehalten, die Sie sich über die Einkommensteuererklärung mühsam wieder zurückholen müssen.

Andererseits enthalten Dividenden in der Regel eine Köperschaftssteuergutschrift. Das hat den Zweck, eine Doppelbesteuerung zu vermeiden. Die AG hat ja bereits Körperschaftssteuer auf ihre erzielten Gewinne bezahlt, und da wäre es unzulässig, Sie als Miteigentümer der AG noch einmal zur Kasse zu bitten. In diesem Fall ist es ratsam, bei der Einkommensteuererklärung die Anlage KSO auszufüllen, denn ansonsten müssen Sie den anteiligen Solidaritätszuschlag auf die Körperschaftssteuer in den Wind schreiben. Um das zu vermeiden, legen Sie die ausgefüllte Anlage KSO Ihrer Einkommensteuererklärung bei und reichen die Steuerbescheinigung ein, die Ihnen Ihre depotführende Bank ausgestellt hat. Letzteres gilt besonders dann, wenn Sie vergessen haben, rechtzeitig einen Freistellungsauftrag zu erteilen.

Sollten Ihre „Einkünfte aus Kapitalerträgen" den Freibetrag übersteigen, müssen Sie die Anlage KSO ohnehin einreichen und Kapitalertragsteuer bezahlen. Die erwähnte Körperschaftsteuer beträgt in der Regel 42,66 Prozent (drei Siebtel) der Bruttodividende. Wenn Ihrer Bank ein Freistellungsauftrag vorliegt, wird Ihnen die anrechenbare Körperschaftsteuer zusammen mit der Dividende vergütet. Somit erhöhen sich natürlich auch Ihre Einkünfte und die Berechnungsgrundlage für Ihre Einkommensteuer. Nehmen wir an, sie hätten Dividenden in Höhe von 1000 Mark vereinnahmt. Diese Brutto-Dividende setzt sich aus der 25prozentigen Kapitalertragsteuer (entspricht 250 Mark) und der Netto-Dividende von 750 Mark zusammen. Darauf wird Körperschaftsteuer in Höhe von drei Siebteln der Bruttodividende, also 428,85 Mark angerechnet. Die steuerpflichtigen Einkünfte aus Kapitalvermögen betragen somit 1428,85 Mark. Die Körperschaftsteuer und die Kapitalertragsteuer sind anrechnungsfähig. Das bedeutet, dass Ihnen der entsprechende Betrag wieder erstattet wird.

Völlig von der Besteuerung befreien kann seine Einkünfte aus Kapitalvermögen, wer vom Finanzamt eine Nichtveranlagungsbescheinigung (NV-Bescheinigung) ausgestellt bekommt. Leider geht das nur bis zu bestimmten Einkommensgrenzen. Bei Ledigen darf das steuerpflichtige Jahreseinkommen 27 000 Mark nicht übersteigen, bei Verheirateten gilt die doppelte Summe. Es ist allerdings zu erwarten, dass diese Einkommensgrenzen demnächst revidiert werden. Interessant ist eine Nichtveranlagungsbescheinigung in jedem Fall für Kinder. Diese können von den Eltern Wertpapiere übertragen bekommen, und da sie in der Regel außer den Kapitalerträgen kein weiteres Einkommen erzielen, bleiben Zinsen und Dividenden steuerfrei. Auch Studenten, Rentner und Pensionäre sollten sich gut überlegen, ob eine NV-Bescheinigung für sie in Frage kommt.

4. 3. Was tun mit Buchgewinnen?

Wenn er mit Spekulationsfristen, Freigrenzen und -beträgen sowie mit NV-Bescheinigungen einigermaßen virtuos umzugehen versteht, kann ein Aktionär den Anteil des Finanzamts an seinen Gewinnen und Dividenden auf das unvermeidliche Minimum reduzieren. Ein Problem stellt sich allerdings: Wie soll ein Anleger vorgehen, der zum Beispiel elf Monate nach dem Kauf hohe Buchgewinne verzeichnet und nun befürchten muss, dass sie wieder dahinschmelzen könnten? Wenn er nun verkauft, muss er die Gewinne versteuern, da die Spekulationsfrist noch nicht abgelaufen ist. Den Gewinn hat er allerdings sicher, auch wenn er ihn mit dem Finanzamt teilen muss. Falls er die Aktien hält, gibt es zwei Möglichkeiten:

- Die Aktien bleiben auf dem aktuellen Kursniveau oder steigen sogar noch weiter.
- Die Aktien erleiden Kursverluste, die Buchgewinne des Anlegers gehen teilweise oder ganz wieder verloren.

Für dieses Dilemma gibt es keine Patentlösung; es kommt immer auf den Einzelfall an. Der Anleger könnte allerdings in Erwägung ziehen, einen Teilverkauf vorzunehmen. Zum Beispiel in der Art, dass er mit seinen dann erzielten Spekulationsgewinnen unter der Freigrenze von 1000 Mark bleibt. Er kann auch so viele Aktien veräußern, dass er seinen ursprünglichen Einsatz wieder zurück erhält. In Amerika nennt man das einen „Free Trade". Ein kleines Beispiel: Der Anleger hat vor einiger Zeit 100 Aktien zu je 50 Euro gekauft. Inzwischen ist der Titel auf 100 Euro gestiegen, sein Kurswert hat sich also verdoppelt. Wenn der Anleger nun 50 Stück veräußert, hat er seinen ursprünglichen Einsatz wieder in der Kasse. Mit dem Rest darf er nun ohne Angst spekulieren, denn er kann ja, gemessen an seinem Einsatz, nichts verlieren. Wenn der Kurs weiter steigt, desto besser. Aber selbst ein Kursrückgang kann dem Anleger aus den genannten Gründen nicht viel anhaben.

Das ist natürlich eine beneidenswerte Ausgangssituation, denn eine Kursverdoppelung ist ja keine alltägliche Entwicklung. Aber in abgewandelter Form lässt sich der „Free Trade" natürlich auch bei prozentual kleineren Buchgewinnen durchführen.

Dennoch kann man einem Investor keinen allgemein verbindlichen Rat geben, wenn er kurz vor Ablauf der Spekulationsfrist hohe Buchgewinne verzeichnet. Er muss selbst eine Entscheidung treffen und damit rechnen, dass sie sich später nur als die zweitbeste erweisen wird. Ein Trost bleibt jedoch: Es gibt an der Börse weit Unangenehmeres, als einen hohen Gewinn versteuern zu müssen. Ein steuerpflichtiger Gewinn ist immer noch weit besser als ein steuerfreier Verlust.

Teil II

Die Bewertung

An den internationalen Börsen werden Tausende von Aktien gehandelt. Wer aus dieser Vielzahl für sein Depot die richtigen Papiere auswählen will, braucht handfeste Vergleichskriterien. Schon der Börsenneuling lernt, dass der Kurswert einer Aktie für sich allein genommen gar nichts aussagt. Die eine Aktie kostet womöglich nur einen Euro, die andere kostet 1000 Euro, und dennoch kann die zweite wesentlich preiswerter sein als die erste. Viele Anleger fallen dennoch immer wieder auf Aktien mit optisch niedrigem Kurswert herein. Das mag an dem verständlichen Wunsch liegen, möglichst wenig für eine Aktie zu zahlen, oder vielleicht hat es auch andere, rein psychologische Ursachen. Jedenfalls ist es eine Tatsache, der die börsennotierten Unternehmen Rechnung tragen. Die Nennwertumstellung vieler deutscher Aktien von 50 auf fünf Mark zwischen 1994 und 1997 ist hier zu nennen, und ebenso die Tatsache, dass amerikanische Unternehmen in der Regel einen Split durchführen, wenn ihre Aktie in den Bereich um 100 Dollar vordringt. Diese Maßnahmen bringen dem Aktionär nichts, und den Unternehmen verursachen sie eventuell sogar Kosten, weil neue Aktienurkunden gedruckt werden müssen. Allerdings werden die Titel optisch „billiger", somit für breitere Anlegerkreise erschwinglich und attraktiv, und dies ist offenbar ein zureichender Grund für die erwähnten Maßnahmen.

Zurück zu unserem Beispiel: Wie kann ein Anleger ermitteln, ob Aktie A, die einen Euro kostet, tatsächlich attraktiver ist als Aktie B mit Kurswert 1000 Euro?

Es gibt viele Wege, die zu diesem Ziel führen. So kann der Investor zum Beispiel die fundamentalen Daten der beiden Unternehmen untersuchen:

> – Wie sieht die Gewinnsituation aus? Werden überhaupt Gewinne erzielt, oder schreibt das Unternehmen rote Zahlen?

Teil II: Die Bewertung

- Hat das Unternehmen bereits eine lange Börsengeschichte, oder handelt es sich um einen Newcomer?
- Wie hoch ist der Gewinn je Aktie?
- Wie hoch ist der Cash Flow je Aktie?
- Zahlt das Unternehmen Dividenden, und wenn ja: Weist die Aktie eine attraktive Dividendenrendite auf?
- Verfügt das Unternehmen über nennenswerten Substanzwert?
- Haben sich die genannten Kennzahlen im Vergleich zum Vorjahr stark verändert?

Diese und noch einige weitere Fragen bringen uns schon weiter. Vor allem lassen sich die entsprechenden Kennzahlen mehrerer Unternehmen miteinander vergleichen und ermöglichen so ein Urteil, ob die Aktien dieser Unternehmen attraktiv bewertet sind. Im Abschnitt über fundamentale Analyse werden wir näher darauf eingehen.

Wer sich auf die technische Analyse verlässt, setzt völlig andere Schwerpunkte. Er achtet auf Kursverläufe und Börsenumsätze von Aktien, weil er davon ausgeht, dass die Interpretation von Entwicklungen der Vergangenheit Rückschlüsse auf die Zukunft ermöglicht. Wer auf die technische Analyse setzt, beachtet zum Beispiel:

- Gleitende Durchschnitte
- Widerstands- und Unterstützungszonen
- Chartformationen
- Die Umsatzentwicklung an der Börse

Die Verfechter der beiden Analyseschulen sind einander oft nicht besonders grün; manchmal haben die Auseinandersetzungen von Anhängern der einen oder der anderen Methode mehr mit pseudoreligiösem Eifer als mit sachlicher Auseinandersetzung zu tun. Uns braucht das nicht zu stören, denn beide Herangehensweisen haben ihre Verdienste. Es ist daher sinnvoll, bei der Aktienauswahl sowohl technische als auch fundamentale Kriterien heranzuziehen.

Bislang haben wir nur über die Analyse von Aktien gesprochen. Das ist für unsere Zwecke auch der wichtigste Aspekt, aber nicht der einzige. Aktien entwickeln sich bekanntlich nicht im luftleeren Raum. Es gibt viele Einflussfaktoren auf die Börsen, teils direkte, teils indirekte, und sie müssen bei der Entscheidung für bestimmte Papiere – vor allem aber bei der Festlegung des Zeitpunkts von Kauf und Verkauf – berücksichtigt werden. Ein wichtiger Aspekt ist zum Beispiel die Zinsentwicklung. Steigende Zinsen wirken sich in der Regel negativ auf die Aktienmärkte aus. Der Grund ist simpel: Festverzinsliche Wertpapiere sind eine sinnvolle Alternative zu Aktien. Je höher die Zinsen steigen, je höher also die Rendite wird, die sich quasi risikolos mit erstklassigen Staatsanleihen erzielen lässt, desto unattraktiver werden Aktien. Bei Aktienengagements muss man schließlich mit dem Risiko von Kursverlusten leben – und warum sollte man dieses Risiko eingehen, wenn festverzinsliche Wertpapiere lukrative Renditen abwerfen?

Es gibt Ausnahmen von der Regel. Wenn sich eine Volkswirtschaft von einer Rezession erholt, können Zinsen und Aktien auch für eine ganze Weile gleichzeitig steigen. Abgesehen davon gilt jedoch die alte Börsenregel: Steigende Zinsen sind Gift für den Aktienmarkt. Es lohnt sich also, die Zinsentwicklung in die Analyse der Börsensituation mit einzubeziehen. Ein weiterer wichtiger Faktor ist die gesamtwirtschaftliche Lage in dem Land, wo man nach attraktiven Aktienengagements Ausschau hält. Lahmt dort die Konjunktur, deuten sinkende Auftragseingänge gar auf einen weiteren Rückgang der Wirtschaftstätigkeit hin, dann sollte man in diesem Land nicht gerade Aktien aus konjunktursensitiven Branchen wie Maschinenbau, Chemie oder Stahl kaufen. Vor allem für international investierende Anleger spielt auch der Währungsaspekt eine Rolle. Kauft ein deutscher Anleger Aktien aus einem Land außerhalb des Euro-Raums, dann muss er mit Wechselkursrisiken rechnen. Erwirbt er zum Beispiel britische Aktien, und das britische Pfund verliert gegenüber dem Euro an Wert, dann vermindert dieser Währungseinfluss seine Kursgewinne oder erhöht seine Verluste. Andererseits kann es trotz dieses Nachteils sehr attraktiv sein, bestimmte Aktien aus Schwachwährungsländern zu kaufen. Vor Einführung des Euro war es fast immer profitabel, die Aktien schwedischer oder italienischer Exportunternehmen zu kaufen, wenn die Krone oder die Lira einen Schwächeanfall erlitten. Auch das lässt sich leicht erklären: Die Schwäche der eigenen Währung erlaubte es diesen Unternehmen, die Preise ausländischer Konkurrenten zu unterbieten und auf diese Weise im Export Marktanteile hinzuzugewinnen. So etwas wirkt sich in der Regel sehr positiv auf den Aktienkurs eines Unternehmens aus, und für deutsche Anleger fielen oft so hohe Kursgewinne an, dass der Wechselkursverlust leicht zu verschmerzen war.

Zinsentwicklung, Wechselkurse oder Konjunkturtrends stehen zwar nicht in direktem Zusammenhang mit den Aktienmärkten, sie wirken sich aber sehr wohl auf die Dividendentitel aus. Vor dem Aktienkauf muss man also nicht nur technische und fundamentale Börsendaten prüfen, sondern auch das gesamte Umfeld der Aktienmärkte. Wenn die gesamte Börsentendenz massiv nach unten zeigt – zum Beispiel als Folge steigender Zinsen oder eines Konjunktureinbruchs – dann werden sich auch die besten Aktien dieser Tendenz kaum entziehen können. In freundlichen Börsenzeiten steigen dagegen oft auch solche Titel, deren Fundamentaldaten nicht allzu überzeugend aussehen. Vor der Entscheidung für bestimmte Einzelaktien sollte daher immer die Prüfung des gesamten Börsenumfelds stehen.

Neudeutsch nennt man diese Vorgehensweise Top-Down-Approach. Man arbeitet sich dabei sozusagen von oben nach unten durch die Materie: Vom Ganzen zum Detail, von der Beurteilung des gesamten Börsenumfelds bis zur Entscheidung für eine bestimmte Aktie, die unter den gegebenen Umständen eine besonders vielversprechende Chance-Risiko-Relation aufweist. Natürlich ist auch der umgekehrte Weg praktikabel: Man geht von einer bestimmten Aktie aus und prüft anschließend das Branchenumfeld, die allgemeine Börsensituation und versucht auch alle anderen Faktoren in die Analyse einzubeziehen, die sich in der einen oder anderen Form auf die Kursentwicklung dieser Aktie auswirken könnten. Das ist zum Beispiel die Vorgehensweise der professionellen, auf Aktien einer bestimmten Branche oder Region spezialisierten Wertpapieranalysten. Man nennt diese Methode Bottom-up-Approach, also die Analyse von unten nach oben. Natürlich ist sie nicht nur den Profis vorbehalten. Jeder Anleger wird so vorgehen, wenn er von Zeit zu Zeit die Aktien, die er schon im Depot hat, einer genauen Prüfung unterzieht. Eine solche kritische Depotanalyse in bestimmten Zeitabständen – mindestens alle sechs Monate – ist übrigens jedem Anleger dringend zu empfehlen.

1.
Die Random-Walk-Theorie oder: Wozu all die Mühe?

Eigentlich liegt es ja nahe, dass man sich vor dem Aktienkauf ein möglichst zutreffendes Bild über die Börsensituation verschaffen sollte. Es gibt jedoch auch einige Autoren, die das für verlorene und somit überflüssige Mühe halten. Aufbauend auf Untersuchungen des Mathematikers Louis Bachelier hat Burton G. Malkiel in seinem berühmt gewordenen Buch *„A Random Walk Down Wall Street"* zu beweisen versucht, dass Börsenkurse sich auf zufällige, nicht prognostizierbare Weise entwickeln. Jede für die Kursfeststellung relevante Information wird sofort eingepreist. Da diese Informationen zufälliger Art sind – niemand weiß im voraus, ob ein Unternehmen positiv oder negativ überraschen oder wie intensiv man an der Börse darauf reagieren wird – ist keine Prognose möglich. Falls diese These zutrifft, ist die Fundamentalanalyse überflüssig. Aus der These folgt allerdings auch, dass aus der Untersuchung von Kurs- und Umsatzverläufen der Vergangenheit keinerlei Schlüsse auf die Zukunft gezogen werden können. Damit wäre auch die technische Analyse in den Bereich der brotlosen Künste verwiesen.

Wenn wir den Grundannahmen der Random-Walk-Theoretiker also zustimmen, können wir jede Art der Wertpapieranalyse als sinnlos abhaken. Am vernünftigsten wäre es dann, sich ein Aktiendepot zusammenzustellen, das die maßgeblichen Indizes möglichst genau abbildet. Man könnte sich natürlich auch entsprechende Fondsanteile kaufen oder Indexzertifikate erwerben. Mit bestimmten Einzelaktien eine deutlich über dem Marktdurchschnitt liegende Performance zu erreichen wäre allerdings eine reine Glückssache.

Wie so viele wissenschaftliche Gedankengebäude lässt sich die Random-Walk-Theorie weder endgültig beweisen noch strikt widerlegen. Wir können also nur versuchen, gute Argumente gegen die rein zufallsbedingte Entwicklung von Börsenkursen zu finden – denn sonst müssten wir in der Tat von der Vorstellung Abschied nehmen, dass man sich durch sorgfältige Analyse irgendeinen Vorteil verschaffen kann.

Die Random-Walk-Theorie steht in engem Zusammenhang mit der Theorie vom effizienten Markt. Diese besagt, dass jede kursrelevante Information sofort in die Preisbildung einfließt. Der Markt ist also insofern effizient, als alle Marktteilnehmer ohne Verzögerung und rational auf neue Informationen reagieren. Daher ist jeder Kurs „fair"; unter- oder überbewertete Aktien kann es nicht geben. Es existieren mehrere Formulierungen der Theorie vom effizienten Markt. In ihrer strengsten Form besagt sie, dass nicht nur der Öffentlichkeit zugängliche, sondern auch nur den Unternehmensinsidern bekannte Informationen im jeweils aktuellen Börsenkurs einer Aktie enthalten sind. Und das ist noch nicht alles: Die Marktteilnehmer reagieren nach dieser Theorie nicht nur unverzüglich auf neue Informationen, sie tun dies auch auf vernünftige Art und Weise. Emotionen wie Angst oder Gier haben in dieser Theorie keinen Platz.

Ein oft vorgebrachtes Argument gegen die Theorie vom effizienten Markt ist denn auch, dass an der Börse keine Maschinen, sondern Menschen agieren. Menschen haben Emotionen, und kein aufrichtiger Börsianer wird leugnen, dass zum Beispiel ein 20prozentiger Kursverlust seines Depots nicht nur zu finanziellen Einbußen, sondern auch zu schlechter Laune führt. dass die Gesamtheit der Börsianer nicht immer vernünftig reagiert, lässt sich leicht zeigen: Im Oktober 1989 kam es in New York zu einem heftigen Kurseinbruch, dem tags darauf ein noch heftigerer Ausverkauf an den europäischen Aktienmärkten folgte – vor allem in Frankfurt. Einige Aktien verloren 20 Prozent ihres Kurswerts, und am Optionsscheinmarkt gab es noch weitaus heftigere Einbußen. Am folgenden Tag war der Spuk vorbei, die Aktien holten alle Verluste wieder auf. Waren die Verkäufe also vernünftig, oder waren doch eher Panik und die Erinnerung an den zwei Jahre zuvor erlebten Crash die Gründe für den Ausverkauf? Außerdem: An Tagen mit heftigen Kursausschlägen gibt es Käufer und Verkäufer, und erst später stellt sich heraus, welche der beiden Gruppen vernünftig gehandelt hat. Das einzige Kriterium dafür ist schließlich die weitere Kursentwicklung.

Ein weiteres Argument gegen die Theorie vom effizienten Markt: Der Kurs eines bestimmten Tages wird nicht von der Gesamtheit der Börsianer, sondern nur von einer recht kleinen Gruppe bestimmt. Zumindest auf sehr überraschende Nachrichten müssten ja eigentlich alle Anleger mit Käufen oder Verkäufen reagieren. Der Großteil der Investoren aber tut gar nichts. Dafür gibt es viele Gründe; zum Beispiel die folgenden:

1. Die Random-Walk-Theorie oder: Wozu all die Mühe?

- Anleger A ist sich nicht schlüssig, wie er auf die Nachricht reagieren soll und wartet erst einmal ab.
- Anleger B würde sofort kaufen, wenn er die nötigen Mittel flüssig hätte. Er hat aber vor wenigen Wochen eine Eigentumswohnung erworben und sein ganzes Geld dafür aufgewendet.
- Anleger C würde gerne verkaufen, denn seine Aktienposition weist hohe Kursgewinne auf. Leider muss er die Aktien aber noch zwei Wochen halten, um die Gewinne steuerfrei vereinnahmen zu können.
- Anleger D hat die überraschende Nachricht gar nicht mitbekommen. Sie war zwar öffentlich zugänglich, stand sogar in allen Zeitungen, aber D verbringt gerade seinen Skiurlaub auf einer einsamen Berghütte.

Es wäre leicht, auch noch die Gründe für die Passivität der Anleger E bis Z aufzulisten, aber es dürfte wohl klar geworden sein, was gemeint ist: Nur in der Theorie ist es denkbar, dass alle interessierten Investoren unverzüglich und vernünftig auf eine Nachricht reagieren. In der Praxis gibt es tausend Gründe, es nicht zu tun, und damit steht die Grundannahme der Theorie vom effizienten Markt schon einmal auf sehr wackligen Beinen. Selbst die Random-Walker dürften sich dieser Argumentation kaum entziehen können. Wir wollen nun noch zwei Punkte untersuchen, die oft gegen diese Theorie vorgebracht werden:

1. Es gibt berühmte Investoren, die mit ihren Entscheidungen fast immer richtig liegen und damit riesige Vermögen an den Börsen erworben haben. Das spricht gegen die These, Börsenentwicklungen seien nicht prognostizierbar.
2. Es gibt Institutionen wie Banken und Brokerhäuser, die seit Jahrzehnten Aktien analysieren und ihre Anlageempfehlungen auf bestimmte Kriterien stützen. Wenn sich ein Zusammenhang zwischen diesen Kriterien und der Performance der Empfehlungen nachweisen lässt, dann spricht dies stark gegen die Annahmen der Random-Walk-Theorie.

Untersuchen wir zunächst das erstgenannte Argument. Wer etwas von Wahrscheinlichkeitsrechnung versteht, wird schon ahnen, was nun kommen muss. Wohl am anschaulichsten hat es Fred Schwed in seinem 1940 erschienenen Buch „*Where are the Customers' Yachts?*" – übrigens eines der amüsantesten aller Börsenbücher – dargelegt: Man stelle sich 400 000 Menschen vor, die an einem Spiel teilnehmen, bei dem nur das Glück über Sieg und Niederlage entscheidet. Zum Beispiel das Werfen einer Münze. Nach der ersten Runde gibt es 200 000 Sieger und ebenso viele Verlierer. Ab Runde 2 spaltet sich das Feld auf, und die Verlierer können wir vernachlässigen, denn um die kümmert man sich im Leben wie an der Börse wenig. Nur die Sieger erreichen jeweils die nächste Runde. Nach der dritten Runde gibt es jedenfalls 50 000 Teilnehmer, die dreimal gewonnen haben und wohl allmählich anfangen, sich als besonders geschickte Münzenwerfer zu fühlen. Das steigert sich nun immer mehr.

Nach einiger Zeit gibt es 390 Werfer, die zehnmal gewonnen haben. In Münzenwerferkreisen gelten sie bereits als ausgebuffte Experten, und die Menschen kommen von weither, um ihren Rat einzuholen oder sich ihre Tricks abzuschauen. Nach der 15. Runde bleiben schließlich zwölf ungeschlagene Profis übrig; die Crème de la Crème der Münzenwerferwelt, von denen man spricht, die zu Promi-Bällen eingeladen werden und den Status von Popstars genießen. Wahrscheinlich arbeiten sie zu diesem Zeitpunkt schon an ihren Autobiographien oder Büchern mit Titeln wie „*Das Geheimnis meines Erfolges*" oder „*So wirft man Münzen*". Und doch war alles reine Glückssache. Nach den Gesetzen der Mathematik *musste* es nach Runde 15 zwölf ungeschlagene Teilnehmer geben.

Dieses Beispiel lässt sich ohne weiteres auf die Börsenpraxis übertragen. Die Alternative Kopf/Zahl beim Münzwurf entspricht der Alternative Kaufen/Verkaufen am Aktienmarkt. Mit der Einschränkung, dass sich hier nicht sofort, sondern erst nach einiger Zeit feststellen lässt, ob der Käufer oder der Verkäufer die richtige Entscheidung getroffen und somit das Spiel gewonnen hat. dass es Investoren mit weit überdurchschnittlichen Erfolgen gibt, muss man nicht auf Magie, Insiderwissen oder Genialität zurückführen. Es lässt sich schon allein dadurch erklären, dass eine große Zahl von Marktteilnehmern an den Börsen agiert – sogar noch weit mehr als die 400 000 Münzenwerfer aus Fred Schweds Beispiel –, und dass manche von ihnen eben mehr Glück haben als andere. Es muss also Anleger geben, die oftmals hintereinander beim Kauf oder Verkauf die richtige Entscheidung treffen. Ganz abgesehen davon, dass auch „Gurus" vom Kaliber eines Warren Buffett eine ganze Reihe von Flops erlebt haben. Davon spricht man allerdings weit weniger als von ihren Erfolgen. Damit wir uns richtig verstehen: Es soll hier nicht behauptet werden, dass Börsenerfolg eine reine Glückssache ist, aber zur

1. Die Random-Walk-Theorie oder: Wozu all die Mühe?

Erklärung von langen Erfolgsphasen reichen notfalls die Gesetze der Wahrscheinlichkeitsrechnung. Die Existenz von Investment-Gurus wie George Soros oder Peter Lynch ist also kein Argument gegen die Random-Walk-Theorie.

Sehen wir uns nun das zweite Argument an. Wenn sich Börsenkurse zufallsbedingt entwickeln, dann ist es nicht möglich, durch konsequente Anwendung bestimmter Kriterien auf Dauer eine bessere Performance zu erzielen als der Markt. Das amerikanische Investmenthaus Value Line teilt schon seit April 1965 die etwa 1700 von ihm regelmäßig analysierten Aktien in fünf Gruppen ein. Von den Aktien der Gruppe 1 wird die beste, von den mit 5 bewerteten Titeln die schlechteste Entwicklung relativ zum Gesamtmarkt erwartet. Da Value Line seine Bewertungen wöchentlich veröffentlicht, aktualisiert und vor allem auch begründet, ist die Vorgehensweise für jedermann nachvollziehbar und hat nichts mit Magie oder übernatürlichen Fähigkeiten zu tun.

Von April 1965 bis Ende 1998 stieg der S & P 500-Index als relevantester Vergleichsmaßstab (neudeutsch: Benchmark) um 907 Prozent. Die Performance der von Value Line beurteilten Aktien stellte sich im gleichen Zeitraum folgendermaßen dar:

Mit 1 bewertete Aktien: + 14 562 Prozent
Mit 2 bewertete Aktien: + 5 742 Prozent
Mit 3 bewertete Aktien: + 2 099 Prozent
Mit 4 bewertete Aktien: + 719 Prozent
Mit 5 bewertete Aktien: + 155 Prozent

Diese Performance wurde erreicht, wenn man die Aktien der genannten Gruppen jeweils am Jahresbeginn kaufte und nach einem Jahr wieder verkaufte. Nun nimmt Value Line allerdings wöchentlich Veränderungen seiner Einschätzungen vor. Wer diese Veränderungen nachvollzog und jeweils nur Aktien der Gruppe 1 im Depot hatte, erzielte von April 1965 bis Ende 1998 einen Gewinn von 52 779 Prozent. Diese Performance ist 58mal höher als die des Dow Jones Industrial Average im gleichen Zeitraum.

Seit 1984 nimmt Value Line auch eine rein charttechnische Bewertung vor. Dabei kommt es zwar vor, dass die allgemeine und die technische Einschätzung übereinstimmen, aber die Regel ist das nicht. Es kann durchaus sein, dass ein Titel in der umfassenden Bewertung mit 1 abschneidet, technisch aber nur in Gruppe 3 landet. Die Kombinationen 1/5 oder 5/1 kommen allerdings nicht vor, denn natürlich gibt es eine

Performance der jeweiligen Aktiengruppen nach der Einteilung von Value Line bei wöchentlicher Neueinteilung.

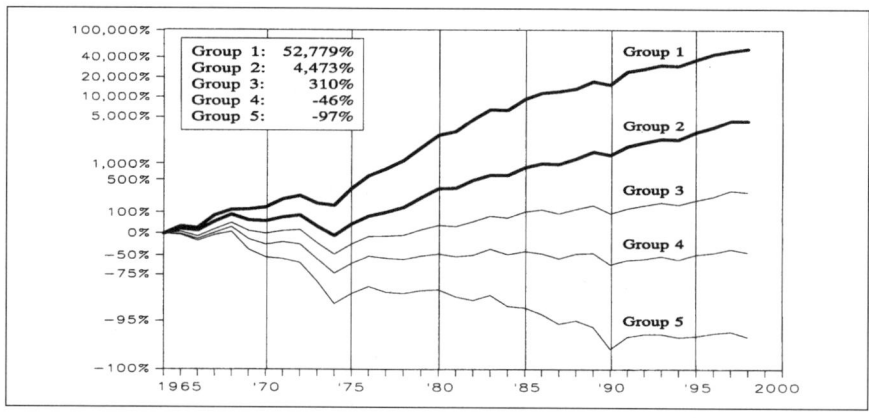

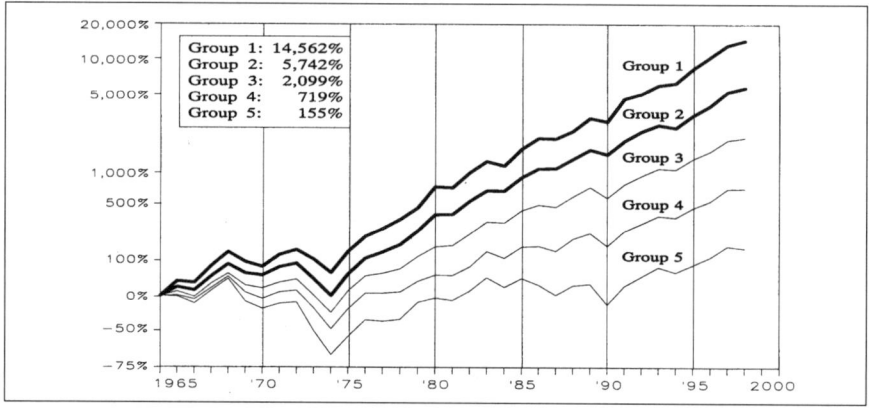

Quelle: Value Line

stark positive Korrelation zwischen den beiden Noten. Auch die technische Bewertung von Value Line hat sich über viele Jahre als sehr treffsicher erwiesen

Interessanterweise wurden durch die beiden Bewertungssysteme nicht nur die Highflyer, sondern auch die Flops sehr gut prognostiziert: Die jeweilige Gruppe 5 schneidet weit schlechter ab als der Index (von Anfang 1984 bis Ende 1998 legte der S & P 500 um 670 Prozent zu).

Die langjährige Erfolgsgeschichte von Value Line vermag die Random-Walk-Theorie zwar nicht in streng wissenschaftlichem Sinn zu widerlegen, aber sie bedeutet für die Position der Zufallstheoretiker doch

1. Die Random-Walk-Theorie oder: Wozu all die Mühe?

eine massive Erschütterung. Wir können also davon ausgehen, dass es tatsächlich Kriterien gibt, anhand derer sich künftige Aktienkursbewegungen vorhersagen lassen. Was vielleicht noch wichtiger ist: Sowohl die fundamentale als auch die technische Analyse können wertvolle Anhaltspunkte liefern. Es bringt also nicht nur nichts, eine der beiden Methoden zu verteufeln und sich ganz auf die andere zu verlassen, es ist sogar kontraproduktiv. Wenn man ein möglichst gutes Ergebnis erreichen will, kann man es sich nämlich *gar nicht leisten*, auf eine Methode zu verzichten, die nachweislich verwertbare und prognostisch relevante Hinweise liefert. Da erscheint es nur sinnvoll, die Stärken beider Vorgehensweisen zu nutzen. Die Trefferquote wird dabei zwar nie bei 100 Prozent liegen, aber mit einem gewissen Anteil an Flops kann man gut leben, wenn sich der Großteil der Prognosen als zutreffend erweist. Halten wir also fest:

- Es gibt starke Indizien dafür, dass sowohl die fundamentale als auch die technische Wertpapieranalyse wertvolle Hinweise auf künftige Kursentwicklungen liefern können.
- Es spricht nichts dagegen, die Stärken beider Methoden zu kombinieren. Das Entweder-Oder überlassen wir den Fanatikern. Wir wollen nicht die Überlegenheit einer Methode beweisen, sondern an der Börse Geld verdienen.
- Keine Methode hat eine Trefferquote von 100 Prozent. Wir müssen uns also schweren Herzens von dem Wunschtraum verabschieden, an der Börse niemals einen Fehler zu machen und mit jedem einzelnen Engagement einen Gewinn zu erzielen. Der richtige Umgang mit den unvermeidlichen Verlusten ist vielmehr die allerwichtigste Lektion, die der Börsianer lernen muss – und leider auch die schwierigste. Es gibt jedoch zuverlässige Methoden, Verluste zu begrenzen. Mehr dazu in Teil III dieses Buchs.

In den folgenden Abschnitten werden wir uns zunächst mit der fundamentalen, dann mit der technischen Wertpapieranalyse beschäftigen, wobei die Stärken der beiden Methoden ebenso erörtert werden wie die Schwächen. Anschließend geht es um die Frage, wie sich die Erkenntnisse beider Vorgehensweisen sinnvoll miteinander kombinieren lassen.

2.
Die Fundamentalanalyse

Man darf eine Aktie niemals isoliert betrachten, denn es gibt zahlreiche Faktoren, die die Kursentwicklung zwar massiv beeinflussen, mit dem Unternehmen und seiner Aktie aber allenfalls indirekt zu tun haben. Um zu einem fundierten Urteil zu kommen, muss man daher drei Ebenen untersuchen:

1) Die Aktie. Auf dieser Ebene werden sämtliche relevanten Kennzahlen des betreffenden Unternehmens betrachtet. Zum Beispiel die Eigenkapitalausstattung, das Gewinn- und Umsatzwachstum, die Verschuldungssituation und noch viele andere Aspekte. Es wird auch untersucht, ob ein Unternehmen vielversprechende neue Produkte zu bieten hat, ob es Marktanteile hinzugewinnt und inwiefern es anfällig gegenüber Wechselkurs- oder Zinsschwankungen ist.

2) Die Branche. Dieser Aspekt hat in den vergangenen Jahren immer mehr an Bedeutung gewonnen. Galt früher vor allem das Herkunftsland als gemeinsamer Nenner einer Gruppe von Aktien, so ist es heute die Branchenzugehörigkeit. Im Zug der zunehmenden Globalisierung der Wirtschaft spielt es kaum noch eine Rolle, wo ein Unternehmen seinen Sitz hat. Dies um so mehr, weil die meisten wirklich großen Konzerne ohnehin in mehreren Ländern produzieren und in der Regel mehr als die Hälfte ihres Gesamtumsatzes außerhalb des jeweiligen Heimatlands erzielen. Noch ein wichtiger Punkt: Aktien der gleichen Branche weisen untereinander meist eine recht hohe Korrelation auf. Das heißt, dass ein großer Teil der Kursentwicklung einer einzelnen Aktie durch den vorherrschenden Branchentrend zu erklären ist. Dies legt nahe, solchen branchentypischen Entwicklungen große Aufmerksamkeit zu widmen. Dagegen sind die Trends unterschiedlicher Branchen oft so gut wie gar nicht miteinander korreliert. Manchmal kommt es sogar zu gegenläufigen Entwicklungen. Die Börsenhausse der vergangenen Jahre wurde

2. Die Fundamentalanalyse

zum Beispiel von Branchen wie Telekommunikation, Pharmazie oder EDV getragen. Aktien aus diesen Bereichen legten dabei mächtig zu. Einige zyklische, also konjunktursensitive Branchen haben dagegen im gleichen Zeitraum nicht nur keinen Boden gewonnen, sondern zum Teil sogar deutlich verloren. Man kann es auf einen einfachen Nenner bringen: Wenn ein Branchentrend nach unten zeigt, dann sollte man auch keine Einzelaktien aus dieser Branche kaufen, falls es nicht sehr überzeugende Gründe gibt, die für ein ganz bestimmtes Unternehmen sprechen.

3) Die Börse. Der allgemeine Börsentrend ist den Trends von Branchen und Einzelaktien übergeordnet. Wenn es an der Börse allgemein nach oben geht, werden in der allgemeinen Euphorie oft auch Titel mit nach oben gezogen, die in weniger freundlichen Zeiten allenfalls zweite Wahl wären. Wenn die Flut kommt, werden eben alle Boote angehoben. Auf dieser dritten Ebene sind alle Aspekte zu betrachten, die das Umfeld für die Geldanlage in Aktien prägen und somit die Attraktivität, sprich: die Chance-Risiko-Relation von Aktienengagements erhöhen oder vermindern. Zu nennen sind in diesem Zusammenhang vor allem die Zinsentwicklung und die konjunkturellen Perspektiven. Wichtig sind aber auch politische Einflüsse wie kriegerische Auseinandersetzungen, Wahlen, Regierungswechsel und die damit verbundenen Veränderungen. In den USA lässt sich zum Beispiel ein klarer Zusammenhang zwischen der Börsenentwicklung und dem jeweiligen Jahr innerhalb einer Legislaturperiode nachweisen. Die Beurteilung dieser dritten Ebene ist schwieriger als die der beiden anderen. Zum einen ist man durchwegs auf Schätzungen angewiesen, die allerlei Unwägbarkeiten unterliegen, zum anderen lassen sich einige der genannten Aspekte nicht quantifizieren. Man kann zum Beispiel mit Bestimmtheit sagen, dass sich eine erhöhte Besteuerung von Dividendenerträgen oder eine Verlängerung der Spekulationsfrist zunächst negativ auf die Börsenentwicklung auswirken werden. Wie stark dieser negative Einfluss ist, und vor allem wie lange er anhalten wird, lässt sich dagegen nur erahnen.

Nur wenn man sich ein fundiertes Urteil über alle drei relevanten Ebenen gebildet hat, kann man sich dafür entscheiden, eine bestimmte Aktie aus einer bestimmten Branche zu einem bestimmten Zeitpunkt zu kaufen. Um zu klären, ob eine Aktie überhaupt als Investition in Frage kommt, muss man zunächst die wichtigsten Kennzahlen dieses Papiers prüfen.

Teil II: Die Bewertung

2. 1. Aktienprüfung auf Herz und Nieren

Was ist eine Aktie wert? Auf diese Frage gibt es mehrere zutreffende Antworten, je nachdem, welcher Aspekt im Vordergrund steht. Zu nennen sind in diesem Zusammenhang:

- Der Kurswert
- Der Substanzwert (Buchwert)
- Der Nennwert
- Der Bilanzkurs
- Der Ertragswert
- Der Paketwert

Vom Nenn- oder Nominalwert war schon in Teil I die Rede. Er verbrieft einen bestimmten, in Währungseinheiten ausgedrückten Anteil am Grundkapital eines Unternehmens – falls das betreffende Unternehmen nicht auf nennwertlose Aktien (Quotenaktien) umgestellt hat. Für den Börsianer steht sicherlich der Kurswert im Vordergrund. Dabei handelt es sich um den börsentäglich nach den Gesetzen von Angebot und Nachfrage ermittelten Marktpreis einer Aktie. Im Gegensatz zum Nennwert unterliegt der Kurswert also ständigen Veränderungen. Wir können davon ausgehen, dass wir alle denkbaren Ursachen solcher Preis- oder Kursschwankungen auf einer oder mehreren der drei genannten Ebenen finden. Wenn sich die Einschätzung eines Unternehmens, einer Branche und/oder der allgemeinen Börsensituation ändert, dann wirkt sich dies auf den Preis aus, der an der Börse ermittelt wird.

Der Bilanzkurs errechnet sich nach der Formel

$$\text{Bilanzkurs} = \frac{\text{Eigenkapital}}{\text{Zahl der ausgegebenen Aktien}}$$

Wobei gilt:
$$\text{Eigenkapital} = \text{Grundkapital} + \text{Rücklagen}$$

Der Bilanzkurs zeigt also, wieviel Eigenkapital auf eine Aktie entfällt. Wenn der Anteil der Rücklagen – in der Regel größtenteils das Ergebnis nicht ausgeschütteter Gewinne der Vergangenheit – sehr hoch ist, der Bilanz-

2. Die Fundamentalanalyse

kurs also weit über dem Nennwert liegt, könnte das betreffende Unternehmen bald eine Kapitalerhöhung aus Gesellschaftsmitteln vornehmen. Damit ist die Aussagekraft dieser Kennzahl aber auch schon erschöpft. Der Buch- oder Substanzwert einer Aktiengesellschaft wird ermittelt, indem man sämtliche Verbindlichkeiten dieses Unternehmens vom Gesamtwert seiner Vermögensgegenstände subtrahiert. Teilt man das Ergebnis durch die Anzahl der von der AG ausgegebenen Aktien, so erhält man den Buchwert je Aktie. Diese Mühe braucht man sich übrigens nicht selbst zu machen. Man findet die entsprechenden Angaben in den Jahresberichten der Aktiengesellschaften und – soweit es sich um deutsche Unternehmen handelt – zum Beispiel auch im Kursteil von BÖRSE ONLINE.

Man kann den Buchwert zwar recht genau berechnen, aber er hat seine Tücken. Der Buchwert hängt nämlich stark davon ab, welchen Wertansatz ein Unternehmen für seine Vermögensgegenstände vornimmt. Ein typisches Beispiel: Eine Aktiengesellschaft hat vor Jahrzehnten umfangreiche Immobilienbestände erworben, die zum damaligen Anschaffungswert in der Bilanz stehen. Heute sind diese Immobilien ein Vielfaches davon wert. Viele Unternehmen verfügen über sehr hohe stille Reserven, wie man die Differenz zwischen Bilanzwert und Marktwert von Vermögensgegenständen nennt.

Ein weiterer Punkt sind die „Intangibles": Patente, Markenrechte, geschützte Unternehmenslogos, Verwertungslizenzen und sonstige Vermögensgegenstände, deren Wert nicht exakt angegeben werden kann. Sie gehen zwangsläufig mit einem mehr oder weniger willkürlichen Ansatz in die Berechnung des Buchwerts ein. Ein Beispiel: Der bekannteste Markenname dieser Welt lautet Coca-Cola. Wieviel ist er wert? Mit Sicherheit einige Milliarden Dollar. Vier Milliarden? Zehn Milliarden, weil er auch noch mit dem Namen des Unternehmens identisch ist, das diese Marke herstellt? Auf diese Frage gibt es keine schlüssige Antwort. Einige Analysten beziehen daher nicht konkret fassbare Vermögensgegenstände bei der Berechnung des Buchwerts gar nicht erst mit ein.

Trotz dieser Einschränkungen liefert der Buchwert wichtige Informationen. Er zeigt, ob dem aktuellen Kurswert einer Aktie ein angemessener Substanzwert gegenübersteht. Man kann Aktien verschiedener Unternehmen und Branchen nach diesem Kriterium vergleichen. Dies ist übrigens eine bewährte Methode zur Identifizierung krass unterbewerteter Titel. Wir werden darauf noch zurückkommen.

Der Ertragswert einer Aktie lässt sich ebenfalls berechnen, und zwar nach der Formel:

$$\text{Ertragswert (in Währungseinheiten)} = \frac{E \cdot 100}{A}$$

Dabei stehen:
A für die Rendite einer Alternativanlage, zum Beispiel eines festverzinslichen Wertpapiers (in Prozent),
E für den Ertrag der Aktie (in Prozent).

Dabei gibt es allerdings zwei Probleme zu lösen: Erstens ist die Berechnung nur sinnvoll, wenn der Ertrag der Aktie konstant ist. Diese Schwierigkeit können wir umgehen, wenn wir einen Investitionszeitraum von einem Jahr annehmen. Zweitens ist zu klären, was man unter Ertrag überhaupt verstehen will. In der Praxis wird man hierfür die prozentuale Gesamtrendite wählen, also die Summe aus Verkaufserlös und Dividenden, dividiert durch den Kaufpreis. Da der Verkaufserlös naheliegenderweise erst nach dem Verkauf feststeht, lässt sich der Ertragswert nur nachträglich ermitteln.

Wenn ein Großinvestor ein beachtliches Aktienpaket eines Unternehmens erwerben, oder wenn ein Unternehmen ein anderes schlucken will, dann wird in der Regel ein deutlich über dem aktuellen Kurswert liegender Preis dafür geboten. In solchen Ausnahmesituationen spricht man vom Paket- oder Übernahmewert einer Aktie. Das Kaufangebot des Großinvestors bedeutet ja eigentlich nichts anderes als eine starke Erhöhung der Nachfrage. Manchmal kommt es sogar zu einer sogenannten Übernahmeschlacht, wenn mehrere Interessenten einander mit ihren Kaufangeboten gegenseitig überbieten. Kein Wunder, wenn der Paketpreis dann noch weiter steigt. Das aber geschieht wie gesagt nur in Ausnahmesituationen.

Wir haben uns der Frage nach dem Wert einer Aktie nun von verschiedenen Seiten genähert und können folgendes festhalten:

- Der Paket- oder Übernahmewert hängt von einem eventuellen Übernahmeangebot, von dessen Zeitpunkt und vom dann gültigen Kurswert ab. Obwohl sich Spekulationen auf eine Übernahme manchmal lohnen können, darf man nicht darauf bauen. Daher bringt uns dieser Aspekt zunächst nicht weiter.
- Der Ertragswert einer Aktie lässt sich nur nachträglich berechnen, weil er vom Kurswert zum Verkaufszeitpunkt und von

2. Die Fundamentalanalyse

der Höhe eventueller Dividendenausschüttungen abhängt. Bei festverzinslichen Wertpapieren mag die Berechnung des Ertragswerts zu Vergleichszwecken sinnvoll sein, bei Aktienengagements gilt dies nicht.
- Der Nennwert ist ein bilanzieller Aspekt, der durch die Einführung nennwertloser Quotenaktien zudem an Bedeutung verliert.
- Der Buchwert ist ein durchaus beachtenswerter Gesichtspunkt bei der Aktienauswahl. Vor allem kann er dabei helfen, substanzstarke, unterbewertete Aktien zu identifizieren.

Es bleibt der Kurswert als mit Abstand wichtigstes Kriterium. Schließlich handelt es sich hier um den Preis, den man beim Kauf einer Aktie zahlen muss oder beim Verkauf vereinnahmt. Eine Aktie ist genau soviel wert, wie man an einem bestimmten Tag dafür bekommt. Dieser Wert ist allerdings starken Schwankungen unterworfen, da sich Angebot und Nachfrage ständig ändern. Es wurde ja schon erwähnt, dass die Gewinnentwicklung der wichtigste Einflussfaktor auf den Kurs einer Aktie ist. Man könnte es sogar so ausdrücken:

Der Kurs einer Aktie ist die abdiskontierte Summe aller für die Zukunft erwarteten Gewinne des betreffenden Unternehmens. Die Börse ist ein Markt, an dem Erwartungen gehandelt werden. Die Zahlen der Vergangenheit interessieren so gut wie gar nicht, die der Gegenwart nur am Rande.

Das Problem dabei: Was war und was ist lässt sich exakt quantifizieren; was in Zukunft sein wird, hängt von vielerlei Unwägbarkeiten ab. Ein Beispiel: Was Siemens 1998 verdient hat, kann man im Jahresbericht und in vielen anderen Quellen nachlesen. Was Siemens im Jahr 2002 verdienen wird, steht noch in den Sternen. So mancher Börsianer würde viel darum geben, es heute schon zu wissen.

Das Dilemma, mit dem man an der Börse leben muss, ist also folgendes: Die bereits bekannten Fakten haben auf die Kursentwicklung keinen Einfluss mehr, und die wirklich entscheidenden Daten kennt man noch nicht. Die Kunst des Anlegers besteht darin, die künftige Entwicklung möglichst zutreffend einzuschätzen. Und damit noch nicht genug: Er muss auch eine Prognose darüber abgeben, wie man an der Börse auf diese Entwicklung reagieren wird. Wieder ein Beispiel: Wenn ein Unternehmen einen Jahresgewinn von zehn Euro pro Aktie bekanntgibt, dann kann dies zu einer Kursrallye, zu einem Einbruch oder auch zu einer

Seitwärtsbewegung der betreffenden Aktie führen, je nachdem, ob der Gewinn von zehn Euro an der Börse als positive Überraschung, herbe Enttäuschung oder erwartungsgemäßes Ergebnis empfunden wird. Man muss daher nicht nur die Gewinnentwicklung, sondern auch die Erwartungshaltung der Anleger ins Kalkül ziehen.

Vor allem in den USA lässt es sich immer wieder beobachten, dass Aktien nach einer enttäuschenden Ergebnismeldung brutal abgestraft werden. Dann kommt es durchaus vor, dass selbst die Titel weltbekannter Unternehmen an einem einzigen Tag zehn oder gar 20 Prozent ihres Kurswerts verlieren. Um die Heftigkeit einer solchen Reaktion zu erfassen, muss man sich die finanzielle Größenordnung vor Augen halten: Von einem Tag auf den anderen sinkt der Börsenwert eines solchen Unternehmens um mehrere Milliarden Dollar – und das alles wegen eines enttäuschenden Quartalsergebnisses oder wegen des Ausbleibens einer erwarteten Dividendenerhöhung um ein paar Cent je Aktie. Aus solchen Ereignissen lässt sich für Privatanleger eine Strategie ableiten, die vor Verlusten schützen beziehungsweise langfristig zu hohen Gewinnen führen kann: Wenn an der Börse mit der Veröffentlichung eines hervorragenden Ergebnisses gerechnet wird, hat das betreffende Unternehmen kaum noch eine Chance, positiv zu überraschen. Um so größer ist in solchen Situationen das Risiko einer Enttäuschung, die zwangsläufig zu hohen Kursverlusten führt. Wegen der hochgesteckten Erwartungen dürfte die Aktie schon in den Wochen vor der Ergebnismeldung kräftig zugelegt haben. Es kann also nicht schaden, noch vor dem Tag X zu verkaufen. So schützt man sich vor unangenehmen Überraschungen. Zudem ist immer wieder folgendes zu beobachten: Selbst wenn die optimistischsten Erwartungen erfüllt werden, verliert die Aktie an den folgenden Tagen an Boden. Dieses Phänomen ist an der Börse als *Fait accompli* bekannt: Das gute Ergebnis ist bereits vor der Veröffentlichung „eingepreist", und nun machen viele Anleger zunächst einmal Kasse.

Fällt das Ergebnis aber unerwartet schlecht aus, und die Aktie wird vor allem von institutionellen Anlegern fallen gelassen wie eine heiße Kartoffel, dann ist die Stunde der Schnäppchenjäger gekommen. In solchen Situationen kann man Qualitätsaktien oft mit erheblichem Rabatt kaufen. Ein schlechtes Quartalsergebnis ändert nichts an den langfristigen Aussichten. Sind diese gut, wird die Aktie den Verlust früher oder später wieder aufholen. Hier ist der Privatanleger in einer dankbareren Situation als Profis wie zum Beispiel Fondsmanager. Deren Performance wird nämlich regelmäßig kritisch geprüft, und daher können sie es sich nicht

2. Die Fundamentalanalyse

leisten, längere Zeit auf eine Kurserholung zu warten. Der Privatanleger kann das sehr wohl, wenn er ein gut diversifiziertes Depot hat und nicht auf Kredit spekuliert.

2. 2. Das Kurs-Gewinn-Verhältnis (KGV)

Die Entwicklung der Unternehmensgewinne wirkt sich also nicht nur langfristig aus; ein unerwartet gutes oder schlechtes Ergebnis kann zu heftigen kurzfristigen Turbulenzen führen. Daher ist die Gewinnsituation eines Unternehmens, dessen Aktie er im Depot hat oder zu kaufen erwägt, für jeden Anleger ein überaus wichtiges Thema. Nicht umsonst hat sich das Kurs-Gewinn-Verhältnis (KGV) zur meistbeachteten Kennzahl am Aktienmarkt entwickelt. Es ermöglicht einen schnellen Überblick und gewährleistet den Vergleich verschiedener Aktien, Branchen und Märkte nach einem einheitlichen Kriterium. Das KGV hat also durchaus seine Vorteile, aber seine oberflächliche und leichtfertige Anwendung birgt auch Gefahren.

Die Berechnung ist ganz einfach: Man dividiert zunächst den erzielten oder erwarteten Unternehmensgewinn in einem bestimmten Zeitraum durch die Anzahl der von diesem Unternehmen ausgegebenen Aktien und erhält so den Gewinn je Aktie. Dann teilt man den aktuellen Kurswert der Aktie durch diesen anteiligen Gewinn:

$$\text{Kurs-Gewinn-Verhältnis} = \frac{\text{Kurswert}}{\text{Gewinn je Aktie}}$$

Das Kurs-Gewinn-Verhältnis ist auch unter der amerikanischen Bezeichnung Price-Earnings-Ratio (PER oder PE) bekannt. In den USA ist es üblich, das KGV für die vier letztvergangenen Quartale (Trailing Earnings) und/oder für die vier kommenden Quartale (Coming Earnings) zu berechnen. Manchmal beziehen sich die Berechnungen auch auf das zuletzt abgeschlossene beziehungsweise auf das laufende Geschäftsjahr. Das liegt in erster Linie daran, dass bei zahlreichen amerikanischen Unternehmen das Geschäftsjahr nicht mit dem Kalenderjahr übereinstimmt.

Die KGV-Angaben in vielen amerikanischen Publikationen, zum Beispiel im „*Wall Street Jornal*", beziehen sich auf die veröffentlichten

Teil II: Die Bewertung

Gewinne der jeweils letzten vier Quartale. In Deutschland wird das KGV dagegen fast immer für ein bestimmtes Kalenderjahr angegeben. Da an der Börse Zukunftserwartungen gehandelt werden, ist das KGV für das jeweils laufende Jahr weit weniger beachtenswert als das des kommenden Jahrs. Wagemutige Analysten berechnen sogar Kurs-Gewinn-Verhältnisse für das übernächste oder noch weiter in der Zukunft liegende Jahre. Das mit solchen Prognosen verbundene Problem liegt auf der Hand: Je weiter entfernt der Berechnungszeitraum, desto größer die Unwägbarkeiten. Die Unternehmensgewinne des übernächsten Jahres unterliegen zahlreichen nicht exakt quantifizierbaren Einflüssen, und zwar auf allen drei Ebenen: An möglichen negativen Überraschungen auf Unternehmensebene sind zum Beispiel Managementfehler oder enttäuschende Umsätze neu entwickelter Produkte denkbar. Auf Branchenebene kann es zu einer Marktsättigung und zu sinkenden Preisen kommen, und auf der übergeordneten allgemeinen Börsenebene können eine konjunkturelle Flaute oder steigende Kapitalmarktzinsen für Gegenwind sorgen. Diese Faktoren sind auf Sicht von zwei Jahren nicht in den Griff zu bekommen. Zum Beispiel kann niemand sagen, wie hoch in zwei Jahren die Umlaufrendite am deutschen Rentenmarkt sein wird.

Gewinnschätzungen und KGVs für weit in der Zukunft liegende Zeiträume sind daher mit Vorsicht zu genießen. Noch ein wichtiger Punkt: Tendenziell sind KGV-Schätzungen desto zuverlässiger, je größer das betreffende Unternehmen ist. BASF, Royal Dutch, British Telecom oder IBM werden permanent von einer Vielzahl von Analysten aus den verschiedensten Ländern beobachtet. Sollte einer dieser Analysten mit seiner Gewinnschätzung krass daneben liegen, dann wird dieser Irrtum durch die zutreffenderen Schätzungen seiner Kollegen kompensiert. In den Medien veröffentlicht werden nämlich meist die Konsensus-Werte, also gewissermaßen Mittelwerte aller Analystenschätzungen. Die bekanntesten Quellen für diese Konsens-Werte sind First Call und IBES. Kleine Unternehmen werden dagegen meist nur von wenigen Analysten beobachtet; im Extremfall von einem einzigen. Liegt dieser Analyst nun gründlich schief, dann können Anleger, die sich auf seine Schätzung verlassen haben, einen bösen Reinfall erleben. Denkbar wäre natürlich auch eine freudige Überraschung, aber das kommt sehr selten vor. Das Problem dabei ist, dass der auf die öffentlich zugänglichen Quellen – wie zum Beispiel einschlägige Fachzeitschriften – angewiesene Investor meist nicht weiß, wie zahlreich und wie seriös die Schätzungen sind, auf

2. Die Fundamentalanalyse

denen eine bestimmte KGV-Angabe beruht. Eine gute Informationsmöglichkeit bietet in dieser Hinsicht allerdings seit kurzem das Internet. Mehr darüber in Teil IV dieses Buches.

Wenn der Anleger aber bei einem weitgehend unbekannten Unternehmen mit geringer Marktkapitalisierung auf ein auffallend niedriges KGV stößt, dann ist größte Skepsis angebracht. Auf keinen Fall sollte er eine solche Aktie kaufen, ohne sich zuvor gründlich über das Unternehmen zu informieren. Das klingt eigentlich selbstverständlich, aber immer wieder stecken Anleger aufgrund solcher Angaben – im Extremfall sogar aufgrund eines Druckfehlers – viel Geld in eine Aktie, von der sie nicht viel mehr als den Namen kennen. Wohin das führt, kann man sich unschwer ausmalen. Es handelt sich dabei um einen der schwersten Anfängerfehler, die man an der Börse begehen kann. Und es ist ein typisches Beispiel für die falsche Anwendung einer im Prinzip nützlichen Kennzahl, nämlich des KGV.

Wer Fehler vermeiden will, muss wissen, wo die Grenzen des Aussagekraft des Kurs-Gewinn-Verhältnisses liegen. Zum Beispiel ist ein sinnvoller Vergleich anhand des KGV nur bei Aktien möglich, die der gleichen oder zumindest verwandten Branchen angehören. Auch das Herkunftsland kann eine Rolle spielen, wenn zum Beispiel die Bau- oder die Stahlkonjunktur in den USA ganz anders aussehen als in Europa oder in Japan. Wichtiger ist aber im allgemeinen die Branchenzugehörigkeit. Wenn man den Kursteil einschlägiger Fachzeitschriften durchblättert, kann man extreme Unterschiede der KGVs feststellen, die verschiedenen Aktien für ein bestimmtes Jahr zugebilligt werden. Ein wichtiger Punkt: Unternehmen aus Branchen, die gegen Konjunkturschwankungen relativ immun sind – zum Beispiel Lebensmittel oder Energieversorger – weisen im Durchschnitt höhere KGVs auf als die sogenannten Zykliker, also konjunktursensitive Werte. Letztere verzeichnen nämlich erhebliche höhere Gewinnschwankungen von Jahr zu Jahr, und zudem sind ihre Ergebnisse schwieriger zu prognostizieren.

Solche Unsicherheiten schätzt man an der Börse nicht besonders. So ist es zu erklären, dass zum Beispiel eine Lebensmittel-Aktie an der Börse deutlich höher gehandelt wird als ein Stahlwert aus dem gleichen Land, obwohl beide Unternehmen im kommenden Jahr voraussichtlich das gleiche Ergebnis je Aktie erreichen werden. Eine Einschränkung ist allerdings zu machen: Zyklische Aktien weisen nicht immer niedrigere KGVs auf als Titel aus konjunkturresistenten Branchen, sondern nur in Phasen einer stabilen Branchenkonjunktur. In Rezessionszeiten liegen die KGVs zyklischer Titel oft sehr hoch. Im Extremfall erübrigt sich die Berechnung des KGV sogar, denn wo kein G, sprich: kein Gewinn vorhanden ist, da gibt es auch kein KGV. Unternehmen aus konjunktursensitiven Branchen können in die roten Zahlen rutschen, wenn die Zeiten schlecht sind. Verlustjahre kommen hier weitaus häufiger vor als in nichtzyklischen Wirtschaftszweigen. Aus den genannten Gründen bringt es also wenig, zum Beispiel einen Pharmawert, einen Banktitel und eine Goldmine anhand des KGV zu vergleichen. Je ähnlicher zwei Unternehmen sind, desto sinnvoller und aussagekräftiger ist die Anwendung dieses Kriteriums.

Das Kurs-Gewinn-Verhältnis ist übrigens nicht nur zum Vergleich verschiedener Unternehmen geeignet, sondern auch zur Einschätzung der aktuellen Bewertungssituation einer Aktie. Wenn man die nötigen Daten hat, kann man das historische Durchschnitts-KGV eines Titels und die Schwankungsbreite um diesen Mittelwert berechnen. Diese Bandbreite fällt in der Regel desto höher aus, je anfälliger das Unternehmen gegen konjunkturelle Schwankungen ist. Bei nichtzyklischen Unternehmen können Käufe interessant sein, wenn das aktuelle KGV deutlich unter dem historischen Durchschnitt liegt. Unter der Voraussetzung natürlich, dass sich die Zukunftsaussichten des Unternehmens nicht wesentlich verschlechtert haben. In Zeiten einer boomenden Konjunktur rücken meist die zyklischen Titel in den Vordergrund des Börseninteresses, und die Nichtzykliker werden vernachlässigt. Diese Entwicklung kann bei solchen Titeln zu recht niedrigen KGVs führen, obwohl sich an den Gewinnaussichten der betreffenden Unternehmen nichts verändert hat. Vorausblickende Anleger sollten in solchen Situationen zugreifen.

Bei ausgesprochen zyklischen Unternehmen ist die Relation historisches KGV/aktuelles KGV dagegen anders zu interpretieren. Für Langfristanleger kann ein günstiger Kaufzeitpunkt gekommen sein, wenn die Aktien extrem hohe KGVs aufweisen – oder auch gar keines, weil das betreffende Unternehmen Verluste verzeichnet. Das klingt nur auf den ersten Blick erstaunlich. Man muss sich vor Augen halten, dass in die KGV-Berechnung zwei Faktoren eingehen: Der aktuelle Kurswert und der anteilige Gewinn je Aktie. Liegt dieser Gewinn nahe Null, dann fällt das KGV extrem hoch aus. Das betreffende Unternehmen dürfte sich also am unteren Ende des Gewinn- und Umsatzzyklus befinden, und der Aktienkurs sollte in der Nähe des zyklischen Tiefs angekommen sein. Wenn es sich um ein solides Unternehmen handelt, dann könnte diese Situation der Ausgangspunkt einer neuen Hausse werden. Extrem nied-

2. Die Fundamentalanalyse

rige KGVs bei zyklischen Aktien sind dagegen mehr Warnsignal als Kaufargument. Sie sagen nämlich nichts anderes aus, als dass die Börse diesem Unternehmen keine weiteren Gewinnsteigerungen mehr zutraut. Ganz im Gegenteil: Der kommende Abschwung ist schon eingepreist, was am niedrigen Kurs-Gewinn-Verhältnis sichtbar wird. Bei zyklischen Aktien ist das eben so. An der Börse hat man schon vor 100 Jahren gewusst, dass man Stahlaktien in der tiefsten Rezession kaufen und auf dem Höhepunkt der Stahlkonjunktur wieder verkaufen muss.

Der Genauigkeit halber ist hier noch eine Anmerkung fällig: Wir sind bislang davon ausgegangen, dass es bei der Berechnung des Kurs-Gewinn-Verhältnisses zwei veränderliche Faktoren gibt, nämlich den Kurswert der Aktie und den Unternehmensgewinn. Die Anzahl der ausgegebenen Aktien haben wir dagegen als konstant vorausgesetzt. Das stimmt nicht ganz. In den USA und anderen Ländern sind viele große Unternehmen schon vor Jahren dazu übergegangen, eigene Aktien an der Börse zurückzukaufen. Bis vor kurzem war diese Vorgehensweise deutschen Unternehmen gesetzlich untersagt, aber nun ist es erlaubt, und diese Möglichkeit wird auch schon rege genutzt. Durch solche Rückkäufe wird die Anzahl der umlaufenden Aktien reduziert, was den Gewinn je Aktie tendenziell erhöht. Es gibt natürlich auch den umgekehrten Fall, und der ist in Deutschland seit langem bekannt. Wenn ein Unternehmen eine Kapitalerhöhung vornimmt, erhöht sich die Aktienanzahl, und zwar desto stärker, je umfangreicher oder je öfter die AG sich auf diese Weise am Kapitalmarkt bedient hat. Man spricht hier vom „Verwässerungseffekt", denn durch die höhere Zahl ausgegebener Aktien verringert sich ceteris paribus der auf eine einzelne Aktie entfallende Unternehmensgewinn. Wenn man die Entwicklung des KGV eines Unternehmens über einen längeren Zeitraum untersucht, sollte man daher auch prüfen, ob es Kapitalerhöhungen oder Aktienrückkäufe gegeben hat.

Schon am Anfang dieses Kapitels haben wir festgehalten, dass der Kurswert einer Aktie die Unternehmensgewinne der Zukunft antizipiert. Manche Unternehmen – eben die Zykliker – weisen eine stark schwankende Gewinnentwicklung auf. Andere, die weniger konjunkturanfällig sind, zeigen ein stetiges, aber relativ moderates Gewinnwachstum von vielleicht zehn Prozent pro Jahr. Wieder andere wachsen sehr schnell. Umsatz und Gewinn legen jährlich um 30 oder sogar 50 Prozent zu. Es liegt auf der Hand, dass sich das aktuelle und vor allem das erwartete Gewinnwachstum auf die Börsenbewertung eines Unternehmens

Teil II: Die Bewertung

auswirken. Eine Faustregel: Das Kurs-Gewinn-Verhältnis einer Aktie sollte nicht höher liegen als das durchschnittliche prozentuale Gewinnwachstum der nächsten drei Jahre. Manche Börsianer betrachten hier sogar einen Zeitraum von fünf Jahren, aber Gewinnschätzungen für weit entfernte Jahre sind mit großen Unsicherheiten behaftet. Wenn die Fachanalysten ein dauerhaftes Gewinnwachstum von 40 Prozent erwarten, dann ist ein KGV von 40 für die Aktie des betreffenden Unternehmens also durchaus angemessen – auch wenn diese Bewertung weit über dem Marktdurchschnitt zum gleichen Zeitpunkt liegt. Viele Aktien aus dem Computer- und Software-Bereich waren in den vergangenen Jahren nach KGV-Kriterien stets wesentlich „teurer" als andere Titel, aber ihre Kursentwicklung hat die hohe Bewertung gerechtfertigt. Leider läuft es aber nicht immer so. Gerade bei Aktien, denen man ein weit überdurchschnittliches Wachstum zutraut, und die ein entsprechend hohes Kurs-Gewinn-Verhältnis aufweisen, können schon kleine Enttäuschungen zu erheblichen Kurseinbrüchen führen. Wenn sich an den langfristigen Aussichten nichts geändert hat, können solche übertriebenen Reaktionen erstklassige Kaufgelegenheiten bieten. Wenn sich die Erwartungen aber endgültig als zu hoch erweisen, passt sich das KGV zwangsläufig nach unten an. Falls man einem Unternehmen statt eines langfristigen Gewinnwachstums von 40 Prozent nur noch eine jährliche Steigerung von 20 Prozent zutraut, dann ist dies ein zureichender Grund für eine Halbierung des Aktienkurses.

Manchmal ist die Börsenlogik noch ein wenig komplizierter. Anfang der 70er Jahre gab es in den USA die sogenannten Nifty Fifty. Dabei handelte es sich um eine Gruppe von 50 Aktien, denen man quasi unbegrenzte Wachstumschancen zutraute. Darunter befanden sich auch heute noch weltbekannte Unternehmen wie IBM, Xerox, Avon Products, Philip Morris oder Polaroid. Die 50 Aktien wiesen abenteuerlich hohe KGVs auf, doch die Börsianer bezahlten bereitwillig die völlig überzogenen Kurse. Schließlich waren sie überzeugt, man müsse diese Aktien lediglich kaufen und nie wieder hergeben, um reich zu werden. Drei Jahre später hatten viele dieser Aktien 50 Prozent und mehr ihres früheren Kurswerts verloren. Die meisten brauchten dann mehr als zehn Jahre, um den Verlust wieder aufzuholen. Und dies, *obwohl* sich die ursprünglichen Gewinnerwartungen zumindest bei den besseren Unternehmen der Nifty Fifty als durchaus zutreffend erweisen sollten. In der Zwischenzeit hatte sich nämlich das allgemeine Börsenklima geändert, und die Zinsen in den USA waren auf ein Nachkriegshoch geklettert.

2. Die Fundamentalanalyse

Diese Einflüsse erwiesen sich als wirksamer als das Gewinnwachstum der Unternehmen, und viele Anleger erlitten katastrophale Verluste mit den Aktien, die kurz zuvor noch als sichere Vehikel zum Reichtum gegolten hatten.

An der Börse kommt es immer wieder zu krassen Über- und Unterbewertungen bestimmter Gruppen von Aktien. Das KGV ist ein brauchbares Hilfsmittel, um solche Fehlbewertungen zu erkennen. Während der Entstehung dieses Buchs (Frühjahr bis Herbst 1999) wiesen zum Beispiel die sogenannten Internet-Werte Kurs-Gewinn-Verhältnisse auf, die mit den Kriterien der fundamentalen Aktienanalyse nicht zu rechtfertigen waren. Diese Fehlbewertung wird über kurz oder lang einer realistischen Einschätzung weichen, und wenn das geschieht, sollte man besser keine solchen Titel im Depot haben.

Man kann übrigens nicht nur einzelne Aktien anhand des Kurs-Gewinn-Verhältnisses vergleichen, sondern auch Branchen und Märkte. Dabei lässt sich feststellen, ob zum Beispiel der französische oder der niederländische Aktienmarkt angemessen bewertet ist, und zwar in zweierlei Hinsicht:

1. Im Vergleich zu den Börsen anderer Länder

2. Im historischen Vergleich mit den Durchschnitts-KGVs früherer Zeiten.

Zu Punkt 1 ist anzumerken: Das Markt-KGV liegt in manchen Ländern traditionell höher als in anderen. Das Musterbeispiel ist Japan, denn japanische Titel sind in der Regel deutlich höher bewertet als der Durchschnitt amerikanischer oder europäischer Titel. Bis zum Ende des jahrzehntelangen Aktienbooms in Japan im Dezember 1989 war die Erwartung langfristig stark steigender Unternehmensgewinne der wohl wichtigste Grund für dieses Phänomen. Diese Erwartungen haben sich allerdings in Schall und Rauch aufgelöst, wenn man von wenigen Ausnahmen wie Sony oder NEC absieht. Auch heute weisen japanische Titel zum Teil recht stolze KGVs auf. Der Hauptgrund ist jedoch ein anderer – womit wir bei Punkt 2 angekommen wären. Das Durchschnitts-KGV eines nationalen Aktienmarkts wird natürlich unter anderem von der konjunkturellen Situation und vom erwarteten Gewinnwachstum der Unternehmen geprägt. Noch wichtiger ist aber das Zinsniveau. Je niedriger die risikolos zu erzielende Rendite erstklassiger Anleihen liegt, desto attraktiver werden Aktienengagements in dem betreffenden Land, und desto höher fällt daher auch das durchschnittliche Aktien-KGV aus. Nach KGV-Kriterien gilt ein Aktienmarkt dann als fair bewertet, wenn das durchschnittliche Kurs-Gewinn-Verhältnis dem Kehrwert der prozentualen Rendite festverzinslicher Wertpapiere entspricht. Als Maßstab wird dabei in der Regel die Rendite zehnjähriger Staatsanleihen herangezogen. Das sogenannte Anleihen- oder Renten-KGV berechnet man nach der Formel:

$$\text{Renten-KGV} = \frac{100}{\text{Rendite zehnjähriger Staatsanleihen}}$$

Liegt die Anleihenrendite bei fünf Prozent, dann ist ein durchschnittliches Aktien-KGV von 20 angemessen und fair. Der Aktienmarkt ist in einer solchen Situation weder über- noch unterbewertet. Bei einer Rendite von vier Prozent darf das Aktien-KGV 25 betragen. In Hochzinsphasen, wenn Anleihen zehn Prozent abwerfen, gilt der Aktienmarkt jedoch schon bei einem Durchschnitts-KGV von mehr als zehn als überbewertet. Selbst wenn die Unternehmensgewinne von einem Jahr zum anderen steigen sollten, muss es nach dieser Regel am Aktienmarkt zu einer Abwärtsbewegung kommen, falls der Zinstrend deutlich nach oben zeigt. Um noch einmal auf die Situation in Japan zurückzukommen: Aufgrund der schwersten Wirtschaftskrise der Nachkriegszeit sind die japanischen Zinsen auf ein Rekordtief gesunken. Das rechtfertigt ein relativ hohes Durchschnitts-KGV des dortigen Aktienmarkts. Die enorme Bedeutung der Zinsentwicklung auf die Aktienmärkte werden wir noch ausführlich diskutieren. Hier zunächst eine Zusammenfassung der entsprechenden Daten, gemessen an den Leitindizes der weltweit wichtigsten Aktienmärkte:

KGV, Anleihenrendite und Relation Aktien-/Anleihen-KGV. Stand Mitte April 1999

	KGV 2000	Rendite 10jähriger Staatsanleihen	Aktien-/ Anleihen-KGV
USA (Dow Jones)	19,5	5,05	0,98
USA (S & P 500)	21,9	5,05	1,11
Japan (Nikkei 225)	36,0	1,49	0,54

2. Die Fundamentalanalyse

Europa (Stoxx 50)	21,2	3,80	0,81
Euro-Raum (Euro Stoxx 50)	19,6	3,80	0,74
Frankreich (CAC 40)	20,7	3,90	0,82
Großbritannien (FTSE 100)	19,5	4,47	0,87
Italien (MIB 30)	24,1	4,05	0,98
Niederlande (AEX)	17,9	3,93	0,70
Österreich (ATX)	14,4	3,99	0,57
Schweden (OMX)	19,2	4,25	0,82
Schweiz (SMI)	23,7	2,33	0,55
Spanien (IBEX)	21,6	4,03	0,87
Australien (All Ordinaries)	17,9	5,27	0,94
Kanada (TSE 35)	16,8	4,90	0,82
Hongkong (HSI)	13,1	6,98	0,91

Quelle: BÖRSE ONLINE

Da die Relation Aktien-KGV zu Renten-KGV in der obigen Tabelle meist unter 1,00 liegt, könnte man auf eine fast weltweite Unterbewertung der Aktienmärkte schließen. Allerdings werden hier die im April 1999 aktuellen Anleihenrenditen und die für das Jahr 2000 erwarteten KGVs miteinander verglichen. Die KGV-Schätzungen für 1999 lagen zum Zeitpunkt der Veröffentlichung deutlich niedriger als die für das folgende Jahr. Setzte man sie in die Tabelle ein, dann würde sich die KGV-Relation in den meisten Ländern dem Wert 1,00 annähern. Zur krassen Über- oder Unterbewertung eines Gesamtmarkts kommt es weitaus seltener als zum gleichen Phänomen bei Einzelaktien oder Branchen.

Welche Schlussfolgerungen kann man ziehen, wenn man feststellt, dass ein bestimmter Aktienmarkt im Vergleich zum Rentenmarkt des gleichen Landes überbewertet ist? In einer solchen Situation steigt das Marktrisiko. Damit ist die Wahrscheinlichkeit gemeint, dass Aktien aus diesem Land – unabhängig von ihrer individuellen Gewinn- oder Umsatzentwicklung – von einer schwachen Gesamtmarkttendenz in Mitleidenschaft gezogen werden. Das ist kein Grund zur Panik, aber der Anleger sollte zumindest Vorsicht walten lassen und sich eventuell nach anderen, günstiger bewerteten Märkten umsehen.

Zusammenfassend kann man festhalten, dass das Kurs-Gewinn-Verhältnis ein sehr sinnvolles Kriterium bei der Aktienauswahl sein kann. Unter der Voraussetzung allerdings, dass man die Grenzen seiner Aussagekraft kennt. dass man meist mit Schätzwerten arbeiten muss, erleichtert die Sache nicht gerade, doch alle anderen Börsianer haben schließlich das gleiche Problem. Als wichtigster Punkt aus diesem Kapitel sollte in Erinnerung bleiben, dass man beim KGV-Vergleich nicht alle Aktien, Branchen und Märkte über einen Kamm scheren darf. Nur Anfänger kaufen Aktien nach dem Motto: „Je niedriger das KGV, desto besser". Diese Fehleinschätzung muss man früher oder später mit Verlusten oder zumindest mit entgangenen Gewinnen bezahlen.

2. 3. Das Kurs-Cash-Flow-Verhältnis (KCV)

Als eine der größten Schwächen des Kurs-Gewinn-Verhältnisses gilt in Analystenkreisen die Tatsache, dass der ausgewiesene Gewinn kein völlig exaktes Bild der Ertragslage eines Unternehmens liefert. Vor allem nach deutschem Bilanzrecht haben Unternehmen die Möglichkeit, sich beinahe nach Belieben reich oder arm zu rechnen. Nicht umsonst müssen deutsche Unternehmen, die ihre Aktien an der New York Stock Exchange plazieren wollen, eine Bilanz nach GAAP (Generally Accepted Accounting Principles), also nach dem weitaus strengeren amerikanischen Bilanzrecht vorlegen.

Über die Berechnung des Cash Flow sind schon ganze Bücher geschrieben worden. In Deutschland hat sich folgende Methode durchgesetzt:

Cash Flow = Jahresüberschuss + Abschreibungen + Veränderungen der langfristigen Rückstellungen

Ähnlich wie beim KGV muss man das Ergebnis durch die Anzahl der ausgegebenen Aktien dividieren, um den Cash Flow je Aktie zu erhalten. Das Kurs-Cash-Flow-Verhältnis (KCV) berechnet man mit der Formel:

$$KCV = \frac{Kurswert}{Cash\ Flow\ je\ Aktie}$$

Cash Flow heißt übersetzt soviel wie Geldzufluss. Letztlich handelt es sich dabei um den Liquiditätsüberschuss eines Unternehmens. Dieser Liquiditätsüberschuss ist etwas anderes als der Unternehmensgewinn, wie sich an einem einfachen Beispiel zeigen lässt: Ein Unternehmen hat in einem bestimmten Geschäftsjahr einen Gewinn von 50 Millionen Euro erzielt und im gleichen Jahr Abschreibungen von drei Millionen sowie langfri-

2. Die Fundamentalanalyse

stige Rückstellungen von sieben Millionen Euro vorgenommen. Die langfristigen Rückstellungen gelten zwar als Aufwand, sind aber nicht ausgegeben, sondern lediglich umgebucht worden. Die Abschreibungen sind ebenfalls ein bilanzieller Vorgang, denn die drei Millionen sind ebenfalls nicht ausgegeben worden; lediglich der Wertansatz früherer Investitionen hat sich um diese drei Millionen Euro vermindert. Dabei handelt es sich vielleicht um Fabrikgebäude oder Maschinen, die im betrieblichen Alltag noch genauso funktionsfähig sind wie im Vorjahr. Der Cash Flow des Unternehmens beläuft sich also auf 60 Millionen Euro; immerhin 20 Prozent mehr als der ausgewiesene Gewinn. Und die Berechnung des Cash Flow hat in unserem Beispiel zweifellos ein genaueres Bild der Unternehmenssituation geliefert als der Gewinn. Von Interesse für Analysten und Anleger ist vor allem der Umfang der Abschreibungen. Hohe Abschreibungen auf Investitionen der vergangenen Jahre zeigen, dass ein Unternehmen viel Geld in die Modernisierung seiner Produktionsanlagen gesteckt hat. Das ist ein Pluspunkt gegenüber Branchenkonkurrenten, die solche Investitionen erst noch vornehmen müssen. Hohe Rückstellungen können bedeuten, dass es Risiken gibt, die eventuell zu Zahlungsausfällen führen werden. Meist sind die Rückstellungen gegen drohende Verluste aber so reichlich bemessen, dass sie später wieder umgebucht werden können und in den Folgejahren den Gewinn erhöhen.

Unternehmen mit hohem Cash-Flow-Aufkommen sind in einer beneidenswerten Situation: Sie verfügen über die nötigen Mittel, Investitionen vorzunehmen, Forschung und Entwicklung zu finanzieren und, falls sich die Gelegenheit ergibt, ein konkurrierendes Unternehmen aufzukaufen. Cash Flow erlaubt sogar Dividendenausschüttungen, wenn in einem bestimmten Jahr gar kein Gewinn erzielt wurde. Eine solche Dividendenpolitik ist in Deutschland zugegebenermaßen unüblich, in den USA dagegen nicht.

Letzten Endes besagt der Cash-Flow, ob einem Unternehmen mehr Geld zufließt als es ausgibt. Daher kann es natürlich auch zu einem negativen Cash Flow kommen, und eine solche Entwicklung ist weit schlimmer als ein Geschäftsjahr ohne Gewinn. Solange der Cash Flow positiv ist, kann ein Unternehmen auch mehrere Verlustjahre überstehen. Wird er aber negativ, dann geht es an die Substanz. Betroffene Unternehmen versuchen oft, durch eine Kapitalerhöhung zusätzliches Eigenkapital hereinzuholen, um ihre prekäre finanzielle Situation zu verbessern. Wenn er früh genug in die Wege geleitet wird, kann ein solcher Schritt durchaus den gewünschten Effekt haben. Der Aktionär sollte in einem solchen Fall aber gründlich prüfen, ob er tatsächlich noch mehr Geld in ein so marodes Unternehmen stecken soll.

Natürlich wäre der Privatanleger damit überfordert, die Cash-Flow-Kennzahlen der für ihn interessanten Aktien selbst zu ermitteln. Diese Mühe kann er sich aber ohnehin sparen, denn die betreffenden Daten sind problemlos zugänglich. Man findet sie zum Beispiel in den Jahresberichten der Unternehmen und in einschlägigen Fachzeitschriften. Das KCV ist eine sehr aufschlussreiche Kennzahl, die aber ebenso wie das KGV ihre Grenzen hat. Im Prinzip sind es die gleichen, die im Abschnitt über das Kurs-Gewinn-Verhältnis schon ausführlich geschildert wurden. Auch beim KCV ist ein Vergleich desto aussagekräftiger, ja ähnlicher die Unternehmen sind, und auch hier sind Prognosen desto vorsichtiger zu genießen, je weiter sie in die Zukunft reichen. Wie beim KGV, gibt es auch beim KCV branchentypische Unterschiede. Zum Beleg hier die entsprechenden Daten der DAX-30-Werte im April 1999. Die Unternehmen sind so bekannt, dass ich auf die Angabe der Branchen verzichtet habe.

KCV-Schätzungen der DAX-30-Unternehmen für das Jahr 2000.
Stand 13. 4. 1999

Unternehmen	KCV	Unternehmen	KCV
Adidas-Salomon	96,95	Linde	7,69
Allianz Holding	38,45	Lufthansa	4,43
BASF	6,51	MAN ST	6,34
Bayer	8,26	Mannesmann	27,23
BMW ST	6,72	Metro ST	20,79
Commerzbank	1,05	Münch. Rück NA	34,52
Daimler Chrysler	15,92	Preussag	7,94
Degussa-Hüls	8,86	RWE ST	4,77
Deutsche Bank	1,28	SAP VZ	42,45
Deutsche Telekom	9,83	Schering	15,29
Dresdner Bank	13,01	Siemens	8,77
Henkel VZ	10,04	Thyssen-Krupp	4,84
Hoechst	10,15	Veba	5,65
HypoVereinsbank	2,01	Viag	4,79
Karstadt	6,77	Volkswagen ST	3,08

Quelle: BÖRSE ONLINE

2. Die Fundamentalanalyse

Anstatt des Cash Flow berechnen Analysten manchmal auch den sogenannten freien Cash Flow. Frei bedeutet hier, dass die entsprechenden Mittel nicht für nötige Investitionen benötigt werden und somit zur freien Verfügung stehen. Die Definitionen des freien Cash Flow sind aber verschieden. Die beiden verbreitetsten Berechnungsformeln lauten:

Freier Cash Flow = Vorsteuergewinn − Investitionsausgaben

und

Freier Cash Flow = Vorsteuergewinn + Abschreibungen − Investitionsausgaben

Ich persönlich favorisiere die zweite Formel, weil sie die Höhe der Abschreibungen mit einbezieht. Der freie Cash Flow eines bereits abgeschlossenen Geschäftsjahrs gibt an, wieviel quasi überschüssige Mittel dem Unternehmen zugeflossen sind, und hier kann man wirklich sagen: Je mehr, desto besser. Zukunftsschätzungen des freien Cash Flow sind dagegen mit einer zusätzlichen Unsicherheit behaftet, denn die Höhe der Investitionen in der Zukunft lässt sich nur mehr oder weniger gut abschätzen, aber niemals ganz genau quantifizieren.

2. 4. Das Kurs-Buchwert-Verhältnis (KBV)

Die beiden Kennzahlen, die wir bisher untersucht haben, beziehen sich auf die Ertragssituation eines Unternehmens, und je stärker das künftige Ertragswachstum eines Unternehmens an der Börse eingeschätzt wird, desto höher fallen das KGV und das KCV aus, die man einer Aktie zubilligt. Diese beiden Kennzahlen werden vor allem von ertragswertorientierten Anlegern beachtet, die auf Wachstumsunternehmen setzen. Es gibt jedoch auch einen völlig anderen Ansatz. Viele Investoren achten nicht so sehr auf die Ertragsentwicklung, sondern auf die Substanz eines Unternehmens. Man könnte es so ausdrücken: Wenn eine Aktie einen Substanzwert von 20 Euro hat und an der Börse nur zehn Euro kostet, dann ist sie allemal kaufenswert − ganz egal, ob das Unternehmen im operativen Geschäft gerade Gewinne oder Verluste schreibt. Dieser Ansatz hat zweifellos etwas für sich. Zumindest ist man mit substanzstarken Aktien recht gut gegen Kursverluste abgesichert. Allerdings braucht man meist auch ein wenig Geduld, bis unterbewertete, substanzstarke Titel an der Börse entdeckt werden und entsprechend an Kurswert zulegen.

Sowohl der wachstums- als auch die substanzwertorientierte Ansatz haben Börsenstars und „Gurus" hervorgebracht. Der berühmteste Protagonist des Substanzwerts ist sicherlich Warren Buffett. Sein Lehrmeister Benjamin Graham gilt als Begründer dieses Ansatzes, und dessen wichtigstes Buch „*The Intelligent Investor*" gehört auch heute noch zu den wenigen Veröffentlichungen über die Börse, die wirklich jeder Anleger gelesen haben sollte. Einer der berühmtesten Verfechter des wachstumsorientierten Ansatzes ist Peter Lynch, der wohl erfolgreichste Fondsmanager aller Zeiten. In einem wichtigen Punkt sind sich Buffett und Lynch trotz ihrer unterschiedlichen Ansätze übrigens völlig einig: Man kann auch für eine sehr gute Aktie zuviel bezahlen.

Die Berechnung des Buchwerts und das Problem nicht exakt quantifizierbarer (immaterieller) Vermögensgegenstände wurden schon am Anfang dieses Kapitels beschrieben. Auch hier gibt es jedoch verschiedene Varianten. Zum Beispiel fließen die immateriellen Vermögensgegenstände in manche Berechnungsformeln ein, in andere nicht. Die wohl aussagekräftigste Formel lautet:

Buchwert = Summe der Vermögensgegenstände
  − Immaterielle Vermögensgegenstände
  − Laufende Zahlungsverpflichtungen
  − Langfristschulden
  − Sonstige Verbindlichkeiten

Das Kurs-Buchwert-Verhältnis (KBV) ermittelt man anhand der Formel

$$\text{Kurs-Buchwert-Verhältnis} = \frac{\text{Kurswert}}{\text{Buchwert je Aktie}}$$

Wer gezielt Aktien mit niedrigem KGV oder KCV kauft, versucht die künftigen Erträge eines Unternehmens preiswert einzukaufen; sozusagen mit einem Abschlag im Vergleich zu anderen Unternehmen, die bei diesen beiden Kennzahlen nicht so gut abschneiden. Ein niedriges Kurs-Buchwert-Verhältnis dagegen bedeutet, dass man die Substanz, die Vermögensgegenstände des betreffenden Unternehmens recht billig erwerben kann. Man muss den Buch- oder Substanzwert eines Unternehmens allerdings vom Liquidationswert unterscheiden, den man erzielen könnte, wenn man alle Schulden begleichen und die verbleibenden Vermögensgegen-

2. Die Fundamentalanalyse

stände veräußern würde. Es wurde ja schon erwähnt, dass der Marktwert von Vermögensgegenständen weit über dem Wertansatz in der Bilanz des Unternehmens liegen kann. Zum einen deshalb, weil sie noch zum vor Jahrzehnten bezahlten Anschaffungspreis in den Büchern stehen, zum anderen, weil sie schon weitgehend oder sogar bis zu einem Erinnerungswert abgeschrieben, aber noch voll funktionsfähig sind und beim Verkauf einen guten Preis bringen würden. Im großen und ganzen sind die von den Unternehmen selbst und von den Fachzeitschriften veröffentlichten Buchwertangaben aber dennoch gute Anhaltspunkte.

Allerdings muss man hier noch stärker nach Branchen differenzieren als beim KGV oder beim KCV. Generell kann man festhalten, dass das Kurs-Buchwert-Verhältnis in den relativ „alten" Industriezweigen fast durchwegs weit niedriger ausfällt als in Branchen wie Computer, Biotechnologie oder Software. Das hat einen simplen Grund: Um Stahl oder Automobile herzustellen oder um Strom zu erzeugen, braucht man riesige Produktionsanlagen oder Kraftwerke. Diese Branchen sind sehr kapitalintensiv, und die Unternehmen müssen daher Investitionen in Milliardenhöhe vornehmen, um überhaupt produzieren zu können. Ein Softwareunternehmen kann, überspitzt formuliert, zur Not in einer angemieteten Baracke produzieren und hat daher vergleichsweise geringen Investitionsbedarf.

Man kann daher durchaus festhalten, dass das Kurs-Buchwert-Verhältnis bei vielen jungen Unternehmen nicht nur wenig, sondern gar nichts aussagt. Wer sich daher zwischen zwei verschiedenen Computeraktien entscheiden will, sollte sinnvollerweise ertragsorientierte Kennzahlen wie das KGV oder das KCV heranziehen. In Frage kommt hier allerdings auch das Kurs-Umsatz-Verhältnis (KUV) auf das wir gleich noch zu sprechen kommen werden.

Auch der KBV-Vergleich ist desto aussagekräftiger, je ähnlicher die betreffenden Unternehmen sind. Der ganz große Pluspunkt dieser Kennzahl ist aber, dass man mit ihr oft auf Unternehmen stößt, die exorbitant unterbewertet sind. Immer wieder kann man Titel finden, die sogar unter Buchwert gehandelt werden. Vor allem gilt dies für zyklische Unternehmen in konjunkturellen Schwächephasen. Der Buchwert zyklischer Unternehmen ist nämlich weit konstanter als ihre Gewinnentwicklung. Wenn nun die Gewinne in den Keller fallen, eventuell sogar Verluste geschrieben werden, dann sinken die Kurse solcher Aktien meist beträchtlich. In Übertreibungsphasen kann der Kurswert durchaus deutlich unter den Buchwert fallen. Dann ist die Stunde der substanzorientierten Schnäppchenjäger gekommen. Nun können sie tatsächlich eine Aktie, hinter der 100 Euro an Substanz stecken, für 60 oder 70 Euro kaufen. Eine solche Unterbewertung ist zudem meist nicht von langer Dauer. Früher oder später werden substanzstarke Titel an der Börse wiederentdeckt. Wenn nun auch noch ein zyklischer Aufschwung kommt, und die Unternehmensgewinne steigen, dann ist die Kalkulation der Schnäppchenjäger aufgegangen. Die Aussagekraft eines niedrigen KBV steigt, wenn die Unterbewertung durch die ertragsorientierten Kennzahlen bestätigt wird. Weist eine Aktie also neben einem bescheidenen KBV auch noch ein moderates Kurs-Gewinn-Verhältnis auf, dann sollten sich vorausschauende Investoren diesen Titel sehr genau ansehen. In einem solchen Fall winken langfristig hohe Gewinnchancen bei unterdurchschnittlichen Risiken. In der untenstehenden Tabelle finden Sie die KBV-Daten der DAX-30-Werte.

Kurs-Buchwert-Verhältnisse der DAX-30-Unternehmen. Stand 13. 4. 1999

Unternehmen	KBV	Unternehmen	KBV
Adidas-Salomon	7,0	Linde	2,2
Allianz Holding	12,4	Lufthansa	2,9
BASF	2,1	MAN ST	2,2
Bayer	2,6	Mannesmann	22,3
BMW ST	2,7	Metro ST	41,1
Commerzbank	1,6	Münch. Rück NA	17,8
DaimlerChrysler	3,2	Preussag	5,2
Degussa-Hüls	2,8	RWE ST	5,9
Deutsche Bank	1,8	SAP VZ	21,0
Deutsche Telekom	5,2	Schering	5,0
Dresdner Bank	2,0	Siemens	2,6
Henkel VZ	4,2	Thyssen-Krupp	4,6
Hoechst	22,3	Veba	2,6
HypoVereinsbank	2,3	Viag	4,8
Karstadt	2,6	Volkswagen ST	3,0

Quelle: BÖRSE ONLINE

2. Die Fundamentalanalyse

2. 5. Das Kurs-Umsatz-Verhältnis (KUV)

Die Relation zwischen dem Kurswert einer Aktie und den anteiligen Umsätzen des Unternehmens führt nicht nur bei Privatanlegern, sondern sogar in weiten Teilen der Börsenliteratur ein unverdientes Schattendasein. Professionelle Wertpapieranalysten widmen dieser Kennzahl dagegen große Aufmerksamkeit, und das mit gutem Grund. Man könnte es sogar als ausgesprochen kurzsichtig bezeichnen, wenn Anleger immer nur auf die Gewinnentwicklung eines Unternehmens schielen. Woher sollen Gewinne kommen, wenn nicht aus Umsätzen? Diese Erkenntnis beginnt sich zumindest in Fachkreisen allmählich durchzusetzen, aber noch vor wenigen Jahren sah man das ganz anders. Damals wurde es an der Börse geradezu bejubelt, wenn ein Unternehmen trotz sinkender Umsätze steigende Gewinne meldete. Dergleichen galt nämlich als Beweis erhöhter Produktivität, und erreicht wurde es zum großen Teil dadurch, dass man Personalkosten einsparte, indem man Mitarbeiter entließ. Dabei war eigentlich damals schon abzusehen, dass diese Entwicklung irgendwann ein logisches Ende finden musste: Man kann nun einmal nicht alle Mitarbeiter feuern und dann mit Rekordgewinnen rechnen. Produktivitätssteigerungen stoßen mit der Zeit an Grenzen, und dann gibt es nur noch eine Möglichkeit, Gewinnwachstum zu sichern: Die Umsätze müssen steigen.

Langfristig steigende Umsätze sind, aus diesem Blickwinkel betrachtet, sogar unabdingbar für alles, was sich ein Börsianer von „seiner" Aktie erhofft: Sie sind die Vorausetzung für dauerhaftes Gewinnwachstum, damit auch für attraktive Dividenden und nicht zuletzt für steigende Kurse. Dieser logische Zusammenhang sollte daher für jeden Anleger Grund genug sein, der Umsatzentwicklung mindestens ebenso große Aufmerksamkeit zu schenken wie den Unternehmensgewinnen. Das Kurs-Umsatz-Verhältnis wird nach folgender einfacher Formel berechnet:

$$\text{Kurs-Umsatz-Verhältnis} = \frac{\text{Kurswert}}{\text{Umsatz je Aktie}}$$

Diese Kennzahl bietet noch einen weiteren Vorteil: Unternehmensgewinne können durch „Bilanzkosmetik" frisiert werden, und da die Gewinne in die Berechnung des Cash Flow eingehen, gilt das auch für diese Kennzahl – wenn auch in abgeschwächter Form. An den Umsätzen gibt es jedoch nichts zu manipulieren. Allenfalls kann man Umsätze bilanziell in eine andere Zeitperiode verlagern, wenn man es wirklich darauf anlegt, aber auf die Daten eines ganzen Geschäftsjahrs wirkt sich das nur in Ausnahmefällen spürbar aus.

Wann ist eine Aktie nach KBV-Kriterien unterbewertet? Diese Frage lässt sich nicht eindeutig beantworten. Als Faustregel kann aber gelten: Wenn die Relation unter 1,0 liegt, die Marktkapitalisierung des Unternehmens also geringer ist als der Umsatz eines Geschäftsjahrs, dann ist die Aktie einee näheren Untersuchung wert. Immer wieder lässt sich übrigens feststellen, dass Aktien mit niedrigem Kurs-Umsatz-Verhältnis auch hinsichtlich des KGV, des KCV und/oder des KBV attraktiv bewertet sind. Wenn mehrere dieser Kennzahlen die Unterbewertung bestätigen, dann stehen die Aussichten auf langfristig überdurchschnittliche Gewinne gut. In seinem Klassiker „*The Intelligent Investor*" nennt Benjamin Graham Kriterien, die eine Aktie erfüllen muss, um für konservative beziehungsweise für risikofreudigere Anleger attraktiv zu sein:

Die Kriterien für konservative Anleger:
1. A*usreichende Größe des Unternehmens.* (Jahresumsatz mindestens 100 Millionen Dollar).
2. *Starke finanzielle Position.* (Umlaufvermögen mindestens doppelt so hoch wie die kurzfristigen Verbindlichkeiten; Langfristschulden nicht höher als das Netto-Umlaufvermögen).
3. *Gewinnstabilität.* (Kein Verlustjahr in den letzten zehn Jahren).
4. *Dividendenkontinuität.* (Ununterbrochene Dividendenzahlungen in den letzten 20 Jahren).
5. *Gewinnwachstum.* Eine Gewinnsteigerung um mindestens ein Drittel in den vergangenen zehn Jahren. Zur Berechnung sollte man dabei jeweils den Durchschnitt der Jahre 1–3 und 8–10 verwenden).
6. *Moderates KGV.* Der aktuelle Kurs sollte nicht über dem 15fachen des durchschnittlichen Gewinns der vergangenen drei Geschäftsjahre liegen.
7. *Moderates KBV.* Der aktuelle Kurswert sollte maximal das 1,5fache des Buchwerts betragen.

2. Die Fundamentalanalyse

Graham fügt hinzu, dass das KBV auch höher als 1,5 liegen kann, falls das KGV entsprechend niedriger ist. Er schlägt folgende Faustregel vor: Das Produkt aus KGV und KBV sollte nicht höher sein als 22,5. Bei einem Kurs-Buchwert-Verhältnis von 2,5 dürfte das KGV also höchstens 9 erreichen (9 x 2,5 = 22,5).

Die Kriterien für risikofreudigere Anleger:
1. *Finanzielle Lage.* (Umlaufvermögen mindestens 1,5 Mal so hoch wie die kurzfristigen Verbindlichkeiten. Die Summe aller Verbindlichkeiten darf das 1,1-fache des Netto-Umlaufvermögens nicht übersteigen).
2. *Gewinnstabilität.* (Kein Verlustjahr innerhalb der letzten fünf Geschäftsjahre).
3. *Dividende.* (Das Unternehmen sollte derzeit Dividenden bezahlen).
4. *Gewinnwachstum.* (Die Unternehmensgewinne sollten höher liegen als vor fünf Jahren).
5. *KBV.* Der aktuelle Kurswert sollte das 1,2-fache des Buchwerts nicht übersteigen, wobei immaterielle Vermögenswerte nicht mitgerechnet werden).

In Grahams Regeln spielen die vier genannten Kennzahlen also eine große Rolle. Er betrachtet allerdings nicht nur die jeweils aktuellen Daten, sondern arbeitet lieber mit Durchschnittwerten mehrerer Jahre, um kurzfristige Schwankungen auszugleichen. Zudem lässt sich feststellen, dass die meisten Kriterien für konservative wie für spekulative Anleger gleichermaßen gelten, für die erstgenannten allerdings in strengerer Form.

Die meisten erfahrenen Börsianer würden Grahams Regeln auch heute noch zustimmen, denn nicht umsonst haben sich diese Bewertungskriterien jahrzehntelang bewährt. Zwei kleine Einschränkungen sind jedoch angebracht. Die erste betrifft die Gewinnstabilität. Gerade für spekulative Anleger kann es hochinteressant sein, Aktien von Unternehmen ins Depot zu nehmen, die in der Verlustzone stecken. Mit solchen Titeln sind hohe Gewinne möglich, wenn sich die Ertragslage des Unternehmens wieder verbessert. Dabei muss man sich jedoch des erhöhten Risikos bewusst sein, den Einsatz begrenzen und mit Stopp-Kursen arbeiten. In Teil III dieses Buchs werden wir darauf noch sehr ausführlich zu sprechen kommen. Wenn ein Unternehmen schon rote Zahlen schreibt, sollten allerdings die anderen Daten entsprechend attraktiv sein. Falls der Cash Flow positiv ist, und die Aktie hinsichtlich des Kurs-Umsatz- und des Kurs-Buchwert-Verhältnisses gut abschneidet, spricht eigentlich nichts dagegen, den Titel ins Depot zu nehmen. Das gilt allerdings nur für spekulative Anleger. Konservative Investoren tun gut daran, Grahams diesbezüglichen Rat zu befolgen und nur Aktien von Unternehmen zu kaufen, die über viele Jahre kontinuierliches Gewinnwachstum gezeigt haben. Die zweite Einschränkung betrifft Grahams Ansichten zur Bedeutung von Dividendenzahlungen. Dieser Punkt ist ein eigenes Kapitel wert.

2. 6. Die Dividendenrendite

Es gibt nur zwei vernünftige Gründe, Aktien zu kaufen: Die Hoffnung auf einen Kursgewinn und die Aussicht auf regelmäßiges Einkommen durch Dividendenzahlungen. Der letztgenannte Punkt spielt vor allem für konservative Langfristanleger eine Rolle. Die Bedeutung dieses Aspekts hat sich jedoch im Lauf der Zeit deutlich verändert. Noch vor wenigen Jahrzehnten war es undenkbar, dass ein Unternehmen Gewinne erwirtschaftete, ohne seine Aktionäre in Form großzügiger Dividendenausschüttungen daran teilhaben zu lassen. Eine ausschüttungslose Aktie hätte damals niemand gekauft, denn nur in Verlustjahren mussten Aktionäre auf Dividenden verzichten. Die Dividendenlosigkeit war daher auch ein sicheres Zeichen dafür, dass die AG in ernsthaften Schwierigkeiten steckte.

Vor diesem Hintergrund sind wohl auch Grahams Aussagen zur Dividendenpolitik zu verstehen. Man darf nicht vergessen, dass *„The Intelligent Investor"* 1949 erstmals veröffentlicht wurde. Eine revidierte Fassung erschien 1973, drei Jahre vor Grahams Tod, und darin fanden sich, die Bewertung der Dividenden betreffend, kaum Revisionen im Vergleich zur Erstausgabe. Seither hat sich allerdings einiges verändert. Vor allem haben sich Branchen wie Computer und Software in den Vordergrund des Anlegerinteresses geschoben, und einige der erfolgreichsten Unternehmen aus diesen Bereichen zahlen grundsätzlich keine Dividenden. Da die Aktionäre dieser Unternehmen zwar auf Dividenden verzichten mussten, aber enorme Kursgewinne verzeichneten, setzte an den internationalen Börsen allmählich ein Umdenkungsprozess ein. Das begann in den USA und verbreitete sich später auch in Europa. Heute gibt es sogar in Deutschland mit dem Neuen Markt ein wichtiges Börsensegment, wo die Dividendenrendite so gut wie keine Rolle mehr spielt. Die Aktionäre sind vor allem auf Kursgewinne aus. Zudem haben sie verstanden und akzeptiert, dass es durchaus im Interesse der Aktionäre liegt, wenn ein junges Unternehmen Gewinne reinvestiert, anstatt sie in Form von Dividenden an die Anteilseigner auszuschütten. Ein steuerlicher Aspekt kommt hinzu: Während Dividenden als Einkünfte aus Kapitalvermögen zu versteuern sind, bleiben Kursgewinne in jeder Höhe vom Zugriff des Fiskus verschont, wenn die betreffenden Aktien mindestens ein Jahr und einen Tag lang im Depot waren. Auf Steuerfragen im Zusammenhang mit Aktieninvestitionen werden wir noch zu sprechen kommen.

Halten wir also fest: Ein Unternehmen, das Dividenden zahlt, muss wirtschaftlich nicht besser dastehen als eines, das auf Ausschüttungen verzichtet. Im Gegensatz zu früheren Zeiten ist die Dividendenausschüttung kein Qualitätsmerkmal für eine Aktie mehr. Zumindest muss der Anleger prüfen, welchen Teil des Gesamtgewinns die Dividendenausschüttung ausmacht. Eventuell stammt die zuletzt gezahlte Dividende auch gar nicht aus erwirtschafteten Gewinnen des betreffenden Geschäftsjahrs, sondern aus der Auflösung offener Rücklagen oder der Realisierung stiller Reserven. So etwas ist in der Regel kein gutes Zeichen. Im Zweifelsfall ist der Anleger mit der Aktie eines Unternehmens besser bedient, das grundsätzlich auf Dividendenausschüttungen verzichtet und die Gewinne statt dessen reinvestiert.

Trotz aller dieser Einschränkungen ist es nicht so, dass die Dividendenrendite gar nichts aussagt. Man muss allerdings genau differenzieren. Eine Dividendenkürzung oder gar der völlige Verzicht auf eine Ausschüttung sind nur dann ein Warnsignal, wenn das Unternehmen zuvor jahrelang konstante oder steigende Dividenden gezahlt hat. Außerdem bedeutet eine hohe Dividendenrendite eine Absicherung des Aktienkurses gegen Verluste. Wenn die Rendite einer Aktie höher liegt als die einer zehnjährigen Bundesanleihe, dann hat sie nicht mehr viel Platz nach unten. Sollte sie weiter absinken, werden konservative Langfristanleger schon allein aus Renditegründen zugreifen. Das gilt aber auch nur dann, wenn die aktuelle Höhe der Ausschüttung auch für die Zukunft gut abgesichert ist. Stammt die letzte Ausschüttung aus der Auflösung von Rücklagen oder verzeichnet das Unternehmen aktuell einen heftigen Gewinneinbruch, dann ist diese Absicherung nicht gewährleistet. Wer bestimmte Aktien wegen ihrer hohen Dividendenrendite kaufen will, muss sich daher sehr genau über die Ertragssituation des Unternehmens informieren.

In Fachzeitschriften und auch in den Wirtschaftsteilen überregionaler Tageszeitungen findet man Angaben über die Dividendenhöhe deutscher und ausländischer Aktien. Falls statt der Ausschüttungshöhe die Dividendenrendite angegeben ist, die nach der Formel

$$\text{Dividendenrendite} = \frac{\text{Dividende} \cdot 100}{\text{Kurswert der Aktie}}$$

berechnet wird, ist der Anleger vor Fehlinterpretationen sicher. Er muss dann nur noch darauf achten, ob in die Berechnungsformel die zuletzt bezahlte Dividende eingeflossen ist, oder ob der Schätzwert für die kommende Ausschüttung verwendet wurde. Im letzteren Fall muss er bedenken, dass die tatsächliche Dividende von dieser Schätzung abweichen kann. Ihre Höhe steht noch nicht fest, da sie erst noch von der Hauptversammlung der AG beschlossen werden muss – soweit es sich um ein deutsches Unternehmen handelt.

Noch ein Punkt ist zu beachten: Deutsche Unternehmen schütten die gesamte Dividende für ein bestimmtes Geschäftsjahr einmal jährlich aus, und zwar am Tag nach der Hauptversammlung. An diesem Tag kommt es zum sogenannten Dividendenabschlag. Da die Dividende nun ausgeschüttet ist und nicht mehr „im Kurs steckt", muss der Aktienkurs am Tag der Zahlung – alle anderen Einflussfaktoren ausgeklammert – um die Höhe der Bardividende sinken. Wer nun kauft, kann zwar mit einem entsprechend niedrigeren Einstandskurs rechnen, muss allerdings auch ein volles Jahr warten, bis er in den Genuss einer Dividendenausschüttung kommt.

Die einmalige Zahlung für ein ganzes Geschäftsjahr ist außerhalb Deutschlands nicht die Regel. Zum Beispiel werden in den USA viermal jährlich Quartalsdividenden gezahlt. Der Dividendenabschlag fällt daher tendenziell geringer aus als bei deutschen Aktien. Auch in einigen anderen Ländern sind Quartalsdividenden oder zwei halbjährliche Zahlungen üblich. In einigen Publikationen ist bei ausländischen Aktien, unabhängig von der Art der Ausschüttung, nur die letzte Zahlung vermerkt, in anderen die Summe der letzten vier Quartals- oder zwei Halbjahresdividenden. Das führt oft zu Missverständnissen und Fehlinterpretationen. Daher sollte man prüfen, wie die Angaben in der jeweiligen Publikation zu verstehen sind.

Zusammenfassend ist zum Thema Dividendenrendite zu sagen: Das

2. Die Fundamentalanalyse

Beste an einer hohen Rendite ist die Absicherung des Aktienkurses nach unten – falls die Ausschüttung auch für die Zukunft einigermaßen gesichert scheint. Das Schlechteste an dieser Kennzahl ist die eben erwähnte Einschränkung; Die mangelnde Prognostizierbarkeit künftiger Ausschüttungen. Das trifft vor allem auf konjunktursensitive Unternehmen zu. Aktien aus nichtzyklischen Bereichen bereiten in dieser Hinsicht seltener böse Überraschungen – aber völlig sicher darf sich der Anleger auch hier nicht fühlen. In der folgenden Tabelle finden Sie die Dividendenrenditen der DAX-30-Werte Mitte April 1999. Basis der Berechnung sind die Dividendenschätzungen für das Jahr 2000.

Dividendenrenditen der DAX-30-Werte. Stand Mitte April 1999

Unternehmen	Rendite (%)	Unternehmen	Rendite (%)
Adidas-Salomon	1,1	Linde	2,1
Allianz Holding	0,4	Lufthansa	2,6
BASF	2,9	MAN ST	3,1
Bayer	2,9	Mannesmann	0,5
BMW ST	1,6	Metro ST	3,1
Commerzbank	3,1	Münch. Rück NA	0,3
DaimlerChrysler	3,1	Preussag	1,6
Degussa-Hüls	2,8	RWE ST	2,1
Deutsche Bank	2,9	SAP VZ	0,9
Deutsche Telekom	1,5	Schering	1,4
Dresdner Bank	2,5	Siemens	1,3
Henkel VZ	1,4	Thyssen-Krupp	3,8
Hoechst	1,9	Veba	2,1
HypoVereinsbank	1,6	Viag	1,7
Karstadt	1,9	Volkswagen ST	1,2

Quelle: BÖRSE ONLINE

Ausgesprochene Renditerenner fanden sich im April 1999 also nicht in der deutschen Aktien-Eliteliga. In früheren Jahren lagen die Renditen zum Teil deutlich höher, aber seither ist einiges passiert:

- 1997 und vor allem 1998 sind die Kurse der DAX-Werte enorm in die Höhe geschossen. Dadurch sank tendenziell die

Dividendenrendite, weil die Ausschüttungen nicht im gleichen Ausmaß gestiegen sind.
- Die Kapitalmarktzinsen sind auf ein extrem tiefes Niveau gefallen.

Wenn man es unter diesem Blickwinkel betrachtet, sind Dividendenrenditen von mehr als drei Prozent, wie sie einige DAX-Werte bieten, gar nicht so übel. Zum Vergleich: Mitte April lag die Rendite zehnjähriger Bundesanleihen bei 3,8, die Rendite fünfjähriger Papiere bei 3,4 Prozent. Vor allem aber handelt es sich bei den DAX-30-Aktien um Qualitätspapiere, die zwar keinen völligen, aber doch einen relativ guten Schutz vor bösen Überraschungen bieten – und die Bedeutung dieses Aspekts würde auch Benjamin Graham unterstreichen.

2. 7. Weitere wichtige Kennzahlen

Mit Gewinn, Cash Flow, Buchwert, Umsatz und Dividendenrendite haben wir nun schon fünf sehr aussagekräftige Kennzahlen betrachtet. Wer die aktuelle Situation eines Unternehmens noch ein wenig genauer kennenlernen will, sollte dessen Bilanz und Gewinn-und-Verlust-Rechnung unter die Lupe nehmen. Bilanzkennzahlen können wichtige Erkenntnisse liefern und helfen, die Entscheidung für oder gegen den Kauf einer bestimmten Aktie zu untermauern. Die Berechnung und Interpretation dieser Kennzahlen gehört zum täglichen Geschäft professioneller Aktienanalysten. Der Privatanleger braucht sich diese Mühe also nicht selbst zu machen, wenn er für dieses Gebiet nicht gerade ein ausgeprägtes Interesse mitbringt. Er sollte allerdings die Zusammenhänge verstehen, um Kauf- oder Verkaufsempfehlungen kritisch prüfen zu können.

Bilanzkennzahlen werden ermittelt, indem man einzelne Posten eines Jahresabschlusses zueinander in Beziehung setzt. Eine Bilanz enthält nämlich weit mehr Informationen als auf den ersten Blick ersichtlich werden. Die Relation einzelner Bilanzposten zueinander kann wertvolle Hinweise liefern; zum Beispiel über die Liquiditätssituation, die Vermögensstruktur und die Ertragsentwicklung eines Unternehmens. Es lohnt sich daher allemal, die folgenden Kennzahlen zu untersuchen.

2. Die Fundamentalanalyse

1. Kennzahlen zur Liquidität

Die Liquidität ist die Fähigkeit, Zahlungsverpflichtungen gemäß ihrer Fristigkeit erfüllen zu können. Am problemlosesten geht das, wenn die aktuellen Cash-Bestände mindestens so hoch sind wie die in Kürze fälligen Verbindlichkeiten:

$$\text{Liquidität 1. Grades} = \frac{\text{Zahlungsmittel}}{\text{kurzfristige Verbindlichkeiten}} \cdot 100$$

Allerdings hat das Unternehmen in der Regel ja auch seinerseits kurzfristig fällige Forderungen an Dritte, die zur Begleichung der eigenen Verbindlichkeiten herangezogen werden können:

$$\text{Liquidität 2. Grades} = \frac{\text{Zahlungsmittel + kurzfristige Forderungen}}{\text{kurzfristige Verbindlichkeiten}} \cdot 100$$

Schließlich kann das Unternehmen auch eigene Bestände verwerten, um die fristgerechte Begleichung seiner Verbindlichkeiten zu gewährleisten:

$$\text{Liquidität 3. Grades} = \frac{\text{Zahlungsmittel + kurzfristige Forderungen + Bestände}}{\text{kurzfristige Verbindlichkeiten}} \cdot 100$$

Eine absolut gültige Regel lässt sich zwar nicht aufstellen, aber wenn die Liquidität 1. Grades mindestens 80 und die Liquidität 2. Grades mindestens 100 betragen, hat das Unternehmen keine akuten Liquiditätsprobleme. Zumindest nicht am Bilanzstichtag. Eine Schwäche dieser Kennzahlen besteht nämlich darin, dass sie auf diesen Stichtag folgende Entwicklungen nicht aufzeigen. Um die mittelfristige Liquiditätssituation eines Unternehmens zu beleuchten, wenden Analysten häufig auch folgende Formel an:

$$\frac{\text{Zahlungsmittel + kurz- und mittelfristige Forderungen + Bestände}}{\text{kurz- und mittelfristige Verbindlichkeiten}} \cdot 100$$

Allerdings ist die Definition von „kurzfristig" und „mittelfristig" nicht einheitlich. Wichtig ist natürlich, dass Forderungen und Verbindlichkeiten die gleichen Fristigkeiten aufweisen. Je niedriger der Liquiditätsgrad eines Unternehmens, desto zinsreagibler ist es in der Regel. Der Zusammenhang ist klar: Bei einer zu knappen Liquiditätsdecke muss das Unternehmen Fremdkapital aufnehmen, um seine Verbindlichkeiten zu begleichen, und dieses Fremdkapital muss verzinst werden. In Hochzinsphasen kann das teuer werden.

2. Kennzahlen zu Finanzierung und Kapitalstruktur

Die Anfälligkeit eines Unternehmens für Veränderungen der Zinslandschaft hängt in hohem Maß von seiner Kapitalstruktur ab. Je niedriger die Verbindlichkeiten, desto weniger Zinsen sind zu zahlen. Daher ist der Anteil des Fremdkapitals am Gesamtkapital ein wichtiger Faktor. Dabei sind die folgenden beiden Kennzahlen zu beachten:

$$\text{Verschuldungsgrad} = \frac{\text{Fremdkapital}}{\text{Eigenkapital}}$$

$$\text{Eigenkapitalquote} = \frac{\text{Eigenkapital}}{\text{Gesamtkapital}}$$

Der Verschuldungsgrad gibt an, wie hoch die Gesamtverbindlichkeiten im Vergleich zum Eigenkapital sind. Die Eigenkapitalquote bezeichnet den prozentualen Anteil des Eigenkapitals am Gesamtkapital. Es gibt keine allgemeine Regel, wie diese Kennzahlen aussehen sollten. Je nach Ländern und Branchen fallen sie auch sehr unterschiedlich aus. So gibt es in den USA etliche Unternehmen, auch sehr bedeutende, deren Eigenkapitalquote 100 Prozent erreicht. In Deutschland sind weit niedrigere Quoten üblich. In sehr kapitalintensiven Branchen sind die Eigenkapitalquoten in der Regel niedriger als zum Beispiel in der Softwarebranche. Die Energieversorger müssen Kraftwerke bauen, um Strom liefern zu können, und dabei handelt es sich um Investitionen in Milliardenhöhe. Es liegt auf der Hand, dass der Fremdkapitalanteil daher recht hoch liegen muss. Ein sinnvoller Vergleich ist somit auch nur bei solchen Unternehmen möglich, die aus der gleichen oder zumindest aus verwandten Branchen stammen.

2. Die Fundamentalanalyse

Die erwähnten Kennzahlen können dabei helfen, aussichtsreiche Aktien zu finden und unnötige Risiken zu vermeiden. Wenn ein Unternehmen zum Beispiel hoch verschuldet ist, besteht die Gefahr, dass es die nächste Branchenrezession nicht überstehen wird. Mögliche Pleitekandidaten lassen sich durch genaue Untersuchung der Bilanzdaten identifizieren, und zwar in der Regel schon Jahre bevor das Unternehmen tatsächlich in existenzbedrohende Schwierigkeiten gerät.

2. 8. Zusammenfassung

Wer die genannten Daten schon vor dem Kauf beachtet, ist zumindest vor groben Fehlern sicher. Wir haben bislang aber nur die erste Ebene geprüft: Das Unternehmen und seine Aktie. In den folgenden beiden Kapiteln werden wir zunächst branchenspezifische Faktoren und dann die Einflüsse auf die allgemeine Börsenlage untersuchen. In manchen Börsenphasen überwiegen unternehmensspezifische Daten, in anderen Branchentrends, und die Großwetterlage an der Börse wirkt sich eigentlich immer auch auf die einzelnen Aktien aus. Die einzelnen Einflüsse können sich gegenseitig verstärken, sie können einander aber auch zuwiderlaufen. So kommt es immer wieder vor, dass Einzelaktien sogar in schwachen Börsenzeiten an Boden gewinnen, weil positive Unternehmensdaten den allgemeinen Baissetrend überlagern. Umgekehrt gibt es auch in der stürmischsten Hausse Aktien und Branchen, die ständig neue Tiefs erreichen. 1998 waren es zum Beispiel die Rohstoff-Titel. Die fallenden Öl- und Metallpreise waren für die Entwicklung dieser Aktien wichtiger als sinkende Zinsen und die Champagnerlaune an den wichtigsten Weltbörsen. Eine noch so akribische Aktienanalyse liefert daher stets nur einen Teil des Gesamtbilds; man muss auch diejenigen Einflussfaktoren ins Kalkül ziehen, die mit einer bestimmten Aktie zwar nicht in direktem Zusammenhang stehen, sich aber sehr wohl auf ihre Kursentwicklung auswirken können.

Außerdem sollte man nie vergessen, dass man in der fundamentalen Aktienanalyse überwiegend mit Schätzwerten arbeiten muss, denn die Zahlen der Vergangenheit und der Gegenwart spielen für die weitere Entwicklung einer Aktie kaum eine Rolle. Schätzungen sind aber stets mit einer gewissen Fehlerquote behaftet. Zudem gibt es auch noch einige Einflüsse, die sich beim besten Willen nicht in Zahlen fassen lassen.

Teil II: Die Bewertung

Zum Beispiel wird kein Börsianer bezweifeln, dass die Qualität des Unternehmensmanagements und dessen Ansehen an der Börse für jede Aktie sehr wichtig sind. Ein Wechsel in der Unternehmensführung kann zumindest mittelfristig eine markante Trendwende des Aktienkurses herbeiführen. Dafür gibt es zahlreiche Beispiele. Trotzdem kann niemand genau beziffern, wieviel Euro oder Dollar pro Aktie ein hervorragendes Management wert ist.

Angesichts dieser Tatsache könnte man die Frage stellen, ob die fundamentale Aktienanalyse denn überhaupt sinnvoll ist. Die Frage ist unbedingt zu bejahen, denn ein besseres Instrumentarium steht uns nicht zur Verfügung. Je genauer man die aktuellen Daten einer Aktie kennt, desto besser kann man die Zukunft dieser Aktie prognostizieren. dass diese Prognose nie perfekt sein kann, steht auf einem anderen Blatt. Gäbe es eine narrensichere Kursprognose, dann wäre allerdings auch die Börse überflüssig. Könnte man mit absoluter Sicherheit vorhersagen, dass eine bestimmte Aktie in einem Jahr 200 Dollar kosten wird, dann stünde sie morgen schon dort, abzüglich Zinsen. Sehen wir uns nun die Grundlagen der technischen Wertpapieranalyse an.

3.
Grundlagen der technischen Analyse

Bücher über technische Wertpapieranalyse füllen ganze Bibliotheken. Es ist daher nicht mein Ehrgeiz, diese Thematik bis ins Detail auszuleuchten. Im Literaturverzeichnis am Ende dieses Buchs finden Sie einige empfehlenswerte Werke, die alle Aspekte der technischen Analyse behandeln. Wir werden uns also auf die wichtigsten Begriffe und Vorgehensweisen beschränken und untersuchen, wie man sich diese Methoden zunutze machen kann.

Die Grundannahme der technischen Analyse lautet, daß in der Kurs- und Umsatzentwicklung einer Aktie alles seinen Ausdruck findet, was für diese Aktie relevant ist. Die Untersuchung von unternehmensspezifischen Daten oder die Interpretation des Börsenumfelds kann man sich also sparen: Der Kurs sagt alles, was man wissen muß. Das klingt einleuchtend, denn im Kurs einer Aktie manifestieren sich schließlich Angebot und Nachfrage. Und die wiederum hängen davon ab, wie die Anleger die Zukunftschancen dieses Papiers einschätzen, wobei sämtliche bekannten Daten in diese Einschätzung eingeflossen sind. Wenn sich alle Fakten ebenso wie die Hoffnungen und Befürchtungen der Anleger unmittelbar auf die Kursentwicklung auswirken, dann liegt es nahe, statt dieser Faktoren das Marktgeschehen selbst zu untersuchen, um zu sinnvollen Prognosen zu kommen. Tauchen neue Faktoren auf, dann reagieren alle Marktteilnehmer darauf, indem sie kaufen, verkaufen oder nichts von beidem tun. Sie stimmen also quasi über die Bedeutung neuer Entwicklungen ab, und sie tun das an jedem Börsentag aufs neue. Eine Analyse des fundamentalen Umfelds erübrigt sich also, weil Kurs und Umsatz ohnehin alles aussagen, was für eine Aktie, eine Branche oder den Gesamtmarkt von Relevanz ist. Eine Einschränkung gibt es allerdings: Charles Dow, der Schöpfer des Dow Jones Industrial Average, hat sie *„Acts of God"* genannt. Andere sprechen vom Faktor X oder von Imponderabilien. Gemeint sind unvorhergesehene Ereignisse, die sich stark auf die Börse oder auf eine bestimmte Aktie auswirken.

Typischer Aufwärtstrend mit ansteigenden Hochs und Tiefs: Siemens 1999

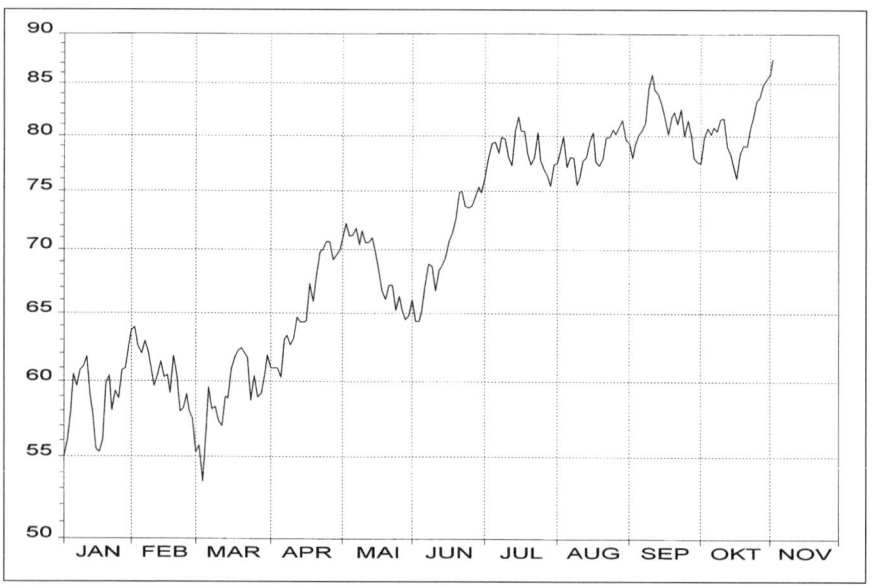

Quelle Datastream

Solche Dinge sind mit keiner analytischen Methode der Welt in den Griff zu bekommen. Zum Beispiel kann ein ganzer Aktienmarkt, manchmal sogar alle Märkte, durch ein unerwartetes politisches Ereignis oder durch eine Naturkatastrophe in Mitleidenschaft gezogen werden. Als im August 1989 die russischen Militärs gegen Gorbatschow putschten, brachen weltweit die Aktienmärkte ein. Dieses Ereignis war nicht vorauszusehen. Im Januar 1995 rechneten viele Anleger mit einer kräftigen Erholung des japanischen Aktienmarkts. Allen voran die technischen Analysten, denn die Charts sprachen für steigende Kurse. Dann kam das Erdbeben in Kobe, und alle Prognosen waren das Papier nicht mehr wert, auf dem sie gedruckt worden waren. Mit solchen Dingen muss man immer rechnen, aber einkalkulieren kann man sie nicht. Das gilt übrigens nicht nur für technische, sondern ebenso für fundamentale Analysemethoden.

Eine der wichtigsten Prämissen der technischen Analyse lautet, dass Aktien sich in Trends bewegen. Ein einmal etablierter Trend bleibt in Kraft, bis sich ein neuer Trend herausbildet. Die Identifikation von Trends und

3. Grundlagen der technischen Analyse

Typischer Abwärtstrend mit fallenden Hochs und Tiefs: Metro 1999

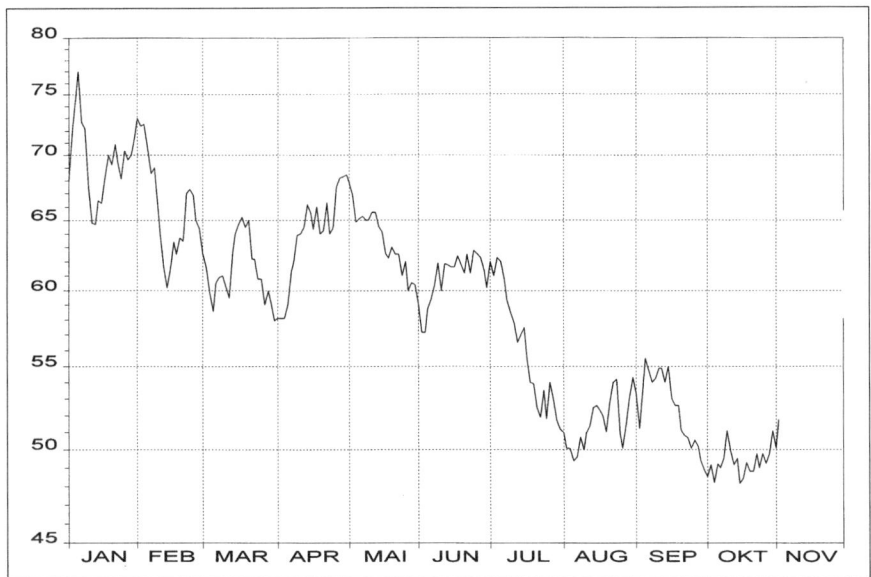

Quelle Datastream

das Erkennen von Trendwenden sind somit die wichtigsten Ziele der Analyse. Solange es keine klaren Anzeichen für eine Trendwende gibt, muß man davon ausgehen, daß der bestehende Trend sich fortsetzen wird. Das heißt: Die nächste Kursbewegung sollte in der gleichen Richtung verlaufen wie die vorhergehende. Ein klarer Aufwärtstrend zeichnet sich dadurch aus, daß jeder neue Kursschub die Aktie auf ein höheres Niveau führt als der vorhergehende, und daß auch jeder Rückschlag auf einem jeweils höheren Level endet, bevor die Aktie wieder nach oben dreht.

Entsprechendes gilt für einen Abwärtstrend: Die Aktie erreicht immer neue Tiefststände, wobei die zwischenzeitlichen Erholungsphasen schwächer und schwächer ausfallen. Idealerweise gibt es einen Zusammenhang zwischen Kurs- und Umsatzentwicklung: Im Aufwärtstrend fallen die Umsätze bei steigenden Kursen höher aus als in den Konsolidierungsphasen, wenn die Kurse vorübergehend wieder nachgeben. Wenn steigende Kurse im Aufwärtstrend nicht von hohen Umsätzen begleitet werden, dann wird die Kursentwicklung nicht von der Umsatzentwicklung bestätigt, was ein erstes Anzeichen für eine Trendabschwächung, eventuell

Seitwärtsbewegung ohne ausgeprägtes Trendverhalten: Ludwig Beck 1999

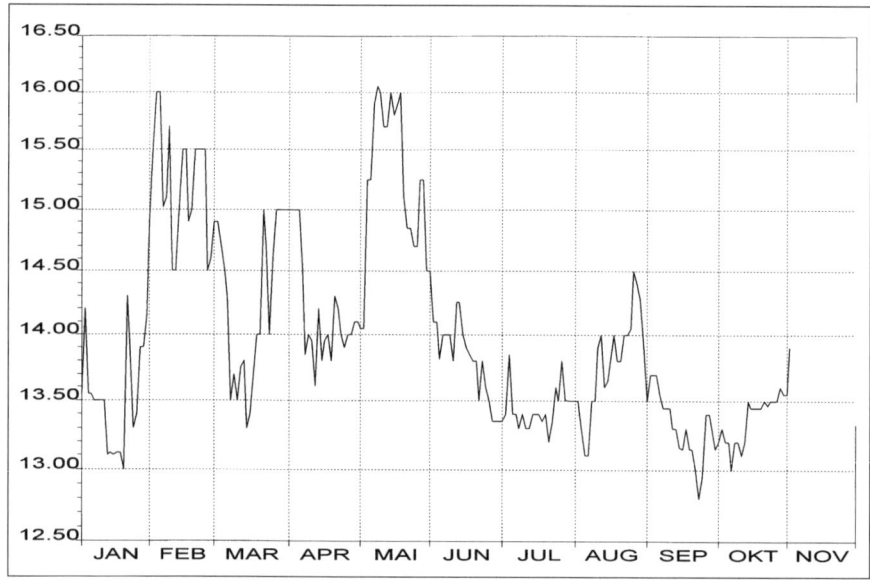

Quelle Datastream

sogar für eine Trendumkehr sein könnte. Bei Abwärtstrends gilt Entsprechendes mit umgekehrten Vorzeichen. Nicht alle Aktien oder Indizes zeigen zu einem gegebenen Zeitpunkt ein ausgeprägtes Trendverhalten. Es gibt auch Seitwärtsbewegungen, also trendlose Phasen, die sogar relativ lange dauern können. Wenn man Langfristcharts von Aktien oder Indizes untersucht, stellt man fest, dass ausgesprochene Trendphasen sogar recht selten sind. Um so wichtiger ist es für den Anleger, solche Trends rechtzeitig zu identifizieren und Investments entsprechend zu positionieren. Das bislang Gesagte klingt hoffentlich einleuchtend, aber wohl ein wenig theoretisch. Sehen wir uns daher einige Charts an, die die verschiedenen Arten des Trendverhaltens illustrieren.

Wenn er einen ausgeprägten Trend ausgemacht hat, greift der Charttechniker zum Lineal und zeichnet einen Trendkanal ein. Er zieht eine Linie durch die jeweiligen Hochpunkte und gewinnt somit die obere Begrenzungslinie des Kanals. Durch Verbindung der Tiefpunkte zeichnet er die untere Begrenzungslinie ein. Ist der Trend nach oben gerichtet, so spricht man von einem Aufwärtstrendkanal. Tendiert die Aktie nach unten, handelt es sich um einen Abwärtstrendkanal. Solange der Kurs sich

3. Grundlagen der technischen Analyse

nun innerhalb des Kanals bewegt, ist der Trend intakt. Der Kanal kann allerdings auch verlassen werden. Hier gibt es vier verschiedene Konstellationen.

1. Ausbruch nach oben aus einem Aufwärtstrendkanal
2. Ausbruch nach unten aus einem Aufwärtstrendkanal
3. Ausbruch nach oben aus einem Abwärtstrendkanal
4. Ausbruch nach unten aus einem Abwärtstrendkanal.

Die Fälle 1 und 4 wären als Trendbeschleunigung zu werten, die Fälle 2 und 3 als Trendwende. Ein Ausbruch ist natürlich desto aussagekräftiger, je deutlicher der Kanal verlassen wird und je höher der die Bewegung begleitende Umsatz ausfällt.

Trendlinien gewinnt man durch die Verbindung der unteren Kurspunkte bei einem Aufwärts- und der oberen bei einem Abwärtstrend. Analog zum Trendkanal gilt: Solange die Trendlinie nicht durchbrochen wird, ist der Trend intakt. Eine signifikante Verletzung der Linie ist ein Anzeichen für eine Trendwende. Auch hierzu einige praktische Beispiele:

Aufwärtstrendkanal: Oracle Systems 1999

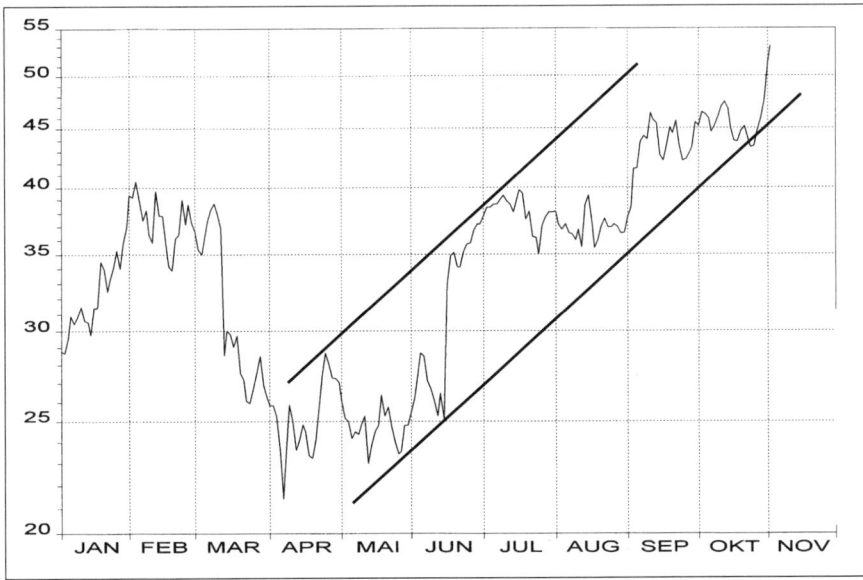

Quelle Datastream

Teil II: Die Bewertung

Abwärtstrendkanal: Philip Morris 1999

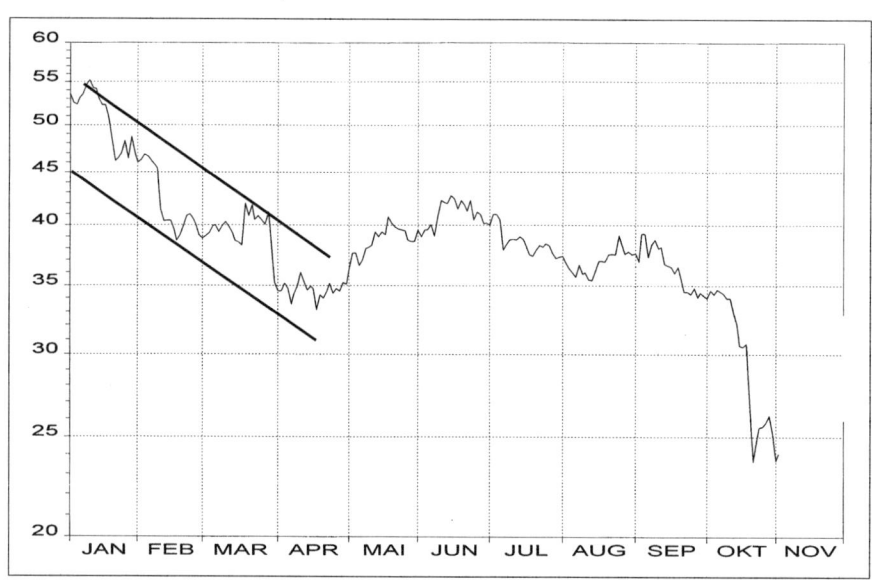

Quelle Datastream

Trendwende nach Durchbrechen der nach oben gerichteten Trendlinie: Lufthansa 1999

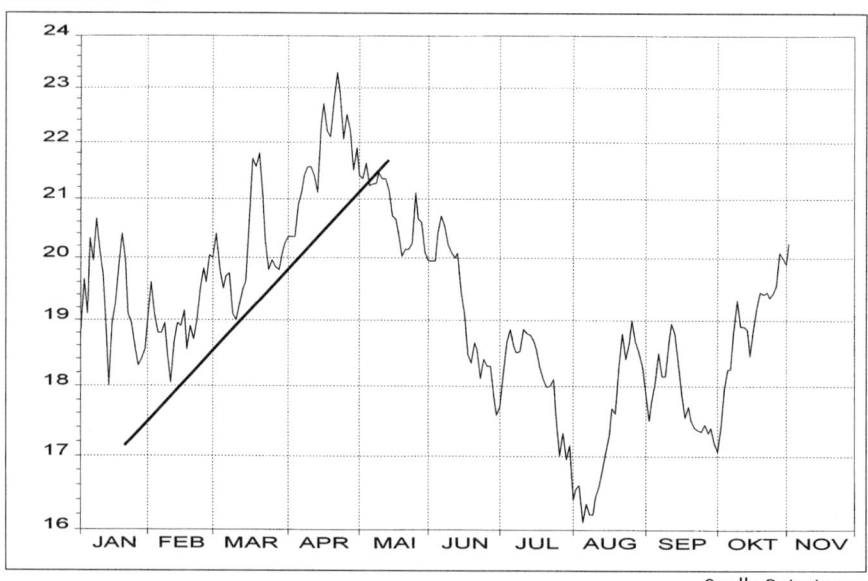

Quelle Datastream

3. Grundlagen der technischen Analyse

3. 1. Widerstand und Unterstützung

Bei der Untersuchung von Charts stellt man immer wieder fest, dass zum Beispiel eine Aufwärtsbewegung an bestimmten Kursmarken oder in manchen Kurszonen ins Stocken kommt. Es gibt zunächst einen Rückschlag, dann nimmt die Aktie einen erneuten Anlauf. Das kann sich mehrmals wiederholen, und aus technischer Sicht ist es sehr bedeutsam, ob der Kurs diesen Bereich schließlich überwindet oder endgültig an ihm scheitert. Man spricht hier von einem Widerstand oder von einer Widerstandszone. Typische Widerstände liegen zum Beispiel im Bereich ehemaliger Höchstkurse oder auch an „runden" Kursmarken wie 100 Dollar oder 1000 Euro.

Letzteres hat in erster Linie psychologische Ursachen. Widerstände im Bereich früherer Höchstkurse sind jedoch auf andere Gründe zurückzuführen. Man kann es sich so vorstellen, dass viele Anleger vor Monaten oder Jahren zu diesen Kursen gekauft haben und die Aktien immer noch besitzen. Die zwischenzeitlichen Kursverluste haben sie in der Hoffnung ausgesessen, dass ihr Einstandskurs irgendwann wieder erreicht wird und sie schließlich ohne Verlust aussteigen können. Es ist eine bekannte Tatsache, dass viele Anleger die größten Schwierigkeiten damit haben, entstandene Buchverluste durch Verkauf zu realen Verlusten zu machen. Wenn sich die Hoffnung dieser Investoren nun erfüllt, und ein Titel tatsächlich die alten Höchstkurse wieder erreicht, dann kommen durch ihre Verkäufe eventuell große Stückzahlen dieser Aktie auf den Markt. Dadurch erhöht sich das Angebot.

Wenn diesem gesteigerten Angebot keine entsprechende Nachfrage gegenübersteht, muss der Preis nach allen Regeln des Marktes sinken. Es werden daher nicht alle angebotenen Aktien zu den alten Höchstkursen verkauft, und der Nachfrageüberhang besteht weiter. Zieht die Aktie wieder an, wird er allerdings reduziert, und wenn der Aufwärtstrend stark genug ist, wird die Aktie schließlich signifikant über die Widerstandszone steigen.

Signifikant ist der Anstieg dann, wenn der Widerstand um drei bis fünf Prozent überschritten wird. Der ehemalige Widerstand wird nun zu einer Unterstützung. Sinkt der Kurs wieder in diesen Bereich, dann stehen viele Interessenten bereit, die beim ersten Überwinden des alten Widerstands den Einstieg versäumt haben. Die neue Chance wollen sie allerdings nutzen. Dadurch erhöht sich die Nachfrage, und bei gleichbleibendem Angebot wird der Kurs wieder steigen. Ebenso wie beim Widerstand kann es auch im Bereich einer Unterstützungszone ein mehr oder weniger ausgeprägtes Auf und Ab geben, ehe sie entweder nach unten durchbrochen wird – was sie wieder in einen Widerstand verwandelt – oder ihrem Namen alle Ehre macht und dem Kurs tatsächlich Unterstützung gewährt. Im letzteren Fall sollte eine Aufwärtsbewegung folgen, die zumindest bis zum nächsten Widerstand reicht.

Nicht der unwichtigste Pluspunkt von Widerstands- und Unterstützungszonen ist, dass es sich um einfache, einleuchtende Konzepte handelt. Auch ein technischer Laie dürfte keine Schwierigkeiten haben, bei der Untersuchung eines Chart schon auf den ersten Blick zu erkennen, in welchen Bereichen eine Aktie Unterstützung hat oder auf einen Widerstand stoßen wird. Machen wir die Probe aufs Exempel. Sehen Sie sich den Chart der folgenden Abbildung an. Sicher macht es Ihnen keine Schwierigkeiten, eine Widerstands- und eine Unterstützungszone zu identifizieren.

BASF von November 1998 bis Ende September 1999

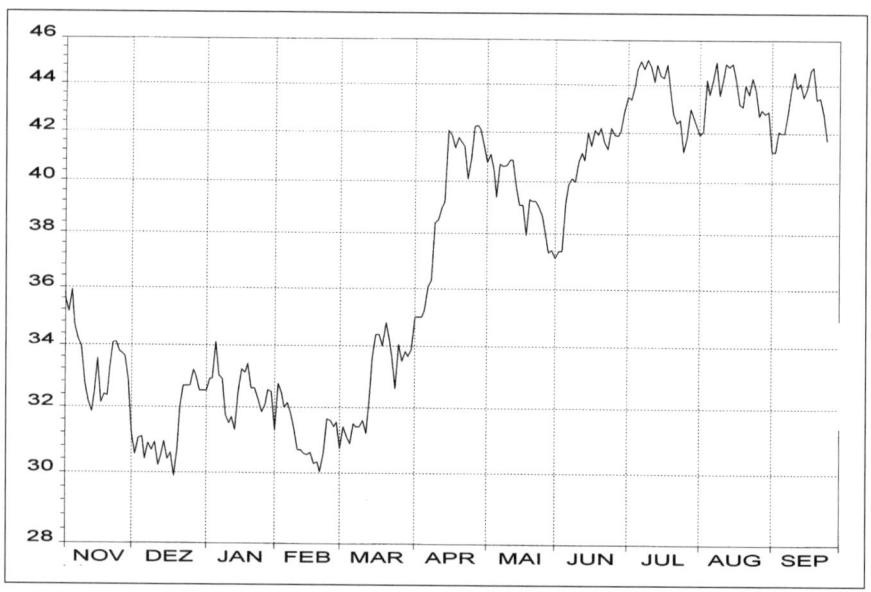

Quelle Datastream

3. Grundlagen der technischen Analyse

Sicher haben Sie die Unterstützungszone bei Euro ebenso erkannt wie den extrem harten Widerstandsbereich bei 43/45 Euro. Der Widerstand bei 34 Euro wurde dagegen nach dreimaligem Anlauf überwunden und verwandelte sich danach in eine Unterstützung. Sehen wir uns nun an, wie sich die Aktie weiterentwickelt hat.

BASF September/Oktober 1999

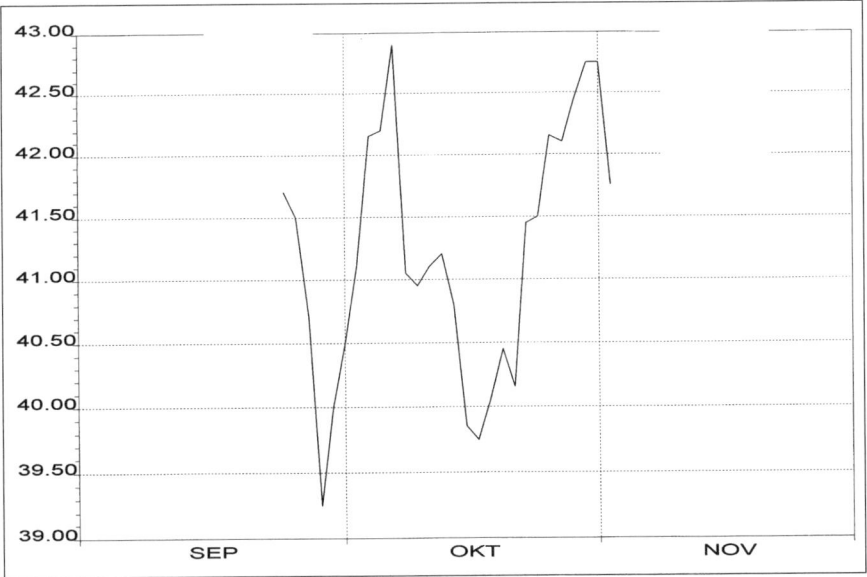

Quelle Datastream

Wie Sie sehen, ist die Aktie am Widerstand bei 43/45 Euro ein drittes Mal gescheitert. Die Folge war ein deutlicher Kursrückgang. Es ist durchaus die Regel, daß Charts von Aktien oder Indizes mehrere solcher kritischer Zonen aufweisen, wo sich die weitere Entwicklung entscheidet. Beim Überwinden eines Widerstands oder beim Durchbrechen einer Unterstützung ist natürlich auch die Umsatzentwicklung zu beachten. Wenn ein solches Ereignis von markant steigenden Umsätzen begleitet wird, so ist dies ein starkes Signal für die künftige Kursentwicklung. Bestätigt der Umsatz die Kursbewegung jedoch nicht, so ist ihre Aussagekraft eingeschränkt. Noch ein wichtiger Punkt: Jede Aktie hat eine Art primärer Unterstützungs- und Widerstandsbereiche. In diesen Kurszonen herrscht sozusagen ein historisch gewachsenes Gleichgewicht zwischen Angebot und Nachfrage. Natürlich ist das Gleichgewicht gewissen Veränderungen unterworfen, aber diese vollziehen sich in der Regel nur langsam. Die Bandbreite von Widerstands- und Unterstützungszonen hängt in erster Linie von der Volatilität, also der Kursbeweglichkeit einer Aktie ab. Zeigt ein Titel über lange Zeit im Vergleich zum Gesamtmarkt weit überdurchschnittliche Kursausschläge, dann entstehen relativ breite Widerstands- und Unterstützungszonen. Eine Aufwärts- oder Abwärtsbewegung muss also schon sehr kräftig ausfallen, damit eine solche Zone signifikant durchbrochen wird. Das andere Extrem stellen die sogenannten Schläferaktien dar, die nur extrem geringe Kursbewegungen und meist auch entsprechend magere Börsenumsätze zeigen. Die Amerikaner nennen solche Titel sehr treffend *„Sleeping Beauties"*. Wird eine solche schlafende Schönheit wachgeküsst, und kommt ein wenig Leben in den Kurs – idealerweise bei deutlich ansteigenden Umsätzen –, dann folgt oft eine markante Aufwärtsbewegung.

Dergleichen geschieht eigentlich nur dann, wenn eine zuvor als langweilig geltende Aktie an der Börse neu eingeschätzt wird. Der Grund spielt eigentlich keine Rolle, aber es kann sich zum Beispiel um ein Übernahmeangebot, ein vielversprechendes neues Produkt oder um einen Wechsel im Topmanagement des betreffenden Unternehmens handeln. Dem technischen Analysten ist das aus den erwähnten Gründen ohnehin egal. Er achtet lediglich auf die Kurs- und Umsatzveränderungen und reagiert entsprechend.

Wenn es wie erwähnt primäre Widerstands- und Unterstützungszonen gibt, dann müssen logischerweise auch entsprechende sekundäre Kursbereiche existieren. Als sekundäre Unterstützung bezeichnet man den Bereich, auf den eine Aktie innerhalb einer intakten Aufwärtsbewegung zurückfällt, um dann wieder nach oben zu drehen, also den Primärtrend wieder aufzunehmen. Analoges gilt für sekundäre Widerstände innerhalb einer Abwärtsbewegung. Es gibt innerhalb eines Trends also mehr oder ausgeprägte Gegenbewegungen, die man auch Reaktionen oder Konsolidierungen nennt. Solange diese Bewegungen ein gewisses Ausmaß nicht überschreiten, bleibt der übergeordnete Trend in Kraft. Sekundäre Widerstände und Unterstützungen begrenzen die Gegenbewegungen. Werden sie signifikant durchbrochen, ist der Primärtrend gefährdet. In solchen Situationen sollte man die weitere Entwicklung sehr genau beobachten, denn eventuell steht eine Trendwende bevor.

3. Grundlagen der technischen Analyse

3. 2. Gleitende Durchschnitte

Die technische Analyse bedient sich gleitender Durchschnitte zur Interpretation von Kursverläufen und zur Prognose von Trends. Gleitende Durchschnitte bilden den jeweils durchschnittlichen Kurs einer Anzahl von Börsentagen ab. An jedem Handelstag geht der jeweils aktuelle Kurs neu in die Berechnung ein, und der am weitesten zurückliegende wird eliminiert. Am verbreitetsten sind der 200- und der 90-Tage-Durchschnitt – wenigstens was Aktienkurse betrifft. Im Options- und vor allem im Futures-Handel achtet man auf wesentlich kürzere Zeiträume. Dort verwendet man sogar Fünf-Minuten-Durchschnitte.

Letzten Endes handelt es sich um ein statistisches Glättungsverfahren, wodurch Kursausschläge eliminiert werden und der zugrundeliegende Trend klarer zu erkennen ist. Man kann den gleitenden Durchschnitt als Linie in einen Aktienchart einzeichnen und gewinnt so einen Indikator dafür, ob ein Trend als intakt gelten kann. Schneidet die Linie des Kursverlaufs die Durchschnittslinie von oben nach unten, fällt also auf ein unter dem Durchschnitt der letzten, sagen wir 200 Börsentage liegendes Niveau, dann ist dies als Verkaufssignal zu werten. Umgekehrt gilt es als Kaufsignal, wenn der Kurs den gleitenden Durchschnitt von unten nach oben schneidet. Soweit die allgemeine Regel, aber es lohnt sich, die Sache ein wenig differenzierter zu betrachten. Vergleichen wir zum Beispiel die Aussagekraft der beiden verbreitetsten Durchschnitte, die die Kursentwicklung der vergangenen 90 oder 200 Börsentage abbilden.

Das wiederum bedeutet, dass der erste schneller auf aktuelle Veränderungen reagiert, denn der jeweils letzte Kurs geht mit einem mehr als doppelt so hohen Gewicht in die Berechnung ein wie beim 200-Tage-Schnitt. Das ist wichtig, denn es gibt zwei Dinge, die der Charttechniker nach Kräften zu meiden versucht:

- Einen Trendwechsel zu spät zu erkennen und somit Kurspotential zu verschenken.
- Auf ein Fehlsignal hereinzufallen.

Es ist nicht leicht, beide Gefahren zugleich zu vermeiden. Zumindest dann nicht, wenn man sich vor allem auf gleitende Durchschnitte verlässt. Bis nämlich ein Aktienkurs die 200-Tage-Linie schneidet, muss – schon einiges passiert sein. Auch wenn das Signal sich später als richtig erweisen sollte, ist schon ein großer Teil der Kursbewegung absolviert, ehe man entsprechend reagieren kann. Dieses Manko kann man umgehen, indem man auf die 90-Tage-Linie achtet. Der Nachteil: Die Quote der Fehlsignale ist hier wesentlich höher als beim 200-Tage-Schnitt. Der erwähnte Nachteil des 200-Tage-Schnitts tritt übrigens um so deutlicher zutage, je kräftiger eine Kursbewegung ausfällt. Zur Illustration ein Beispiel aus der jüngeren Vergangenheit: Als der DAX in der ersten Jahreshälfte 1998 seine enorme Aufwärtsbewegung vollzog, die ihn bis auf mehr als 6300 Punkte trug, stand er schließlich um bis zu 35 Prozent über seinem 200-Tage-Durchschnitt. Damit war er kein brauchbarer Indikator mehr, denn schließlich mußte der DAX schon einen fast crashartigen Absturz erleben, bevor der Durchschnitt ein Signal liefern konnte. Zum Leidwesen vieler Börsianer stürzte der DAX wenig später tatsächlich ab und durchbrach den 200-Tage-Durchschnitt weit unter seinem Höchststand. Wer jetzt verkaufte, war reichlich spät dran. Zu spät sogar, denn im Bereich von 3800 Punkten fand der DAX schließlich einen Boden und drehte wieder nach oben. In solchen Extremsituationen ist die Aussagekraft gleitender Durchschnitte also stark eingeschränkt. Das muß man wissen und gegebenenfalls andere Kriterien zur Beurteilung der technischen Lage heranziehen. In normalen Börsenzeiten gehören gleitende Durchschnitte allerdings zu den bewährtesten Werkzeugen der technischen Wertpapieranalyse.

Wenn der aktuelle Aktienkurs einen gleitenden Durchschnitt schneidet, hängt die prognostische Relevanz dieses Ereignisses von den näheren Umständen ab. Denkbar sind sechs Fälle:

1. Der Kurs schneidet einen steigenden Durchschnitt von unten nach oben
2. Der Kurs schneidet einen steigenden Durchschnitt von oben nach unten
3. Der Kurs schneidet einen fallenden Durchschnitt von oben nach unten
4. Der Kurs schneidet einen fallenden Durchschnitt von unten nach oben
5. Der Kurs schneidet einen seitwärts verlaufenden Durchschnitt von oben nach unten
6. Der Kurs schneidet einen seitwärts verlaufenden Durchschnitt von unten nach oben.

Die stärksten Signale liefern die Fälle 1 und 3. Der gleitende Durchschnitt und der Chart des aktuellen Kurses verlaufen dabei in gleicher Richtung, und letzterer zeigt die stärkere Bewegung. Beide Chartereignisse sind daher als Verstärkung oder Beschleunigung eines bereits etablierten Trends zu interpretieren. Fall 1 liefert daher ein deutliches Kauf-, Fall 3 ein ebenso deutliches Verkaufssignal. In den vier anderen Fällen ist die Aussagekraft des Signals nicht so stark. Vor allem die Ereignisse 2 und 4 sind mit Vorsicht zu genießen, und zwar desto mehr, je stärker der gleitende Durchschnitt nach oben oder unten tendiert. Fällt er zum Beispiel wegen eines bereits einige Zeit zurückliegenden Kurseinbruchs stark ab, dann kann er sogar von einem seitwärts oder leicht abwärts verlaufenden Kurschart nach oben geschnitten werden. Es liegt nahe, daß ein solches Ereignis nicht überinterpretiert werden sollte. In solchen Fällen sollte man noch andere technische und fundamentale Kriterien hinzuziehen, um zu einem Urteil zu kommen. Das sollte man eigentlich immer tun, denn je deutlicher ein Chartsignal von anderen Kriterien bestätigt wird, desto besser.

Gleitende Durchschnitte liefern die besten Signale in Märkten, die von einem klaren Trend geprägt sind. In Seitwärtsphasen kann es dagegen zu wiederholten Fehlsignalen kommen, wenn der Chart des aktuellen Kurses den Durchschnittschart innerhalb kurzer Zeit mehrmals abwechselnd nach oben und dann wieder nach unten schneidet.

3. 3. Die wichtigsten Chartformationen

Die Auswertung von Charts soll in erster Linie Informationen liefern, ob ein bestehender Trend sich fortsetzen oder von einem entgegengesetzten Trend abgelöst werden wird. In seitwärts verlaufenden Märkten geht es um die Frage, wann sich ein neuer Trend entwickeln und in welche Richtung er verlaufen wird. Es gibt eine Reihe typischer Verlaufsmuster von Charts, die Hinweise zur Beantwortung dieser Fragen liefern können. Man unterscheidet dabei allgemein zwischen trendbestätigenden und Trendumkehrformationen. Man muss sich in diesem Zusammenhang noch einmal folgendes ins Gedächtnis rufen: Technische Analysten sind davon überzeugt, dass sich Kursverläufe wiederholen, und dass man daher durch die Auswertung von Charts Hinweise auf künftige Entwicklungen erhalten kann. Bestimmte Chartformationen gehen mit auffallender Häufigkeit ausgeprägten Aufwärts- oder Abwärtsbewegungen voraus. Tritt eine solche Formation in einem aktuellen Chart auf, so besteht eine hohe Wahrscheinlichkeit, dass es wieder zu einem entsprechenden Trend kommen wird. Es lohnt sich also, auf solche Ereignisse zu achten. Der typische Einwand des Fundamentalisten lautet hier: Millionen von technisch orientierten Anlegern beachten solche Chartformationen und reagieren entsprechend, treiben also mit ihren Käufen den Kurs nach oben oder mit ihren Verkäufen nach unten – jedenfalls in die Richtung, die das Chartsignal nahelegt. Das wäre also ein Fall von *„Self-fulfilling prophecy"*; eine Prognose, die selbst dafür sorgt, dass sie sich schließlich bewahrheitet. Die typische Antwort des Charttechnikers auf einen solchen Einwand: Es ist völlig gleichgültig, *warum* sich ein Kurs in eine bestimmte Richtung entwickelt. Entscheidend ist einzig und allein, *dass* er sich so entwickelt, und dass der Anleger *richtig darauf reagiert*. Was man auch von der technischen Analyse halten mag – diesem Argument ist eine gewisse Überzeugungskraft nicht abzusprechen.

Betrachten wir zunächst die wichtigsten Trendumkehrformationen. Nehmen wir an, eine Aktie zeige einen ausgeprägten Aufwärtstrend. Der Chart bewegt sich mit einem mehr oder weniger steilen Neigungswinkel nach oben, ohne größere Unterbrechungen des Trends zu zeigen. Es passiert nur sehr selten, dass sich ein so starker Trend ohne Vorwarnung umkehrt. In diesem Fall müsste der Chart von seinem Hochpunkt aus kontinuierlich fallen. Er würde dann aussehen wie ein umgedrehtes „V". Wie gesagt: So etwas gibt es, aber es ist die Ausnahme. In der Regel wird die Aktie nach einem ersten Rückschlag noch einmal einen Anlauf nach oben nehmen. Vielleicht erreicht sie den ersten Hochpunkt noch einmal, bevor sie nach unten dreht. Der Chart würde dann wie ein „M" aussehen, wobei die oberen beiden Spitzen für die in etwa auf demselben Kursniveau liegenden Höchstnotierungen stehen. Das kommt schon häufiger vor, und in der Tat ist die M-Formation (Doppel-Top) eine der wichtigsten Trendumkehrformationen. Die beiden Kursspitzen müssen allerdings mit einem gewissen zeitlichen Abstand auftreten, damit dieses Chartbild als Vorbote einer Trendumkehr zu interpretieren ist. Die meisten Charttechniker stimmen darin überein, dass zwischen dem ersten Höchstkurs und seinem erneuten Erreichen mindestens zwei Monate liegen sollten. Es muss nicht exakt der gleiche Kurs sein; eine Differenz von bis zu zwei Prozent ist durchaus noch regelkonform.

3. Grundlagen der technischen Analyse

M-Formation. Doppel-Top mit anschließendem Kursrückgang: Bayer 1999

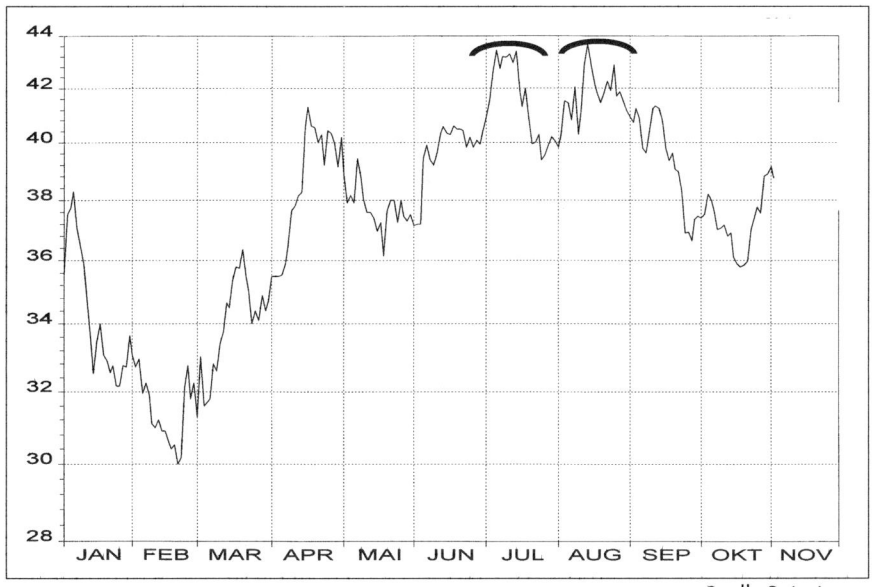

Quelle Datastream

Die M-Formation steht für eine relativ schnelle und deutliche Trendumkehr. Die meisten Aktien bewegen sich allerdings über einen recht langen Zeitraum im Bereich der Höchstnotierungen. Wenn der Kurs nun nicht mehr so recht von der Stelle kommt und zunächst mehr oder weniger seitwärts verläuft, befindet er sich ganz offensichtlich in einer massiven Widerstandszone. In solchen Phasen kann es zu einer Chartformation kommen, die nichts Gutes verheißt: Der Kurs erreicht zunächst ein Hoch, fällt wieder zurück und erreicht dann ein zweites Hoch, das deutlich über dem ersten liegt. Dann fällt er wieder ab. Er erholt sich zwar auch diesmal, aber nur bis zum Niveau des ersten Hochs; das zweite erreicht er nicht mehr. Wenn er nun erneut abfällt, spricht man von einer Schulter-Kopf-Schulter-Formation. Dabei handelt es sich um ein typisches, recht häufiges Chartbild, das eine Trendumkehr von oben nach unten signalisiert. Wenn der Kurs die sogenannte Nackenlinie durchbricht, also die Linie zwischen den Ausgangspunkten der beiden Schultern, dann ist der Zeitpunkt gekommen, auf weiter fallende Kurse zu spekulieren.

Die Schulter-Kopf-Schulter-Formation bildet also drei Kursspitzen aus, wobei auch hier, ähnlich wie bei der M-Formation, mindestens zwei

Teil II: Die Bewertung

Einfache Schulter-Kopf-Schulter-Formation: Philip Morris 1999

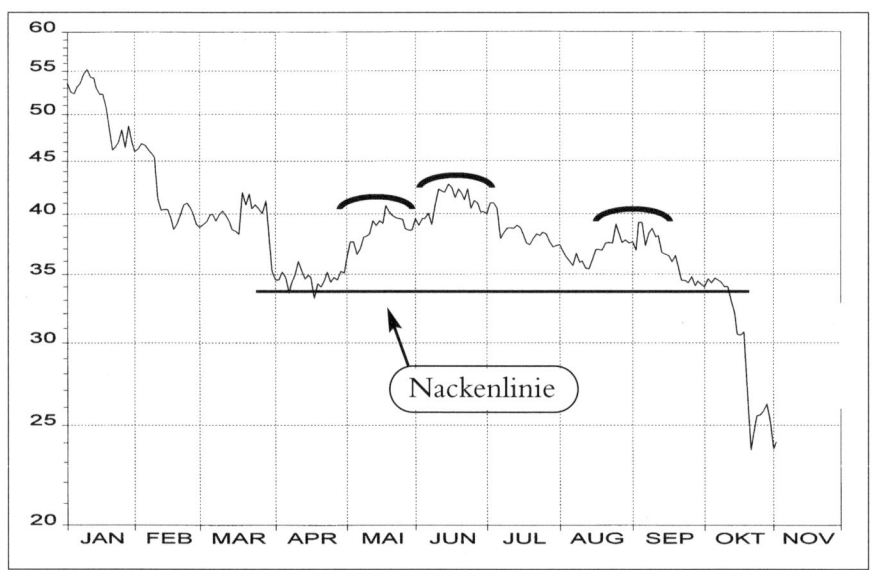

Quelle Datastream

Multiple Schulter-Kopf-Schulter-Formation: BASF 1999

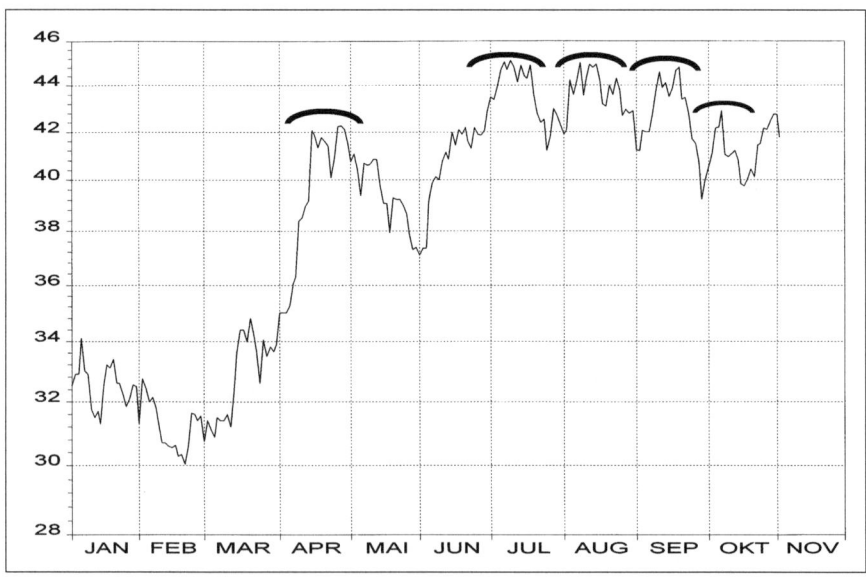

Quelle Datastream

3. Grundlagen der technischen Analyse

Langwierige Top-Bildung mit anschließendem Kursrückgang: Sixt 1999

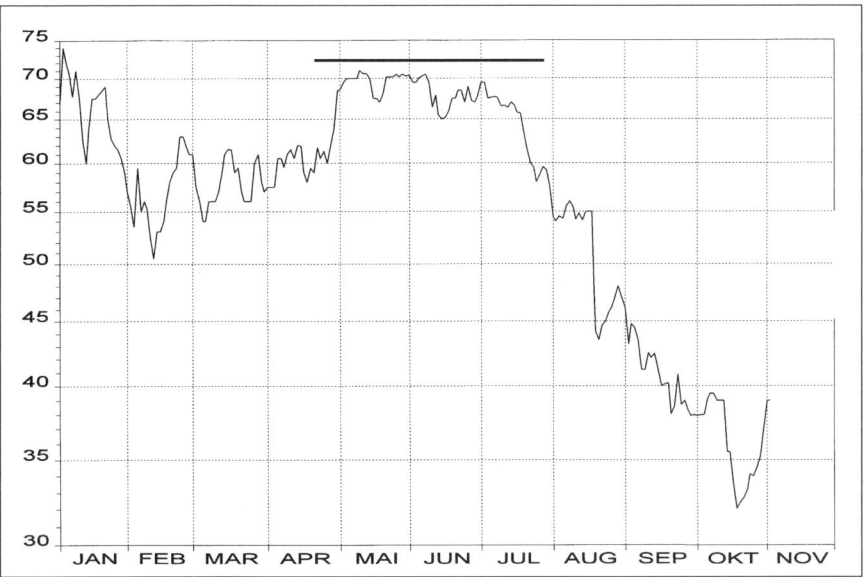

Quelle Datastream

Monate zwischen der ersten und der dritten liegen sollten. Es gibt auch multiple Schulter-Kopf-Schulter-Formationen mit weit mehr als drei Kursspitzen, und zumindest die komplizierteren von ihnen sind von chartechnischen Laien nicht ohne weiteres als solche zu erkennen. Es soll in solchen Fällen sogar vorkommen, dass ausgesprochene Spezialisten nicht zu identischen Interpretationen und Schlussfolgerungen kommen. Letzten Endes ist es aber auch nicht so wichtig, wie man eine bestimmte Formation nun nennen will. Wenn eine Aktie einen ehemaligen Höchstkurs trotz wiederholter Anläufe nicht mehr erreicht und langsam an Boden verliert, dann ist das jedenfalls kein gutes Zeichen. Solche Kursverläufe deuten darauf hin, dass sich langsam eine Top-Bildung vollzieht. Die Aktie kommt über einen bestimmten Kursbereich ganz offensichtlich nicht hinaus. Und wenn sie das nicht schafft, dann werden sich allmählich immer mehr Anleger von diesem Titel verabschieden – mit der unvermeidlichen Folge, dass sie an Boden verliert.

Wir haben bislang betrachtet, welche Chartformationen den Wechsel von einem Aufwärts- zu einem Abwärtstrend signalisieren können. Analog gilt das Gesagte natürlich auch im umgekehrten Fall. Eine V-förmige Trendumkehr von fallenden zu steigenden Kursen ist sehr selten – zumindest in Langfristcharts, und nur diese interessieren uns in diesem Zusammenhang. Das Gegenstück zur M-Formation ist die W-Formation: Zwei in etwa auf dem gleichen Niveau liegende Tiefs, die eine Bodenbildung und somit steigende Kurse signalisieren. Und natürlich gibt es auch umgekehrte einfache und multiple Schulter-Kopf-Schulter-Formationen sowie langgezogene Bodenbildungen, die ihrer Form wegen als Untertassen-Formationen bekannt sind.

Aus den Abbildungen wird ersichtlich, dass die genannten Chartformationen tatsächlich wertvolle Signale für eine bevorstehende Trendumkehr liefern können. Natürlich liegt die Trefferquote auch hier nicht bei 100 Prozent. Auch nach einer geradezu bilderbuchmäßigen Schulter-Kopf-Schulter-Formation kann der Kurs eine überraschende Wende nach oben vollziehen. Der Grund für das Versagen eines solchen Signals ist meist in den fundamentalen Daten einer Aktie zu suchen. Vielleicht hatte

W-Formation. Doppel-Tief mit anschließendem Kursanstieg: Umlaufrendite deutscher Anleihen 1999

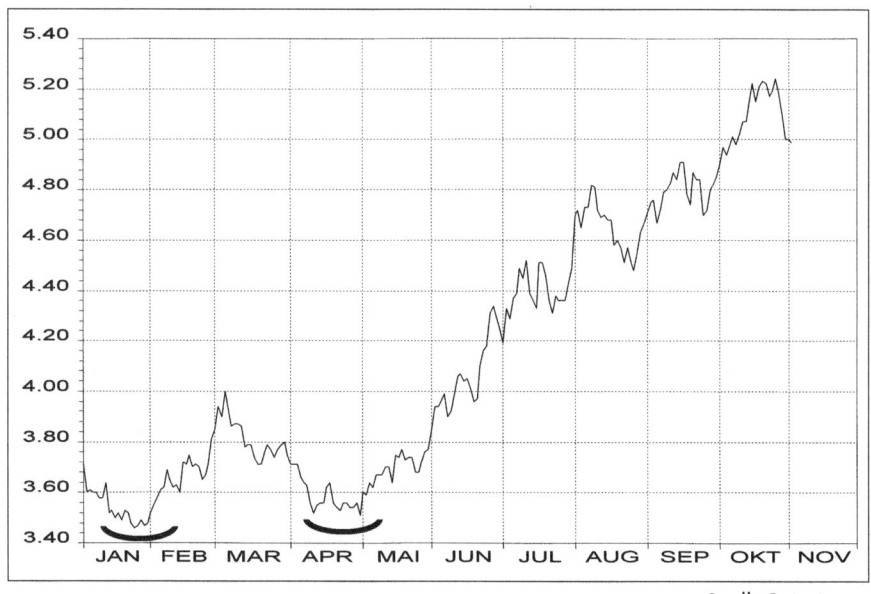

Quelle Datastream

3. Grundlagen der technischen Analyse

man an der Börse mit einem schwachen Quartalsergebnis oder einer Dividendenkürzung gerechnet, und der zuvor stark angestiegene Kurs kam nicht mehr so recht von der Stelle, weil viele Anleger vorsichtshalber ausgestiegen sind. Bleibt die befürchtete schlechte Nachricht aus, legt das betreffende Unternehmen also ein gutes Ergebnis vor und erhöht die Dividende, steigt der Kurs oft kräftig an, und der Charttechniker muss die betreffende Formation als Fehlsignal abhaken. Wie sagen die Amerikaner doch so treffend: *„Shit happens"*. Mit einer gewissen Quote an Fehlentscheidungen muss man an der Börse eben leben.

Wenn ein Trend ins Stocken gerät, bedeutet das noch lange nicht, dass bald eine entgegengesetzte Bewegung einsetzen wird. Keine Aktie bewegt sich ununterbrochen und mit immer gleicher Intensität in eine bestimmte Richtung. Jeder Trend legt von Zeit zu Zeit eine Verschnaufpause ein, die Aktie tendiert zunächst seitwärts, und die Anleger fragen sich, wie es nun weitergehen wird. Die wichtigsten Trendumkehrformationen haben wir bereits besprochen. Es gibt aber auch Kursverläufe, die für eine Fortsetzung der bisherigen Tendenz sprechen. Diese Trendbestätigungsformationen können dem Anleger ebenfalls wichtige Ent-

Einfache umgekehrte Schulter-Kopf-Schulter-Formation: Lufthansa 1999

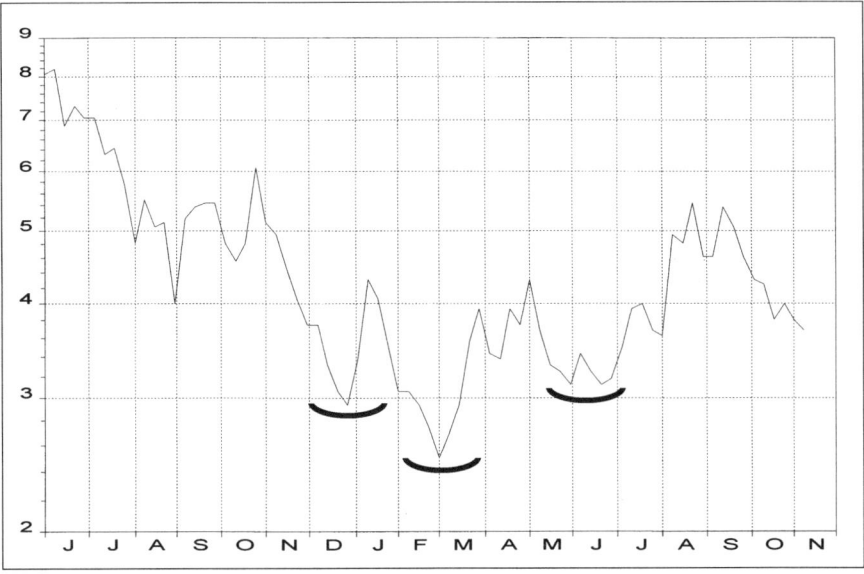

Quelle Datastream

Multiple umgekehrte Schulter-Kopf-Schulter-Formation: Jenoptik 1999

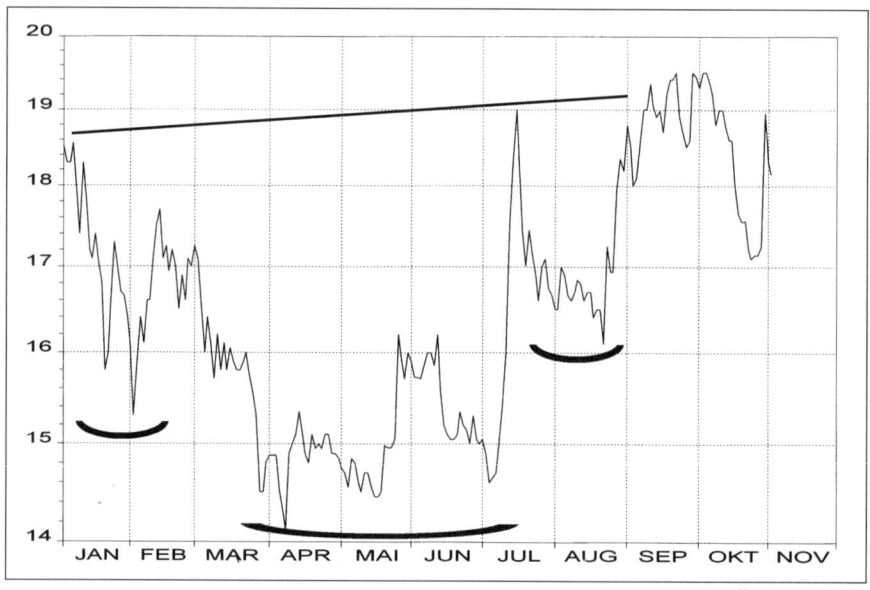

Quelle Datastream

scheidungshilfen geben. Wir werden darauf noch zu sprechen kommen. Zunächst wollen wir uns aber Formationen ansehen, die für eine Seitwärtstendenz typisch sind. Sie treten unter anderem in Konsolidierungsphasen nach deutlichen Aufwärts- oder Abwärtsbewegungen auf.

Nehmen wir an, eine Aktie habe in den vergangenen Monaten einen ausgeprägten Aufwärtstrend gezeigt. Nun verliert sie zwar an Schwung, aber nicht merklich an Boden. Vielmehr schwankt sie ziellos in einem bestimmten Kursbereich – sagen wir zwischen 100 und 110 Euro. Der Kurs zeigt einen zickzackförmigen Verlauf, wobei der untere Bereich der Kurszone ebensooft erreicht wird wie der obere. Sie erinnern sich sicher noch an den Abschnitt über Trendkanäle. Auch bei einer Bewegung wie der eben beschriebenen kann man einen Trendkanal einzeichnen, indem man die Kurstiefs und die Kurshochs durch jeweils eine Linie verbindet. Da die Hochs alle in etwa auf dem gleichen Niveau liegen – was auch für die Tiefs gilt – ergibt sich ein Seitwärtstrendkanal, der, wenn man die obere und die untere Linie miteinander verbindet, die Form eines Rechtecks hat. Das Rechteck ist die für eine

3. Grundlagen der technischen Analyse

Seitwärtskonsolidierung typische Chartformation. Das weitere Schicksal der Aktie hängt nun weitgehend davon ab, ob der Kurs dieses Rechteck nach oben oder nach unten verläßt. Solange der Kurs sich innerhalb des Seitwärtstrendkanals bewegt, läßt sich aus technischer Sicht nicht eindeutig sagen, wohin er in Zukunft tendieren wird. Längerfristig orientierte Anleger sollten daher Käufe zurückstellen, bis die Aktie einen signifikanten Ausbruch nach oben aus dem Konsolidierungs-Rechteck vollzogen hat. Für kurzfristig operierende Trader sind solche Seitwärtstrends dagegen oft recht interessant. Vor allem dann, wenn die Bandbreite zwischen Hochs und Tiefs innerhalb des Seitwärtstrendkanals einigermaßen groß ist. Typische Trader werden in solchen Situationen stets versuchen, in der Nähe der unteren Trendkanallinie zu kaufen und bei Erreichen der oberen Grenze zu verkaufen. Wer so vorgeht, sollte allerdings drei bis fünf Prozent unterhalb der unteren Linie einen Stop setzen. Wenn der Kurs nach unten ausbricht – was aus technischer Sicht als Verkaufssignal zu bewerten ist – wäre der Anleger so gegen größere Kursverluste abgesichert. Rechtecksformationen können sich

Langwierige Bodenbildung mit anschließendem Kursanstieg: Bankgesellschaft Berlin 1999

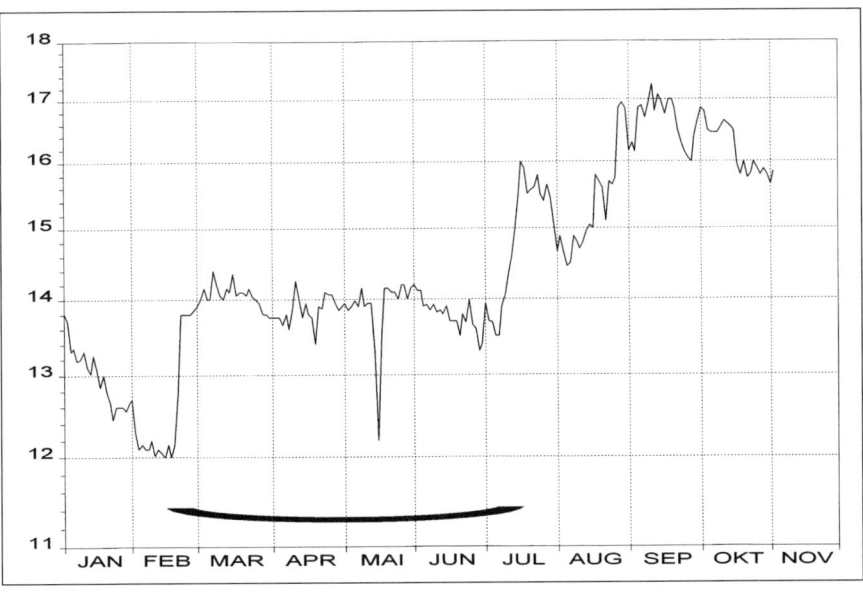

Quelle Datastream

Rechtecksformation: Aegon

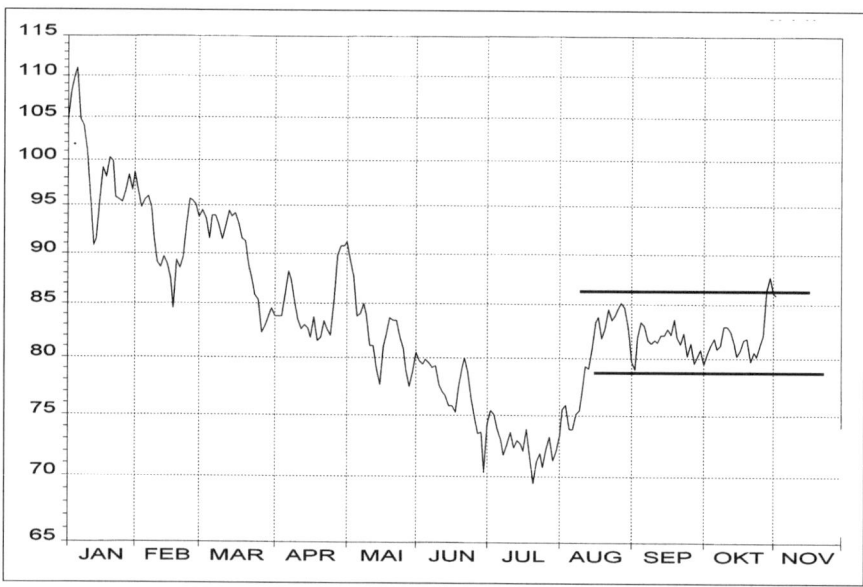

Quelle Datastream

über mehrere Monate fortsetzen, ohne daß sich ein klarer Trend entwickelt. Dann kann es aber zu einem plötzlichen Ausbruch nach oben oder nach unten kommen, und der Anleger muß vorsorgen, dass er von einer solchen Entwicklung nicht auf dem falschen Fuß erwischt wird.

Eine weitere wichtige neutrale Chartformation ist das symmetrische Dreieck: Der Kurs schwankt um einen Mittelwert, wobei die Ausschläge im Lauf der Zeit immer geringer werden. Verbindet man die Kursspitzen und die Kurstiefs jeweils durch eine Linie, dann bilden diese Linien ein Dreieck, wobei der aktuelle Kurs dessen Spitze darstellt. Auch in dieser Chartformation bleibt es zunächst unklar, wohin der Kurs schließlich tendieren wird. Erst wenn die Dreiecksformation signifikant nach oben oder nach unten verlassen wird, besteht aus technischer Sicht Handlungsbedarf. Während die Charttechniker bei symmetrischen Dreiecken mit einer Fortsetzung des zuvor vorherrschenden Trends rechnen, ist bei nichtsymmetrischen, also ansteigenden oder abfallenden Dreiecken ein neuer Trend in Richtung des Neigungswinkels der Hypotenuse zu er-

3. Grundlagen der technischen Analyse

Symmetrisches Dreieck: Euro/Dollar 1999

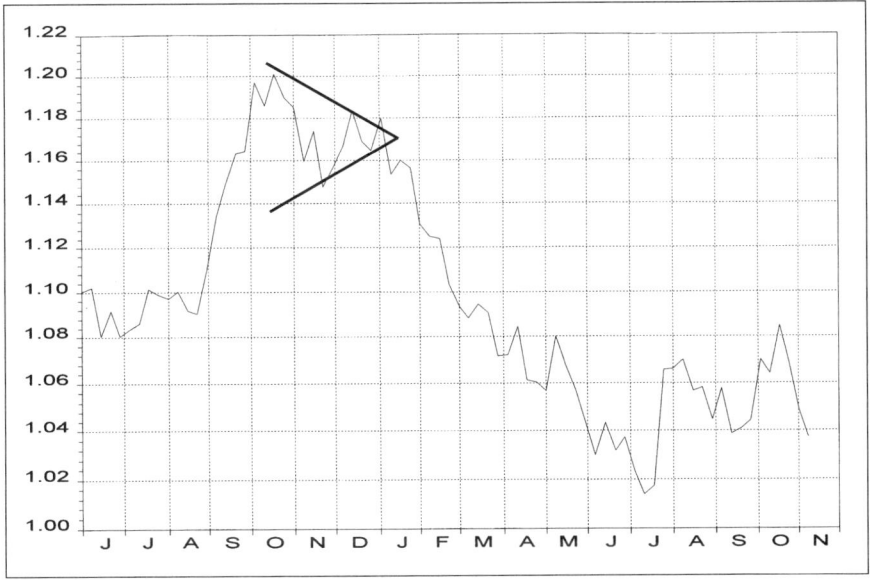

Quelle Datastream

warten. Weit wichtiger als die Art der Dreiecksformation ist allerdings die Richtung, in der ein Kurs das Dreieck verlässt.

Dreiecke sind als Konsolidierungsphasen nach einer relativ kräftigen Kursbewegung zu interpretieren, wobei erst nach Verlassen der Formation klar wird, wohin der Trend in Zukunft gehen wird. Weitere Konsolidierungsformationen sind Flaggen und Wimpel. Im Gegensatz zum Dreieck weisen beide jedoch eine engere Kursspanne auf und werden als Pausen innerhalb eines bestehenden Trends interpretiert. Sie sind also Trendbestätigungsformationen, und der Charttechniker rechnet damit, dass der Kurs nach Verlassen eines Dreiecks oder eines Wimpels in die gleiche Richtung tendieren wird, die er zuvor eingeschlagen hatte. Sowohl Flaggen als auch Wimpel zeigen meist in eine dem Haupttrend entgegengesetzte Richtung. Das muss jedoch nicht sein. Letztlich spielt die Richtung der Flaggen- oder Wimpelformation nach den Regeln der Charttechniker keine allzu bedeutende Rolle. Wesentlich wichtiger ist, dass der Kurs die Formation später in Richtung des schon zuvor etablierten Haupttrends verlässt. Erfolgt dies nicht und bricht der Kurs in

Ansteigendes Dreieck: Cisco Systems

Quelle Datastream

Abfallendes Dreieck: Boeing 1999

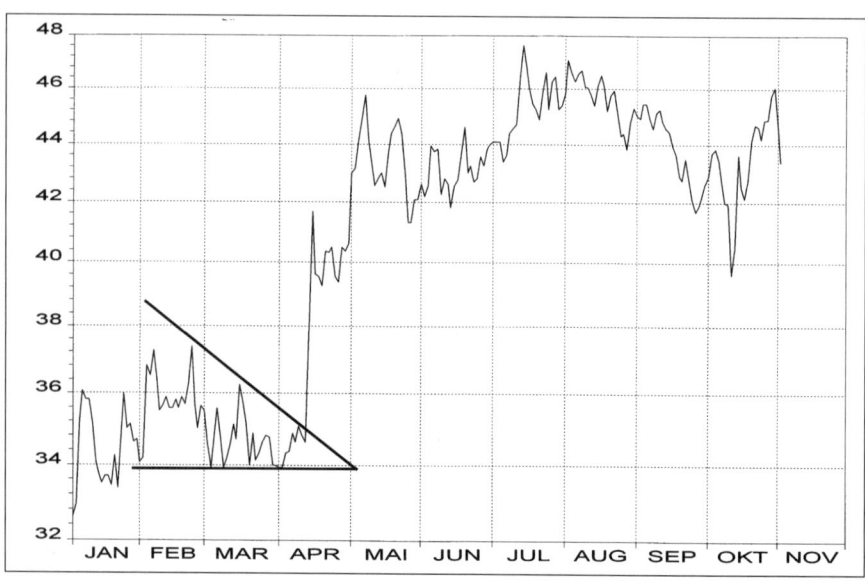

Quelle Datastream

3. Grundlagen der technischen Analyse

die Gegenrichtung aus, dann muss diese Bewegung als Anzeichen einer möglichen Trendumkehr gedeutet werden.

Wenn sich eine Flagge oder ein Wimpel in der Nähe eines starken Kurswiderstands ausbilden, dann ist das zunächst ein recht positives Zeichen. Es bedeutet ja, dass der Kurs nicht merklich an Boden verliert, obwohl er in einer Widerstandszone steckt, in der viele Marktteilnehmer aus den bereits erwähnten Gründen an Verkäufe denken. Durchbricht der Kurs die Formation nun nach oben und überwindet dabei auch noch den Widerstand, dann ist dies als starkes Kaufsignal zu interpretieren. Entsprechendes gilt mit umgekehrten Vorzeichen für Flaggen- und Wimpelformationen in Unterstützungszonen. Sie deuten darauf hin, dass der Kurs trotz Unterstützung nicht so recht auf die Beine kommt, was als Anzeichen der Schwäche interpretiert werden muss. Wenn nun die Unterstützungszone nach unten verlassen wird, ist mit weiter nachgebenden Notierungen zu rechnen.

Flaggenformation: Volkswagen ST 1999

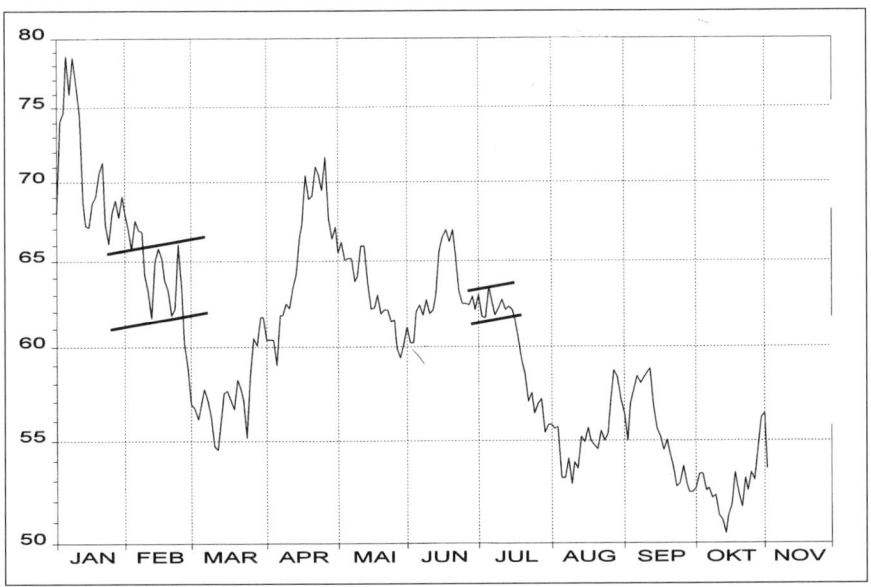

Quelle Datastream

3. 4. Oszillatoren und Trendfolge-Indikatoren

Hauptanliegen der technischen Analyse ist es, die Richtung eines künftigen Trends zu prognostizieren. Außerdem ist es natürlich von Interesse, die Intensität dieses Trends zu bestimmen, denn davon hängt es schließlich ab, welche Höhen oder Tiefen ein Aktienkurs in Zukunft erreichen könnte. Zu den wichtigsten Hilfsmitteln der Techniker gehören daher die Oszillatoren. Dabei handelt es sich um mathematisch bestimmte Gradmesser für die Intensität eines Trends.

Trends verlaufen manchmal kraftvoll und schnell, manchmal Schritt für Schritt. Die Intensität eines Trends kann wachsen, konstant bleiben oder sich abschwächen. Solche Entwicklungen werden von den Oszillatoren gemessen, und die technischen Analysten beziehen die Ergebnisse in ihre Überlegungen mit ein. Der Grundgedanke: Die Abschwächung eines zuvor starken Trends könnte ein frühes Anzeichen dafür sein, dass der Trend stagnieren wird. Der Kurs könnte sich in der Folge seitwärts bewegen oder gar die Richtung wechseln. Dahinter steckt eine einleuchtende Überlegung: Wenn ein Kurs aus irgendwelchen Gründen nicht mehr steigen kann, dann wird er früher oder später sinken.

Die Oszillatoren messen verschiedene Aspekte des Trendverhaltens. Zum Beispiel das Momentum, also die Intensität der Bewegung, die Relative Stärke oder die Relation verkauft/überverkauft. Natürlich kann man mit ihnen nicht nur Einzelaktien, sondern auch Indizes oder Gesamtmärkte untersuchen. Sie liefern wichtige Zusatzinformationen für die technische Beurteilung von Trends und werden daher stark beachtet. Sehen wir uns die wichtigsten Oszillatoren an.

Der Relative-Stärke-Index (RSI) misst die Intensität eines Trends. Er setzt den innerhalb eines bestimmten Zeitraums gemessenen Durchschnitt der Aufwärtskursdifferenzen eines Index ins Verhältnis zum Durchschnitt der Abwärtskursdifferenzen. Durch die Messung der Stärke eines Trends soll ermittelt werden, ob ein Index überkauft oder überverkauft ist, ob also der Einstieg oder der Ausstieg aus technischer Sicht empfehlenswert erscheint. Die relativen Stärken von Kursverlusten (Benchmark ist jeweils der Vortagesschlusskurs) und von Kursgewinnen werden zueinander in Beziehung gesetzt. Die Formel zur Berechnung lautet:

$$RSI = 100 - (100/1 + RS)$$

3. Grundlagen der technischen Analyse

Dabei steht RS für den Durchschnitt der Kursanstiege während des Untersuchungszeitraums, dividiert durch die Kursverluste. Ein Beispiel: Um den 20-Tage-RSI eines Index zu berechnen, bildet man die Summe der an Tagen mit steigenden Kursen gewonnenen Indexpunkte und teilt sie anschließend durch die Anzahl der untersuchten Tage, also durch 20. Entsprechend verfährt man mit den verlorenen Indexpunkten an Tagen mit nachgebenden Kursen. Nun dividiert man den positiven Durchschnitt durch den negativen und erhält als Ergebnis den Faktor RS. Diesen trägt man in die obenstehende Berechnungsformel ein. Das Resultat ist der Relative-Stärke-Oszillator, der einen Schwankungsbereich zwischen 0 und 100 aufweist. Sehr niedrige Werte deuten auf eine überkaufte Marktsituation hin, also auf eine Übertreibung nach unten, der bald eine Reaktion in die Gegenrichtung folgen könnte. Umgekehrt gelten hohe Werte als Warnsignal: Die Lage ist überkauft, und es könnte bald nach unten gehen. Die meisten Techniker sprechen bei Werten von weniger als 30 von einer überverkauften, bei Werten ab 70 von einer überkauften Indikatorenlage. Manche bevorzugen allerdings die Marken 20 und 80.

Ein Indikator wie der RSI kann eine Kursbewegung bestätigen oder auch nicht. Wird zum Beispiel ein neues Kurshoch oder -tief nicht von den Indikatoren bekräftigt, so spricht der technische Analyst von einer Divergenz. Erreicht der Index zum Beispiel ein neues Tief, das nicht von einem neuen RSI-Tief bestätigt wird, so kann man dies als Signal für eine mögliche Wende interpretieren. In diesem Fall sollte man allerdings nicht gleich handeln, sondern abwarten, bis die Kursentwicklung das Oszillatorensignal bestätigt. Im Prinzip kann man den Relative-Stärke-Index für beliebige Zeiträume berechnen. Die meisten Techniker untersuchen jedoch recht kurze Perioden von fünf bis zehn Tagen.

Der Stochastik-Indikator misst die Intensität einer Bewegung. Er zeigt, an welcher Position innerhalb des während eines bestimmten Zeitraums zu beobachtenden Kursspektrums die aktuelle Notierung liegt. Mit Hilfe dieses Maßes sollen vor allem Fragen des richtigen Zeitpunkts von Kauf und Verkauf beantwortet werden.

Wieder ein Beispiel: Die 20-Tage-Stochastik misst die Lage der jeweiligen Tagesschlusskurse innerhalb der Hoch-Tief-Spanne der vergangenen 20 Börsentage. In ausgeprägten Trendphasen ist meist zu beobachten, dass die jüngsten Tagesschlusskurse am oberen Ende oder, bei Abwärtstrend, am unteren Ende der Beobachtungsspanne liegen. Der

Stochastik-Indikator kann Werte zwischen 0 und 100 annehmen. Ähnlich wie beim RSI beachten die meisten technischen Analysten vor allem die Bereiche über 70 und unter 30. Liegt der aktuelle Wert über 70, dann bewegt sich der aktuelle Schlusskurs in der Nähe des Hochs.

Der Stochastik-Oszillator wird mit Hilfe von zwei Linien dargestellt, die mit %K und %D bezeichnet werden. Die Berechnungsformeln:

$$\%K = 100\,[(C - Ln)/(Hn - Ln)]$$

Dabei bedeuten:
- C = aktueller Schlusskurs
- Ln = der Tiefpunkt während eines Zeitraums von n Tagen
- Hn = der Hochpunkt während eines Zeitraums von n Tagen.
- %D = 100 (H3/L3).

Hier steht H3 für die Summe dreier Tageswerte von (C − Ln), L3 für den entsprechenden Wert von (Hn − Ln).

Der Beobachtungszeitraum für die Berechnung der Stochastik ist im Prinzip beliebig, doch die meisten Analysten verwenden ein Zeitfenster von fünf bis zehn Tagen. Man unterscheidet die schnelle und die langsame Stochastik. Die schnelle Variante besteht aus den oben beschriebenen Kurven %K und %D. Sie reagiert ohne Zeitverzögerung auf Marktveränderungen, produziert aber auch recht viele Fehlsignale. Zahlreiche Analysten ziehen es daher vor, mit der langsameren Variante zu arbeiten. Hier verwendet man die %D-Kurve der schnellen Stochastik als %K-Kurve. Außerdem bildet man den gleitenden Drei-Tages-Durchschnitt der schnellen %D-Kurve und verwendet das Resultat als %D-Kurve der langsamen Variante.

Nun beobachtet man das Verhalten der beiden Kurven. Als Verkaufssignal im Sinn einer stochastischen Divergenz gilt zum Beispiel folgender Fall: Der Kurs erreicht ein neues Hoch, das von der Stochastik nicht bestätigt wird. Bald darauf schneidet die %K-Kurve die %D-Kurve von oben nach unten und fällt unter den Wert von 70. Ein interessanter Zeitpunkt ist immer dann gekommen, wenn die beiden Kurven sich kreuzen. Wenn die %K-Kurve die %D-Kurve von unten nach oben schneidet, dann ist dies ein Signal für steigende, im umgekehrten Fall für sinkende Kurse. Diese Signale sind besonders aussagekräftig, wenn sie in

3. Grundlagen der technischen Analyse

der Nähe der kritischen Wertebereiche um 30 und um 70 liegen. In einem solchen Fall kann es zu einer Trendumkehr kommen. Die meisten Analysten werden dann prüfen, ob das Oszillatorensignal von anderen technischen Indikatoren bestätigt wird und, wenn ja, entsprechend handeln. Es ist immer sinnvoll, sich im Bereich der technischen Analyse nicht ausschließlich auf einen einzigen Indikator zu verlassen. Das wäre ebenso naiv, wie im Bereich der fundamentalen Analyse Aktien ausschließlich nach dem Kriterium des KGV oder der Dividendenrendite auszuwählen. Das Gesamtbild muss passen, bevor man sich zu Kauf oder Verkauf entschließt, und dazu ist eben mehr erforderlich als ein einzelnes Signal.

Einer der verbreitetsten und meistbeachteten Trendfolgeindikatoren im Rahmen der technischen Analyse ist der MACD. Die Abkürzung steht für **M**oving **A**verage **C**onvergence-**D**ivergence. Der Indikator untersucht also, ob auf verschiedene Weise gebildete gleitende Kursdurchschnitte in die gleiche oder in entgegengesetzte Richtungen verlaufen. Über gleitende Durchschnitte haben wir ja schon gesprochen. Sie werden berechnet, indem man die Summe der Schlusskurse eines bestimmten Zeitraums durch die Anzahl der Börsentage teilt. Man kann zum Beispiel den 200- und den 90-Tage-Durchschnitt eines bestimmten Kurses in ein Diagramm eintragen und beobachten, wann und auf welchem Niveau sich beide Kurven schneiden. So kann man Bestätigungen, Beschleunigungen und auch Anzeichen einer Trendumkehr erkennen. Diese Idee steckt auch hinter dem MACD, die Vorgehensweise ist jedoch im Vergleich zur Arbeit mit einfachen Durchschnittlinien stark verfeinert.

Der MACD setzt sich aus zwei Linien zusammen, die aus drei exponentiellen gleitenden Durchschnitten für verschiedene Zeiträume ermittelt werden: Die eigentliche MACD-Linie besteht in der Regel aus der Differenz zwischen einem zwölf- und einem 26-Tage-Durchschnitt. Die Signallinie bildet der Neun-Tages-Durchschnitt der MACD-Linie. Man kann natürlich auch andere Zeiträume wählen. Das mag in Einzelfällen sogar ratsam sein, denn bestimmte Märkte zeigen schnellere und heftigere Bewegungen als andere.

Ein Kaufsignal entsteht, wenn die MACD-Linie die Signallinie von unten nach oben schneidet, der gegenteilige Fall wird als Verkaufssignal interpretiert. Man kann sich das so vorstellen: Wenn die MACD-Linie unter ihren eigenen Durchschnittswert fällt – und nichts anderes ist ja die Signallinie – dann sieht es zunächst einmal nicht nach steigenden Kursen aus. Der MACD lässt sich übrigens nicht nur in Kurvenform, sondern auch als Balkendiagramm (Histogramm) darstellen. Die einzelnen Balken berechnet man nach der Formel:

$$\text{MACD-Histogramm} = \text{MACD-Kurve} - \text{Signalkurve}$$

Die Balken erreichen den Wert Null, wenn sich die Kurven berühren. Falls die (schnellere) MACD-Kurve über der (langsameren) Signallinie liegt, dann wird das MACD-Histogramm positiv, im entgegengesetzten Fall negativ. Der MACD zeigt gewissermaßen die Differenz zwischen lang- und kurzfristigem Marktkonsens, der in den beiden Kurven zum Ausdruck kommt. In den vergangenen Jahren hat sich der MACD vor allem beim DAX-30 als sehr treffsicherer Signalgeber für bevorstehende Trendwenden erwiesen. Wir haben ja schon erörtert, dass die einfachen gleitenden Durchschnitte beim DAX-30 zum Beispiel im Sommer 1998 keinerlei prognostischen Wert mehr hatten, weil der aktuelle Stand den 200-Tage-Durchschnitt teilweise um nicht weniger als 35 Prozent übertraf. Beim MACD als Konvergenzmaßstab zweier gleitender Durchschnitte gab es dieses Problem nicht. Er drehte im Juli 1998 deutlich nach unten und gab so ein Alarmsignal für eine bevorstehende Baisse – die dann auch prompt eintraf. Im Oktober des gleichen Jahres zeigte er ebenso zuverlässig eine Wende nach oben an. Wer sich auf diesen Indikator verließ, war 1998 also gut beraten. Ein weiterer wichtiger Indikator ist die Advance/Decline-Linie (ADL). Sie misst die Zahl der gestiegenen (Advances) und der gesunkenen (Declines) Aktien. So lässt sich feststellen, ob ein Trend von einer entsprechend großen Anzahl von Aktien oder lediglich von einer kleinen Gruppe getragen wird.

Da die meisten wichtigen Aktienindizes dieser Welt nach Marktkapitalisierung der Einzelwerte gewichtet sind (siehe Teil II), können zum Beispiel der DAX-30 oder der Euro Stoxx 50 durchaus steigen, obwohl mehr als die Hälfte der Einzeltitel nachgebende Kurse verzeichnet. Wegen ihres höheren Indexgewichts geben die hochkapitalisierten Titel sozusagen die Marschrichtung vor und können eine entgegengesetzte Bewegung der kleineren Aktien überlagern, selbst wenn letztere in der Mehrheit sind. Es kommt gar nicht so selten vor, dass eine Aufwärtsbewegung fast ausschließlich von den Börsenschwergewichten getragen wird, während die Small Caps im Schatten stehen. Bei Abwärtsbewegungen ist dies allerdings nicht die Regel. Eine Hausse kann allerdings

3. Grundlagen der technischen Analyse

DAX-30 und MACD 1996-1999

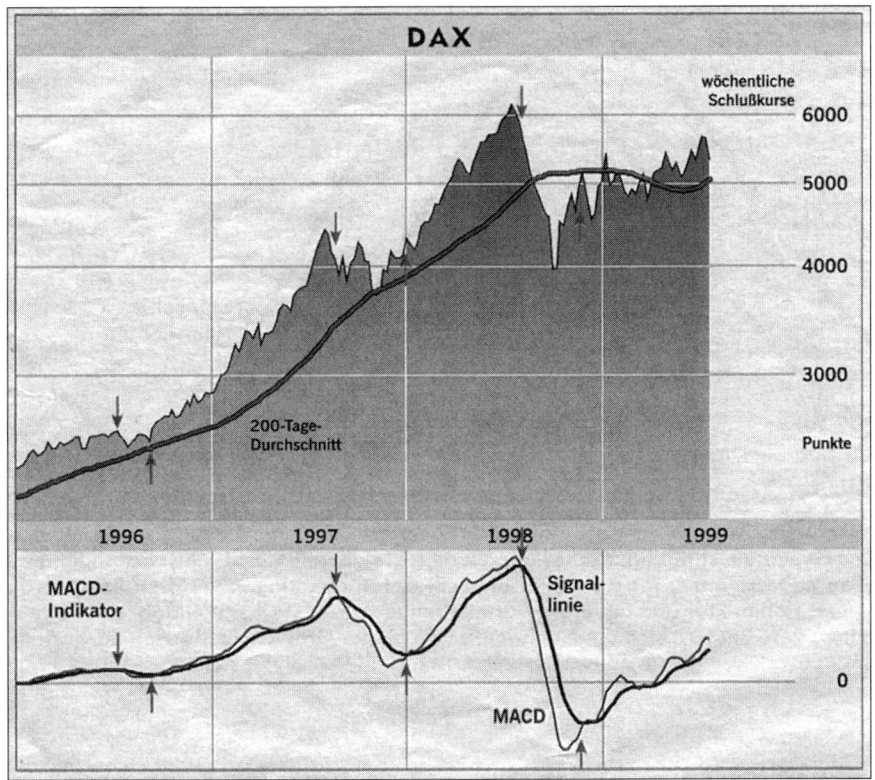

Quelle: Datastream

nach einer alten Börsenregel nur dann von Dauer sein, wenn sie von der breiten Mehrheit der Einzeltitel getragen wird. Bleiben die Kleinen zu weit hinter den dicken Brocken zurück, dann ist Vorsicht geboten. Der ADL-Indikator ist ein einfaches, aber sehr effektives Maß für die Marktbreite eines Trends, das mit Recht große Beachtung findet. Aus naheliegenden Gründen eignet er sich zur Beurteilung von Indizes und von Gesamtmärkten; über die Aussichten einzelner Aktien sagt er allerdings nichts aus.

Noch ein wenig einfacher zu berechnen, aber nicht weniger aussagekräftig als der ADL-Indikator ist das Put/Call-Verhältnis (Put/Call-Ratio). An den Derivatemärkten werden Kaufoptionen (Calls) und Verkaufsoptionen (Puts) auf Indizes und Einzelaktien gehandelt. Wenn man sich das Geschehen im Derivatesektor ansieht, kann man Rückschlüsse auf die aktuelle Einschätzung der Anleger ziehen. Ein Put/Call-Verhältnis von 1,0 bedeutet, dass Optimisten und Pessimisten gleich stark vertreten sind. Wer Puts erwirbt, rechnet schließlich mit fallenden Kursen, während die Inhaber von Calls auf steigende Notierungen setzen.

Am Put/Call-Verhältnis lässt sich recht gut ablesen, wann der Optimismus oder der Pessimismus der Marktteilnehmer ein unrealistisches Ausmaß angenommen hat. Steht es bei 0,5, dann sind doppelt so viele Bullen wie Bären aktiv, und das spricht für eine gewisse Übertreibung nach oben. Noch extremer vom neutralen Bereich um 1,0 abweichende Werte sollten den Anleger vorsichtig werden lassen, denn in solchen Fällen behält die Mehrheit der Anleger selten recht. Man spricht an der Börse manchmal von Sentiment-Indikatoren, also von Messinstrumenten für die aktuelle Stimmungslage der Anleger. Das Put/Call-Verhältnis fällt in diese Kategorie, und es liefert, vor allem in Extremsituationen, recht wertvolle Hinweise.

Soweit unser kleiner Überblick über das Waffenarsenal der technischen Analyse. Man könnte natürlich noch eine Vielzahl weiterer Indikatoren anführen, und zudem haben wir in diesem Abschnitt ausschließlich über Liniencharts gesprochen. Es gibt andere Darstellungs- und Interpretationsformen wie Balkencharts, Point-and-Figure-Charts oder die japanischen Candlestick-Charts. Über diese Themen gibt es Fachliteratur in Hülle und Fülle, und ich will hier kein Buch für Charttechnik-Spezialisten schreiben. Nach meiner Erfahrung bringt es auch nur einen sehr begrenzten Zusatznutzen, wenn man das Thema der technischen Analyse allzu detailversessen angeht. Im Prinzip reichen einige Grundkenntnisse über Indikatoren, Chartformationen, Widerstand und Unterstützung, um Kursverläufe auf sehr effektive Weise untersuchen zu können.

Wenn ein Anleger kein nibelungentreuer Anhänger einer bestimmten Analyseschule ist, wird er in aller Regel so vorgehen: Er stößt auf eine fundamental vielversprechende Aktie oder auf einen ungewöhnlichen Chart, und sein Interesse ist geweckt. Bevor er sich zum Kauf entschließt, untersucht er den Titel nach allen Kriterien, die er für wichtig hält. Dann ist es angebracht, sowohl fundamentale als auch technische Hilfsmittel anzuwenden. Wenn eine Aktie nach KCV- und KBV-Maßstäben attraktiv wirkt, dann ist das schon ein Anhaltspunkt. Gibt es in der Nähe des aktuellen Kurses eine sehr stabil wirkende Unterstützung – um so besser. Kommt nun noch ein technisches Kaufsignal hinzu, beispielsweise vom MACD, dann sieht es schon sehr vielversprechend aus. Was ich damit sagen will: Man ist an der Börse niemals vor Fehlschlägen sicher, aber wenn eine Vielzahl bewährter Faktoren aus völlig verschiedenen Analyseschulen für den Kauf spricht, dann steigt die Erfolgswahrscheinlichkeit doch ganz erheblich. Man sollte nie eine Aktie kaufen, weil sie unter einem einzigen Gesichtspunkt attraktiv wirkt. Das kann gut gehen, aber die Gefahr eines Flops ist hier doch sehr hoch. Zumindest sollte man die grundlegenden fundamentalen und technischen Kriterien beachten und von einem Kauf absehen, wenn von einer der beiden Seiten ein Warnsignal kommt. Die Auswahl an interessanten Aktien an den Börsen dieser Welt ist so groß, dass man sich nicht mit einem halbwegs guten Wert zufriedengeben darf, wenn man mit minimalem analytischem Mehraufwand eine wesentlich bessere finden kann.

4.
Von Zyklikern und Nichtzyklikern: Die wichtigsten Branchen

Neben der allgemeinen wirtschaftlichen Lage und unternehmensspezifischen Faktoren ist auch die Zugehörigkeit zu einer bestimmten Branche ein Faktor, den man bei der Aktienauswahl beachten muss. Es gibt Wirtschaftszweige, deren Umsatz- und Gewinnentwicklung stark von der konjunkturellen Situation abhängig sind. Und es gibt andere, die davon vergleichsweise wenig betroffen werden. Man kann sich das so vorstellen: Die Stahlnachfrage ist in wirtschaftlichen Boomzeiten erheblich höher als bei einer konjunkturellen Flaute, denn es werden mehr Autos verkauft, mehr Häuser gebaut, mehr Verpackungen verbraucht. Die Hauptabnehmer der Stahlbranche verzeichnen also steigende Nachfrage, und das wirkt sich auf die Preise aus. Die Produktionskapazitäten der Stahlhersteller sind in solchen Phasen meist voll ausgelastet, und die Unternehmen verdienen gutes Geld. Im Fall einer Rezession sinkt allerdings die Nachfrage, und entsprechend flau stellt sich die Gewinnsituation der Produzenten dar. Die Stahlbranche gehört also zu den Wirtschaftszweigen, deren Erträge stark von konjunkturellen Zyklen abhängen. Aktien aus solchen Branchen, zu denen neben anderen auch Chemie, Papier oder Bau gehören, fasst man im Börsenjargon unter dem Oberbegriff „Zykliker" zusammen.

Nun gibt es allerdings auch Wirtschaftszweige, deren Wohl und Wehe nicht so stark von konjunkturellen Entwicklungen abhängt. Als Musterbeispiel können die Lebensmittelhersteller gelten, denn gegessen wird immer, ob die Zeiten nun gut oder schlecht sind. Letztlich gehören all diejenigen Branchen zu den Nicht-Zyklikern, auf deren Produkte man nicht gänzlich verzichten kann, die nicht substituiert, also durch andere ersetzt werden können, und bei denen es zudem schwierig bis unmöglich ist, den Kauf hinauszuschieben. Auch das lässt sich veranschaulichen: Die Anschaffung eines neuen Autos kann man zur Not verschieben, wenn man vor einigen Jahren ein anderes gekauft hat, das noch leidlich

4. Von Zyklikern und Nichtzyklikern: Die wichtigsten Branchen

fährt und dessen nächste TÜV-Überprüfung – die voraussichtlich sein Todesurteil bedeuten wird – erst in sechs Monaten ansteht. Wer dagegen Hunger hat oder unter akuten Zahnschmerzen leidet, kann den Kauf von Nahrungsmitteln oder Medikamenten nicht ein halbes Jahr hinauszögern. Zu den typischen Nicht-Zyklikern gehören Aktien aus den Branchen Lebensmittel, Pharmazie, Textilien und Versicherungen.

Es lässt sich immer wieder feststellen, dass zyklische Aktien in konjunkturellen Boomzeiten überdurchschnittliche Renditen erbringen, während Titel aus mehr oder weniger konjunkturresistenten Branchen in wirtschaftlich schwierigen Zeiten besser abschneiden. Ganz so einfach ist es aber nicht, und deshalb lohnt es sich, dieses Thema ein wenig näher zu betrachten. In den vergangenen Jahren hat sich immer deutlicher gezeigt, dass es nicht nur allgemeine Wirtschaftszyklen, sondern auch Branchenzyklen gibt. Letztere haben mit der Entwicklung des Bruttoinlandsprodukts – nach diesem Kriterium wird die allgemeine konjunkturelle Situation in der Regel definiert – wenig bis nichts zu tun.

Das beste Beispiel liefern Aktien aus den High-Tech-Branchen, also Titel von Computerunternehmen, Herstellern von Computerkomponenten und Werte aus der Softwarebranche. Hier gab es zum Beispiel von 1995 bis dato mehrere Trendwenden, und die Aktien haben entsprechend heftige Kursausschläge gezeigt. Die Computerbranche ist ein sehr junger Wirtschaftszweig mit extrem kurzen Produktzyklen. Das hat jeder PC-Käufer schon gemerkt: Kaum ist die Neuerwerbung ausgepackt und installiert, kommen schon neue Rechner auf den Markt, die mit der doppelten Leistung aufwarten und nur die Hälfte kosten. Von solchen Entwicklungen sind die Aktien der Computerhersteller, noch mehr aber die Titel der Produzenten von Computerbausteinen betroffen. Die Branchenzyklen von Festplattenherstellern oder Mikrochip-Unternehmen verlaufen in der Regel schnell und heftig. Mit solchen Aktien kann man daher innerhalb relativ kurzer Zeit ein Vermögen verdienen und wieder verlieren. Zudem entwickeln sich Titel aus solchen Branchen oft völlig unabhängig vom Gesamtmarkt, was die folgenden beiden Beispiele verdeutlichen sollen. Micron Technologies gehört zu dem wichtigsten Produzenten von DRAMs, also von Speicherchips. Western Digital ist einer der größten Hersteller von Festplatten, ohne die kein PC auskommt.

Die Aktien von Unternehmen aus den High-Tech-Branchen haben ihre eigenen Zyklen. Manchmal erreichen sie eine traumhafte Perfor-

Micron Technologies und S & P 500 von 1996 bis 1999

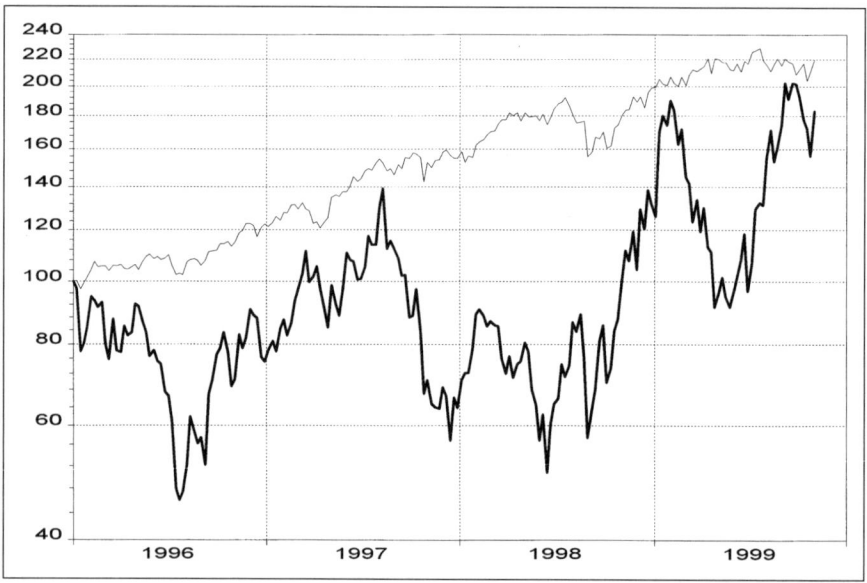

Quelle Datastream

mance, manchmal fahren sie aber auch Verluste ein, die jedem Anleger Tränen in die Augen treiben können. Wohlgemerkt: Micron Technologies und Western Digital sind nicht irgendwelche Zockerpapiere, sondern sie gehören zu den Marktführern in ihren Branchen. Die zutreffende Einschätzung der allgemeinen Wirtschaftslage genügt also nicht, wenn man Aktien kaufen will. Die Zugehörigkeit zu einer bestimmten Branche, die eigenständige Zyklen aufweist, oder unternehmensspezifische Faktoren sind für Gewinn und Verlust oft viel wichtiger als die Konjunkturentwicklung.

Gerade auf diesem Gebiet machen unerfahrene Anleger oft Fehler, die sie später teuer zu stehen kommen. Wer eine bestimmte Aktie kauft, muss wissen was er tut. Dann braucht er sich später auch nicht darüber zu wundern, warum seine Titel an Kurswert verlieren, während der Gesamtmarkt freundlich tendiert. Es lohnt sich also, die wichtigsten Einflussfaktoren auf Unternehmen der verschiedenen Branchen zu studieren. Die nun folgende Aufzählung erhebt keinen Anspruch auf absolute Vollständigkeit. Es geht vor allem darum, die Einflussfaktoren auf die weltweit bedeutendsten Industriezweige zu umreißen und vor Fehlern

4. Von Zyklikern und Nichtzyklikern: Die wichtigsten Branchen

Western Digital und S & P 500 von 1996 bis 1999

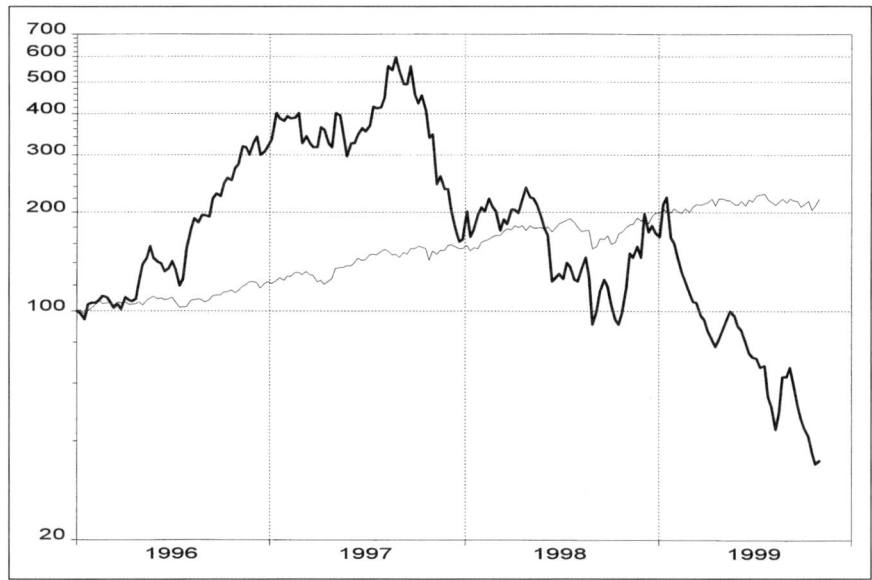

Quelle Datastream

zu warnen. Auch die Reihenfolge der Aufzählung sollte nicht als Wertung verstanden werden.

Jede Branche hat ihre eigenen Gesetze. Manche sind stark mit der allgemeinen Wirtschaftsentwicklung korreliert, andere erweisen sich als konjunkturresistent, wieder andere zeigen ganz eigenständige Merkmale, die der Investor kennen muss, wenn er Erfolg haben will. In manchen Industriezweigen muss man tatsächlich jedes einzelne Unternehmen separat betrachten, um zu einer Entscheidung zu kommen, in anderen gibt es einen Haupteinflussfaktor, der sich allgemein auswirkt. Musterbeispiel: Für sämtliche Goldminen dieser Welt ist der Goldpreis der wichtigste Faktor, mögen sie nun hohe oder niedrige Produktionskosten aufweisen, aus den USA, Kanada, Australien oder Südafrika kommen. Sehen wir uns also die wichtigsten Branchen an:

Pharmazie

Die internationalen Pharma-Unternehmen profitieren von einem säkularen Trend: Die Menschen werden immer älter, und Rentner brauchen in aller Regel mehr Medikamente als Teenager. Die Pharma-Branche,

Teil II: Die Bewertung

die früher durchaus zyklische Kursverläufe zeigte, erweist sich daher immer mehr als konjunkturunabhängig. Speziell in dieser Branche gibt es allerdings einige sehr wichtige Dinge, auf die Anleger achten müssen: Viele Pharma-Unternehmen erzielen den Großteil ihrer Gewinne mit zwei oder drei Medikamenten, deren Patente bald auslaufen werden. Haben solche Unternehmen keine vielversprechenden Nachfolgeprodukte in der Pipeline, dann kann sich die Gewinnsituation schnell und drastisch verschlechtern. Ein sehr wichtiger Punkt, den man vor einer Kaufentscheidung beachten sollte. Zudem gibt es in der Pharma-Branche den Drang zur Größe. Schon in den vergangenen Jahren fanden einige Großfusionen statt, und dieser Trend wird sich fortsetzen. Aus kartellbehördlicher Sicht wird es dagegen kaum Einwände geben, denn kein Pharma-Unternehmen erreicht einen Weltmarktanteil von mehr als fünf Prozent – ganz im Gegensatz etwa zu den Automobilherstellern oder den Ölmultis. Die Aktien potentieller Übernahmekandidaten sind also in der Regel eine gute Investition. Noch ein wichtiger Punkt: Einige Unternehmen sind sowohl im Bereich Pharmazie als auch in der Chemiebranche tätig. Beide Industriezweige weisen völlig unterschiedliche Zyklen auf, wobei die Faustregel gilt: Je höher der Chemie-Anteil, desto konjunkturreagibler ist das Unternehmen und somit auch die Aktie. Die gesamtwirtschaftliche Bedeutung der Pharma-Branche dürfte aus den genannten Gründen langfristig wachsen.

Einige wichtige Unternehmen: Merck & Co., Pfizer, Schering-Plough, Eli Lilly, Warner-Lambert, Bristol Myers-Squibb (alle USA), Bayer, Merck KGaA, Schering (alle Deutschland), SmithKline Beecham, Glaxo Wellcome (GB), Novartis (CH).

Öl

Hier muss man zunächst zwischen den großen integrierten Ölkonzernen wie Exxon/Mobil oder Royal Dutch/Shell und den „Explorern" unterscheiden. Für die letztgenannten ist der Rohölpreis der entscheidende Faktor. Je höher er steigt, desto reger wird die Nachfrage nach Bohr- und Explorationskapazitäten. Da es hier starke Schwankungen gibt, weisen die Aktien dieser Unternehmen sehr heftige Kursausschläge auf und eignen sich nur für risikobereite Anleger. Bei den integrierten Ölkonzernen lohnt sich der Blick, darauf, ob ein bestimmtes Unternehmen vorwiegend im Upstream-Bereich, also in der Ölförderung tätig ist oder den Großteil seiner Erlöse im Downstream-Bereich, also mit Raffinerieprodukten erzielt. Die meisten der großen Ölkonzerne sind zudem auch in den Bereichen Erdgas und/oder Chemie tätig. Auch in der Ölbranche gab es zuletzt einige aufsehenerregende Unternehmenshochzeiten: So hat British Petroleum zunächst Amoco und wenig später Atlantic Richfield geschluckt. Der Trend zur Größe dürfte sich auch in dieser Branche fortsetzen. Die Aktien der Ölmultis neigen in der Regel nicht zu starken Kursausschlägen und weisen meist überdurchschnittliche Dividendenrenditen auf. Sie eignen sich daher vor allem für konservative Langfristanleger. Die wichtigsten integrierten Ölkonzerne: Royal Dutch/Shell (NL/GB), BP Amoco (GB) Exxon/Mobil, Chevron, Texaco (alle USA) Elf Aquitaine, Total (beide Frankreich) und Repsol (Spanien). Die wichtigsten Explorer: Schlumberger, Halliburton, Rowan Industries, Global Marine und Parker Drilling (alle USA).

NE-Metalle

Zu den NE- oder Nichteisenmetallen zählen eigentlich alle Metalle außer eben Eisen und den Edelmetallen wie Gold, Silber, Platin und Palladium. Die wirtschaftlich wichtigsten NE-Metalle sind Kupfer, Aluminium, Nickel, Zinn, Zink und Blei. Die größten Unternehmen der Branche sind in Nordamerika und Australien beheimatet. Da die Nachfrage nach Industriemetallen stark konjunkturabhängig ist, handelt es sich hier um eine typisch zyklische Branche. Haupteinflussfaktoren auf die Gewinnentwicklung der Unternehmen sind die Metallpreise. Vor einer Kaufentscheidung sollte der Anleger daher die konjunkturelle Situation und die zu erwartende Metallpreisentwicklung prüfen. Wichtig ist natürlich auch, welche Metalle das jeweilige Unternehmen produziert, denn obwohl die Preisentwicklungen von Aluminium, Kupfer etc. meist stark miteinander korreliert sind, gibt es doch auch Ausnahmen. Am sinnvollsten ist der Kauf von NE-Metall-Aktien dann, wenn die Metallpreise stark gedrückt sind und erste Anzeichen einer Erholung zeigen. Wegen der ausgeprägten Zyklik der Branche sind die Titel allerdings für konservativ geführte Depots kaum geeignet. Die wichtigsten Unternehmen: Alcoa (USA/Aluminium), Alcan (Kanada/Aluminium), Inco (Kanada/Nickel), Phelps Dodge (USA/Kupfer), Noranda (Kanada/diverse Metalle), Rio Tinto (GB/diverse Metalle) und BHP (Australien/diverse Metalle und andere Rohstoffe).

Teil II: Die Bewertung

Gold

Goldminenaktien gehören zu den Lieblingswerten spekulativer Anleger, denn wenn das Timing stimmt, sind damit schnelle und kräftige Kursgewinne möglich. Haupteinflussfaktor ist der Goldpreis, aber vor der Entscheidung für eine bestimmte Aktie sind noch andere Dinge zu prüfen. So wirkt sich ein Goldpreisanstieg auf den Aktienkurs meist desto kräftiger aus, je höher die Produktionskosten je Unze Gold des betreffenden Unternehmens liegen. Viele Minen hedgen ihre Produktion; das heißt, sie verkaufen Gold im voraus zu einem bestimmten Preis. Wenn eine Mine den Großteil ihrer Produktion auf diese Weise abgesichert hat, ist sie gegen Preiseinbrüche gefeit, profitiert aber auch nicht von einem nachhaltigen Preisanstieg. Sie kann dadurch sogar in Schwierigkeiten kommen. Wichtig ist zudem die Frage, wie hoch die gesicherten und geschätzten Goldreserven eines Unternehmens liegen: Indem man die Reserven durch die Goldproduktion pro Jahr dividiert, kann man die Restlebensdauer einer Mine ermitteln. Ein wichtiger Punkt, denn wenn ein Unternehmen nicht laufend erfolgreich neue Vorkommen exploriert, sind die Reserven irgendwann erschöpft, und die Mine muss schließen. Sozusagen der Faktor X für die Goldbranche ist das Verhalten der Zentralbanken, die riesige Goldbestände besitzen. Im Gegensatz zu Öl oder Kupfer wird Gold ja nicht im eigentlichen Sinn verbraucht. So gut wie jede irgendwann einmal geförderte Unze ist noch in irgendeiner Form verfügbar, und die jährliche Neuproduktion macht nur einen Bruchteil der Altbestände aus. Dieses „Altgold" deren größter Teil bei den Zentralbanken liegt, ist ein extrem wichtiger Marktfaktor. Wenn die Notenbanken mit Goldverkäufen an den Markt gehen, wird der Preis deutlich gedrückt. Das Angebot ist in diesen Fällen so groß, dass ihm keine entsprechende Nachfrage von Investoren oder von der Schmuckindustrie gegenübersteht. Goldaktien eignen sich kaum als Langfristanlage, obwohl zum Beispiel viele südafrikanische Titel weit überdurchschnittliche Dividendenrenditen abwerfen. Zum richtigen Zeitpunkt ge- und verkauft können Minenaktien allerdings hohe Gewinne bringen: Die wichtigsten Unternehmen: AngloGold, Driefontein, Gold Fields (alle Südafrika), Barrick Gold, Placer Dome (beide Kanada), Homestake Mining, Newmont Mining (beide USA), Normandy Mining (Australien).

4. Von Zyklikern und Nichtzyklikern: Die wichtigsten Branchen

Elektronik

Aus diesem Bereich kommen einige der bedeutendsten börsennotierten Unternehmen der Welt. Die Elektrotitel gelten als klassische Spätzykliker. Das heißt, sie kommen in der Regel erst in der Spätphase eines Konjunkturzyklus so richtig ins Laufen. Die Zyklik der Branche hat allerdings in den vergangenen Jahrzehnten deutlich nachgelassen. Das liegt unter anderem daran, dass viele Unternehmen mit Erfolg diversifiziert haben. So stellt Weltmarktführer General Electric (GE) aus den USA vom Kraftwerk über die Jet-Turbine bis zur Glühbirne so ziemlich alles her, was mit Elektrizität zu tun hat. Zudem ist GE heute auch einer der bedeutendsten Finanzdienstleister der Vereinigten Staaten. Auch die deutsche Siemens wird ja manchmal – spöttisch, aber nicht ohne Respekt – als Bank mit angeschlossener Elektroabteilung bezeichnet. Die Zyklik der meisten Elektrounternehmen ist daher heute weit geringer als früher. Man muss in dieser Branche jedoch jede Aktie gesondert betrachten. Auch unter den weltbekannten Blue Chips gibt es, was die Gewinnstabilität und die Volatilität der Aktien anbelangt, gewaltige Unterschiede. Weitere bedeutende Unternehmen: Alcatel (Frankreich), Sony,

MSCI-Weltaktienindex und MSCI-Branchenindex Elektronik

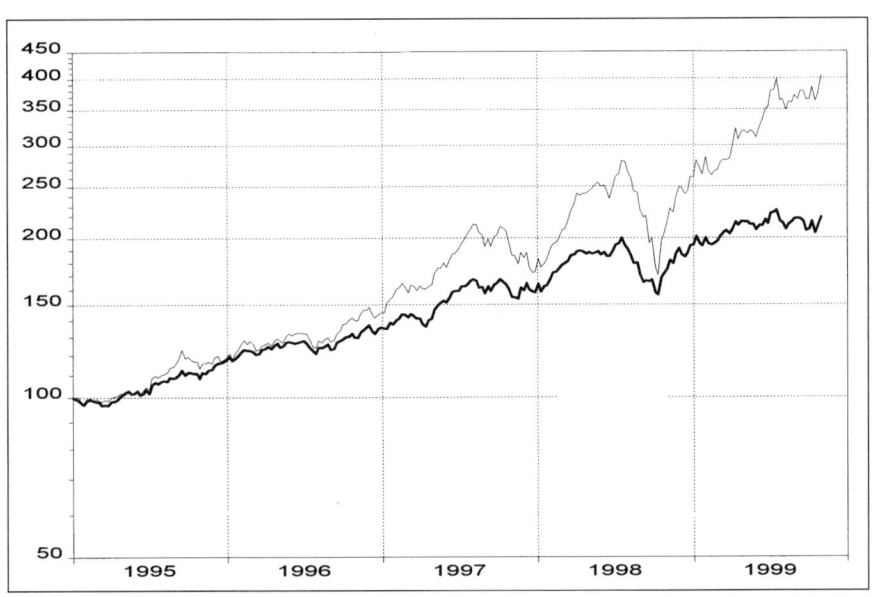

Quelle Datastream

Mitsubishi Electric (Japan), General Electric plc (Großbritannien; nicht zu verwechseln mit dem gleichnamigen Unternehmen aus den USA), Philips (Niederlande).

Papier

Die Papierhersteller sind typische Zykliker, und ihre Aktien weisen oft heftige Kursausschläge auf. Wenn die Preise für Zellstoff, Papier und Kartonmaterial steigen, sind diese Titel durchaus eine Investition wert. Viele Unternehmen der Branche besitzen riesige Waldbestände und sind neben der Papierherstellung auch im Bereich Bauholz tätig. Für sie spielt daher neben der Papierpreisentwicklung auch die Baukonjunktur eine wichtige Rolle. Es gibt auf Holz- und Papiertitel spezialisierte Anleger, die neben der Preisentwicklung verschiedener Papiersorten vor allem auch den Zellstoffpreis beachten. Das ist durchaus sinnvoll, denn in dieser Branche folgen die Aktienkurse oft mit einer gewissen Verzögerung den Produktpreisen. Einige Unternehmen: Georgia-Pacific, International Paper, Weyerhaeuser (alle USA), Abitibi-Price (Kanada), UPM Kymmene, Stora Enso (beide Finnland) und Svenska Cellulosa (Schweden).

MSCI-Weltaktienindex und MSCI-Branchenindex Papier

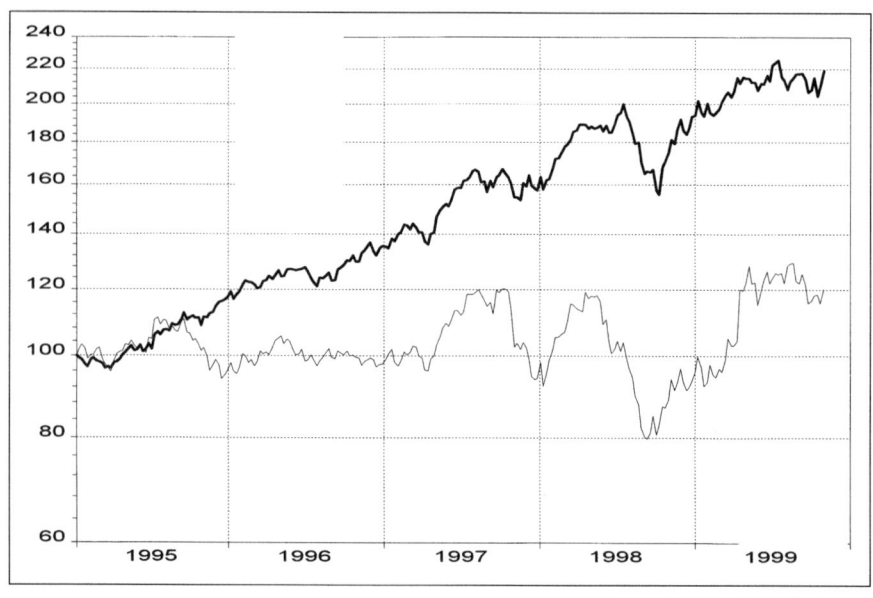

Quelle Datastream

4. Von Zyklikern und Nichtzyklikern: Die wichtigsten Branchen

WMSCI-Weltaktienindex und MSCI-Branchenindex Automobil

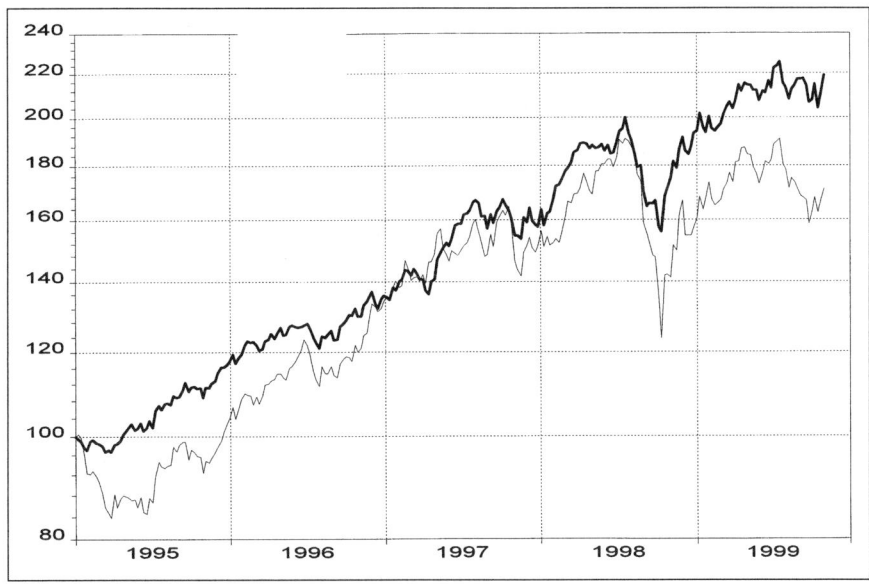

Quelle Datastream

Automobile

Die Autobranche gehört nach wie vor zu den wichtigsten Wirtschaftszweigen, und das gilt in besonderem Maß für Deutschland. Automobilaktien spielen an den deutschen Börsenplätzen daher eine sehr bedeutende Rolle. Die Branche zeigt ausgeprägte Zyklen, und die Gewinnsituation der Unternehmen kann sich innerhalb eines Jahres deutlich verändern. Da die Automobilhersteller in der Regel auch zu den größten Exporteuren ihrer Länder gehören, reagieren Auto-Aktien oft sehr empfindlich auf Wechselkursveränderungen. Inbesondere ist hier die Entwicklung des US-Dollar gegenüber dem Euro und dem japanischen Yen zu beachten. Auch in der Autobranche grassiert die Fusionitis; der Zusammenschluss von Daimler-Benz und Chrysler dürfte nicht der letzte gewesen sein. Wegen der Zyklik der Branche ist das Timing wichtig. Auto-Aktien kauft man sinnvollerweise dann, wenn die Unternehmen über Absatzeinbrüche und schrumpfende Gewinne klagen, denn der nächste Aufschwung kommt bestimmt. Die wichtigsten Autohersteller sind allgemein bekannt, so dass sich eine Aufzählung hier erübrigt.

MSCI-Weltaktienindex und MSCI-Branchenindex Telekommunikation

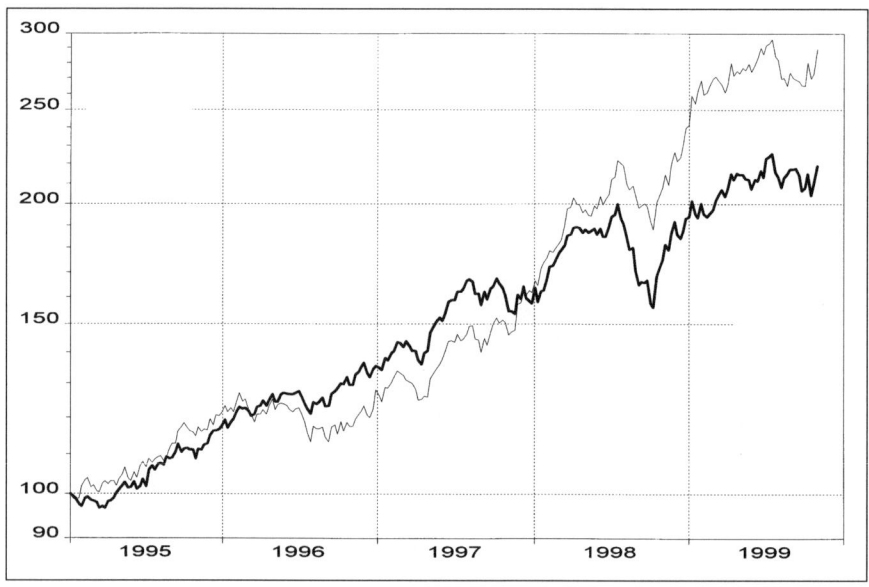

Quelle Datastream

Telekommunikation

Hierbei handelt es sich um eine relativ junge Branche; zumindest was das Börsengeschehen betrifft, denn die meisten großen europäischen Telecom-Unternehmen waren ursprünglich in Staatsbesitz, sind erst in den vergangenen Jahren privatisiert worden und an die Börse gegangen. Durch die Abschaffung der früheren Monopole in Europa sind auch viele neue Unternehmen entstanden, die den alten Platzhirschen Marktanteile streitig machen – zum Teil mit großem Erfolg. Kaum eine andere Branche hat für das Börsengeschehen in den vergangenen Jahren so an Bedeutung gewonnen. Mit fast allen Telecom-Aktien waren attraktive Gewinne zu erzielen. Kein Wunder, denn die Zuwachsraten sind beeindruckend, und das Wachstum der Branche dürfte auch in den kommenden Jahren anhalten. Ausgewählte Telecom-Aktien dürfen daher in keinem gut diversifizierten Depot fehlen. Konservative Anleger sollten dabei die großen Unternehmen aus Europa und Nordamerika bevorzugen. Für spekulative Anleger ist es reizvoll, Telecom-Werte aus den sogenannten Emerging Markets ins Depot zu nehmen. In diesen aufstrebenden Volkswirtschaften Asiens und Lateinamerikas ist das Telefonnetz –

4. Von Zyklikern und Nichtzyklikern: Die wichtigsten Branchen

gemessen an der Zahl der Anschlüsse je 1000 Einwohner – oft noch sehr dünn, und entsprechend groß ist der Nachholbedarf. Telecom-Titel aus solchen Ländern dürften sich daher langfristig positiv entwickeln. Einige Unternehmen: Deutsche Telekom, France Télécom (F), British Telecom, Cable & Wireless (GB), AT&T, MCI WorldCom (beide USA), Telefónica (Spanien). Die Aktien der führenden Telecom-Unternehmen aus aller Welt werden fast ausnahmslos auch an deutschen Börsen notiert.

Chemie

Auch die Chemie ist im Prinzip eine zyklische Branche, da die Nachfrage nach ihren Produkten stark von der gesamtwirtschaftlichen Situation abhängt. Man muss hier allerdings nach Basischemikalien und Spezialchemikalien unterscheiden. Erstere weisen ausgeprägtere Preiszyklen auf als die zweiten. Viele Chemie-Unternehmen haben zudem ein zusätzliches Standbein in der Pharmabranche, was die Zyklik tendenziell reduziert. Die Chemie ist für die Wirtschaft der meisten Industriestaaten so bedeutend, dass man kaum an Chemie-Aktien vorbeikommt, wenn man sich ein sinnvoll diversifiziertes Europa- oder Nordamerika-Depot zusammenstellen will. Die Titel weisen oft eine überdurchschnittliche Dividendenrendite auf und eignen sich vor allem für konservative Anleger. Einige wichtige Aktien: BASF, Bayer, Henkel, Degussa-Hüls (alle Deutschland), DuPont, Dow Chemical/Union Carbide (alle USA), Air Liquide (F), Akzo Nobel, DSM (beide NL) und ICI (GB).

Telecom-Ausstatter

Neben den Netzbetreibern profitieren vor allem die Hersteller von Telecom-Geräten vom weltweiten Boom der Branche. Einige dieser Unternehmen sind durch die zunehmende Verbreitung mobiler Telefone (Handys) von Branchenzwergen zu Börsenriesen geworden. Musterbeispiel hierfür ist die finnische Nokia. Der Börsenwert von Nokia entsprach im Herbst 1999 etwa 64 Prozent der Kapitalisierung des gesamten finnischen Aktienmarkts. Diese Dominanz eines Einzeltitels dürfte wohl weltweit einmalig sein. Die beiden Hauptkonkurrenten Nokias auf dem Handy-Weltmarkt sind die schwedische Ericsson und Motorola aus den USA. Zu den wichtigsten Telecom-Ausstattern gehören aber auch Elektro-Unternehmen wie Siemens oder Panasonic. Zudem spielen Spezialisten wie Lucent Technologies (USA) und Northern Telecom

(Kanada) eine wichtige Rolle. Die Branche hat nach Einschätzung von Marktbeobachtern noch erhebliches Wachstumspotential; die Zyklik ist daher weniger ausgeprägt als früher.

Computer

Die Computerbranche weist mit die höchsten Zuwachsraten aller Industriezweige auf. Das wird aller Voraussicht nach auch so bleiben, denn Computer spielen für Beruf und Privatleben eine immer größere Rolle. Trotz dieses positiven Langfristtrends kommt es allerdings in kaum einer anderen Branche so sehr auf das Stock Picking an, also auf die Auswahl der „richtigen" Aktie. Das war schon in der Vergangenheit so: Während früher sehr bedeutende Firmen wie Commodore, Wang oder Cray Research vom Kurszettel verschwanden und Apple und Unisys existenzbedrohende Krisen durchmachten, gab es bei Compaq und vor allem bei Dell enorme Kurssteigerungen. Noch eine Besonderheit: In kaum einer anderen Branche sind die wichtigsten Unternehmen so sehr auf ein Land – nämlich die USA – konzentriert wie bei den Computerherstellern. Japaner und Europäer spielen auf dem Weltmarkt nur noch eine beschei-

MSCI-Weltaktienindex und MSCI-Branchenindex Computer

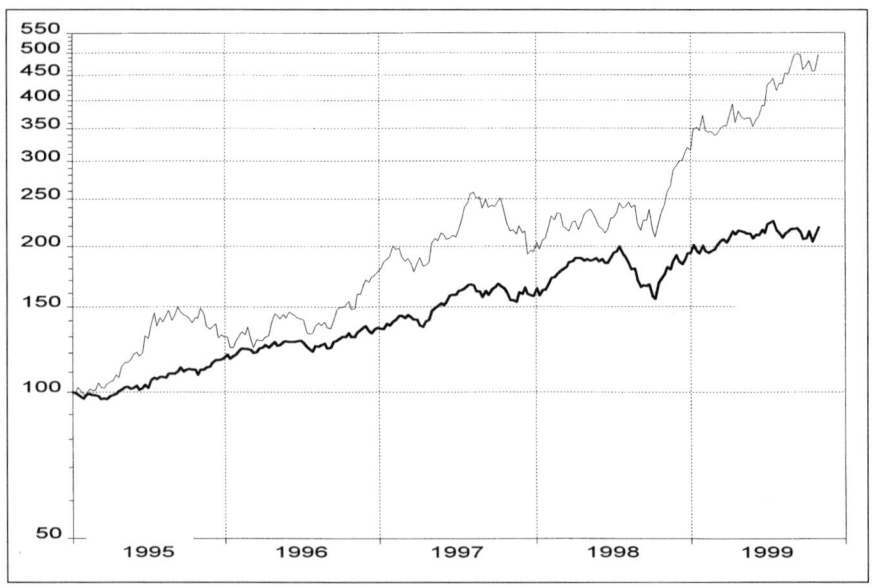

Quelle Datastream

dene Rolle. Vor der Kaufentscheidung sollte man einige wichtige Faktoren untersuchen. Wichtig ist zum Beispiel, ob das Unternehmen PCs, Großcomputer oder auch beides herstellt, denn die Zyklen verlaufen hier zum Teil recht unterschiedlich. Außerdem sollte man sich die Umsatz- und Gewinnzuwachsraten ansehen, und zwar sowohl die der Vergangenheit als auch die Schätzungen für die Zukunft. Eine Faustregel, die eigentlich allgemein, vor allem aber für Aktien aus High-Tech-Bereichen wie Computer, Software und Halbleiter gilt: Das aktuelle Kurs-Gewinn-Verhältnis sollte nicht wesentlich höher sein als das prognostizierte jährliche Gewinnwachstum der kommenden fünf Jahre. Sinnvollerweise sollte man sich in dieser Branche auch nicht auf eine einzige Aktie beschränken, sondern das Kapital auf mehrere Titel verteilen. Was den Kaufzeitpunkt betrifft, lässt sich hier nur schwer ein Ratschlag erteilen, denn dazu sind die Kursverläufe der einzelnen Aktien zu sehr von unternehmensspezifischen Faktoren abhängig und daher auch zu unterschiedlich. Einige wichtige Unternehmen neben den bereits genannten: IBM, Sun Microsystems, Hewlett-Packard (alle USA), NEC, Fujitsu (Japan).

Halbleiter

Mikrochips fehlen heute in kaum einem Elektrogerät. Man findet sie sogar in Telefonen, Waschmaschinen und Automobilen. Alles deutet darauf hin, dass der Siegeszug der Chips weitergehen wird, und daher gehören Aktien aus der Halbleiterbranche zu den interessantesten Titeln für spekulative Anleger. Spekulativ deshalb, weil sich in kaum einem anderen Industriezweig derart heftige Kursausschläge der Aktien beobachten lassen. Zehn Prozent Gewinn oder Verlust von einem Tag auf den anderen sind nichts Besonderes; viele Halbleiteraktien haben ihren Kurs schon innerhalb eines Jahres verdreifacht, um dann wieder auf das Ausgangsniveau zurückzufallen. Die Branche ist also nichts für Anleger mit schwachen Nerven, und auch wer Wert auf hohe Dividendenrenditen legt, sollte sich anderswo umsehen. Ähnlich wie bei den Computerherstellern muss man hier allerdings jedes Unternehmen separat betrachten. Chip ist nämlich nicht gleich Chip, und es ist ein bedeutender Unterschied, ob ein Unternehmen zum Beispiel Speichermedien oder CPUs für Computer herstellt (die CPU oder Central Processing Unit ist sozusagen das Herz eines Computers; der Mikroprozessor, der die Abläufe steuert). Weltmarktführer auf diesem Gebiet und zugleich größter Halbleiterproduzent ist das US-Unternehmen Intel. Die Intel-Aktie ist denn auch das Standardinvestment der Branche und hat die Anleger selten enttäuscht. Die heftigsten Kursschwankungen zeigten in der Vergangenheit die Speicherchip-Produzenten. Hier gibt es nämlich den klassischen „Schweinezyklus" zu beobachten: Steigen die Preise, werden überall auf der Welt, vor allem aber in Asien, die Fertigungskapazitäten hochgefahren. Das führt zu einer Überproduktion und einem heftigen Preisverfall, gefolgt von der Stillegung der manchmal erst kurz zuvor erweiterten Produktionskapazitäten. Dieser Zyklus ist immer wieder zu beobachten, und daher lässt sich eine einfache Faustregel für den Einstiegszeitpunkt bestimmen: Aktien wie Micron Technology oder Texas Instruments sollte man immer dann kaufen, wenn die Preise am Boden liegen und Kapazitäten reduziert werden. Diese Strategie kann zu dreistelligen Kursgewinnen innerhalb recht kurzer Zeit führen. Weitere wichtige Unternehmen: AMD, National Semiconductor, Cyrix (alle USA).

Software

Ohne Software läuft kein Computer, und daher gehört auch diese Branche zu den Industriezweigen mit den höchsten Zuwachsraten. Einige der aufsehenerregendsten Erfolgsgeschichten der vergangenen Jahre wurden im Software-Sektor geschrieben. Unternehmen wie Microsoft, Oracle oder Cisco Systems stiegen quasi aus dem Nichts zu Börsengiganten auf. Auch die deutsche SAP gehört in diese Kategorie. In keiner anderen Branche fielen die Kursgewinne der vergangenen Jahre höher aus, und diese Tendenz dürfte anhalten. Ausgewählte Software-Aktien gehören daher in jedes spekulativ ausgerichtete Depot. Titel aus dieser Branche spielen nicht nur an der amerikanischen NASDAQ, sondern auch am Neuen Markt in Deutschland eine wichtige Rolle. Vor allem bei kleinen Unternehmen mit kurzer Börsengeschichte ist es oft sehr schwierig zu beurteilen, ob sie sich im Umfeld der immer härter werdenden Konkurrenz behaupten können. Eine Sonderrolle nehmen die sogenannten Internet-Werte ein: Die Hersteller von Internet-Software und die Anbieter von Internet-Dienstleistungen sind 1998 und in den ersten Monaten 1999 so stark angestiegen, dass der Fundamentalanalyst Probleme damit hat, Argumente für die mittlerweile enorm hohe Bewertung zu finden. Titel wie Yahoo, America Online oder eBay sollten daher nur solche Anleger ins Depot nehmen, die sich zutrauen, notfalls auch einmal einen 50prozentigen Kursverlust zu verkraften. Investoren

4. Von Zyklikern und Nichtzyklikern: Die wichtigsten Branchen

mit durchschnittlich ausgeprägter Risikobereitschaft sind mit den weiter oben genannten Titeln besser bedient. Auch diese zeigen nämlich manchmal kräftige Kursausschläge nach oben oder unten, langfristig dürften sie sich aber weiterhin überdurchschnittlich entwickeln. Weitere wichtige Unternehmen: Baan (NL), Sybase, Informix, PeopleSoft, Novell (alle USA). Hinzu kommen zahlreiche, oft nur in Nischenbereichen tätige Unternehmen, deren Aktien zum Teil auch im Neuen Markt vertreten sind.

Banken

Die Finanztitel spielen an allen Börsen dieser Welt eine wichtige Rolle. Vor allem gilt das für Deutschland, denn unter den DAX-30-Werten finden sich allein vier Banken. Vor der Fusion zwischen der Bayerischen Hypo und der Bayerischen Vereinsbank waren es sogar fünf. Bankaktien gelten als klassische Investments für konservative Anleger. Sie neigen nur in Ausnahmefällen zu starken Kursschwankungen, werfen meist überdurchschnittliche Dividendenrenditen ab, und zumindest die Großen der Branche haben ihre Aktionäre langfristig selten enttäuscht. Die Zinsentwicklung ist ohnehin einer der wichtigsten Einflussfaktoren auf das Börsengeschehen, aber für die Finanzbranche, die davon ja direkt betroffen ist, gilt dies in besonderem Maß. Wenn die Kapitalmarktrenditen steigen, sollte man daher Aktienengagements allgemein reduzieren, und von Bankaktien sollte man sich ganz verabschieden, wenn nicht wichtige unternehmensspezifische Faktoren für einen bestimmten Titel aus dieser Branche sprechen. Wenn sich Hochzinszeiten dagegen ihrem Ende zuneigen, ist der richtige Zeitpunkt gekommen, Bankwerte ins Depot zu nehmen. Es dauert dann zwar oft einige Zeit, bis die Branche so richtig auf Touren kommt, aber auf mittlere Sicht kann man in solchen Situationen schöne Gewinne erzielen. Die wichtigsten Unternehmen aus dem Banksektor sind so bekannt, dass hier auf eine Auflistung verzichtet werden kann.

Versicherungen

Die Aktien der Versicherungsunternehmen spielen an den meisten etablierten Weltbörsen eine bedeutende Rolle. Nach Kurs-Gewinn-Kriterien sind sie oft erheblich höher bewertet als Aktien aus anderen Branchen. Das hat vor allem zwei Gründe: Zum einen gibt es hier ver-

Teil II: Die Bewertung

hältnismäßig selten Verlustjahre oder sonstige böse Überraschungen, zum anderen besitzen viele Versicherungsunternehmen erhebliche Beteiligungen an anderen Gesellschaften. Musterbeispiel in Deutschland ist die Allianz, die große Pakete an verschiedenen deutschen Aktiengesellschaften hält. Aus diesem Grund weisen Versicherungstitel oft einen ganz erheblichen Substanzwert auf, der noch dadurch gesteigert wird, dass die Unternehmen über umfangreichen, schon vor Jahrzehnten erworbenen Immobilienbesitz verfügen. Die Kursverläufe zeichnen sich durch eher unterdurchschnittliche Volatilität aus; die Branche gehört nicht zu den zyklischen Wirtschaftszweigen. Nicht zuletzt aus diesem Grund sind Versicherungsaktien – auch die Titel der großen Rückversicherer – vor allem für konservative Langfristanleger interessant. In den vergangenen Jahren hat sich die Tendenz zum Allfinanzkonzern etabliert, so dass in einigen Ländern Unternehmen entstanden sind, die Versicherungen ebenso wie klassische Bankdienstleistungen anbieten. Einige wichtige Aktien: Allianz, Münchener Rück, Ergo, AMB, Hannover Rück (alle Deutschland), Generali (Italien), Aegon, ING Groep (Niederlande) AXA-UAP (Frankreich).

Medien

Titel aus der Medienbranche haben in den vergangenen Jahren zum Teil heftige Kursturbulenzen erlebt. Vor allem gilt dies für Aktien aus den elektronischen Medien wie Film und Fernsehen. Für die Kursentwicklung von Aktien wie News Corporation (Australien), Walt Disney, Time Warner oder Viacom (alle USA) ist es oft von großer Bedeutung, ob sich unter den Filmproduktionen des jeweiligen Unternehmens ein Kassenschlager findet. Die vier genannten Medienkonzerne haben auch wichtige Interessen in den Bereichen Freizeitparks, Printmedien, Rundfunk und Buchverlage. In Deutschland waren Medientitel früher Mangelware, aber mit ProSieben, EM.TV & Merchandising, Kinowelt Medien, Constantin Film und einigen anderen sind inzwischen mehrere Branchenvertreter an die Börse gegangen. Auch Zeitungshäuser wie Dow Jones & Co., Washington Post und New York Times (alle USA) und Fachbuchverlage wie die niederländische Elsevier sind börsennotiert, wobei die Titel aus dem Printbereich meist eine deutlich geringere Volatilität aufweisen als die Film- und Fernsehaktien.

4. Von Zyklikern und Nichtzyklikern: Die wichtigsten Branchen

MSCI-Weltaktienindex und MSCI-Branchenindex Nahrungsmittel

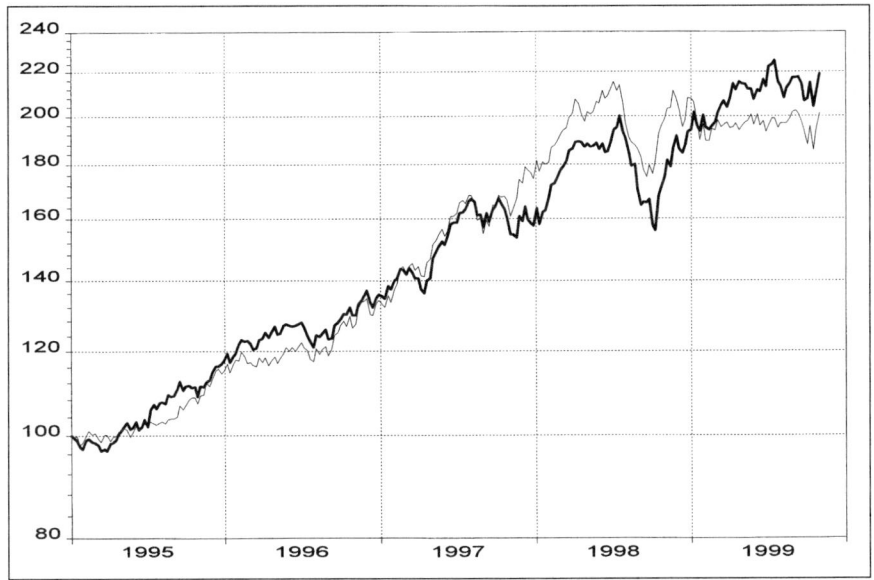

Quelle Datastream

Nahrungsmittel und Getränke

Hier handelt es sich um klassische Nichtzykliker, denn die Nachfrage nach Nahrungsmitteln ist wenig konjunkturabhängig. Es gibt in diesem Bereich einige global operierende Konzerne, aber auch eine Vielzahl von Regionalwerten, was vor allem für die Brauereien gilt. Deutsche Brauereititel weisen meist sehr hohe KGVs auf, was ähnliche Gründe hat wie bei den Versicherungstiteln. Oft ist der Bierverkauf bei solchen Unternehmen für die Aktionäre weit weniger interessant als der Grundbesitz. Nahrungsmittelmultis wie Nestlé (Schweiz), Danone (Frankreich) oder Coca-Cola (USA) eignen sich vor allem für konservative Langfristanleger. Auch die niederländisch-britische Unilever ist hier zu nennen. Bei Unilever spielt allerdings neben der Lebensmittelsparte auch der Bereich Haushaltsartikel (Waschmittel, Kosmetik) eine bedeutende Rolle.

MSCI-Weltaktienindex und MSCI-Branchenindex Textilien

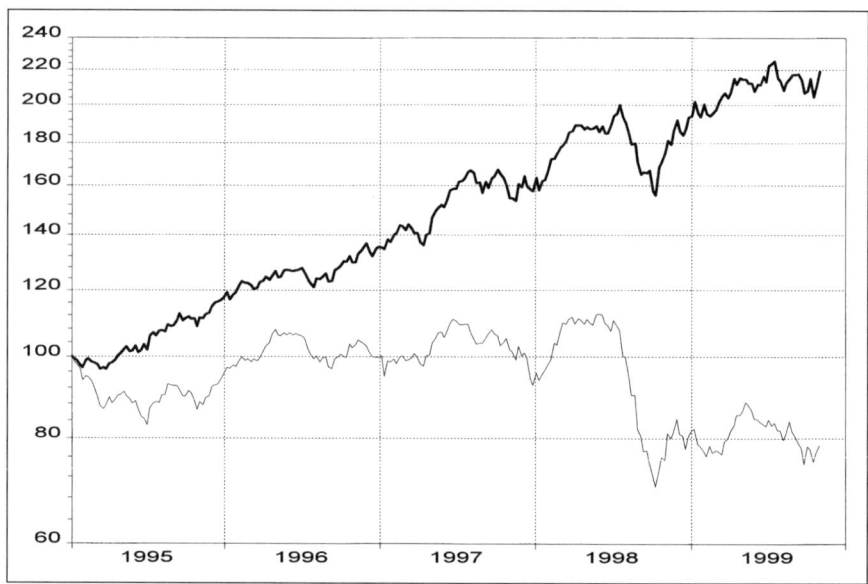

Quelle Datastream

Textilien

Keine andere Branche hat nach dem Zweiten Weltkrieg in Mitteleuropa so sehr an Bedeutung verloren wie die Textilhersteller. Die Konkurrenz aus Billiglohnländern hat zahlreiche, früher börsennotierte deutsche Textilhersteller in die Pleite getrieben. Die Überlebenden haben allerdings die Zeichen der Zeit erkannt und setzen vor allem auf zwei Dinge: Top-Qualität und preiswerte Produktion im Ausland. Aus diesen Gründen finden sich unter den Textilwerten an der Börse auch weniger die Hersteller von alltäglicher Gebrauchskleidung, sondern eher Unternehmen, die der Modebranche zuzuordnen sind. Viele von ihnen sind in den vergangenen Jahren stark gewachsen, und die Aktien haben deutlich zugelegt. Solche Titel sind nicht im eigentlichen Wortsinn zyklisch, aber sie bergen ihre eigenen, branchentypischen Gefahren: Wenn ein Unternehmen mit seiner Kollektion den Geist der Zeit verfehlt, kann es zu herben Enttäuschungen kommen. Aus naheliegenden Gründen sind die Produzenten von Damenmode in dieser Hinsicht eher gefährdet als die Herrenausstatter. Zum Kummer der Hersteller erweisen sich die Herren nämlich als extrem resistent gegen jährliche Veränderungen der Anzugmode. Einige wichtige Unternehmen: Adolf Ahlers, Boss, Kunert, Jil Sander, Escada (alle Deutschland), Fruit of the Loom (USA), Gucci (Italien),

Kaufhäuser

Die Aktien aus dem Konsumbereich erweisen sich oft als überraschend anfällig gegen konjunkturelle Schwankungen. In den vergangenen Jahren sind etliche Kaufhaustitel durch Missmanagement, falsche Preis- und Sortimentspolitik in Schwierigkeiten geraten. Darunter fanden sich Traditionsunternehmen wie Kmart und Woolworth (beide USA). Auch in Deutschland hat sich viel getan: Von ehemals vier großen Kaufhauskonzernen sind mit Karstadt und Metro nur zwei übriggeblieben. Andererseits hat sich Wal-Mart (USA) zu einem der in puncto Marktkapitalisierung größten Konzerne der Welt entwickelt. Im Konsumbereich muss man jedes Unternehmen und jede Aktie gesondert betrachten. Allgemeine Ratschläge lassen sich hier kaum geben, denn zu verschieden sind die einzelnen Titel, und zu unterschiedlich ist ihre Angebotsstruktur. Neben den bereits genannten Aktien spielen auch die folgenden eine wichtige Rolle: Kaufhalle (Deutschland), Carrefour, Galéries Lafayette, (beide Frankreich), Sears Roebuck, Home Depot, J. C. Penney (USA), Kingfisher, Marks & Spencer, Sainsbury (alle Großbritannien).

Airlines

Die Aktien der Fluglinien gehören zu den klassischen Zyklikern: In Zeiten blühender Konjunktur sind die Maschinen ausgebucht. Es gibt allerdings noch eine Vielzahl anderer Einflussfaktoren. Da sind zum Beispiel die weltumspannenden Allianzen, die einige Airlines in den vergangenen Jahren geschlossen haben. Wer starke Partner hat, ist hier eindeutig im Vorteil. Vor allem in den USA, in zunehmendem Maß aber auch in Europa ist seit langem ein heftiger Kampf um Marktanteile im Gang, der in erster Linie im Preisbereich ausgefochten wird. Etliche Billiganbieter machen den etablierten Airlines das Leben schwer, und dann ist da noch ein extrem wichtiger Faktor: Die Treibstoffpreise. Wenn der Ölpreis steigt, wie er es zum Beispiel 1999 tat, ist es meist an der Zeit, sich von den Aktien der Airlines zu verabschieden. Daher gelten die Airline-Titel auch als Frühzykliker. Wenn sie deutlich zulegen, ist das ein Zeichen für konjunkturellen Aufschwung. Nicht umsonst gilt in den USA der Dow

Teil II: Die Bewertung

Jones Transport, in dem viele Airline-Aktien vertreten sind, als Indikator für die künftige Entwicklung des Gesamtmarkts. Die internationalen Luftfahrtgesellschaften sind so bekannt, dass auf eine Aufzählung wohl verzichtet werden kann.

Energieversorgung

Die großen Stromversorger zeichnen sich in der Regel durch überdurchschnittliche Dividendenrenditen und relativ geringe Kursschwankungen aus. Da der Bau und der Unterhalt von Kraftwerken extrem viel Kapital erfordern, reagieren die Energietitel oft empfindlich auf Veränderungen des allgemeinen Zinsniveaus. Auch politische Entwicklungen, zum Beispiel im Zusammenhang mit dem Für und Wider der Kernenergie, spielen eine bedeutende Rolle. In Deutschland dürfte die Neuverteilung der Absatzmärkte nach der Abschaffung der regionalen Versorgungsmonopole in den kommenden Jahren das entscheidende Thema bleiben. Viele der großen Stromversorger haben seit einiger Zeit versucht, sich ein zweites Standbein im Telecom-Bereich aufzubauen. Das dürfte die Zyklik derjenigen Unternehmen weiter verringern, die sich in diesem extrem umkämpften Bereich durchsetzen werden. Einige wichtige Unternehmen: Viag, Veba, RWE, Bewag (alle Deutschland), Suez Lyonnaise des Eaux (Frankreich, Wasserversorgung), Endesa (Spanien), Electrabel (Belgien), Consolidated Edison, Texas Utilities (USA).

Maschinenbau

Hierbei handelt es sich eigentlich um einen Sammelbegriff für mehrere Teilbranchen, die durchaus unterschiedliche, ja sogar gegenläufige Zyklen aufweisen können. Zyklisch aber sind sie alle, denn die Nachfrage nach langlebigen Investitionsgütern wie Maschinen hängt von der konjunkturellen Situation ab. Dennoch kann man zum Beispiel einen Baumaschinenhersteller wie Caterpillar (USA), einen Druckmaschinenproduzenten wie Heidelberger Druck und einen Robotik-Spezialisten wie IWKA nicht einfach über einen Kamm scheren. Höchstens in dem Punkt, dass man ein sehr niedriges Kurs-Gewinn-Verhältnis bei Maschinenbau-Aktien weniger als Kaufchance denn als Warnsignal interpretieren sollte. Die Titel sind dann meist am zyklischen Höhepunkt der Gewinn- und Kursentwicklung angekommen, und es gibt nur spärliche

4. Von Zyklikern und Nichtzyklikern: Die wichtigsten Branchen

MSCI-Weltaktienindex und MSCI-Branchenindex Maschinenbau

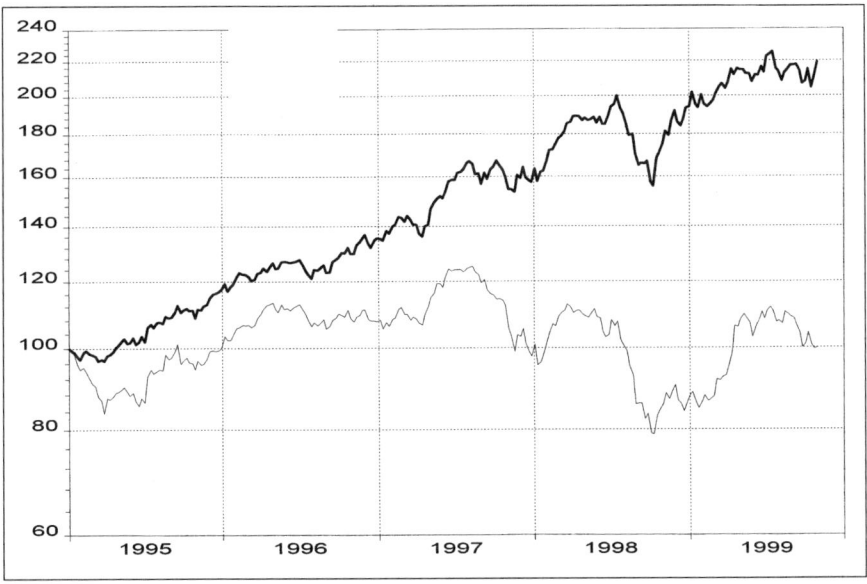

Quelle Datastream

Hoffnungen auf weitere Steigerungen. In Zeiten flauer Branchenkonjunktur bieten Maschinenbau-Aktien antizyklischen Langfristanlegern dagegen oft sehr attraktive Kurschancen.

Autozulieferer

Automobilhersteller bauen bei weitem nicht alle Teile ihrer Modelle selbst, sondern beziehen Komponenten von Fremdzulieferern. Traditionell die wichtigsten sind die Reifenhersteller. Die Branchenkonjunktur der Zulieferer ist verständlicherweise eng mit der jeweiligen Absatzsituation der Automobilindustrie verknüpft; daher sind die Zulieferer den Zyklikern zuzuordnen. Vor allem bei den Reifenproduzenten lassen sich auch jahreszeitliche Schwankungen beobachten, was mit der Umstellung von Sommer- auf Winterpneus zusammenhängt. Man sollte diese Titel am besten dann kaufen, wenn die Branche in einer Krise steckt, und dann ein, zwei Jahre abwarten. Bislang haben sich die Automobilhersteller ebenso wie die Zulieferer noch von jedem Konjunkturknick erholt, und das wird aller Voraussicht nach auch so bleiben. Einige wichtige Titel: Continental, Phoenix, Kiekert (Deutschland), Goodyear Tire,

Detroit Diesel (USA), Michelin (Frankreich), Pirelli (Italien), Bridgestone (Japan).

Bauhauptgewerbe und Bauzulieferer

Auch hierbei handelt es sich um eine recht konjunkturanfällige Branche. Die Aktien der großen, international tätigen Baukonzerne können erhebliche Kurssprünge aufweisen, wenn das Unternehmen einen Großauftrag an Land zieht. Falls die Baukonjunktur im Herkunftsland in eine Flaute gerät, können solche Unternehmen dies durch entsprechende Auslandsaufträge kompensieren. Die großen deutschen Baukonzerne wie Philipp Holzmann, Hochtief oder Bilfinger + Berger haben vom Bauboom nach der Wiedervereinigung profitiert, hatten danach allerdings stark rückläufige Erträge zu verzeichnen. Die Bauzulieferer sind weniger von staatlichen oder kommunalen Großaufträgen abhängig. Titel wie Heidelberger Zement haben in den vergangenen Jahren daraus Nutzen gezogen, dass die private Bautätigkeit in Deutschland bei weitem nicht so abgeflacht ist wie die Auftragsvergabe der öffentlichen Hand. Dennoch sind sowohl die Titel aus dem Bauhauptgewerbe als auch die Zulieferer als zyklisch einzuordnen. Einige wichtige Titel neben den bereits genannten: Dyckerhoff, Heilit + Woerner, Villeroy & Boch (alle Deutschland), Flour (USA), Bouygues (Frankreich), Holderbank (Schweiz). Beim letztgenannten Titel handelt es sich – der naheliegenden Vermutung zum Trotz – nicht um eine Bank, sondern um einen Zementhersteller.

Sportartikel und -bekleidung

Das Besondere an dieser Branche ist, dass sie zwischen dem klassischen Textil- und dem relativ jungen Freizeitbereich einzuordnen ist. Von den vier Branchenführern stammen mit Puma und Adidas (jetzt: Adidas-Salomon) zwei aus Deutschland. Sie sind in erster Linie mit Fußball- und Leichtathletikbekleidung groß geworden. Reebok und Nike aus den USA waren dagegen in erster Linie in den klassischen amerikanischen Sportarten wie Baseball und Basketball erfolgreich. Seit Mitte der 80er Jahre haben alle vier davon profitiert, dass Sport und Freizeit einen immer größeren gesellschaftlichen Stellenwert erhalten haben. Da hier allerdings Modeströmungen eine große Rolle spielen, kann es für ein Unternehmen fatale Folgen haben, wenn die aktuelle Kollektion den

4. Von Zyklikern und Nichtzyklikern: Die wichtigsten Branchen

Geschmack der meist jugendlichen Kundschaft nicht trifft. Vor allem die beiden deutschen Hersteller haben das erfahren müssen. Problematisch ist es auch, wenn der Boom in einer bestimmten Sportart plötzlich abbricht, oder wenn sich eine Marktsättigung abzeichnet. Aus allen diesen Gründen weisen die Aktien der Sportartikelbranche erhebliche Kurssprünge auf und eignen sich vor allem für spekulative Anleger. Weitere interessante Titel: Callaway Golf (USA, Golfschläger), Amer (Finnland, Golf- und Tennisartikel der Marke „Wilson"), Mizuno (Japan, Golf und Tennis).

Sportvereine

„Vereine" ist hier eigentlich das falsche Wort, denn ein Verein kann nach deutschem Recht keine börsennotierte Gesellschaft sein. In anderen Ländern ist das deutsche Vereinswesen allerdings völlig unbekannt; Profi-Sportteams sind „Franchises" und befinden sich in Privatbesitz. Das gilt für fast alle Teams der US-Profiligen im Eishockey, Baseball, Basketball und Football. Einige davon sind allerdings auch börsennotierte Kapitalgesellschaften. Zum Beispiel die Boston Celtics (Basketball), vielfacher Meister, deren Glanz in den vergangenen Jahren allerdings arg verblasst ist, und auch die Florida Panthers (Eishockey), die sich in jüngsten Zeit nicht durch große sportliche Glanztaten hervorgetan haben. Dafür haben die Panthers eines der originellsten Aktienkürzel an der NASDAQ. Es lautet „PUCK". Noch origineller ist eigentlich nur das Kürzel „UGLY". Es gehört dem Gebrauchtwagenhändler Ugly Duckling, was wörtlich übersetzt nichts anderes als „hässliches Entlein" bedeutet.

Die meistbeachteten Sportteams an der Börse kommen aus der englischen und italienischen Fußballszene. Schon vor vielen Jahren hat der Londoner Club Tottenham Hotspurs den Anfang gemacht und war in dieser Hinsicht für eine ganze Weile ein Exot. Später aber haben viele Sportmanager die Möglichkeit schätzen gelernt, sich an der Börse das Kapital für das immer teurer werdende kickende Personal zu besorgen. Auch einige deutsche Bundesligavereine liebäugeln seit geraumer Zeit mit der Möglichkeit des Börsengangs. Solche Clubaktien eignen sich allerdings wohl eher für den Fan als für den kühl rechnenden Kapitalanleger, denn die Unwägbarkeiten sind einfach zu groß. Die Kursentwicklung hängt in erster Linie vom sportlichen Erfolg ab, und ein verschossener Elfmeter kann sehr teuer werden.

Körperpflege und Kosmetik

Aus dieser Branche kommen einige der Lieblingsaktien solcher Investoren, die auf langfristiges und stabiles Gewinnwachstum setzen. Namen wie L'Oréal (Frankreich), Shiseido (Japan), Beiersdorf und Wella (beide Deutschland), Procter & Gamble, Gillette, Colgate-Palmolive und Avon Products (alle USA) haben bei konservativen Langfristanlegern in aller Welt einen guten Klang. In der Tat haben die allermeisten der genannten Unternehmen ihren Aktionären in den vergangenen 20 Jahren fast nur Freude bereitet. Ab dem Sommer 1998 sind Vorzeigetitel wie Gillette aber ein wenig ins Schlingern geraten. Das lag sicherlich zum Teil daran, dass ihre nach KGV-Kriterien sehr hohe Bewertung durch das erwartete Gewinnwachstum der kommenden Jahre nicht mehr zu rechtfertigen war. Inzwischen (Herbst 1999) haben diese Aktien allerdings ein realistischeres Kursniveau erreicht und eignen sich wieder für Käufe. Spekulative Anleger, die auf schnelle Gewinne aus sind, sollten sich allerdings anderswo umsehen, denn die genannten Aktien neigen nicht zu heftigen Kursausschlägen.

Silber

Seit der aufsehenerregenden Silberspekulation der Brüder Hunt vor 20 Jahren kommt es immer einmal wieder zu heftigen Turbulenzen beim Silberpreis. In solchen Fällen ließe sich mit Silberaktien sicher gutes Geld verdienen, gäbe es da nicht ein Problem: Silber wird in allererster Linie als Nebenprodukt bei der Förderung von Gold und von Industriemetallen wie Kupfer oder Zink gewonnen. Eine reine Silbermine mit Investmentqualität aus einem Land mit etablierter Bergbautradition sucht man auf den Kurszetteln der Weltbörsen vergebens. Wer sich für eine solche Spekulation interessiert, muss daher einen kleinen Umweg wählen. Er kann die Titel von Minengesellschaften kaufen, für die Silber neben anderen Metallen eine vergleichsweise wichtige Rolle spielt. In dieser Hinsicht sind vor allem die beiden amerikanischen Unternehmen Hecla Mining und Coeur d'Alene zu nennen, die neben Gold auch bedeutende Mengen Silber fördern. Außerdem ist die kanadische Noranda interessant, die ein breites Spektrum an NE-Metallen, Gold und Silber produziert. Solche Titel eignen sich, wie im Prinzip alle Metallaktien, nur für risikobereite Anleger. Als Daueranlage sollte man sie nicht betrachten. Wenn das Timing stimmt, sind mit diesen Titeln allerdings schnelle und hohe Gewinne möglich.

4. Von Zyklikern und Nichtzyklikern: Die wichtigsten Branchen

Platin und Palladium

Ähnlich wie Silber sind Platin und Palladium zwar Edelmetalle, ihr Preis wird aber in erster Linie durch die Nutzung als industrielle Basismaterialien bestimmt. Hauptnachfrager ist die Automobilindustrie, denn Platin ist ein wichtiger Bestandteil von Abgaskatalysatoren. So war es auch möglich, dass die Aktien der Platinproduzenten 1999 enorm in die Höhe schossen, während die Goldminen per Saldo an Boden verloren. Die Angebots- und Nachfragestruktur der beiden Edelmetalle stellt sich eben sehr unterschiedlich dar. Die zwei bedeutendsten Platinproduzenten der westlichen Welt kommen aus Südafrika. Anglo American Platinum (früher: Rustenburg Platinum) ist die Nummer eins, Impala Platinum die Nummer zwei auf dem Weltmarkt. Noch ein wenig spekulativer ist Stillwater Mining, die einzige bedeutende Platinmine in Nordamerika.

Stahl

Die Stahlkocher gelten als die Zykliker schlechthin: Kaum eine andere Branche hat im Langfristvergleich so ausgeprägte Hochs und Tiefs verzeichnet. Im Prinzip gilt das noch immer, doch man muss einige Einschränkungen machen. In Deutschland, früher führend in der Metallurgie, gibt es kaum noch reine Stahlunternehmen. Mannesmann ist zum Dienstleistungskonzern geworden, Hoesch, Krupp und Thyssen sind inzwischen zu einem einzigen Unternehmen verschmolzen, das sich zudem längst auch noch andere Standbeine als die Stahlproduktion zugelegt hat. Zudem hat die um sich greifende Internationalisierung die Zyklen der Stahlbranche ein wenig geglättet. Importe und Exporte spielen heute eine bedeutendere Rolle als früher, und für Produzenten aus Hochlohnländern ist die Einfuhr von Billigstahl aus Asien ein ernsthaftes Problem. Hinzu kommt, dass die gesamtwirtschaftliche Bedeutung der Stahlbranche in allen Industrieländern heute wesentlich niedriger ist als vor einigen Jahrzehnten. Dennoch kann es interessant sein, Stahlaktien in konjunkturellen Schwächephasen zu kaufen. Mit ein wenig Geduld ist es für nervenstarke Anleger noch immer möglich, auf diese Weise langfristig attraktive Gewinne einzufahren. Einige interessante Titel: Bethlehem Steel, USX U.S.-Steel, LTV, Inland Steel (alle USA), Stelco (Kanada), Hoogovens (Niederlande), British Steel (Großbritannien), Nippon Steel (Japan).

Teil II: Die Bewertung

MSCI-Weltaktienindex und MSCI-Branchenindex Stahl

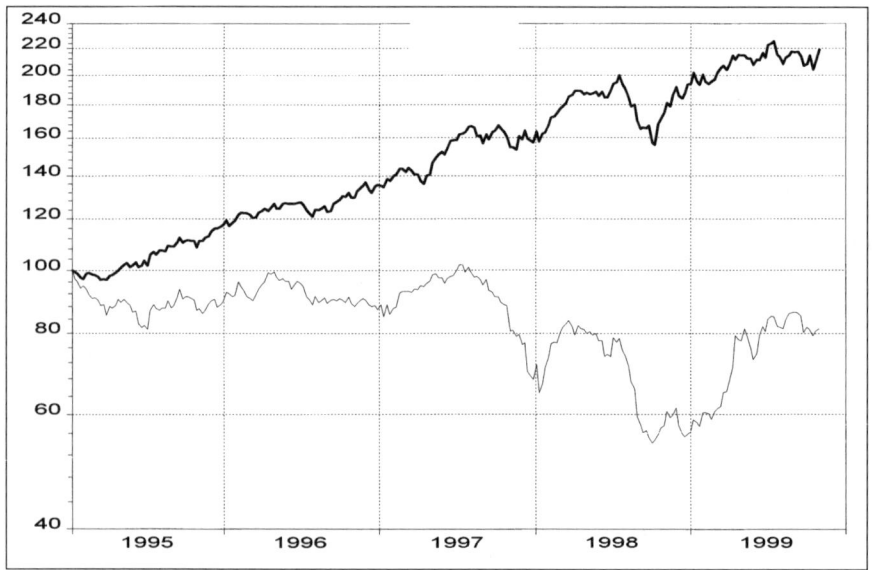

Quelle Datastream

Soweit die Aufzählung der wohl wichtigsten Branchen an den internationalen Börsen. Es gibt natürlich noch andere, weniger bedeutende Wirtschaftszweige. Außerdem existieren einige Spezialisten, die sich in keinen Bereich so richtig einordnen lassen oder die für sich allein genommen schon so etwas wie eine Branche sind. Musterbeispiel hierfür ist die südafrikanische Diamanten-Holding De Beers, die mit ihrer Central Selling Organisation (CSO) noch immer den Weltmarkt dominiert. Da wären auch Exoten zu nennen wie der amerikanische Privatgefängnisbetreiber Wackenhut, der Müllbeseitiger Waste Management, die amerikanischen Spielcasino-Aktien, der Porno-Titel Beate Uhse oder Krankenhausaktien wie die deutsche Rhön-Klinikum. Von echten Brancheneinflüssen kann man hier kaum sprechen; desto genauer sollte man sich allerdings die Situation des jeweiligen Unternehmens ansehen. Im Bereich Verkehrsflugzeuge ist es nicht viel anders, seit Fokker nicht mehr existiert und Boeing den Konkurrenten McDonnell Douglas geschluckt hat. Hauptkonkurrent Airbus ist kein börsennotiertes Unternehmen, und die kanadische Bombardier spielt in einer anderen Liga, baut in erster Linie kleine Regionaljets.

Hier hat man also nicht die Wahl zwischen mehreren interessanten

4. Von Zyklikern und Nichtzyklikern: Die wichtigsten Branchen

Unternehmen, wenn man eine bestimmte Branche als aussichtsreich erkannt hat. Das heißt natürlich nicht, dass die betreffenden Aktien deshalb weniger kaufenswert sind. Allerdings ist der Auswahlprozess ein anderer als bei der Entscheidung für einen Pharma- oder einen Banktitel.

Die wichtigste Erkenntnis aus unserer Branchenbetrachtung sollte sein, dass bestimmte Wirtschaftszweige und ihre Aktien periodisch wiederkehrenden Einflüssen unterliegen, die alle Titel der Branche mehr oder weniger stark betreffen. In anderen Branchen lässt sich keine so ausgeprägte Konjunkturabhängigkeit feststellen. Titel aus diesen Bereichen weisen daher geringere Gewinn- und Umsatzschwankungen von Jahr zu Jahr auf. Es gibt zahlreiche solcher Aktien, die schon seit Jahrzehnten mit kontinuerlich wachsenden Umsätzen, Gewinnen und Dividendenausschüttungen glänzen. Das macht sie vor allem für konservative Langfristanleger reizvoll, die Wert auf attraktive Renditen legen und heftige Kurssprünge verabscheuen.

Spekulative Investoren sollten sich dagegen eher in den zyklischen Branchen umsehen und bevorzugt dann kaufen, wenn ein Wirtschaftszweig gerade in einem konjunkturellen Tief steckt. Allerdings sollte dieses Tief nicht so ausgeprägt sein, dass es für die Unternehmen zu einer existenzbedrohenden Krise werden könnte. Den optimalen Einstiegszeitpunkt erwischt man natürlich nie, aber es reicht schon, ungefähr richtig zu liegen, wenn man bei der Aktienauswahl die nötige Sorgfalt walten lässt. Dann sind mit den Zyklikern weit höhere und schnellere Gewinne möglich als mit ausgesprochenen Wachstumswerten aus Branchen wie Kosmetik oder Nahrungsmittel.

5.
Die dritte Ebene:
Das allgemeine Börsenklima

Die Börse ist ein Marktplatz für Träume und Hoffnungen, sagen die Philosophen. Vor allem aber werden dort Sachwerte gehandelt; zum Beispiel Aktien. Wie an jedem Markt hängt auch an der Börse die Preisgestaltung vom Verhältnis zwischen Angebot und Nachfrage ab. Dieses Verhältnis wiederum wird in erster Linie dadurch geprägt, wie die Marktteilnehmer die relative Attraktivität von Aktienengagements wahrnehmen. Ob die Realität dieser Wahrnehmung entspricht, ist eine andere Frage, deren Beantwortung erst später erfolgt.

Dem Börsenaltmeister André Kostolany haben wir das Bonmot zu verdanken, die Börsentendenz hänge davon ab, ob es mehr Aktien als Dummköpfe oder mehr Dummköpfe als Aktien gebe. Das trifft den Kern, obwohl man den Sarkasmus dieser Aussage – die übrigens nicht von Kostolany selbst stammt, sondern von einem Börsenprofi, den er als junger Mann kennengelernt hat – dämpfen sollte, indem man „Dummköpfe" durch „Anleger" ersetzt.

Die relative Attraktivität von Aktien hängt für Anleger von mehreren Faktoren ab:

- Wie teuer sind Aktien im Vergleich zu anderen Investments?
- Wie hoch ist ihre Rendite im Vergleich zu anderen Investments?
- Wie ist die Chance-Risiko-Relation im Vergleich zu anderen Investments?

Die Antworten auf diese Fragen variieren mit dem Zeitpunkt der Fragestellung. Immer aber wird die Aktie mit anderen Anlagemöglichkeiten verglichen. Wer Geld zu investieren hat, muss schließlich nicht unbedingt Aktien kaufen. Er kann sein Kapital auch in Immobilien oder in Anleihen stecken – und er wird das auch tun, wenn er sich von Aktien nicht eine überlegene Gesamtrendite verspricht. In manchen Phasen

5. Die dritte Ebene: Das allgemeine Börsenklima

stehen die Chancen gut, dass Aktien besser als andere Investments abschneiden werden. Es gibt allerdings auch Zeiten, in denen höchste Vorsicht geboten ist. Dann sollte sich auch der überzeugteste Aktienfan vorsichtshalber mit dem spröden Charme einer vierprozentigen Anleihenrendite anfreunden, denn in solchen Situationen ist Sicherheit Trumpf. Sehen wir uns die wichtigsten Einflussfaktoren auf das allgemeine Börsenklima an.

5. 1. Die Zinsentwicklung

Kaum ein anderer Faktor wirkt sich auf die allgemeine Situation an den Aktienmärkten so nachhaltig aus wie die Zinsentwicklung. Man kann es so ausdrücken: Neben den Unternehmensgewinnen üben die Kapitalmarktzinsen den wichtigsten und stärksten Einfluss auf die Aktienkurse aus. Das hat drei Gründe. Zum ersten kann man den aktuellen Kurs einer Aktie als Summe der abdiskontierten künftigen Gewinne interpretieren. Zum jeweils gegebenen Zeitpunkt sind somit alle Gewinne der Zukunft desto mehr wert, je niedriger das allgemeine Zinsniveau liegt. Wenn man über den Gewinn des kommenden Jahres schon jetzt verfügen möchte, muss man ja ein Darlehen in der entsprechenden Höhe aufnehmen, das verzinst und in einem Jahr mit dem dann erzielten Gewinn getilgt werden muss. Entfällt auf eine Aktie zum Beispiel ein für das kommende Jahr erwarteter Gewinn von zehn Euro, und der Zinssatz für einjährige Darlehen liegt bei zehn Prozent, dann ist dieser Gewinn heute abzüglich Zinsaufwand nur neun Euro wert.

Liegt der Zinssatz aber bei fünf Prozent, so steigt der Wert des künftigen Gewinns auf 9,50 Euro. Für den Gegenwartswert von Gewinnen weiter in der Zukunft liegender Jahre wirkt sich dieser Einfluss noch stärker aus, weil man sie ja mit den Zinsen für mehrere Jahre abdiskontieren muss. Das vorherrschende Zinsniveau beeinflusst also ganz unmittelbar den Wert von Aktien.

Zudem sind festverzinsliche Anleihen an den Wertpapiermärkten dieser Welt die härtesten Konkurrenten von Aktien. Wenn man mit quasi risikolosen Staatsanleihen zehn Prozent Rendite erzielen kann, dann werden sich viele Investoren gut überlegen, ob sie ihr Kapital dennoch den Risiken des Aktienmarkts aussetzen wollen. Sind mit Anleihen dagegen nur magere Renditen zu erzielen, dann steigt die Attraktivität von Aktienengagements. Hier spielt natürlich auch die Inflationsentwicklung eine

Rolle. Um die Realverzinsung von Anleihen zu berechnen, muss man von der Bruttorendite die Inflationsrate abziehen.

Der dritte Grund für den starken Einfluss der Zinsentwicklung auf den Aktienmarkt ist darin zu suchen, dass Unternehmen ständig Kapitalbedarf haben, wenn sie investieren und wachsen wollen. Kapitalgesellschaften wie AGs können sich die nötigen Mittel zwar auch durch die Ausgabe neuer Aktien im Rahmen einer ordentlichen Kapitalerhöhung besorgen, aber für die Deckung des laufenden Kapitalbedarfs ist diese Maßnahme weder vorgesehen noch geeignet. Fast jede Aktiengesellschaft wird sich dann und wann Fremdmittel von der Hausbank oder – durch Emission von Anleihen – auf dem Kapitalmarkt besorgen müssen. In diesem Fall spielt es für die Zinslasten und somit für die Gewinnsituation des Unternehmens durchaus eine Rolle, ob die aktuellen Zinsen für Langfristdarlehen bei fünf oder bei acht Prozent liegen. Ein hohes allgemeines Zinsniveau wirkt sich daher auch dämpfend auf die Investitionstätigkeit der Unternehmen und auf die Konjunkturentwicklung aus.

Im allgemeinen kann man also durchaus festhalten: Niedrige oder fallende Zinsen werden von den Aktionären lieber gesehen als hohe oder steigende. Allerdings handelt es sich hier nicht um eine einfache Je-niedriger-desto-besser-Beziehung; einige Einschränkungen sind zu machen.

Wenn sich ein Land allmählich aus einer tiefgreifenden Wirtschaftskrise befreit, dann kann es zu einer Phase gleichzeitig steigender Aktienkurse und Anleihenrenditen kommen. Der Grund ist in erster Linie darin zu suchen, dass zuvor beide auf ein extrem niedriges, nicht dauerhaft haltbares Niveau gesunken sind. Ein anschauliches Beispiel ist die Entwicklung in Japan 1998 und 1999. Außerdem können andere Einflüsse die Auswirkungen der Kapitalmarktrenditen auf die Aktienbörse zeitweise kompensieren oder sogar völlig überdecken. Dabei kann es sich um politische Ereignisse wie die deutsche Wiedervereinigung oder auch um rasant steigende Unternehmensgewinne handeln. Zudem spielt natürlich die Erwartung der Anleger eine sehr wichtige, wenn auch statistisch nur schwer in den Griff zu bekommende Rolle. Wenn die Investoren mit deutlichen Veränderungen der Zinslandschaft und/oder der Unternehmensgewinne rechnen, dann bleibt dies nicht ohne Einfluss auf die Aktien- und Rentenmärkte. Trotz dieser Einschränkungen: Im allgemeinen und vor allem langfristig ist der Zinseinfluss auf die Aktienmärkte nicht zu übersehen.

Der Zinseinfluss auf den Aktienmarkt lässt sich also sowohl in Deutschland als auch in den USA beobachten – und natürlich auch in

5. Die dritte Ebene: Das allgemeine Börsenklima

DAX-30 und Umlaufrendite Rendite zehnjähriger Bundesanleihen,
1990 bis 1999

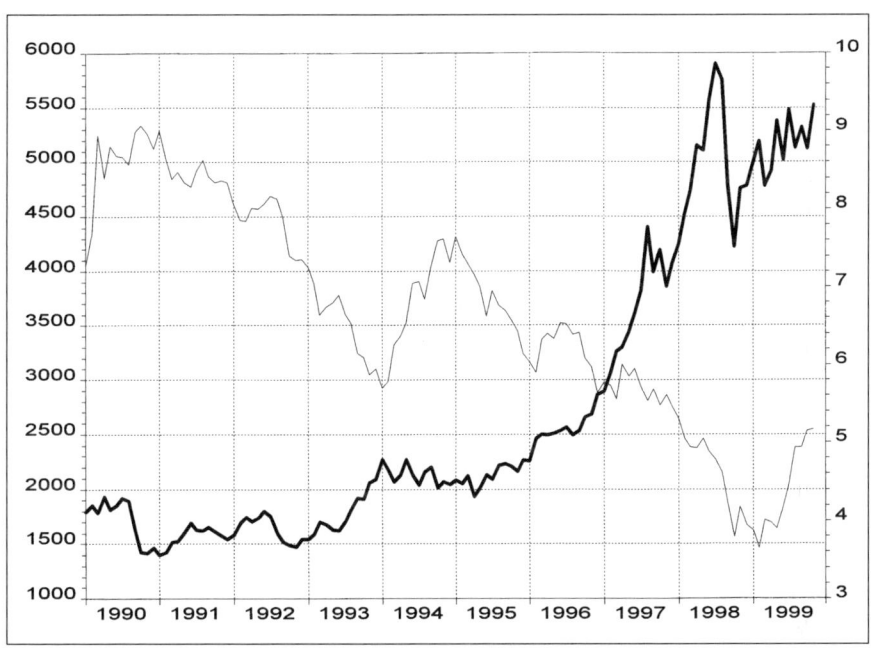

Quelle: Datastream

allen anderen Ländern. In den Vereinigten Staaten gibt es seit Beginn der 90er Jahre allerdings einen der oben genannten Sondereinflüsse: Die Unternehmensgewinne sind länger und zudem auch weitaus kräftiger gestiegen als erwartet. Die von vielen schon seit Jahren prognostizierte hat sich an der Wall Street die längste Haussephase dieses Jahrhunderts etabliert, die noch immer anhält.

Aus den drei obigen Abbildungen sollte auch ersichtlich werden, dass Zins nicht gleich Zins ist. Man muss hier verschiedene Zinssätze unterscheiden; zum Beispiel:

- Schuld- und Guthabenzinsen
- Nominalzins und Umlaufrendite festverzinslicher Wertpapiere
- Die von der Zentralbank festgelegten Leitzinsen.

231

Teil II: Die Bewertung

DAX-30, Diskont- und Lombardsatz der Deutschen Bundesbank, 1990 bis 1999

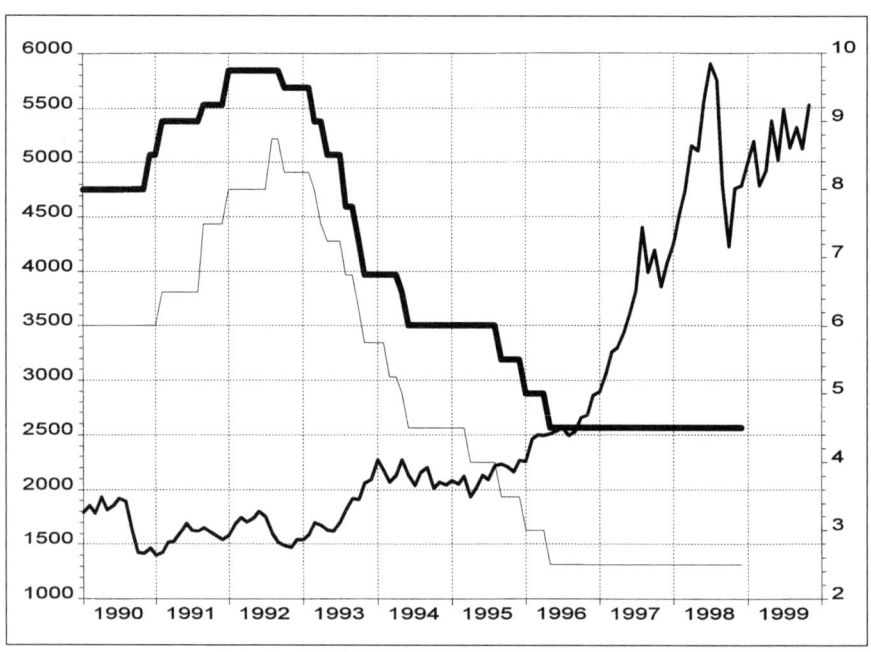

Quelle: Datastream

Letztere werden von den Börsianern mit besonderer Aufmerksamkeit verfolgt. Veränderungen von Diskont- und Lombardsatz erfolgen zwar manchmal als Reaktionen auf Entwicklungen an den Kapitalmärkten, aber sie beeinflussen ihrerseits das Umfeld für künftige Wertpapierengagements. Dies um so mehr, als die Zentralbanken in aller Regel keine sprunghafte, sondern eine schrittweise Zinspolitik verfolgen. Das heißt: Eine Leitzinserhöhung kommt selten allein. Auf eine erste Anhebung des Diskontsatzes folgen in aller Regel noch einige weitere. Kommt es nach mehreren Leitzinssenkungen zu einer ersten Erhöhung, dann denken vor allem die altgedienten und erfahrenen Börsianer schon einmal daran, ihre Aktienpakete zu verkleinern. Es kommt natürlich immer auf die Gesamtsituation an, aber Vorsicht ist in solchen Situationen allemal geboten.

Die sogenannten Leitzinsen, also Diskont- und Lombardsatz, sind die

5. Die dritte Ebene: Das allgemeine Börsenklima

S&P-500 und Rendite zehnjähriger US-Staatsanleihen

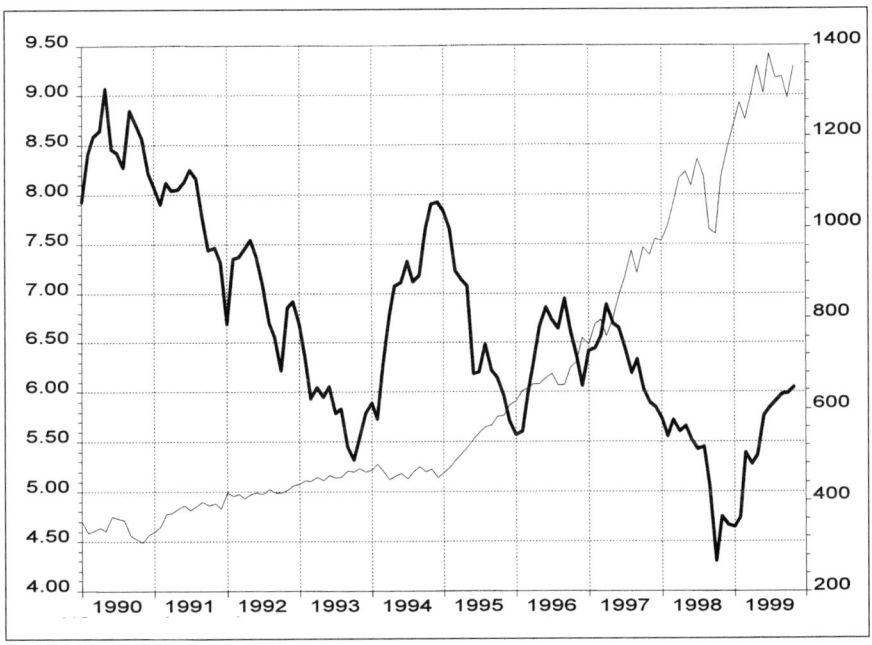

Quelle: Datastream

wichtigsten Instrumente, die die Zentralbank – für Deutschland früher die Deutsche Bundesbank, in Zukunft die Europäische Zentralbank (EZB) – zur Regulierung der Geld und Kreditversorgung der Volkswirtschaft zur Verfügung hat. Sehen wir uns die beiden Zinssätze einmal ein wenig näher an.

Der Diskontsatz ist derjenige Zinssatz, den die Zentralbank den Geschäftsbanken beim Ankauf von Wechseln berechnet. Damit dient er natürlich als Grundlage für Zinsen, die Banken ihrerseits den Kunden für Wechselkredite in Rechnung stellen. Der Diskontsatz gibt somit quasi den Takt für die allgemeine Zinsentwicklung vor.

Der Lombardsatz bezeichnet den Zinssatz, zu dem die Zentralbank den Geschäftsbanken gegen Verpfändung von Wertpapieren Kredite gewährt. Ebenso wie der Diskontsatz wird er nicht sprunghaft und schnell, sondern meist in mehreren Einzelschritten nach oben oder unten verändert. Die beiden Leitzinssätze bewegen sich parallel. Oft werden sie gleichzeitig verändert, was man als recht deutliches Anzeichen einer Bewegung interpretieren darf, die von Dauer sein könnte. Manchmal belässt die Zentralbank allerdings auch den einen Leitzins unverändert und erhöht oder senkt lediglich den anderen. In jedem Fall aber greift sie dadurch in die Geld- und Kreditversorgung der Volkswirtschaft ein – was ja schließlich auch zu ihren wichtigsten Aufgaben gehört. Eine weitere Hauptfunktion der Zentralbanken ist die Wahrung der Geldwertstabilität, also die Vermeidung inflationärer oder deflationärer Entwicklungen.

Vor allem die Deutsche Bundesbank hatte jahrzehntelang den Ruf, extremen Wert auf diesen Aspekt zu legen. Auch Alan Greenspan, Chef der amerikanischen Notenbank FED, gilt als strikter Verfechter einer Politik des stabilen Geldes.

Zur Wahrung der Geldwertstabilität ist es für Zentralbanken unerlässlich, die Entwicklung der Geldmenge zu beobachten und zu steuern. Man unterscheidet dabei drei verschiedene Geldmengenbegriffe:

- Geldmenge M1: Sie bezeichnet das Volumen des umlaufenden Geldes und umfasst den Bargeldumlauf (ohne Kassenbestände der Banken) sowie die Sichteinlagen inländischer Nichtbanken.
- Geldmenge M2: M1 plus Termingelder inländischer Nichtbanken mit Laufzeiten von weniger als vier Jahren.
- Geldmenge M3: M2 plus Spareinlagen inländischer Nichtbanken mit gesetzlicher Kündigungsfrist.

M3 als umfassendster Geldmengenbegriff wird dabei am meisten beachtet. Die Zentralbanken definieren einen bestimmten Korridor für die Entwicklung der Geldmenge, indem sie für einen bestimmten Zeitraum – in der Regel für ein Jahr – eine obere und eine untere Begrenzungsmarke für das Geldmengenwachstum festsetzen.

Wenn die tatsächliche Entwicklung den Zielkorridor nach oben durchbricht, besteht Inflationsgefahr. Eine ausufernde Geldmenge kann bei gleichbleibendem Güterangebot zu steigenden Preisen führen. In diesem Fall wird die Zentralbank den Geldhahn ein wenig zudrehen, indem sie zum Beispiel die Leitzinsen erhöht. Bleibt die Geldmengenentwicklung hingegen unter dem Zielkorridor, dann besteht die entgegengesetzte Gefahr: Es könnte zu deflationären Entwicklungen kommen,

5. Die dritte Ebene: Das allgemeine Börsenklima

weil die Geldversorgung zu knapp ausfällt. Die Zentralbank wird in diesem Fall eine Lockerung der Zinspolitik erwägen, eventuell die Leitzinsen sinken.

Daraus folgt, dass es einen sehr starken Zusammenhang zwischen Geldmengen- und Zinsentwicklung gibt. Da die Zinsen wiederum einen ganz erheblichen Einfluss auf die Aktienmärkte ausüben, sollten Börsianer der Geldmengenentwicklung und den diesbezüglichen Vorgaben der Zentralbanken große Aufmerksamkeit widmen.

Zur Steuerung der Geldmengen und zur Inflationsbekämpfung haben die Zentralbanken nicht nur die Mittel von Diskont- und Lombardsatzveränderungen zur Verfügung. Ein weiteres Instrument, das in den vergangenen Jahren an Bedeutung gewonnen hat, sind Wertpapierpensionsgeschäfte. Die Zentralbank legt den Zinssatz fest, zu dem sie Wertpapiere für einen bestimmten Zeitraum von den Kreditinstituten kauft. Nach Ablauf dieses Zeitraums müssen die Banken die Papiere wieder zurückkaufen. Dieses Instrument der Zinssteuerung ist weniger spektakulär als die Leitzinspolitik. Wenn der Diskontsatz geändert wird, kann man es noch am gleichen Tag in allen Medien erfahren. Das sorgt an den Börsen für großes Aufsehen, Experten werden über die längerfristigen Auswirkungen befragt, kurz: Man wird mit der Nase darauf gestoßen und es ist fast unmöglich, einen solchen Schritt nicht mitzubekommen. Veränderungen der Zinssätze für Wertpapierpensionsgeschäfte genießen keine so große mediale Aufmerksamkeit. Man muss sich also selbst darüber auf dem laufenden halten. Zum Glück ist das kein Problem, weil die aktuellen Sätze zum Beispiel von den überregionalen Tageszeitungen und natürlich erst recht von der Fachpresse veröffentlicht werden

Eine Geldverknappung ist nicht eben das, was sich die Börsianer wünschen. Man kann es sich – stark vereinfacht – in etwa so vorstellen: Eine Politik des „leichten Geldes", also niedriger Leitzinsen, sorgt dafür, dass die Unternehmen sich problemlos und ohne großen Zinsaufwand mit dem Geld versorgen können, das sie für ihre Investitionen brauchen. Geld, das nicht unmittelbar in Investitionen fließt, steht den Kapitalmärkten zur Verfügung. Und hier kann man wirklich sagen: Je mehr, desto besser. Wenn große Volumina liquider Mittel an die Börse fließen, dann führt dies zu erhöhter Wertpapiernachfrage. Falls es zu keiner entsprechenden Angebotsausweitung kommt, bleibt den Kursen praktisch gar keine andere Wahl als zu steigen. Wenn die Zentralbank allerdings die Zinszügel anzieht, dann verteuern sich die Kredite, es kommt zu einer

Teil II: Die Bewertung

Liquiditätsverknappung, und nach allen Gesetzen des Marktes sieht es für Aktien und Anleihen in einem solchen Umfeld eher düster aus.

Eine Nebenwirkung steigender Zinsen ist, dass sich natürlich auch Wertpapierkredite verteuern. Viele Anleger spekulieren auf Kredit, indem sie ein Darlehen aufnehmen das mit den gekauften Wertpapieren besichert ist. Wer so vorgeht, erhält bei steigenden Zinsen gleich von zwei Seiten Druck: Zum ersten wird sein Zinsaufwand höher, und zum zweiten besteht die Gefahr, dass die auf Kredit erworbenen Papiere an Wert verlieren. Sinkt der Depotwert unter die Beleihungsgrenze, die bei Aktien meist etwa 50 oder 60 Prozent der Kreditsumme beträgt, dann kann die Bank eine Erhöhung der Sicherheitsleistung fordern. Der Anleger muss also zumindest teilweise verkaufen, was wiederum das Angebot erhöht und auf die Kurse drückt. Unser Anleger ist ja nicht allein: Tausende andere haben die zuvor niedrigen Zinsen genutzt und Wertpapiere auf Kredit erworben, die sie nun abstoßen müssen. So kann eine Abwärtsspirale entstehen, wodurch das Kursniveau an den Börsen erheblich in Mitleidenschaft gezogen wird. So gehörte die weitverbreitete Spekulation auf Kredit zu niedrigen Zinsen und bei minimalen Sicherheiten zu den Hauptursachen des katastrophalen Crash von 1929.

Da die Zinsen einen so massiven Einfluss auf die Aktienmärkte ausüben, wäre es natürlich von Vorteil, die Entwicklung einigermaßen sicher prognostizieren zu können. Im Prinzip sollte das auch möglich sein, so möchte man meinen, doch die Praxis spricht eine andere Sprache. Manche Fachmagazine befragen regelmäßig angesehene Zinsexperten, zum Beispiel die Chefvolkswirte der deutschen Banken, welche Zinsentwicklung sie für das kommende Jahr erwarten. Dann kann man immer wieder dreierlei feststellen:

- Die Experten neigen mehrheitlich dazu, bereits etablierte Zinstrends in die Zukunft fortzuschreiben. Dies lässt sich selbst dann beobachten, wenn das jeweils aktuelle Zinsniveau bereits an einem im langjährigen Vergleich recht extremen Punkt angelangt ist.
- Es gibt mitunter beachtliche Meinungsverschiedenheiten zwischen den Fachleuten. Besonders interessant in diesem Zusammenhang: Manchmal werden aus ein und demselben Faktum diametral entgegengesetzte Schlussfolgerungen gezogen.
- Die Bilanz nach einem Jahr sieht in der Regel nicht eben be-

5. Die dritte Ebene: Das allgemeine Börsenklima

rauschend aus. Man kann sogar sagen, dass Zinsvorhersagen meist noch weiter daneben liegen als Wechselkurs- oder Aktienmarktprognosen anerkannter Fachleute – und das will einiges heißen.

Worauf soll der Privatanleger also bauen, wenn schon hochbezahlte Experten bei Zinsprognosen nicht gerade durch Treffsicherheit glänzen? Er kann zum Beispiel die Geldmengenentwicklung verfolgen, weil er darauf bauen darf, dass die Zentralbank auf extreme Verläufe mit Zinsmaßnahmen reagieren wird. Er kann auch den Standpunkt der Antizykliker einnehmen und darauf setzen, dass die Mehrheit der Anleger an entscheidenden Wendepunkten falsch liegt. Die Erfahrung spricht in der Tat dafür, dass in dieser Aussage mehr als nur ein Körnchen Wahrheit steckt. Ich kann mich zum Beispiel nicht daran erinnern, dass auch nur ein einziger anerkannter Experte Anfang 1994 den enormen Zinsanstieg bis Oktober an quasi allen etablierten Rentenmärkten dieser Welt richtig prognostiziert hätte. Ebensowenig habe ich im Oktober 1994 Kaufempfehlungen für Anleihen mit langer Restlaufzeit gelesen – obwohl dieser Monat eine goldene Gelegenheit für solche Engagements geboten hat. Anfang 1999, als die Kapitalmarktrenditen in Deutschland auf ein Langfristtief gefallen waren, hörte man wenig über eine eventuell bevorstehende Trendwende. Fast logisch, dass die Zinsen in den folgenden Monaten entgegen aller Prognosen deutlich gestiegen sind.

Man kann also festhalten, dass an den Zinsmärkten oft genau dann Wendepunkte gekommen sind, wenn fast niemand damit rechnet. Die Ansichten der Investoren über die künftige Zinsentwicklung kann man leicht dadurch ermitteln, dass man sich die aktuellen Renditen von kurz- und von langfristigen Anleihen ansieht und die Renditedifferenz mit Daten der Vergangenheit vergleicht.

In der Regel gibt es einen klaren Zusammenhang zwischen Renditen und Laufzeiten: Je weiter der Tilgungszeitpunkt noch in der Zukunft liegt, an dem die Anleihe zurückgezahlt wird, desto höher ist die Rendite. Es ist ja auch logisch: Wenn ein Anleger noch viele Jahre auf die Rückerstattung seines Kapitals warten muss, damit auch noch für lange Zeit den Unwägbarkeiten und Gefahren des Kapitalmarkts ausgesetzt ist, dann wird er dafür relativ hohe Zinsen fordern. Im Gegensatz dazu werfen Kurzläufer nur geringe Renditen ab, weil der Anleger ja schon bald wieder über sein Geld verfügen kann. Wie gesagt: Das ist die Regel. Allerdings sind die Renditeunterschiede von Lang- und Kursfristanlagen nicht immer gleich stark ausgeprägt. Das wiederum liegt in erster Linie daran, dass in der Renditestruktur am Rentenmarkt die Erwartungen der Anleger über die künftige Zinsentwicklung zum Ausdruck kommen. Ist der Unterschied überdurchschnittlich groß, so lässt sich daraus folgern, dass die Nachfrage der Anleger nach Papieren mit langer Laufzeit niedriger ist als gewöhnlich. Das drückt auf die Kurse, und die Renditen steigen. Der Grund dafür könnte sein, dass die Mehrheit der Investoren mit steigenden Zinsen rechnet. Daher fließt weniger Geld in Langläufer, deren Notierungen ja durch einen Anstieg des allgemeinen Zinsniveaus besonders stark in Mitleidenschaft gezogen werden. Kurzläufer, deren Tilgungszeitpunkt in greifbarer Nähe liegt, sind in solchen Situationen dagegen begehrter als sonst. Zum einen spielt die Gefahr sinkender Kurse hier kaum eine Rolle, zum anderen „parken" viele ansonsten langfristig disponierende Anleger ihr Geld in den Kurzläufern. Sie rechnen ja damit, ihr Geld bald zu attraktiveren Zinsen wieder anlegen zu können.

In Extremfällen kann es sogar dazu kommen, dass Kurzläufer höhere Renditen abwerfen als Langläufer. Man spricht dann von einer Zinsinversion oder einer inversen Zinsstruktur. Solche Ausnahmesituationen sind zwar meist nur von kurzer Dauer, aber sie sprechen eine deutliche Sprache: Die überwiegende Mehrheit der Anleger rechnet mit sinkenden Zinsen. Daher versuchen die Investoren, ihr Geld möglichst langfristig anzulegen und kaufen in großem Stil Anleihen mit langen Restlaufzeiten. Das treibt deren Kurse in die Höhe und drückt im Gegenzug auf die Renditen. Die Nachfrage nach Kurzläufern ist dagegen sehr gering, die Renditen sind angesichts der niedrigen Kurse sehr hoch.

Wie schon erwähnt: Die weitverbreitete Erwartung sinkender Zinsen bedeutet nicht, dass sie auch tatsächlich sinken werden. Eher im Gegenteil, denn in solchen Situationen kommt es am Rentenmarkt mitunter zu extremen Renditestrukturen, die sich später selbst dann als unhaltbar erweisen, wenn die Erwartung im Prinzip richtig war. Gerade in solchen Extremlagen hat es sich schon oft als richtig erwiesen, exakt das Gegenteil dessen zu tun, was die Mehrheit der Anleger für richtig hält. Eine gute Übersicht über die aktuelle Zinserwartung am Kapitalmarkt ermöglicht der Vergleich von Dreimonatsgeldern und den Renditen zehnjähriger Anleihen.

Man sieht also deutlich, dass die Erwartungen der Anleger in den mit verschiedenen Anlagezeiträumen verbundenen Renditen deutlichen Ausdruck finden – und dass die Investoren bei weitem nicht immer

5. Die dritte Ebene: Das allgemeine Börsenklima

Dreimonatsgelder und Umlaufrendite zehnjähriger Bundesanleihen im Langfristvergleich

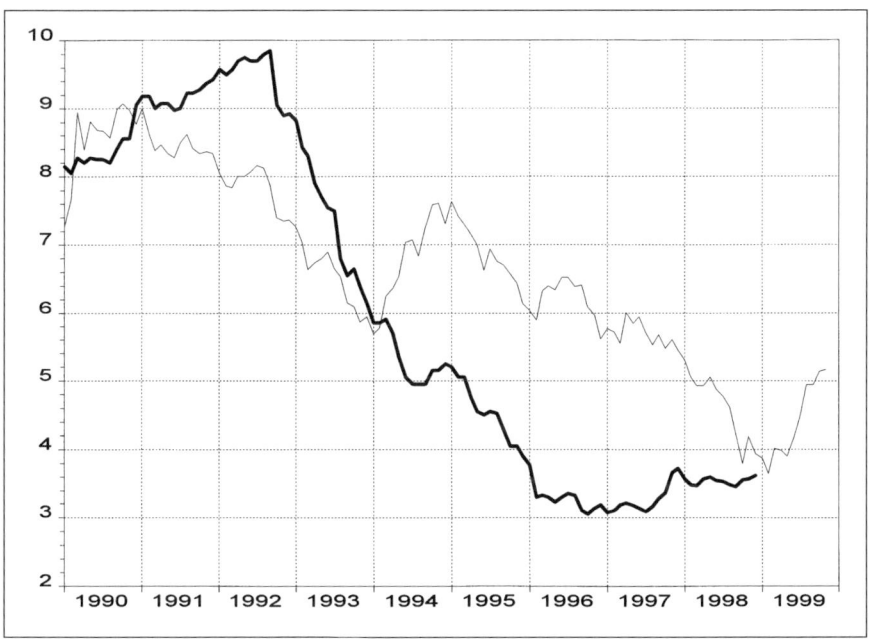

Quelle: Datastream

Recht behalten. Zu groß sind die Unwägbarkeiten. Also bietet es sich durchaus an, lieber gegen die Mehrheit als mit ihr zu agieren. Wenn man die exogenen Einflüsse auf den Aktienmarkt untersucht, dann stellt man sehr schnell fest, dass Zins- und Konjunkturfaktoren eigentlich nicht voneinander zu trennen sind, weil sie sich gegenseitig beeinflussen. Es läuft eher auf die Entscheidung für einen Schwerpunkt der Untersuchung als auf ein Entweder/Oder hinaus. Wechseln wir also nun diesen Schwerpunkt und sehen wir uns die Auswirkungen der Konjunkturentwicklung auf die Aktienmärkte an.

5. 2. Einflüsse durch die Konjunktur- und Währungsentwicklung

Wir haben im vorhergehenden Kapitel über Zinspolitik und Geldmengenwachstum gesprochen, dabei aber zunächst die Frage ausgeklammert, wodurch Geldmengenentwicklung und Kreditnachfrage hauptsächlich beeinflusst werden. Abgesehen von allen anderen ökonomischen und psychologischen Aspekten ist Geld zunächst einmal ein Zahlungsmittel, also ein allgemein akzeptiertes Tauschmittel im Warenverkehr. Das klingt selbstverständlicher als es ist. Bis zur Erfindung des Papiergelds hing der Tauschwert des Geldes, also der entsprechenden Münzen, von ihrem Metallwert ab. In etablierten Volkswirtschaften und in Friedenszeiten ohne Inflationsgefahr wird niemand zögern, eine Banknote im Tausch gegen eine bestimmte Ware zu akzeptieren, aber es gibt Ausnahmen. In Zeiten galoppierender Inflation schwindet der Tauschwert des Geldes rapide dahin. Eine Wirtschaftskrise kann der Währung eines bestimmten Landes ebenso großen Schaden zufügen wie mangelndes Vertrauen der Anleger in die politische Führung. In vielen Entwicklungsländern sind daher US-Dollar oder D-Mark das bevorzugte Tauschmittel, weil die eigene Währung kein Vertrauen genießt. Kein Wunder also, dass die allermeisten Zentralbanken in den etablierten Volkswirtschaften dem Aspekt der Geldwertstabilität allerhöchste Priorität einräumen.

Zinsen wiederum sind nichts anderes als der Preis für Geld oder, genauer gesagt, die Leihgebühr für die zeitweise Verfügungsgewalt über Geld, das später wieder zurückgezahlt werden muss. Wie jeder andere Preis hängt auch der Zins von Angebot und Nachfrage ab. Die Nachfrage nach Geld oder besser: nach Krediten ist nicht konstant. Einen Kredit aufnehmen und Zinsen dafür bezahlen wird nur, wird sich davon einen Nutzen verspricht, der den Aufwand übersteigt. Wenn die Wirtschaft eines Landes eine längere Flaute durchlebt, dann sinkt die Kreditnachfrage. Potentielle Investoren finden nur schwer lukrative Anlagemöglichkeiten. Zumindest aber erscheint die Chance-Risiko-Relation kreditfinanzierter Investitionen in einer solchen Situation alles andere als vielversprechend.

Dagegen steigt die Geldnachfrage, wenn die wirtschaftliche Leistung wächst, die in der Regel anhand der Entwicklung des Bruttoinlandsprodukts (BIP) gemessen wird. Das wiederum führt tendenziell zu steigenden Zinsen.

5. Die dritte Ebene: Das allgemeine Börsenklima

Jährliches Wachstum des deutschen Bruttoinlandsprodukts und Umlaufrendite festverzinslicher Wertpapiere im Langfristvergleich

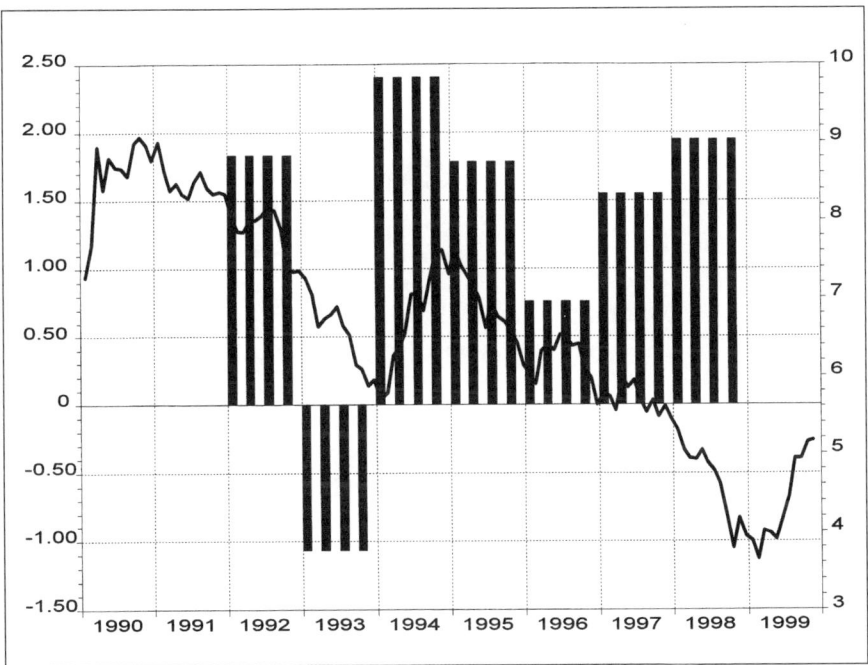

Quelle: Datastream

Die Konjunkturentwicklung wirkt sich also unmittelbar auf die Zinslandschaft aus. Darüber hinaus beeinflusst sie natürlich auch auf andere Weise den Aktienmarkt. Eine anziehende Konjunktur bedeutet schließlich wachsende Umsätze und – eventuell mit gewisser zeitlicher Verzögerung – auch steigende Gewinne der Unternehmen.

Aus den genannten Gründen sehen die Börsianer ein besonders starkes Anziehen der Wirtschaftsleistung mit durchaus gemischten Gefühlen:

- Die Unternehmen verzeichnen Gewinn- und Umsatzwachstum. Das sollte im Prinzip zu einer freundlichen Börsentendenz und zu steigenden Aktienkursen führen.
- Ein unerwartet kräftiges konjunkturelles Wachstum führt unweigerlich zu erhöhter Kreditnachfrage und zu steigenden

Zinsen. Das wiederum wirkt sich in aller Regel negativ auf den Aktienmarkt aus.

Hier ist natürlich auch der Aspekt der Geldwertstabilität zu beachten. Sehr starkes Wirtschaftswachstum birgt die Gefahr steigender Inflationsraten. Phasen verhältnismäßig hoher Inflation ermutigen viele Anleger zu kreditfinanzierten Käufen, da sie die Hoffnung hegen, ihre Verbindlichkeiten später mit „billigerem" Geld wieder zurückzahlen zu können. Ein stabiles Preisniveau wird dagegen die Sparlust der Investoren fördern: Durch Konsumverzicht können sie attraktive Realrenditen für ihre Ersparnisse erreichen.

Zurück zur Konjunkturentwicklung. Sie beeinflusst nicht nur die Situation an den Aktienmärkten, sondern die gesamte Wirtschaft. Entsprechend akribisch wird sie verfolgt. Alle überregionalen Tageszeitungen veröffentlichen regelmäßig Konjunkturprognosen. Während das statistische Bundesamt lediglich rückwirkend über die Veränderung des Bruttoinlandsprodukts informiert, gibt es auch eine ganze Reihe anderer Informationsquellen. Besonders interessant sind die sogenannten Frühindikatoren. Wie ihr Name schon sagt, geben sie Aufschluss über wahrscheinliche Konjunkturentwicklungen der Zukunft, noch bevor sie sich in Umsätzen und Gewinnen der Unternehmen niederschlagen. Zu den wichtigsten konjunkturellen Frühindikatoren gehören:

- Auftragseingänge im verarbeitenden Gewerbe
- Auftragseingänge im Bauhauptgewerbe
- IFO-Geschäftsklimaindex
- Einzelhandelsumsätze
- OECD-Frühindikator

Meist werden hier keine absoluten Zahlen genannt, sondern die Veränderungen im Vergleich zum entsprechenden Vorjahreszeitraum. Wie alle Prognosen sind auch diese mit gewissen Unsicherheiten behaftet und weisen zum Teil beachtliche Fehlerquoten auf. Das heißt in diesem Zusammenhang: Die von einem oder von mehreren Frühindikatoren angedeutete Entwicklung tritt später doch nicht ein. Für Langfristanleger ist folgende Vorgehensweise zu empfehlen: Sammeln Sie die entsprechenden Daten über einen gewissen Zeitraum und vergleichen Sie, wie zutreffend die Prognosen waren. Im Lauf der Zeit entwickeln Sie so ein Gefühl dafür, ob ein bestimmter Indikator tatsächlich wertvolle Hinweise liefert oder nicht. Wie gesagt: Man muss dies über einen längeren Zeitraum tun, denn selbst der beste Indikator kann kurzfristig wertlos werden, weil er von anderen Faktoren konterkariert wird.

Neben der konjunkturellen Entwicklung spielt auch der Währungsaspekt eine wichtige Rolle für die Aktienbörsen, insbesondere für die exportlastigen Branchen. Im Prinzip gilt hier der Zusammenhang: Starke Wirtschaft – starke Währung. Wenn die konjunkturelle Entwicklung in einem Land besonders stabil und robust verläuft und kräftige Steigerungen der gesamtwirtschaftlichen Leistung zu verzeichnen sind, dann steigt die Nachfrage nach der betreffenden Währung. Zwei andere wichtige Aspekte sind hier zu nennen: Zum einen sind da die Anleihenzinsen. Wenn auf eine Fremdwährung lautende festverzinsliche Wertpapiere attraktive Renditen abwerfen, dann werden sich auch ausländische Anleger verstärkt engagieren. Der andere Aspekt ist die Geldwertstabilität: Die schönste Anleihenrendite nützt nichts, wenn die Inflationsrate in dem betreffenden Land hoch ist. Daher sollten Anleger die Realrendite beachten, also die Anleihenrendite nach Abzug der Inflationsrate. Nun wäre es natürlich sehr schön, alle drei positiven Einflussfaktoren vereint zu finden:

- starkes Wirtschaftswachstum
- hohe Anleihenrenditen
- niedrige Inflationsraten

So etwas gibt es selten. Es kann für Anleger jedoch durchaus attraktiv sein, in auf Fremdwährungen lautende Wertpapiere zu investieren. Zum Beispiel haben japanische Anleger jahrelang den amerikanischen Bondmarkt quasi aufgekauft – und damit das Wirtschaftswachstum in den USA zum großen Teil finanziert –, weil die amerikanischen Renditen weitaus attraktiver waren als die japanischen. Eine starke Währung ist sozusagen die Belohnung für eine gesunde Wirtschaftsentwicklung. Diese Belohnung wird jedoch nicht immer gern gesehen. Vor der Einführung der gemeinsamen europäischen Währung hatte die deutsche Wirtschaft ihre Probleme mit der Stärke der D-Mark im Vergleich zu fast allen Fremdwährungen. Vor allem die Konkurrenzfähigkeit deutscher Exporteure litt darunter, dass Mitanbieter aus Schwachwährungsländern deutlich günstigere Preise kalkulieren konnten. Eine Schwäche der eigenen Währung kann dagegen für Exportunternehmen ein wahrer Segen sein. Das lässt sich an einem einfachen Beispiel veranschaulichen: Ein deutsches Unternehmen verkauft an einem amerikanischen Großhändler Maschinen im Auftragsvolumen von 10 Millionen Dollar. Der Wechselkurs des Dollar steht zum Zeitpunkt des Vertragsabschlusses bei 1,50 Mark. Da bis zu Lieferung und Bezahlung einige Monate vergehen, kann in der Zwischenzeit einiges geschehen. Nehmen wir an, der Dollar legt an Wert zu und steht zum Zeitpunkt der Bezahlung bei 1,80 Mark. Das Auftragsvolumen in Mark beträgt nun statt 15 plötzlich 18 Millionen. Drei Millionen an zusätzlichen Erlösen hat das Unternehmen allein der Wechselkursentwicklung zu verdanken. Man nennt das neudeutsch *„Windfall Profits"*, also Gewinne, die dem Unternehmen ohne eigenes Zutun gleichsam in den Schoß fallen. Sinkt der Dollar in unserem Beispiel aber auf 1,30 Mark, dann hat der deutsche Exporteur ein Problem. Er erlöst statt 15 nur zwölf Millionen Mark. Wenn der Auftrag knapp kalkuliert war, steht unter dem Strich wahrscheinlich ein erheblicher Verlust. So etwas kann einen Exporteur in den Ruin treiben. Kein Wunder also, dass sich exportabhängige Unternehmen an den Devisenterminmärkten gegen solche bösen Überraschungen absichern müssen.

Die gemeinsame europäische Währung hat die Situation ein wenig verändert. Wechselkursrisiken entfallen, wenn der Kontrahent zwar aus einem anderen Land kommt, aber dennoch in der gleichen Währung kalkuliert. Bei Geschäften, die in Yen oder US-Dollar abgewickelt werden, sind Währungsschwankungen für deutsche Unternehmen allerdings noch immer ein Thema.

5. 3. Politische Einflussfaktoren

„Politische Börsen haben kurze Beine" – so lautet eine alte Börsenweisheit. Damit ist gemeint, dass die Anleger auf politische Ereignisse wie zum Beispiel einen Regierungswechsel oft sehr heftig reagieren, sich aber meist schon nach kurzer Zeit wieder auf die fundamentalen Rahmendaten besinnen. Diese verändern sich durch einen überraschenden Wahlausgang meist gar nicht so dramatisch wie befürchtet. Daher beruhigt sich das Börsengeschehen schnell wieder, und die Investoren gehen zur Tagesordnung über. Also „Business as usual" nach einer kurzen Phase der Turbulenzen.

Dennoch sollte man politische Einflüsse auf die Börse nicht unterschätzen. Zumindest dann nicht, wenn sie von Dauer sind oder regelmäßig wiederkehren.

5. Die dritte Ebene: Das allgemeine Börsenklima

In demokratischen Staaten – also zum Glück in allen Ländern mit seit langem etablierten Wertpapiermärkten – sollte man zum Beispiel dem Zyklus der Legislaturperioden Beachtung schenken. Was die Wähler oft nur ahnen, lässt sich statistisch nachweisen: Im ersten Jahr nach einer gewonnenen Wahl macht sich oft Enttäuschung über die neue Regierung breit, weil sie den Bürgern all die Grausamkeiten und unpopulären Maßnahmen zumutet, ja zumuten muss, von denen im Wahlkampf allenfalls am Rande die Rede war. Die jeweils ersten Jahre einer Legislaturperiode sind daher oft keine besonders guten Börsenjahre – vor allem nicht nach einem Regierungswechsel. Dagegen sind die Vorwahljahre dadurch gekennzeichnet, dass die amtierende Regierung ein Füllhorn an Wohltaten über die Bürger ausschüttet, um sich gute Chancen für die Wiederwahl zu sichern. Der Einfluss dieser Maßnahmen auf die Börse ist nicht zu unterschätzen. Es handelt sich dabei zweifellos um einen der bedeutendsten exogenen Einflussfaktoren auf die Aktienkurse.

Die Amerikaner, die ja bekanntlich eine besondere Vorliebe für alles haben, was sich statistisch erfassen lässt, haben das eindrucksvoll belegt. Die folgenden Daten habe ich dem Beitrag „Forecasting Formulas for Unpredictable Wall Street" von James K. Glassmann, entnommen, der in „*International Herald Tribune*" vom 19. Dezember 1998 erschienen ist.

Der Zusammenhang zwischen der Börsenentwicklung eines Jahres und dem amerikanischen Präsidentschaftszyklus ist signifikant: Seit 1832 verlief die durchschnittliche Entwicklung des Dow Jones Industrial Average – der für die Zeit vor seiner Einführung 1896 statistisch zurückberechnet wurde – wie folgt:

Wahljahre + 7 Prozent
1. Jahr nach der Wahl + 2 Prozent
2. Jahr nach der Wahl + 4 Prozent
Vorwahljahre + 10 Prozent

Im Durchschnitt legte der amerikanische Aktienmarkt in Vorwahljahren also fünfmal so stark zu wie im ersten Jahr der Legislaturperiode. Der Gesamtanstieg während der Vorwahl- und der Wahljahre betrug seit 1832 genau 703,2 Prozent. Im ersten und zweiten Jahr der Präsidentschaftszyklen legte der Markt nur um 235,7 Prozent zu.

Natürlich gab es Ausnahmen von der Regel: 1995 war ein Nachwahljahr, und dennoch kam es zum stärksten Anstieg der 90er Jahre. Dennoch ist es frappierend, wie stark sich der Präsidentschaftszyklus auf die

Teil II: Die Bewertung

Börse auswirkt – vor allem, wenn man die Länge des Beobachtungszeitraums bedenkt. Vor allem sind die Performance-Unterschiede zwischen den einzelnen Jahren viel zu groß, um zufallsbedingt sein zu können. Man kann sich zwar nicht darauf verlassen, dass diese politischen Ereignisse jederzeit wirksam sind – ebenso wie die Zinsentwicklung können sie vorübergehend von anderen Faktoren konterkariert werden –, aber langfristig ist ihr Einfluss nicht wegzuleugnen. Das gilt natürlich nicht nur für die USA, sondern für alle Staaten, in denen regelmäßig Präsidentschafts- und/oder Parlamentswahlen abgehalten werden.

Neben diesen periodischen Einflüssen der Politik auf die Börse gibt es natürlich noch einige andere. Instabile politische Verhältnisse, die Gefahr von Unruhen oder gar Bürgerkriegen können bestimmte Börsen über einen langen Zeitraum belasten. Beispiele hierfür sind Russland oder Südafrika. Der letztgenannte Fall ist besonders interessant. In den Zeiten der Apartheid war es in Europa und vor allem in den USA verpönt, südafrikanische Aktien zu kaufen. Als die systematische Rassendiskriminierung abgeschafft wurde, rechneten viele mit einem starken Aufschwung der Börse Johannesburg. Schließlich gehört dieser Handelsplatz zu den traditionsreichsten der Welt. Es kam allerdings anders, denn das neue System erschien den ausländischen Investoren zwar sympathisch und unterstützenswert, aber von vielen Seiten bedroht. Trotz beeindruckenden Wirtschaftswachstums floss daher wenig Geld in die Kaprepublik. Hinzu kam natürlich, dass der Bergbau, vor allem die Goldproduktion, für die südafrikanische Wirtschaft eine sehr bedeutende Rolle spielt. Mit Aktien aus diesen Branchen aber war während der 90er Jahre auch in anderen Ländern nicht viel zu holen.

Politische Einflüsse können sich auf die gesamte Börsensituation eines Landes auswirken, noch stärker aber ist der Einfluss auf solche Branchen, die von geplanten politischen Veränderungen besonders betroffen sind. So gerieten nach dem Amtsantritt Bill Clintons die Pharmawerte unter Druck, denn die geplante Gesundheitsreform in den USA, so befürchtete man, würde die Gewinne in dieser Branche massiv beeinträchtigen. Die Entwicklung der amerikanischen Pharmawerte zwischen 1992 und 1996 war quasi ein Lehrstück dafür, wie die Börse funktioniert. Schon die Ankündigung der Reform sorgte dafür, dass die Branche bei den Anlegern ins Abseits geriet. Erst allmählich stellte sich heraus, dass die politischen Maßnahmen wohl nur in stark angeschwächter Form durchsetzbar sein würden – und vor allem blieb der befürchtete Gewinneinbruch aus. Es folgten fulminante Kursanstiege von Titeln wie Merck, Pfizer

5. Die dritte Ebene: Das allgemeine Börsenklima

oder Schering-Plough. Das Ausbleiben eines befürchteten politischen Einflusses kann also quer durch eine ganze Branche für ein Kursfeuerwerk sorgen.

Ein weiteres Beispiel für die erwähnten Zusammenhänge war nach dem Regierungswechsel in Deutschland 1998 zu beobachten. Eine rotgrüne Bundesregierung war so ziemlich das Letzte, was sich die Manager der großen Energieversorgungskonzerne gewünscht hatten. Schließlich war und ist der Abschied von der Kernenergie eines der wichtigsten politischen Ziele der Grünen. Die Partei ist ja aus der Anti-Kernkraft-Bewegung der späten 70er und der 80er Jahre hervorgegangen. Folglich waren Aktien wie Veba, Viag oder RWE nach dem Regierungswechsel zunächst wenig gefragt. Es stellte sich jedoch bald heraus, dass es für die neue Regierung gar nicht so einfach sein würde, die Energiekonzerne zu irgend etwas zu zwingen, was diese nicht wollten. Schließlich gab es Verträge, Betriebsgenehmigungen für viele Jahre, Arbeitsplätze standen auf dem Spiel, und außerdem waren sich die Koalitionäre selbst nicht einig, was sie denn nun eigentlich durchsetzen wollten. Wieder war zu beobachten, dass die Vorwegnahme einer schlechten Nachricht an der Börse oft gute Kurschancen eröffnet, wenn es dann doch nicht so schlimm kommt wie befürchtet.

Es gibt Branchen, deren Wohlergehen in den vergangenen Jahren mehr von politischen Entscheidungen abhängig war als von irgend etwas anderem. Vor allem ist hier die Goldbranche zu nennen. Die Nachfrage nach Gold überstieg seit einiger Zeit recht deutlich die jährliche Weltproduktion, und nach den Gesetzen des Marktes hätte das eigentlich zu einem kräftigen Preisanstieg führen müssen. Allerdings darf man in dieser Branche Neuproduktion und Marktangebot nicht verwechseln. Die Notenbanken dieser Welt horten gewaltige Goldbestände. In vielen Ländern entschied man sich nun dazu, diese Vorräte abzubauen und Gold zu verkaufen. Eine rein politische Entscheidung also, die sich massiv auf das Verhältnis von Angebot und Nachfrage auswirkte.

Das führte dazu, dass die fundamentale Analyse bei Goldminenaktien jahrelang vollkommen versagte. Einige Autoren (zum Beispiel Jack Schwager in *„Fundamental Analysis"*, New York, 1995) kommen sogar zu dem Urteil, dass fundamentale Bewertungsmethoden auf die Goldbranche prinzipiell nicht anwendbar sind. Der Grund liegt auf der Hand: Der wichtigste Einfluss auf die Preisbildung, nämlich das Marktverhalten der Zentralbanken, ist nicht prognostizierbar. Daher müssen fundamentale Methoden hier versagen. Mit technischer Analyse kommt man allerdings auch nicht viel weiter, da die Entwicklung der Vergangenheit keine Rückschlüsse auf das künftige Verhalten der Notenbanken zulässt. Zumindest in den 90er Jahren war es somit mehr oder weniger Glückssache, mit Goldminen an der Börse Gewinne zu erzielen.

Wie wir gesehen haben, müssen die verschiedenen politischen Einflüsse auf die Börse getrennt betrachtet werden. Einige lassen sich mit großer Sicherheit prognostizieren und können somit in eine langfristig ausgerichtete Anlagestrategie einbezogen werden. In erster Linie gilt dies für den Einfluss der Legislaturperioden. Andere kann man nur ahnen, aber nicht vorhersagen. Von geplanten Goldverkäufen der Notenbanken erfährt man in der Regel erst aus der Presse. Wieder andere lassen sich zwar prognostizieren, aber ihre längerfristigen Auswirkungen hängen von so vielen Unwägbarkeiten ab, dass sie unter strategischen Gesichtspunkten kaum verwertbar sind. Hierzu zählen Einflüsse auf bestimmte Branchen durch politische Maßnahmen, vor allem nach einem Regierungswechsel.

Natürlich gibt es auch noch den Faktor X: Völlig überraschende politische Einflüsse wie Kriegsausbrüche, Putschversuche, Attentate, Invasionen und dergleichen. Mit solchen Ereignissen muss man zwar immer rechnen, aber man kann sie in keiner Weise vorhersehen. Es liegt zudem in der Natur solcher Dinge, dass sie einen negativen Einfluss auf das Börsengeschehen ausüben. Ein politisches Ereignis, das aus heiterem Himmel kommt und sich positiv auf die Börsen auswirkt, kann man sich kaum vorstellen. Die Erfahrung lehrt, dass man sich in solchen Situationen nicht von der Panik anderer Anleger anstecken lassen darf, sondern kühlen Kopf bewahren muss.

In der Regel bieten sich sogar langfristig vielversprechende Kaufchancen, wenn die Masse der Anleger jede Vernunft fahren lässt. Ein Patentrezept für solche Situationen gibt es allerdings nicht. Völlig überraschende politische Ereignisse gehören nun einmal zu den Dingen, mit denen ein Börsianer leben muss, ohne sie prognostizieren oder beeinflussen zu können.

Überhaupt muss man sich von der Wunschvorstellung verabschieden, alle in diesem Kapitel genannten Einflussfaktoren auf ein bestimmtes Aktienengagement in den Griff zu bekommen. Wie wir gesehen haben, spielen neben dem Unternehmen selbst und seiner Branchenzugehörigkeit auch Dinge eine Rolle, die auf den ersten Blick nichts, auf den zweiten wenig und erst auf den dritten eine ganze Menge mit dem Schicksal einer bestimmten Aktie zu tun haben. Man muss Währungsschwankun-

5. Die dritte Ebene: Das allgemeine Börsenklima

gen, Zinsentwicklungen und den Konjunkturverlauf mit einkalkulieren, von den Unwägbarkeiten politischer Einflüsse ganz zu schweigen.

Es ist also kein leichtes Unterfangen, sich für die richtige Aktie aus der richtigen Branche und dem richtigen Land zu entscheiden. Immerhin reicht es für den Börsenerfolg, einigermaßen richtig zu liegen. Perfektion ist nicht zu erreichen und eigentlich auch gar nicht gefragt. Man kann an der Börse mit einem gewissen Quantum an Irrtümern, Fehlschlägen und Flops leben, wenn man deren Auswirkungen von vorneherein begrenzt. Die Umsetzung der Wertpapieranalyse in sinnvolle, langfristig erfolgreiche Anlagestrategien ist Thema des folgenden Abschnitts.

Teil III

Die Strategie

Um es noch einmal ganz deutlich zu sagen: Im Prinzip sind Aktien Langfristanlagen. Wer auf schnelle Gewinne aus ist, sollte sich auf Optionstrading oder auf Warrants verlegen. Natürlich kann man, ein wenig Glück vorausgesetzt, auch mit Aktien relativ schnell in die Gewinnzone kommen. Darauf kommt es aber eigentlich gar nicht an – so erfreulich es sein mag. Auch die Möglichkeit, durch Zeichnungsgewinne bei Neuemissionen einen schnellen Profit einzustreichen, wollen wir hier außer Acht lassen. Der große Vorteil der Aktienanlage, nämlich die Beteiligung an einem Unternehmen, dessen Gewinnentwicklung zu langfristiger Wertsteigerung führt, setzt langen Atem und sorgfältige Planung voraus. Wenn wir uns nun mit bewährten Strategien an den Aktienmärkten beschäftigen, dann sind damit in aller Regel Anlagekonzepte für einen Zeitraum von mindestens ein bis drei Jahren gemeint. Auch kurzfristigere Vorgehensweisen werden in diesem Abschnitt behandelt, aber jeder Anleger muss sich über eines im Klaren sein: Das Ausnutzen eines kurzfristigen Trends oder die Reaktion auf ein charttechnisches Signal hat wenig mit Strategie zu tun. Es sei denn – und das ist ein entscheidender Unterschied –, ein Anleger spezialisiert sich darauf, an der Börse plan- und regelmäßig so vorzugehen.

Ein Blick ins Lexikon macht es deutlich. In Meyers großem Taschenlexikon in 24 Bänden findet man unter dem Stichwort „Strategie" folgende Definition: „Entwurf und Ausführung eines Gesamtkonzepts, nach dem der Handelnde (in der Auseinandersetzung mit anderen) ein bestimmtes Ziel zu erreichen sucht, im Unterschied zur Taktik, die sich mit den Einzelschritten des Gesamtkonzepts befasst". Genau dieser Unterschied wird oft nicht beachtet: Strategie setzt einen Plan und ein Konzept voraus, und sie muss längerfristig angelegt sein, denn sonst verdient sie diese Bezeichnung nicht und ist allenfalls Taktik.

In den vergangenen Jahren ist eine Vielzahl von Büchern erschienen, die sich mit Strategien an den Aktienmärkten beschäftigen. Einige der

Teil III: Die Strategie

Autoren gehören zu den erfolgreichsten Investoren der Welt. Sie haben also in der Börsenpraxis bewiesen, dass ihre Vorgehensweisen tatsächlich überdurchschnittliche Renditen erbringen. Nun wird es einem Kleinanleger allerdings schwerfallen, die Strategien eines Warren Buffett, eines Peter Lynch oder eines Jim Rogers exakt nachzuahmen. Der Grund ist simpel: Diese Leute waren und sind Profis, die es sich zum Beruf gemacht haben, an den Wertpapiermärkten dieser Welt zu investieren. Ihnen steht oder stand ein ganzes Heer von Analysten, Marktbeobachtern und sonstigen Helfern zur Verfügung. Diese Assistenten sondieren die Märkte und suchen nach lukrativen Anlagemöglichkeiten. Auch die beste Strategie nutzt schließlich nichts, wenn das Rohmaterial nichts taugt, wenn sie also auf die falschen Papiere angewendet wird. Hinzu kommt: Auch die berühmtesten Investoren dieser Welt – wie gesagt allesamt Profis mit einem umfangreichen Stab hochqualifizierter Assistenten – haben im Lauf ihres Börsenlebens den einen oder anderen Bock geschossen. Und sie haben Jahre ja sogar Jahrzehnte gebraucht, um die Gurus zu werden, als die man sie heute kennt.

Der „normale" Anleger hat gegenüber solchen Profis natürlich einige Nachteile. Er hat in der Regel noch anderes zu tun, als sich ganztägig dem Börsengeschehen zu widmen, weil er einem Beruf nachgeht, der wenig oder nichts mit Aktien zu tun hat. Zudem ist er auf sich allein gestellt. Manche Anleger schließen sich zwar zu Investmentclubs zusammen, um ihre Erfahrungen und auch ihr Kapital zu bündeln, aber die Resultate eines solchen gemeinsamen Vorgehens sind nicht notwendigerweise besser als die eines einzelnen Anlegers. Außerdem haben Profis den oft sehr schwerwiegenden Vorteil, weit näher am Börsengeschehen zu sein als Freizeitbörsianer. Sie müssen nicht unbedingt Zugang zu Insiderinformationen haben, aber oft ist es schon wertvoll genug, zu den ersten zu gehören, die öffentlich zugängliche Neuigkeiten erfahren. Und wer seinen Arbeitstag vor einem Reuters-Monitor verbringt hat in dieser Hinsicht eben bessere Karten als sein Nachbar, der zur selben Zeit Kinder unterrichtet, Fliesen verlegt oder Kundengespräche führt.

Neben den erwähnten Handicaps haben Kleinanleger gegenüber den Profis aber auch einen nicht zu unterschätzenden Vorteil: Sie investieren auf eigene Rechnung, mit eigenem Geld, und sie sind keiner unmittelbaren Konkurrenz ausgesetzt. Ganz im Gegensatz zu Profis, wie zum Beispiel Fondsmanagern. Diese müssen den Anteilseignern, die ihnen ihr Geld anvertraut haben, regelmäßig Rechenschaft ablegen. Wenn ein Fondsmanager über mehrere Quartale schlecht abschneidet, kann er seinen Job verlieren. Dieser permanente Wettbewerbsdruck führt dazu, dass solche Investmentprofis viele der besten und bewährtesten Langfriststrategien gar nicht anwenden können, denn bei diesen Vorgehensweisen braucht man manchmal viel Geduld. Der Privatanleger dagegen ist nur sich selbst Rechenschaft über seine Erfolge schuldig. Diesen Vorteil sollte man nicht unterschätzen.

Wenn man die Bücher erfolgreicher Investoren liest oder mit erfahrenen Börsianern spricht, stellt man immer wieder fest, dass es nicht einen, sondern sehr viele Wege zum Börsenerfolg gibt. Manche Anleger kaufen grundsätzlich nur Aktien, die sie nach bestimmten fundamentalen Kriterien für unterbewertet halten. Andere verlassen sich auf Chartsignale. Wieder andere konzentrieren sich auf die Titel der Marktführer aus Wachstumsbranchen oder auf die jeweils dividendenstärksten Aktien aus wichtigen Indizes wie dem DAX oder dem Dow Jones. Auch hinsichtlich des Investitionszeitraums gibt es große Unterschiede: Manche stellen jedes Jahr ein neues Depot zusammen, andere halten jeden einzelnen Titel, bis ein bestimmtes Kursziel erreicht oder ein Stopp-Kurs unterschritten ist. Für alle diese Vorgehensweisen gibt es gute Argumente, und die Verfechter der einzelnen Strategien haben oft große Erfolge vorzuweisen (dass sie über die unvermeidlichen Misserfolge weniger gern reden ist nur allzu menschlich). So verschieden die Vorgehensweisen auch sein mögen, alle oder zumindest fast alle erfolgreichen (und ehrlichen) Investoren betonen zwei Aspekte:

1. Der Anleger muss eine Strategie anwenden, die nachweislich überdurchschnittliche Erfolge bringt und die zu seiner Persönlichkeitsstruktur passt.
2. Er muss diszipliniert genug sein, dieser Strategie treu zu bleiben, auch wenn er zwischenzeitlich Misserfolge und Verluste erleidet.

Mit anderen Worten: Man darf sich nicht verzetteln, immer wieder einmal etwas Neues ausprobieren oder auf zu vielen Hochzeiten tanzen. Die meisten wirklich bewährten Strategien funktionieren nur langfristig. Es kann geschehen, dass man ein, zwei magere Jahre überstehen muss, bis der Erfolg kommt. Es kann sogar sein, dass ein erfahrener Börsianer für eine Weile schlechter abschneidet als sein Nachbar, der zum ersten Mal in seinem Leben Aktien kauft und gleich einen Glückstreffer landet. Das gehört zum Spiel, und wer der Strategie treu bleibt, die er als richtig und zu ihm passend erkannt hat, wird auf die Dauer zu den Gewinnern gehören.

Manche Autoren bemühen sich auch, eine Reihe von Erfolgsregeln für den Börsenerfolg aufzustellen. In dem recht lesenswerten Werk „Trading the Plan" von Robert Deel (John Wiley & Sons, New York, 1997) findet sich zum Beispiel die folgende Aufzählung der Unterschiede zwischen Gewinnern und Verlierern an der Börse:

1. Gewinner lernen aus ihren Fehlern, Verlierer lernen nicht.
2. Gewinner geben nicht irgend jemand anderem die Schuld an ihren Verlusten. Verlierer beschuldigen jeden anderen, nur nicht sich selbst.
3. Gewinner gehen kalkulierte Risiken ein. Verlierer riskieren einfach etwas.
4. Gewinner lernen, ihre Emotionen zu kontrollieren. Verlierer haben wenig oder keine Kontrolle über ihre Gefühle.
5. Gewinner lernen hinzu und werden immer besser. Verlierer haben für so etwas keine Zeit.
6. Gewinner befolgen ein System von Regeln. Verlierer kennen keine Regeln, die sie befolgen könnten.
7. Gewinner nutzen ihre Stärken und minimieren ihre Schwächen. Verlierer kümmern sich nicht um ihre Schwächen.
8. Gewinner entwerfen einen Erfolgsplan. Verlierer agieren planlos.
9. Gewinner diversifizieren ihre Verlustrisiken. Verlierer setzen alles auf eine Karte.

Diese Differenzierung mag ein wenig plakativ und vordergründig klingen, aber sie zählt einige sehr wichtige Aspekte auf: Wer an der Börse Erfolg haben will, muss einen Plan haben, Risiken kontrollieren und aus seinen Fehlern lernen. Ansonsten wird er allenfalls Zufallserfolge erzielen, und seine Verluste werden seine Gewinne langfristig überwiegen. Deel betont auch die Bedeutung der Emotionen, die durch Gewinne und Verluste ausgelöst werden. Das tun eigentlich alle Fachbuchautoren, manche allerdings sehr oberflächlich und laienhaft. Damit betreten wir ein weites Feld.

1.
Börsenpsychologie: Leid und Freud

Um es gleich vorweg zu sagen: Meiner Meinung nach ist über keinen anderen Aspekt des Börsengeschehens soviel Unsinn gesagt, gesendet und gedruckt worden wie über die Psyche des Anlegers. Dabei sind zwei Aspekte zu unterscheiden:

- Der Anleger als Individuum, das eigenständige, rationale Entscheidungen trifft.
- Der Anleger als Mitglied einer Masse, das auf die Entscheidungen anderer reagiert, und zwar oft auf irrationale Art und Weise.

Besonders der zweite Aspekt wird in der Literatur immer wieder betont. Die meisten Autoren berufen sich dabei ausdrücklich auf Gustave Le Bon und sein Buch „Psychologie der Massen".

Ich gehe jede Wette ein, dass die meisten dieser Autoren das Buch nie gelesen haben.

Das wäre leicht im Einzelnen zu belegen, jedoch ein wenig langatmig. Ein einziges Zitat aber sollte zeigen, dass die von Le Bon geschilderte Beeinflussung des Einzelnen durch die Masse mit der Situation eines Börsianers wenig zu tun hat, ja sogar im Gegensatz zu ihr steht:

„In der Menge ist jedes Gefühl, jede Handlung ansteckend, und zwar in so hohem Grade, dass das Individuum sehr leicht sein persönliches Interesse dem Gesamtinteresse opfert. Es ist dies eine seiner Natur durchaus entgegengesetzte Fähigkeit, deren der Mensch nur als Massenbestandteil fähig ist." (Gustave Le Bon, Psychologie der Massen).

Le Bon beschreibt hier Phänomene wie Kriegsbegeisterung und die Bereitschaft zur Selbstaufopferung, hervorgerufen durch ein suggeriertes „höheres" Ziel. Nun stimmt es zwar, dass Börsianer speziell in crashartigen Situationen nicht wesentlich rationaler als eine Hammelherde agieren, aber das Motiv ist geradezu das Gegenteil dessen, das Le Bon schildert: Jeder Einzelne will seine Haut beziehungsweise sein Geld retten, und nichts liegt ihm ferner als ein wie auch immer geartetes Gruppeninteresse. Zudem setzt Le Bons Begriff der Masse die Existenz eines Führers voraus, dem sich die zu einer willenlosen Ansammlung verschmolzenen Menschen unterwerfen und dem sie blind folgen. Und schließlich betreffen Le Bons Schilderungen von Massenphänomenen durchwegs tatsächliche Ansammlungen von Menschen, setzen also physische Nähe voraus. Auch unter diesem Gesichtspunkt entspricht die Gesamtheit der Börsianer nicht dem, was Le Bon als Masse verstanden und beschrieben hat. Zumindest heute nicht mehr, da sich die Anleger ja nicht wie im 19. Jahrhundert im Börsengebäude treffen.

Es gäbe noch viele andere Argumente, aber die will ich mir und Ihnen ersparen. Fakt ist: Irgendwann einmal hat ein Börsenbuchautor Le Bon gelesen und gründlich missverstanden, später haben viele von ihm abgeschrieben, ohne sich die Mühe der eigenen Lektüre zu machen. Das soll nicht heißen, dass Le Bons Erkenntnisse für Börsianer uninteressant wären. Noch ein wenig lesenswerter: „Massenpsychologie und Ich-Analyse" von Sigmund Freud, dem Begründer der Psychoanalyse, der sich ausführlich mit Le Bons Thesen beschäftigt hat. Freud beschreibt anhand von zwei Beispielen, der Armee und der Kirche, die Masse als Kollektiv, dessen Mitglieder durch libidinöse, also gefühlsmäßige Bande zusammengehalten werden. Auch diese Definition trifft auf die Gesamtheit der Börsianer nicht zu, obwohl Freuds Schilderung einer Massenpanik das Geschehen bei einem Börsencrash durchaus trifft: „Einen Wink ebendahin, das Wesen einer Masse bestehe in den in ihr vorhandenen libidinösen Bindungen, erhalten wir auch in dem Phänomen der Panik, welches am besten an militärischen Massen zu studieren ist. Eine Panik entsteht, wenn eine solche Masse sich zersetzt. ... Die gegenseitigen Bindungen haben aufgehört, und eine riesengroße, sinnlose Angst wird frei. Natürlich wird auch hier wieder der Einwand naheliegen, es sei vielmehr umgekehrt, indem die Angst so groß gewachsen sei, dass sie sich über alle Rücksichten und Bindungen hinwegsetzen konnte." (Sigmund Freud: Massenpsychologie und Ich-Analyse).

Man muss nicht unbedingt in die Tiefen des Unbewussten hinabsteigen, um das Thema der Börsenpsychologie darzustellen. Bessere Anhaltspunkte als die Psychoanalyse liefern uns hier die Entwicklungs- und die Sozialpsychologie.

Menschen sind soziale Wesen, und als solche werden sie von Kindheit an dazu erzogen, sich gruppenkonform zu verhalten. Ein Kind wird

1. Börsenpsychologie: Leid und Freud

nicht belohnt, wenn es sich gegen die Eltern oder gegen seine Altersgenossen stellt. Ganz im Gegenteil. In der Regel werden Gehorsam, Konformität und soziale Fähigkeiten gefördert, und Individualität wird sanktioniert. Man erkennt das schon daran, dass das Wort „Eigensinn" im deutschen Sprachgebrauch einen deutlich negativen Klang hat. Wer eigensinnig ist, nur seinem eigenen Urteil vertraut und sich um die Ansichten der Mehrheit nicht weiter kümmert, wird sozial isoliert.

Kein Wunder also, dass es so schwer ist, sich gegen die Mehrheit zu stellen. Wir haben es einfach nicht gelernt, so zu handeln. Das sitzt tief in uns, und deshalb sind wir so anfällig dafür, uns von einer allgemeinen Euphorie oder einer Panik an der Börse infizieren zu lassen. Wer sich dieser Tatsache bewusst ist, hat allerdings schon einen wichtigen Schritt getan und kann so allmählich die Fähigkeit entwickeln, seiner eigenen Einschätzung mehr zu vertrauen als der allgemeinen Stimmung.

Ein anderer Aspekt des Börsianerlebens fällt allerdings tatsächlich in den Bereich der Tiefenpsychologie, und er ist so wichtig, dass wir ihn ein wenig ausführlicher erörtern sollten. Für die allermeisten Anleger ist ein Börsengewinn weit mehr als ein Zuwachs an Geld, ein Kursverlust weit mehr als eine finanzielle Einbuße. Das kennt wohl jeder Börsianer aus eigener Erfahrung: Mit Gewinnen und Verlusten sind ganz bestimmte Emotionen verbunden. Nach einer Reihe sehr erfolgreicher Investments neigt man dazu, seine Fähigkeiten zu überschätzen, und wer mehrmals hintereinander hohe Verluste erleidet, kann das ganze Spektrum negativer Emotionen durchleben: Angst, Ärger, Frustration und das Gefühl, versagt zu haben.

Es ist also sehr schwer, wenn nicht unmöglich, die finanziellen Auswirkungen von Gewinn und Verlust isoliert und absolut nüchtern zu betrachten. Börsianer neigen dazu, Erfolg und Misserfolg ihrer Engagements auf Bereiche ihrer Persönlichkeit zu übertragen, die mit Aktien und Finanzen eigentlich nicht das Geringste zu tun haben.

Große Erfolge an der Börse sind zweifellos förderlich für das Selbstbewusstsein, aber uneingeschränkt positiv ist das nicht. Die Erfolge können nämlich plötzlich ausbleiben. Wenn vom Selbstbewusstsein des Anlegers dann nur noch ein kümmerlicher Rest übrigbleibt, hat er ein Problem. So schwer es auch sein mag: Jeder Börsianer muss sich immer wieder die Tatsache ins Gedächtnis rufen, dass Kursgewinne ihn nicht zum Genie, Verluste nicht zum Versager machen. Meist ist auch ein wenig Glück oder Pech am Ausgang eines Börsengeschäfts beteiligt; das sollte man nie vergessen. Wer nach einem großen Börsengewinn „abhebt" und seine

Fähigkeiten fortan überschätzt, dessen Absturz ist bereits vorprogrammiert.

Das wussten übrigens schon die alten Römer. Wenn ein siegreicher Feldherr im Triumphzug durch die Stadt paradierte, dann fuhr auf seinem Streitwagen ein eigens für diesen Zweck engagierter Nörgler mit, der ihm fortwährend ins Ohr flüsterte: „Bedenke, dass du sterblich bist!" Eigentlich eine bodenlose Gemeinheit, dem Feldherrn seinen großen Tag so zu verderben. Aber die Sache diente einem guten Zweck: Der Triumphator sollte zu seinem eigenen Schutz daran erinnert werden, dass er sterblich, also kein Gott war.

Eine ähnliche Institution wie der römische Nörgler hätte wohl viele am Neuen Markt zu schnellem Geld gekommene Jungbörsianer im Sommer 1998 vor sich selbst und somit vor haarsträubenden Verlusten bewahren können.

Halten wir also fest: Jeder Börsianer sollte eingehend darüber nachdenken, welche Auswirkungen Gewinne und Verluste über den rein finanziellen Aspekt hinaus für ihn haben. Wenn er nach Verlusten zu Selbstzweifeln, gar zu Depressionen neigt, dann hat er vielleicht ein Problem, das auf einer ganz anderen Ebene liegt. Eine gewisse Wut, auch auf sich selbst, ist in einer solchen Situation dagegen eine verständliche, gesunde, sozusagen völlig normale Reaktion. Der Anleger sollte bei dieser Selbstprüfung wirklich sehr ehrlich sein und sich nichts vormachen. Er kann und darf es auch sein, denn schließlich ist er in diesem Punkt niemandem außer sich selbst Rechenschaft schuldig.

2.
Investieren, spekulieren oder zocken?

In der Literatur und in Fachzeitschriften wird oft zwischen Investition und Spekulation unterschieden. Die erstgenannte Vorgehensweise zeichnet sich durch bestimmte Merkmale aus:

- Es werden nur erstklassige, als konservativ geltende Aktien gekauft.
- Der Anlagezeitraum ist in der Regel recht lang. Der Investor setzt nicht auf kurzfristige Entwicklungen, sondern auf eine attraktive Gesamtrendite nach mehreren Jahren.
- Es kommen vorwiegend Aktien aus konjunkturresistenten Branchen in Frage, die sich durch relativ geringe Volatilität (Kursbeweglichkeit) auszeichnen.
- Im Vordergrund steht die Absicht, mit einem bereits vorhandenen Vermögen eine möglichst attraktive und zudem sichere Rendite zu erwirtschaften.

Unter Spekulation versteht man dagegen meist etwas ganz anderes. Spekulation ist ein riskanteres und in den Augen vieler Mitmenschen auch deutlich unseriöseres Unterfangen als Investition. Nicht umsonst hat das Wort „Spekulant" im deutschen Sprachgebrauch einen äußerst negativen Klang.

Das ist nicht in allen Ländern so. Und im Prinzip ist der schlechte Ruf des Spekulanten auch nicht gerechtfertigt, denn letztlich ist jede Geldanlage eine Spekulation. Wer sein Geld auf ein Sparbuch legt, spekuliert auf eine sichere, wenn auch sehr bescheidene Verzinsung. Wer Staatsanleihen erster Bonität kauft, spekuliert auf laufende Renditen und vielleicht einen kleinen Kursgewinn, wenn das allgemeine Zinsniveau sinkt. Die Unterschiede zwischen Investition und Spekulation sind fließend. Ein kluger Mann hat einmal gesagt: Eine gelungene Spekulation ist die beste Investition, die man sich nur wünschen kann. Ein Skeptiker hat gemeint, 50 Prozent aller langfristigen Aktieninvestitionen seien das Resultat einer missglückten Spekulation: Wenn der erhoffte schnelle Gewinn nicht eintritt, wird eben mancher Börsianer zum Langfristinvestor wider Willen.

Mag es auch den einen oder anderen Unterschied zwischen Investition und Spekulation geben, so weisen sie doch eine sehr wichtige Gemeinsamkeit auf: Beide sind zielgerichtete Aktionen, also Strategien, denen eine Idee und eine Prognose künftiger Börsenentwicklungen zugrundeliegen. Das unterscheidet Investoren und Spekulanten von den Spielern und Zockern, deren es an den Börsen dieser Welt ebenfalls eine ganze Menge gibt. Ihren Engagements liegt kein durchdachter Plan zugrunde, schon gar keine sinnvolle Strategie. Daher ist es auch kein Wunder, dass viele Investoren und Spekulanten an der Börse reich geworden sind. Bei Spielern sind solche Entwicklungen dagegen die Ausnahme. dass es solche Ausnahmen gibt, ja geben muss, wissen Sie spätestens seit dem Münzwurfbeispiel in Teil I dieses Buchs. Daher der Rat: Investieren Sie, spekulieren Sie, aber zocken Sie an der Börse nicht planlos herum. Im Folgenden finden Sie eine Anzahl bewährter und durchdachter Börsenstrategien. Suchen Sie sich eine aus, die besonders gut zu ihrer Persönlichkeit und zu ihren Anlagezielen passt. Sie können auch besonders einleuchtende Aspekte verschiedener Strategien miteinander kombinieren und sich so eine ganz individuelle Vorgehensweise konstruieren. Wichtig ist nur, dass hinter allem, was Sie an der Börse unternehmen, eine Idee und ein Ziel stehen.

3.
Timing versus Kaufen und Halten

Manchmal scheint das Leben richtig ungerecht: Der eine Anleger hört täglich mehrmals die Börsennachrichten, hat einige Aktien-Newsletter und Fachzeitschriften abonniert und schichtet sein Depot beinahe wöchentlich um. Seine langfristige Performance ist dennoch bescheiden, denn oft verkauft er zu früh, kauft die falschen Papiere, und per Saldo halten sich in seinem Portefeuille die Kursraketen und die Flops die Waage. Außerdem zehren wegen der häufigen Neudispositionen hohe Gebühren an seinem Anlageerfolg.

Ein anderer Anleger hat vor zehn Jahren eine Auswahl deutscher Standardwerte gekauft und sich seither nicht mehr groß um sein Depot gekümmert. Er besitzt die Papiere noch immer, und inklusive der inzwischen angesammelten Dividendenerträge verzeichnet er einen Wertzuwachs von 300 Prozent. Allzu ausgeprägter Aktionismus ist dem Börsenerfolg in der Tat meist abträglich. Wer gute Papiere kauft und ganz einfach nicht mehr hergibt, erzielt oft wesentlich höhere Gewinne.

Kaufen und Halten (Buy and Hold, wie die Amerikaner sagen) ist wohl die simpelste aller Aktienstrategien, aber nicht die dümmste. Viele sehr erfolgreiche Investoren sind exakt so vorgegangen und haben im Lauf von Jahren und Jahrzehnten ein Vermögen gewonnen. Erfolgversprechend ist eine solche Vorgehensweise allerdings vor allem dann, wenn man ausschließlich absolute Blue Chips von internationalem Ansehen ins Depot nimmt, und wenn man – das soll hier nicht verschwiegen werden – ein wenig Glück hat. Wer sich nicht besonders stark um seine Aktien kümmert und sie einfach im Depot behält, ist allerdings vor einem großen Unheil geschützt: Vor seiner eigenen Dummheit oder, ein wenig netter ausgedrückt, vor der Gefahr, sich von der Panik anderer Anleger anstecken zu lassen und seine Aktien ausgerechnet dann zu verkaufen, wenn es an der Börse kräftig nach unten geht.

Es gibt nur wenige Investoren, die Geduld, Nerven und Geld genug haben, um die Buy-and-Hold-Strategie in guten wie in schlechten Zeiten durchzuhalten. Die allermeisten Börsianer versuchen, besser abzuschneiden als der Gesamtmarkt. Sie wollen durch richtiges Timing, also Kauf und Verkauf zu einem jeweils besonders günstigen Zeitpunkt, eine überdurchschnittliche Rendite erzielen. In der Tat haben die meisten Aktienstrategien mit Timing zu tun, und in der technischen Analyse gehört dieser Aspekt zu den allerwichtigsten.

Die Wall-Street-Legende Bernard Baruch hatte dazu folgendes zu sagen: „Versuche nie, zum Tiefstkurs zu kaufen und zum Höchstkurs zu verkaufen. Das tun nur Lügner". Dennoch versuchen die meisten Börsianer genau das. Mit sehr unterschiedlichem Erfolg. Es gibt einige recht interessante Untersuchungen darüber, ob es möglich ist, durch richtiges Timing auf Dauer besser abzuschneiden als der Markt. Eine der jüngsten (Mai 1999) und aufschlussreichsten stammt von der Yale School of Management. Professor Alok Kumar untersuchte für den Zeitraum von 1984 bis 1998 die Performance von 26 amerikanischen Börsenbriefen, die sich schwerpunktmäßig auf Market Timing verlegt haben, also auf die Wahl des günstigsten Zeitpunkts von Ein- und Ausstieg. Er fand heraus, dass die meisten Börsenbriefe in eine von zwei Kategorien fallen: Die einen sind Momentum Players, gehen also mit dem jeweils vorherrschenden Trend. Sie kaufen, wenn der Markt steigt und verkaufen, wenn er sinkt. Die anderen sind eher dem antizyklischen Lager zuzuordnen und handeln exakt entgegengesetzt zur erstgenannten Gruppe. Das überraschende Ergebnis der Untersuchung: Die Resultate beider Gruppen unterschieden sich nicht wesentlich, und die wenigsten Börsenbriefe hatten es geschafft, über 15 Jahre besser abzuschneiden als der Gesamtmarkt (gemessen am Wilshire-5000-Index, der 5000 Aktien enthält und somit den US-Aktienmarkt fast zur Gänze repräsentiert).

Es gibt überhaupt recht wenige Belege dafür, dass Timing sich wirklich auszahlt. Meist kann man erst in der Rückschau beurteilen, wann die optimalen Zeitpunkte für Kauf und Verkauf gewesen wären. Wer sie wenigstens einigermaßen trifft, wird natürlich weit überdurchschnittlich abschneiden. Schon der Versuch des Market Timing impliziert allerdings die Gefahr, dass ein Anleger die falschen Entscheidungen trifft und jeweils zu eher ungünstigen Zeitpunkten kauft oder verkauft. In diesem Fall wäre es natürlich weit besser gewesen, eine Buy-and-Hold-Strategie zu fahren, aber im Nachhinein ist man eben immer klüger.

Sollte man den Versuch also ganz unterlassen, durch Timing eine überdurchschnittliche Rendite zu erzielen? Sie erinnern sich sicher

3. Timing versus Kaufen und Halten

noch an die im ersten Teil dieses Buchs beschriebene Random-Walk-Theorie. Nach diesem Denkmodell ist es unmöglich, Kursverläufe zu prognostizieren, weil der jeweils letzte Preis die beste Annäherung an alle künftigen Preise darstellt. Wir haben untersucht, ob es schlüssige Argumente gegen diese Theorie gibt und haben anhand der langjährigen Performance von „The Value Line Investment Survey" entsprechende Hinweise gefunden. Wenn man also, ebenso wie Value Line, einen Katalog genau definierter Auswahl- und Timing-Kriterien hat, kann man tatsächlich eine weit überdurchschnittliche Rendite erzielen. Man muss sich allerdings auch strikt an diese Kriterien halten.

Das spricht dafür, ein Aktiendepot aktiv zu managen und des öfteren Umschichtungen vorzunehmen. Allerdings ist man in der Vergangenheit auch mit der simplen Buy-and-Hold-Strategie nicht schlecht gefahren, wie zahlreiche Studien belegen. Was das Aktiengeschehen in Deutschland betrifft, hat das Institut für Bank-, Börsen- und Versicherungswesen an der Humboldt-Universität zu Berlin vor kurzem die wohl umfassendste Untersuchung vorgelegt. Betrachtet wurde dabei die inflationsbereinigte Rendite vor Steuern von Aktien und Anleihen für verschiedene Anlagezeiträume. Im Aktienbereich untersuchten die Wissenschaftler dabei jeweils die 30 Titel mit der höchsten Marktkapitalisierung, ab dem Jahr 1988 die DAX-30-Werte. Die untenstehende Tabelle stellt einen Auszug aus der genannten Studie dar.

Die Untersuchung reicht bis ins Jahr 1948 zurück, umfasst also Anlagezeiträume von bis zu 50 Jahren. Man kann die wichtigsten Erkenntnisse der Studie wie folgt zusammenfassen:

- Je kürzer der Anlagezeitraum, desto höher fallen die Renditeschwankungen von Jahr zu Jahr aus. Das gilt für Aktien ebenso wie für Anleihen.
- Je länger der Anlagezeitraum, desto deutlicher und konstanter liegt die Rendite der Aktien über der Anleihenrendite.
- Die 30 deutschen Aktien mit der höchsten Marktkapitalisierung haben in der Nachkriegszeit fast immer höhere Renditen abgeworfen als festverzinsliche Wertpapiere, wenn der Anlagezeitraum lange genug war.

Inflationsbereinigte Rendite vor Steuern deutscher Aktien und Anleihen für verschiedene Anlagezeiträume.

Jahr	Aktien	Anleihen	Aktien	Anleihen	Aktien	Anleihen
1998	17,74	10,68				
1997	45,46	4,68				
1996	27,46	6,08				
1995	6,14	14,67				
1994	-8,58	-4,92	16,20	6,03		
1993	42,58	10,00	20,73	5,90		
1992	-3,85	9,77	11,14	6,91		
1991	8,23	5,08	7,56	6,71		
1990	-23,00	-1,31	0,88	3,55		
1989	32,62	-1,38	8,67	4,31	12,37	5,16
1988	32,59	-1,38	7,10	2,97	13,71	4,42
1987	-37,58	5,75	-1,77	2,20	4,49	4,53
1986	6,82	9,71	-2,03	3,09	2,66	4,88
Zeit:	1 Jahr	1 Jahr	5 Jahre	5 Jahre	10 Jahre	10 Jahre

Quelle: Lehrstuhl für Bank-, Börsen und Versicherungswesen der Humboldt-Universität zu Berlin

Natürlich gab es auch magere Zeiten: Wer zum Beispiel 1960 Aktien kaufte und die Papiere behielt, stand zehn Jahre später mit einem an der realen Kaufkraft gemessenen Minus von 9,65 Prozent da. Solche Entwicklungen waren jedoch die Ausnahme. Zudem steht in den Sternen, ob man in diesem Zeitraum mit Timing besser gefahren wäre als mit dem simplen Halten der Aktien.

Ein nicht unwesentlicher Vorteil der Buy-and Hold-Strategie ist es ja, dass bei einem langen Anlagezeitraum die zwischenzeitlichen Kursschwankungen keine besondere Rolle mehr spielen. Zudem schütten die meisten Aktiengesellschaften Dividenden aus, und für Langfristanleger ist das ein nicht unbeträchtlicher Faktor.

Eine eingehende Untersuchung zu diesem Thema hat William Bernstein vorgelegt, ein Anlageberater aus Ohio. Im „Wall Street Journal Europe" vom 16. 6. 1999 wurde sie auszugsweise veröffentlicht. Er kam zu folgendem Ergebnis: Für Langfristanleger, die Dividendenausschüttungen reinvestieren, können vorübergehende Schwächephasen an den Ak-

3. Timing versus Kaufen und Halten

tienmärkten sogar positiv sein. Bernstein ging von folgender – fiktiver – Situation aus: Ein amerikanischer Anleger hat 10 000 Dollar in Aktien investiert. Zudem steckt er Monat für Monat weitere 200 Dollar in Aktien, und er reinvestiert sämtliche Dividendenausschüttungen.

Die 10 000 Dollar hat er zu einem Zeitraum angelegt, als die durchschnittliche Dividendenrendite seiner Aktien bei mageren 1,5 Prozent lag (was der realen Börsensituation in den USA im Jahr 1999 ziemlich nahe kommt). In den folgenden Jahren steigt die Höhe der durchschnittlichen Ausschüttung, gemessen in Dollar, um fünf Prozent per annum (was ebenfalls der realen Entwicklung der vergangenen Jahre entspricht).

Der Investor ist allerdings zunächst vom Pech verfolgt: Kaum hat er seine 10 000 Dollar in Aktien gesteckt, bricht der Wert seines Depots um 50 Prozent ein und bleibt auch auf diesem Niveau. Ein harter Schlag, der aber auch seine positiven Aspekte hat – obwohl diese auf den ersten Blick natürlich nur schwer auszumachen sind. Wenn der Kurswert der Aktien um 50 Prozent sinkt, die Höhe der Dividendenausschüttungen aber gleich bleibt, dann steigt die Dividendenrendite auf das Doppelte des vorherigen Niveaus, also auf drei Prozent. Alle künftigen Investitionen rentieren also doppelt so hoch wie die erste. Zudem steigen die Ausschüttungen ja wie erwähnt in jedem folgenden Jahr um fünf Prozent. Nach fünf Jahren liegt die Durchschnittsrendite bei 3,8, nach zehn Jahren bei 4,9 Prozent.

Die Dividendenrendite stellt die Verzinsung des eingesetzten Kapitals dar. Wer etwas von Zinseszinsrechnung versteht wird schon ahnen, dass unser Investor trotz seines höchst unglücklich gewählten Kaufzeitpunkts allmählich Licht am Ende des Tunnels sieht. Und dies, obwohl Bernstein von der höchst pessimistischen Prämisse ausgeht, dass sich der Aktienmarkt in all den Jahren nicht von seinem schweren Einbruch erholt.

Natürlich wäre unser Investor in den Anfangsjahren seines Börsianerlebens ohne diesen Einbruch wesentlich besser gefahren, aber im Lauf der Zeit kehrt sich das Bild um. Nach elf Jahren und neun Monaten besitzt er Aktien im Wert von 44 869 Dollar. Das ist mehr als die 44 838 Dollar, die er hätte, wenn der Aktienmarkt nie gefallen, sondern auf seinem ursprünglichen Einstiegsniveau geblieben wäre.

Das ist schon erstaunlich, aber Beharrlichkeit kann sich am Aktienmarkt tatsächlich auszahlen. Allerdings gibt es wohl nur wenige Anleger, die nervenstark und geduldig genug wären, so vorzugehen wie der Investor aus unserem Beispiel. Noch ein wenig verwunderlicher: Je katastro-

Teil III: Die Strategie

phaler der anfängliche Kursrückgang ausfällt, desto früher kommt der Anleger in die Gewinnzone, falls er seine Dividenden reinvestiert und monatlich 200 Dollar erübrigt. Bei einem Einbruch um 90 Prozent würde es nur fünf Jahre dauern, bis der Investor besser dastünde als im Fall eines von Anfang bis Ende konstanten Kursniveaus.

Man sollte die Bedeutung von regelmäßigen und konstant steigenden Dividenden also nicht unterschätzen, wenn man langfristig disponiert. So lehrreich und interessant Bernsteins Untersuchung auch sein mag, in einem Punkt scheint seine Grundannahme doch unrealistisch. Er geht schließlich von einer einzigen heftigen Kursbewegung aus, der dann jahrelange Stagnation folgt. Langfristig neigen Aktien allerdings dazu, an Wert zuzulegen.

Wenn ein Unternehmen einigermaßen erfolgreich wirtschaftet und zudem in einer prosperierenden Volkswirtschaft tätig ist, dann wird sein Wert im Lauf der Jahre steigen.

Zumindest in der Vergangenheit haben Aktien trotz vorübergehender Kursturbulenzen deutliche Wertzuwächse verzeichnet, was durchaus für eine Buy-and-Hold Strategie spricht. In der untenstehenden Tabelle finden Sie die entsprechenden Daten aus einigen Ländern und Zeiträumen.

Im Großen und Ganzen sieht die langfristige Wertentwicklung an allen etablierten Wertbörsen im Langfristvergleich also recht beeindruckend aus. Das Minus von 64 Prozent in Japan während des Zeitraums von 1990 bis 1998 ist allerdings leider kein Druckfehler. Tatsächlich hat der maßgebende Nikkei-225-Index sein historisches Hoch von annähernd 40 000 Punkten schon Ende 1989 erreicht und ist in den Folgejahren auf ungeahnte Tiefstände abgestürzt.

Letztlich lässt sich die Frage nicht allgemeingültig beantworten, ob Market Timing bessere Anlageergebnisse bringt als eine simple Buy-and-Hold-Strategie. dass es möglich ist, haben wir am Beispiel von Value Line gesehen. Ob aber ein einzelner Anleger tatsächlich das erforderliche Maß an Nerven, Geld und Zeit dafür investieren will, kann nur er selbst entscheiden. Den Versuch ist es jedoch wert, und wir werden im Folgenden einige Strategien erörtern, die sich an den Börsen dieser Welt bewährt haben.

3. Timing versus Kaufen und Halten

Nominaler Wertzuwachs von Aktien in verschiedenen Ländern und Jahrzehnten. Prozentuale Angaben in der jeweiligen Landeswährung.

Land	1950–1959	1960–1969	1970–1979	1980–1989	1990–1998
Australien	117,96	109,75	13,14	229,8	70,61
Dänemark	75,14	23,72	40,07	533,53	75,52
Deutschland	848,22	49,01	-20,04	259,73	97,36
Frankreich	476,05	15,47	36,60	415,70	86,49
Großbritannien	175,31	46,34	55,96	424,26	121,95
Italien	385,22	-1,47	-45,48	733,77	479,67
Japan	696,0	169,63	178,50	492,35	-64,43
Kanada	122,59	83,71	77,80	118,94	82,13
Niederlande	167,05	30,69	1,98	262,79	262,28
Norwegen	47,09	-8,33	36,81	361,55	22,71
Österreich	473,89	44,03	23,03	291,48	-9,23
Schweden	187,27	55,75	28,35	1162	162,65
Schweiz	141,83	37,65	-4,18	99,13	120,78
Spanien	127,87	258,44	-47,88	644,14	192,38
USA	257,34	53,72	17,25	227,40	247,83

Quelle: Global Financial Data

4.
Einige bewährte Aktienstrategien

4. 1. Die Dow-Dividend-Strategie

Der Grundgedanke dieser Vorgehensweise ist, dass dividendenstarke Blue Chips, die, aus welchen Gründen auch immer, im Kurs gedrückt sind, diesen Rückstand aufholen und mittelfristig besser abschneiden werden als der zugrundeliegende Index. Die zu einem bestimmten Zeitpunkt unbeliebten und daher vernachlässigten Titel werden im Jargon der Wall Street auch „Dogs of the Dow" genannt. Die Strategie konzentriert sich auf die Gesamtrendite, also auf Kursveränderungen und Dividendenausschüttungen. Jeweils am Anfang eines Jahres werden die Titel mit der höchsten Dividendenrendite gekauft, zwischenzeitliche Ausschüttungen werden reinvestiert, und am Ende des Jahres wird Bilanz gezogen. Die Dow-Dividend-Strategie gibt es in etlichen Spielarten, aber von Bedeutung sind vor allem zwei Varianten: Bei der „Top-10"-Variante werden die zehn renditestärksten Titel ins Portefeuille genommen, bei der „Low-5"-Variante lediglich die fünf Aktien mit der höchsten Rendite. Dabei werden in alle zehn beziehungsweise fünf Aktien gleich hohe Beträge investiert. Die langfristige Performance beider Vorgehensweisen kann sich durchaus sehen lassen.

Wie die Tabelle zeigt, übertrafen die Ergebnisse beider Vorgehensweisen markant die ohnehin schon beeindruckend gute Entwicklung des Dow Jones im genannten Zeitraum. Dabei schneidet der „Low-5"-Investor noch besser ab als ein Anleger, der die „Top-10"-Variante anwendet.

Wer sich an der „Low-5"-Strategie orientiert, kauft quasi automatisch Aktien mit zwei bestimmten Eigenschaften:

> – Es handelt sich um erstklassige Qualitätstitel, denn schließlich sind sie im Dow Jones vertreten.

4. Einige bewährte Aktienstrategien

Jährliche Gesamtrenditen von 1975 bis 1995 für den Dow Jones Industrial Average, die „Top-10" und die „Low-5". Angaben in Prozent. Gesamtrendite = Kursentwicklung und Dividendenausschüttungen.

Jahr	Dow Jones	Top-10	Low-5
1975	44,40	55,67	68,09
1976	22,72	34,94	40,80
1977	-12,71	-1,75	5,64
1978	2,69	0,12	1,25
1979	10,52	12,99	9,91
1980	21,41	27,23	40,52
1981	-3,40	7,52	3,63
1982	25,79	26,04	41,88
1983	25,68	38,91	36,11
1984	1,06	6,43	10,88
1985	32,78	29,44	37,84
1986	26,91	34,79	30,32
1987	6,02	6,07	11,06
1988	15,95	24,54	21,64
1989	31,71	26,45	10,49
1990	-0,57	-7,57	15,27
1991	23,93	35,09	61,80
1992	7,35	7,85	23,01
1993	16,71	26,92	33,85
1994	4,93	4,15	8,56
1995	36,20	36,48	30,25
21 Jahre	16,19	20,59	24,39

Quelle: Prudential Securities

- Die Papiere sind bei den Anlegern nicht sehr gefragt, denn sonst wäre die Dividendenrendite nicht so hoch oder der Kurs – trotz hoher Ausschüttung – so niedrig.

Diese Vorgehensweise entspricht in ihren Grundzügen der antizyklischen Strategie, auf die wir später noch ausführlich zu sprechen kommen werden. Mit der Einschränkung allerdings, dass die Auswahl potentieller

Kaufkandidaten strikt auf einen sehr engen Kreis begrenzt ist – eben auf die 30 Titel des Dow Jones Industrial Average. Im langfristigen Vergleich hat die „Low-5"-Variante zwar eine noch höhere Durchschnittsrendite erbracht als die „Top-10"-Strategie, aber sie weist im Vergleich zur letzteren auch einige Nachteile auf. Da nur fünf statt zehn Titel gekauft werden, ist die Kapitalstreuung geringer. Daher wirkt es sich stärker aus, wenn sich unter den ausgewählten Titeln ein klarer Flop befindet. Kein Wunder also, dass das Ergebnis dieser Strategie von Jahr zu Jahr hohe Schwankungen aufweist.

Die Anwendbarkeit dieser Strategie – Konzentration auf die renditestärksten Aktien aus einem repräsentativen Index – ist natürlich nicht auf den Dow Jones beschränkt. Es funktioniert auch beim DAX und bei anderen bekannten Aktienindizes. Im Prinzip zumindest. Oder besser: In der Vergangenheit hätte es nachweislich funktioniert. Wenn aber eine gute Idee zu viele Nachahmer findet, leidet das Resultat. 1996, 1997 und 1998 lag das Ergebnis der Dow-Dividend-Strategien unter der Entwicklung des Dow Jones. Nach einer Meldung der „International Herald Tribune" vom 27. März 1999 sind inzwischen 20 Milliarden Dollar in Fonds investiert, die die Dow-Dividend-Strategie anwenden. Wenn so viele Anleger den gleichen Weg wählen, wird es natürlich immer schwieriger, auf diese Weise überdurchschnittliche Ergebnisse zu erzielen.

In der gleichen Ausgabe berichtet die angesehene amerikanische Zeitung: Wer Anfang 1998 die jeweils renditestärksten Aktien aus den wichtigsten Indizes Großbritanniens, Frankreichs, Deutschlands, Hongkongs, Japans und der USA gekauft hatte, konnte sich nur in Japan über ein Ergebnis freuen, das besser ausfiel als die Entwicklung des Index. Ein Jahr zuvor hätte man damit allerdings gerade in Japan sehr schlecht abgeschnitten, während das Ergebnis in Frankreich (CAC-40) und Deutschland (DAX-30) wie erhofft ausgefallen wäre.

Was lässt sich daraus nun schließen? Eine Antwort darauf gibt Michael O' Higgins, der die Dow-Dividend-Strategie konzipiert oder zumindest maßgeblich zu ihrer Popularität beigetragen hat. In seinem im Februar 1999 erschienenen Buch „Beating the Dow with Bonds" begründet er, warum die dividendenzentrierte Strategie nicht mehr so gut funktioniert wie früher: Wenn jeweils zum Jahreswechsel Privatanleger und Fonds in die „Top-10"- oder die „Low-5"-Aktien drängen, steigen deren Kurse wegen der hohen Nachfrage deutlich an. Das verschlechtert natürlich die Jahresperformance, weil die Einstandskurse entsprechend

4. Einige bewährte Aktienstrategien

höher liegen. In seinem Buch empfiehlt er als Alternative zur althergebrachten Dow-Dividend-Strategie eine völlig andere Vorgehensweise: Am Jahresanfang sollte der Anleger zunächst überprüfen, ob Aktien im Vergleich zu Anleihen unter- oder überbewertet sind. Entscheidungskriterium ist der Vergleich der durchschnittlichen Gewinnrendite von Aktien mit der Rendite erstklassiger zehnjähriger Anleihen (US-Staatsanleihen oder Unternehmensanleihen erster Bonität). Die Gewinnrendite ist quasi das Gegenteil des Kurs-Gewinn-Verhältnisses (KGV). Man erhält sie, indem man den Gewinn je Aktie durch den Aktienkurs teilt.

Nur wenn die Gewinnrendite der Aktien höher liegt als die Anleihenrendite, sollte man die „Dogs of the Dow" kaufen. Ist dies nicht der Fall, empfiehlt O'Higgins den Kauf festverzinslicher Wertpapiere. Hier ist wiederum ein bestimmtes Kriterium maßgebend: Liegt der Goldpreis (in Dollar je Feinunze) höher als am Beginn des Vorjahrs, so sollten einjährige Schatzpapiere (Treasury Bonds) gekauft werden. Liegt er niedriger, dann rät O'Higgins zum Erwerb 30-jähriger Zerobonds. Der Grund ist einfach: Die Entwicklung des Goldpreises im jeweiligen Vorjahr gilt als einer der besten Indikatoren für den künftigen Zinstrend. Bei steigenden Zinsen aber erleidet man mit Zerobonds hohe Verluste (wie meist auch mit Aktien in solchen Situationen). Daher ist es sinnvoll, sein Geld in Kurzläufern zu parken, um ein Jahr später neu disponieren zu können. Bei sinkenden Zinsen bringen Zerobonds dagegen hohe Gewinne.

Diese Erweiterung der Dow-Dividend-Strategie geht also über reine Aktienstrategien hinaus, da sie auch festverzinsliche Wertpapiere mit einbezieht. dass sie zumindest in der Vergangenheit sehr gut funktioniert hätte, legt O'Higgins eindrucksvoll dar – und die hinter dieser Vorgehensweise steckende Überlegung ist ja auch logisch. Ein wichtiger Punkt dabei: Wenn Aktien im Vergleich zu Anleihen eklatant überbewertet sind, besteht die Gefahr eines heftigen Rückschlags. In einem solchen Fall hat der Anleger nicht viel davon, wenn er mit seinen „Low-5"-Aktien nur 15 Prozent einbüßt, während der Index 20 Prozent verliert. Er ist dann mit festverzinslichen Papieren wirklich besser bedient als mit Aktien. Zumindest geht er ein wesentlich geringeres Verlustrisiko ein.

4. 2. Averaging-Strategien

Bei der Dow-Dividend-Strategie kauft man eine bestimmte Zahl von Aktien, und der Anlagezeitraum ist exakt definiert. Er beträgt ein Jahr, und danach disponiert der Anleger neu. Wenn man sich genaut an die Regeln hält, ist man davor geschützt, aus Nervosität, Gier, Angst oder anderen Gründen vorzeitig zu verkaufen und damit eventuell einen folgenschweren Fehler zu begehen. Die nun folgende Vorgehensweise entspricht einem anderen Ansatz. Sie lässt sich nicht nur auf in einem bestimmten Index vertretene Aktien anwenden, und der Anlagezeitraum ist nicht von Anfang an festgelegt. Der Anleger muss also häufiger Entscheidungen treffen und versuchen, dabei so rational wie möglich vorzugehen.

Die Averaging-Strategie hat ihren Namen vom englischen Wort für Durchschnitt. Sie läuft, verkürzt ausgedrückt, darauf hinaus, durch mehrere Käufe einer bestimmten Aktie in einem unbestimmten Zeitraum einen möglichst günstigen durchschnittlichen Einstandskurs zu erzielen. Zumindest sollte er so günstig sein, dass er eines Tages sehr deutlich unter dem dann aktuellen Kurswert der betreffenden Aktie liegt.

Der Grundgedanke dieser Strategie entspricht also mehr oder weniger dem des Aktienfonds-Sparens. Man geht davon aus, dass Aktien, ebenso wie in der Vergangenheit, die langfristig rentierlichste Geldanlage sein werden. Vorübergehende Kurseinbrüche sind daher nicht nur verkraftbar, sie bieten sogar einen Vorteil: Wer bei der Stange bleibt, kann zu niedrigen Kursen kaufen und drückt so quasi automatisch seinen durchschnittlichen Einstandspreis nach unten. Man kann diese Strategie natürlich nicht nur mit Aktien durchführen, sondern auch mit Indexzertifikaten. Das bietet den Vorteil einer wesentlich breiteren Risikostreuung, denn die prozentualen Schwankungen eines Index fallen weniger heftig aus als die von Einzelaktien.

Die Averaging-Strategie existiert in zwei Spielarten: Averaging nach Stückzahlen und Averaging nach Anlagebeträgen. Zum Beispiel kann ein Anleger sich vornehmen, künftig jeden Monat fünf Stück von seiner Lieblingsaktie zu erwerben, er kann aber auch regelmäßig einen bestimmten Betrag, zum Beispiel 100 Euro, in diesen Titel investieren. Bei der zuletzt genannten Variante gibt es allerdings ein Problem, das in jedem Einzelfall eine Entscheidung erfordert: Der geplante Anlagebetrag lässt sich nur selten glatt durch den aktuellen Kurswert teilen. In unserem Beispiel hätte der Investor kein Problem, wenn die Aktie zehn oder

4. Einige bewährte Aktienstrategien

20 Euro kostet. Dann könnte er zehn beziehungsweise fünf Titel erwerben. Kostet das Papier allerdings acht, 15 oder 30 Euro, muss die Anlagesumme auf- oder abgerundet werden.

Dieses Problem entfällt, wenn in jedem Monat eine ganz bestimmte Stückzahl unabhängig vom dann aktuellen Kurswert gekauft wird. Das Averaging mit einem bestimmten Anlagebetrag bietet allerdings einen weit gewichtigeren Vorteil: Das Ziel der Strategie, nämlich die Erzielung eines attraktiven durchschnittlichen Einstandskurses, wird so schneller erreicht. Je niedriger der Kurswert der Aktie sinkt, desto mehr Stücke erhält unser Investor für seine 100 Euro.

Wie diese Vorgehensweise funktioniert, lässt sich leicht zeigen. Gehen wir der Einfachheit halber davon aus, ein Investor habe sich zum Averaging in Stückzahlen entschlossen. Er kauft also in regelmäßigen Zeitabständen eine gleichbleibende Stückzahl einer bestimmten Aktie. Seine Rechnung könnte nach einer Weile wie folgt aussehen:

Beispielrechnung für eine Averaging-Strategie in Stückzahlen

Zeitpunkt	Stück	Kurs	Kosten	Aktien im Depot	Gesamt- kosten	Depotwert
1	10	170	1700	10	1700	1700
2	10	160	1600	20	3300	3200
3	10	160	1600	30	5100	4800
4	10	150	1500	40	6400	6000
5	10	130	1300	50	7700	6500
6	10	130	1300	60	9000	7800
7	10	120	1200	70	10200	8400
8	10	150	1500	80	11700	12000
9	10	160	1600	90	13300	14400
10	10	180	1800	100	15100	18000
11	10	170	1700	110	16800	18700
12	10	180	1800	120	18600	21600

Der Kursverlauf in unserem Beispiel ist nicht untypisch für eine Börsenphase, die von einem deutlichen Einbruch und einer anschließenden Erholung gekennzeichnet ist. Zum Zeitpunkt 12 ist die Notierung nur unwesentlich höher als am Beginn des Investmentplans. Die zwischenzeitliche Schwächeperiode hat unser Anleger allerdings dazu nutzen können, seinen durchschnittlichen Einstandspreis recht deutlich zu reduzieren. Am Schluss hat er für seine Papiere im Mittel 155 Euro bezahlt, der aktuelle Kurswert liegt mit 180 Euro deutlich höher. Er hat daher einen respektablen Buchgewinn von 3000 Euro erzielt.

Das Beispiel zeigt allerdings auch, dass diese Strategie eisernes Durchhaltevermögen erfordert. Der gewünschte Effekt stellt sich zwar im Lauf der Zeit fast automatisch ein, aber es kann zu vorübergehenden Verlusten kommen. Hätte unser Anleger die Nerven verloren und seine Papiere zum Zeitpunkt 7 abgestoßen, dann wäre ihm ein Verlust von 1800 Euro entstanden. Der Automatismus dieser Vorgehensweise funktioniert in den allermeisten, aber eben leider nicht in allen Fällen. Wer die Averaging-Strategie in den vergangenen Jahren auf Aktien wie Berthold, Escom oder Bremer Vulkan angewendet hätte, wäre am Ende der Gelackmeierte gewesen. Diese Vorgehensweise eignet sich daher vor allem für eher konservative Aktien. Bei Titeln aus zyklischen Branchen ist sie nur eingeschränkt zu empfehlen und bei hochspekulativen Werten ist sie vollkommen untauglich.

Das obige Beispiel zeigt auch, dass der gewünschte Effekt beim Averaging in Geld schneller erreicht wird als beim Averaging in Stückzahlen. Nehmen wir einmal an, unser Investor wäre über den gesamten Zeitraum von 1 bis 12 bei seiner ursprünglichen Investitionssumme von 1700 Euro geblieben. Dann hätte er zum Zeitpunkt 7, als die Aktie auf 120 Euro gefallen war, 14,16 Stück von seiner Aktie erhalten. Zum Zeitpunkt 10, als der Titel bei 180 Euro stand, hätte er nur 9,44 Stück bekommen. Da man an keiner Börse der Welt 0,16 oder 0,44 Stück von einer Aktie erwerben kann, hätte der Anleger eine Rundung vornehmen müssen. Zum Beispiel hätte er die Stückzahl aufrunden können, wenn die Aktie unter seinem ursprünglichen Einstandskurs von 170 Euro stand. Im umgekehrten Fall hätte er sinnvollerweise abgerundet, also beispielsweise zum Zeitpunkt 10 lediglich neun Aktien erworben.

Der Effekt: Je niedriger die Aktie steht, desto mehr Stücke werden erworben, und desto schneller wird das Ziel eines möglichst niedrigen Durchschnittskurses erreicht.

Exakt nach diesem Prinzip funktionieren ja auch langfristig angelegte Aktienfonds-Sparpläne: Man setzt auf langfristige Wertsteigerung von Aktieninvestments und beschleunigt diesen Effekt durch Averaging in Geld, da ja monatlich in der Regel immer die gleiche Summe eingezahlt wird. Bei solchen Sparplänen und bei Fonds-Investments wird dem Anleger die Arbeit von Profis abgenommen, die er für ihre Mühe allerdings in der einen oder anderen Form bezahlen muss. Zudem hat er hier keinen Einfluss darauf, welche Aktien gekauft werden. Er kann allenfalls eine gewisse Vorauswahl treffen, indem er sich für einen auf ein Land, eine Branche oder ein Marktsegment spezialisierten Anbieter entscheidet.

Wer die Averaging-Strategie jedoch auf eine ganz bestimmte Aktie seiner Wahl anwenden möchte, muss schon selbst aktiv werden. Wie gesagt: Im Prinzip sollte diese Vorgehensweise funktionieren und nach einer gewissen Zeit quasi automatisch zu Buchgewinnen führen. Die einzige Einschränkung: Der Anleger muss die Aktie sorgfältig auswählen, die er kaufen will. Aber dieses Problem stellt sich ohnehin bei jedem Börsenengagement.

4. 3. Arbeiten mit Stufen- oder Treppenlimits

Die nun folgende Vorgehensweise zeigt gewisse Ähnlichkeiten mit der Averaging-Strategie. Auch hier lautet die Grundannahme, dass es vorteilhaft sein kann, Aktienkäufe über einen gewissen Zeitraum zu verteilen, statt gleich voll einzusteigen.

Der Unterschied zur Averaging-Strategie: Beim Arbeiten mit Treppenlimits sind nicht die Kaufzeitpunkte vorbestimmt, sondern die Stückzahl und der Kapitaleinsatz. Außerdem eignen sich Treppenlimits besser als das Averaging, wenn man sich für eher spekulative Aktien interessiert. Wir werden gleich sehen, warum das so ist.

Nehmen wir an, ein Investor möchte insgesamt 100 Stück von einer Aktie erwerben, weil er die langfristigen Aussichten sehr positiv einschätzt. Der Titel kostet derzeit 200 Euro. Daher wären 20 000 Euro für die 100 Stück aufzuwenden. Ein stolzer Betrag, den der Anleger im Moment vielleicht nicht erübrigen kann. Eventuell ist er aber auch nur skeptisch, was die kurzfristige Entwicklung betrifft. Es handelt sich um die Aktie eines relativ jungen Unternehmens. Die fundamentalen Kennzahlen weisen auf eine ziemlich happige Bewertung hin. Das Kurs-Gewinn-Verhältnis liegt bei weit über 50, und von nennenswertem Buchwert kann auch keine Rede sein, weil der Titel aus der Softwarebranche stammt. Bei solchen Titeln liegt das KBV ja in der Regel weit höher als in anderen Wirtschaftszweigen, was wir schon in Teil II dieses Buchs erörtert haben.

Unser Investor muss also damit rechnen, dass seine Lieblingsaktie weit

Teil III: Die Strategie

überdurchschnittliche Kursausschläge zeigen wird. Vielleicht ist der gegenwärtige Kurs von 200 Euro ein Zwischenhoch, und er könnte den Titel in einigen Monaten weit günstiger erwerben. Das würde dafür sprechen, den Kauf noch ein wenig zu verschieben. Allerdings könnte die Aktie auch schon morgen zu einem Höhenflug ansetzen, und unser Anleger würde sich dann die Pest an den Hals ärgern, weil er nicht gekauft hatte, obwohl er doch so optimistisch für diesen Titel gewesen war.

Die naheliegende Lösung für dieses Dilemma: Der Anleger entscheidet sich für eine Art Kompromiss. Er kauft zum aktuellen Kurs nur einen Teil der gewünschten 100 Aktien, sagen wir 10 Stück. Die restlichen 90 Stück will er erst dann erwerben, wenn der Titel einen deutlichen Kursrückgang hinter sich hat. Er kann zum Beispiel folgenden „Stufenplan" aufstellen:

Kurs: 200 Euro
10 Aktien

Kurs: 175 Euro
20 Aktien

Kurs: 150 Euro
30 Aktien

Kurs: 125 Euro
40 Aktien

Nun kommt es auf die tatsächliche Kursentwicklung an. Betrachten wir die beiden Extremszenarien:

Szenario A: Der Kurs steigt unmittelbar nach dem ersten Kauf stark an und fällt nicht mehr unter das Einstandsniveau zurück.

In diesem Fall erübrigt sich die weitere Verfolgung des Stufenplans. Da der Kurs nicht auf die vorgesehenen Niveaus fällt, werden keine weiteren Stücke mehr erworben. Der Anleger kann sich nun zwar darüber ärgern, nicht gleich mehr Aktien gekauft zu haben, aber wenigstens verbucht er mit den Titeln, die er hat, einen ordentlichen Kursgewinn.

Szenario B: Es kommt wie geplant. Im Rahmen einer allgemeinen Baisse werden vor allem die Aktien der jungen Unternehmen nach unten geprügelt. Selbst das Niveau von 125 Euro wird erreicht.

Der Anleger muss nun Nerven und Durchhaltevermögen bewahren. Wenn er sich an den Plan hält, sieht seine Rechnung nach dem letzten Kauf so aus: Er hat die 100 Aktien im Depot, und er musste dafür insgesamt 2000 + 3500 + 4500 + 5000 = 15 000 Euro aufwenden.

4. Einige bewährte Aktienstrategien

Das Positive: Er hat 5000 Euro weniger ausgeben müssen als ihn der Erwerb des ganzen Aktienpostens zum ursprünglichen Kurs von 200 Euro gekostet hätte.

Das Negative: Der aktuelle Kurs liegt bei 125 Euro. Der Anleger verzeichnet daher zunächst einen Buchwertverlust von 15 000 − 12 500 = 2500 Euro.

Nun kommt es natürlich darauf an, wie sich die Aktie weiterentwickelt. Wenn die ursprüngliche Einschätzung des Anlegers stimmt, wird der Kurs langfristig deutlich steigen. Dann hätte es sich in der Tat ausgezahlt, die vorübergehende Baisse zum Kauf zu nutzen. Ganz anders sieht es natürlich aus, wenn die Aktie weiter fällt. Dann muss sich der Anleger gut überlegen, wie er vorgehen soll. Er kann weitere Stücke zukaufen, wenn er bei seiner langfristig optimistischen Einschätzung bleibt. Er kann aber auch zu dem Schluss kommen, sich getäuscht zu haben. Dann sollte er trotz Verlust verkaufen. In diesem Fall muss er natürlich finanzielle Einbußen hinnehmen, die allerdings deutlich geringer ausfallen, als wenn er alle 100 Aktien zum ursprünglichen Kurs von 200 Euro gekauft hätte. Wenigstens ein kleiner Trost.

Vielleicht erweist sich der Optimismus unseres Investors aber auch als berechtigt: Die Aktie erholt sich wieder und tendiert zügig nach oben. Nun kommt der Vorteil des niedrigen Durchschnittskurses natürlich voll zum Tragen. Der Anleger kann die Aktien behalten und sich freuen, wenn sie auf 200, 300 oder gar 500 Euro steigen. Er kann die steigenden Kurse allerdings auch zu Gewinnmitnahmen nutzen. Eventuell ist er seiner Sache ja doch nicht mehr so sicher. Vielleicht hat er eine andere Aktie im Auge, die er kaufen möchte, oder er braucht das Geld für andere Zwecke.

In diesem Fall kann er auch beim Verkauf einen Stufenplan anwenden, nur eben mit umgekehrten Vorzeichen: Je höher der Kurs, desto höher die Stückzahl. Dieser Plan könnte so aussehen.

Kurs: 225 Euro
40 Euro
Kurs: 20 Euro:
30 Aktien
Kurs: 175 Euro
20 Aktien
Kurs: 150 Euro
10 Aktien

Wenn sich der Kurs tatsächlich so erfreulich entwickelt, kann sich der Anleger die Hände reiben: Er hat insgesamt 21 000 Euro erlöst und einen Gewinn von 6000 Euro erzielt.

Aus diesem Beispiel dürfte ersichtlich geworden sein, dass sich die Anwendung von Stufenlimits vor allem bei volatilen Aktien anbietet. Wenn die ursprüngliche Kalkulation aufgeht, sind damit recht attraktive Gewinne möglich.

4. 4. Prozyklische Vorgehensweisen

Aktienkurse verlaufen nicht geradlinig, sondern sie bewegen sich in Zyklen. Das gilt insbesondere für den Gesamtmarkt und auch für die einzelnen Branchen. Einzelaktien zeigen oft eine weit weniger ausgeprägte Zyklik. Es gibt jedenfalls eine Vielzahl von Titeln, die seit langem einen mehr oder weniger ausgeprägten Trend aufweisen. Das liegt daran, dass für Kurse von Einzelaktien neben gesamtwirtschaftlichen und branchenspezifischen Faktoren vor allem solche Einflüsse maßgebend sind, die vom Unternehmen selbst und seiner Entwicklung ausgehen. Diese drei Einflussbereiche können einander verstärken, sie können einander aber auch zuwiderlaufen. Zum Beispiel kann sich der Aktienkurs eines sehr erfolgreichen Unternehmens auch in einer Phase der allgemeinen Branchen- oder Börsenschwäche gut behaupten, weil viele Anleger nachgebende Kurse sofort zu Käufen nutzen.

Im Prinzip gibt es drei Zyklen, die man an der Börse beachten muss:

- den Konjunkturzyklus
- den Zinszyklus
- den Aktienzyklus.

Der Konjunkturzyklus beschreibt die Entwicklung der gesamtwirtschaftlichen Situation, insbesondere des Bruttosozialprodukts. Diese Entwicklung wirkt sich unter anderem auf die Zinslandschaft aus. In Zeiten boomender Konjunktur steigt die Kreditnachfrage. Zudem sind qualifizierte Arbeitskräfte Mangelware, was die Löhne in die Höhe treibt. Mit den Löhnen steigen die Preise, und alle diese Faktoren führen dazu, dass die Kapitalmarktzinsen anziehen. Dies wiederum wirkt sich auf die Börsen aus. Im Umlauf befindliche Anleihen erleiden Kursverluste, weil neu emittierte festverzinsliche Wertpapiere eine attraktivere Ver-

4. Einige bewährte Aktienstrategien

zinsung bieten als die alten. Hierdurch wiederum werden die Aktienkurse stark in Mitleidenschaft gezogen: Wenn die Verzinsung von Anleihen steigt, werden Aktienengagements weniger attraktiv. Auch die Konjunktur leidet an dem hohen Zinsniveau. Schließlich sind die Aktien auf ein relativ niedriges Niveau gesunken. Die Konjunktur lahmt ebenfalls, und infolgedessen ist die Kreditnachfrage auf dem Tiefpunkt.

In einer solchen Situation dreht die Notenbank meist via Leitzinssenkungen den Geldhahn weit auf, was das allgemeine Zinsniveau noch weiter absenkt. Das billige Geld tut nun seine Wirkung: Aktien werden langsam wieder interessant, und auch die Wirtschaft kommt allmählich wieder in Schwung.

Zugegeben, diese Darstellung ist arg verkürzt, aber in etwa so hat man sich das Zusammenwirken der drei genannten Zyklen vorzustellen. Dabei kommt dem Börsen- oder Aktienzyklus eine Vorläuferfunktion im Vergleich zum Konjunkturzyklus zu. Die Aktien steigen schon, wenn die Wirtschaft noch am Boden liegt. Der Zinszyklus wiederum folgt dem Konjunkturzyklus mit einer gewissen Zeitverzögerung.

Dieser Verlauf lässt sich immer wieder beobachten. Allerdings lässt sich nicht vorhersagen, wie lange die einzelnen Zyklen anhalten werden. Schon aus der Tatsache, dass es an der Börse zyklische Verläufe gibt, lassen sich jedoch bestimmte Verhaltensmaßregeln und Anlagestrategien ableiten.

Strategien, die sich an Zyklen orientieren, lassen sich in zwei Gruppen einteilen:

- prozyklische Vorgehensweisen
- antizyklische Strategien

Der Unterschied besteht darin, dass prozyklische Anleger versuchen, einen bereits deutlich etablierten Trend zu nutzen. Sie kaufen in erster Linie solche Papiere, die bereits recht deutlich angestiegen sind. Weit deutlicher sogar als der Durchschnitt, denn in diesem Fall haben die Aktien quasi bewiesen, dass eine Neubewertung im Gang ist, die noch zu weit höheren Kursen führen könnte.

Prozyklische Strategien sind die Domäne der technischen Analyse. Zumindest insofern, als die Auswahl der zu kaufenden Papiere in allererster Linie nach technischen Kriterien vorzunehmen ist. Kennzahlen wie Kurs-Gewinn-Verhältnis oder Dividendenrendite interessieren in diesem Zusammenhang weniger. Hier geht es vielmehr darum, welche

Aktien durch ihren Kursverlauf in jüngster Zeit bewiesen haben, dass sie „nach oben wollen".

Je nach seiner Präferenz und seinen bisherigen Erfahrungen mit verschiedenen technischen Kriterien wird der prozyklische Anleger sein Augenmerk auf bestimmte Indikatoren legen. In Frage kommen hier insbesondere:

- Die Relative Stärke einer Aktie
- Das Eintreten eines technischen Kaufsignals

Die Relative Stärke wird durch den Vergleich der Performance einer Aktie und der Entwicklung des maßgebenden Index im selben Zeitraum ermittelt. Dabei sollte man einen möglichst umfassenden Index wählen. Der Grund ist klar: Wenn man bei deutschen Aktien zum Beispiel den DAX-30 als Maßstab verwendet, dann kommen überhaupt nur die 30 Titel in Betracht, die in diesem Index vertreten sind. Möglicherweise gibt es aber Titel aus dem MDAX oder vom Neuen Markt, die in puncto Relative Stärke noch weit besser aussehen als der in dieser Hinsicht attraktivste DAX-30-Wert.

Bei deutschen Aktien dient aus diesem Grund meist der FAZ-Index als Benchmark, der 500 Titel umfasst. Zumindest aber sollte man den DAX-100 verwenden, der die DAX-30 und die MDAX-Titel repräsentiert. Die Relative Stärke ist ein wichtiger und viel beachteter Gradmesser, und daher wird sie auch regelmäßig in der Fachpresse veröffentlicht. Als Vergleichszeitraum sollten mindestens drei Monate herangezogen werden, um die Auswirkungen von Kurzfristschwankungen zu eliminieren. In der folgenden Tabelle sehen sie eine Auflistung der zehn Aktien mit der höchsten Relativen Stärke aus dem FAZ-Index. Stand: Anfang Oktober 1999.

Die Angaben bedeuten, dass sich zum Beispiel der Spitzenreiter DBV-Winterthur Holding in den vergangenen drei Monaten um 62,46 Prozent besser entwickelt hat als der Index. Wie Sie sehen, rangiert die Aktie der Dresdner Bank als bester DAX-30-Wert lediglich auf Rang 8. Es ist also durchaus sinnvoll, auch die kleineren Werte zu beachten. Dies um so mehr, weil man interessante Entwicklungen bei kleineren Gesellschaften als Privatanleger meist gar nicht so recht mitbekommt. Wenn sich bei Siemens Wichtiges tut, steht es in allen Zeitungen. Eine durchschlagende Neuerung bei Adolf Ahlers, BayWa oder Schumag bekommt bei weitem nicht so viel Publicity.

In der Tat ist es so, dass auch fundamental orientierte Börsianer das

4. Einige bewährte Aktienstrategien

Relative Stärke: Die zehn Top-Werte aus dem FAZ-Index am 5. Oktober 1999. Vergleichszeitraum: Drei Monate.

Rang	Unternehmen	Relative Stärke
1	DBV-Winterthur Holding	62,46 %
2	Puma	44,91 %
3	BHF-Bank	40,13 %
4	Bankgesellschaft Berlin	31,96 %
5	BHW Holding	31,05 %
6	Klöckner-Werke	30,92 %
7	Altana	29,33 %
8	Dresdner Bank	24,55 %
9	Commerzbank	22,75 %
10	Escada VZ	22,50 %

Quelle: Börse Online

Kriterium der Relativen Stärke beachten sollten. Oft wird man erst durch eine auffällige Kursentwicklung auf eine Aktie aufmerksam. Dann kann man Nachforschungen betreiben und stößt womöglich darauf, dass sich bei dem betreffenden Unternehmen auch fundamental Wesentliches verändert hat. Das gilt besonders auf Märkten und in Branchen, die man sonst wenig beachtet. Dann ist man zwar nicht mehr unter den ersten, die auf eine verbesserte Unternehmenssituation aufmerksam werden, aber ein wenig zu spät kann immer noch früh genug sein.

Was die technischen Kaufsignale betrifft: Charttechniker gehen davon aus, dass ein einmal bestehender Trend solange in Kraft bleibt, bis ein deutliches Zeichen einer Trendwende auftritt. Ein derartiger Umschwung von unten nach oben wird als Kaufsignal interpretiert. Wer möglichst früh reagiert und eine solche Aktie kauft, hat gute Chancen, den folgenden Aufwärtstrend voll auskosten zu können. Ein Kaufsignal kann aber auch dadurch entstehen, dass sich eine Trendbeschleunigung abzeichnet. Das typische Beispiel: Der aktuelle Kurs durchbricht die nach oben verlaufende 90- oder 200-Tage-Linie von unten nach oben. Die Durchschnittslinie zeigt ja an, dass bereits ein Aufwärtstrend besteht. Wird sie nun noch signifikant nach oben durchbrochen, dann könnte nach den Regeln der technischen Analyse eine massive Beschleunigung des Aufwärtstrends bevorstehen.

Ein weiteres technisches Kaufsignal ist gegeben, wenn eine zuvor recht massiv wirkende Widerstandszone durchbrochen wurde. Auch die Überwindung des bisherigen historischen Höchststands ist ein sehr positives Zeichen. Die Aktie dringt dann quasi in Neuland vor – „uncharted territory", wie die Techniker es nennen.

All diesen Kriterien ist gemeinsam, dass der Trend nach oben schon eine ganze Weile besteht. Der Prozykliker kauft also nicht, um dann auf das Eintreten einer Tendenz zu warten, sondern er wartet allenfalls mit dem Kauf, bis die Tendenz sich verstärkt.

Diese Vorgehensweise hat einige Vorteile. Nicht umsonst sagt man an der Börse: „The trend is your friend". Allerdings muss der prozyklisch agierende Anleger damit leben, dass er erst dann einsteigt, wenn der Kurs auf dem Weg nach oben schon ein beträchtliches Stück zurückgelegt hat. Er kauft also recht teuer ein, und zudem wächst mit steigenden Kursen auch die Rückschlagsgefahr. Solange der Aufwärtstrend anhält, kann der Prozykliker mit diesen Nachteilen allerdings hervorragend leben.

Zur Strategie wird die prozyklische Vorgehensweise allerdings erst, wenn man sie systematisch anwendet. Zum Beispiel kann man sich folgenden Plan zurechtlegen: Gekauft werden nur Aktien, die in puncto Relative Stärke zu den besten zehn Prozent des jeweiligen Index zählen. Fallen sie zurück und gehören nicht mehr zu den besten 25 Prozent, wird sofort verkauft. Oder man beschränkt sich auf solche Titel, deren Kurse eine ansteigende 200-Tage-Linie nach oben durchbrochen haben. Man kann auch verschiedene technische Kriterien kombinieren und so die Auswahl weiter verschärfen. Im Prinzip ist vieles möglich und sinnvoll – nur eines nicht:

Man darf nicht die eine Aktie kaufen, weil sie ein technisches Kaufsignal generiert hat, eine andere, weil das KGV so niedrig ist und eine dritte, weil das Unternehmen ein neues Produkt auf den Markt gebracht hat, über das man in den Zeitungen Vielversprechendes lesen kann. Hinter einer solchen Vorgehensweise steckt keinerlei Systematik. Nach einer Weile weiß der Anleger vielleicht selbst nicht mehr, warum er die Aktie eigentlich gekauft hat, die da wie ein toter Hund in seinem Depot liegt und Kapital bindet.

Hinter jeder Strategie steckt ein System von Regeln. An diese Regeln sollte sich der Anleger auch halten, wenn er wirklich Erfolg haben will. Das gilt insbesondere für die Vorgehensweise, die wir uns nun ein wenig näher ansehen wollen.

4. Einige bewährte Aktienstrategien

4. 5. Kaufen, was andere links liegen lassen – Die antizyklische Strategie

Im Prinzip ist die Börse ein Markt wie jeder andere auch. An Märkten werden Güter gehandelt, und an der Börse sind diese Güter eben Wertpapiere, zum Beispiel Aktien. In einem wichtigen Punkt scheint sich die Börse aber von allen anderen Märkten zu unterscheiden: Beim Autokauf oder bei der Entscheidung für einen neuen Anzug suchen die Kaufinteressenten in der Regel nach Schnäppchen, nach Sonderangeboten. Wenn es sein muss, schieben sie die Anschaffung sogar bis zum Sommerschlussverkauf hinaus, weil die Preise dann niedriger sind. An der Börse läuft es ganz anders: Je höher die Preise steigen, desto mehr Interessenten werden angelockt, und desto verlockender scheint der Kauf. Wenn die Kurse fallen, sinkt auch das Interesse, und wenn sie am Tiefpunkt angelangt sind, scheinen sich nur noch einige wenige Hartgesottene für Aktien zu interessieren.

Ganz im Gegensatz zu Autos oder Anzügen kauft man Aktien mit dem Ziel, sie später zu einem höheren Preis wieder zu veräußern. Ein weiteres Argument dafür, zu möglichst niedrigen Kursen einzusteigen, denn schließlich lautet eine der ältesten Börsenweisheiten „Der Gewinn liegt im billigen Einkauf". Das klingt zwar logisch, aber die meisten Anleger haben Probleme damit und kaufen lieber dann, wenn alle kaufen und die Kurse entsprechend hoch sind. Das hat mehr mit Psychologie und gruppendynamischen Prozessen als mit rationalem Anlegerverhalten zu tun. Wir haben das in einem früheren Kapitel ja schon besprochen.

Erst wenn die Kurse auf ein relativ hohes Niveau gestiegen sind, halten es viele Investoren für relativ sicher, Aktien zu kaufen. Sie lassen sich von der Mehrheitsmeinung leiten, und gerade in Haussezeiten fehlt es ja auch nicht an optimistischen Zukunftsprognosen wirklicher oder selbsternannter Aktienexperten. Bei realistischer Betrachtung sind die Chancen auf weitere Kursgewinne allerdings desto geringer, und das Rückschlagsrisiko ist desto größer, je höher die Titel schon gestiegen sind. Das haben gerade in Deutschland viele Börsenneulinge erfahren, die im Sommer 1998 bei DAX-Ständen von weit über 6000 Punkten noch gekauft haben, um schnelle Gewinne zu erzielen.

Es heißt an der Börse zwar: „The trend is your friend", aber wenn eine Aufwärtsbewegung Überhitzungserscheinungen zeigt, kann der Trend schon kurz vor dem Ende angelangt sein. Es spricht also viel dafür,

Teil III: Die Strategie

eine antizyklische Strategie zu wählen und sozusagen das Gegenteil dessen zu tun, was die Mehrheit der Anleger tut. Die Vorgehensweise des Antizyklikers unterscheidet sich allerdings nur bei der Wahl des Zeitpunkts von Kauf und Verkauf von der Mehrheit. Er versucht krass unterbewertete Aktien zu finden, bevor sie an der Börse „entdeckt" werden. Dann hält er sie lange genug, um den folgenden Aufwärtstrend möglichst voll auszunutzen.

Diese Erholung kommt früher oder später mit Sicherheit, wenn der Anleger seine wichtigste Aufgabe erfüllt hat: Er muss Aktien aufstöbern, die – aus welchen Gründen auch immer – an der Börse zu unrecht ein Mauerblümchendasein führen. Das heißt: Er muss solche Titel vor allem von möglichen Pleitekandidaten unterscheiden können, die mit vollem Recht an der Börse fallengelassen worden sind wie heiße Kartoffeln.

Das ist das Schwierige an der Sache: Nicht jede Aktie, die 60 Prozent ihres Kurswerts verloren hat, wird dadurch zu einem Sonderangebot. Vielleicht sinkt sie noch weiter und verschwindet eines Tages ganz vom Kurszettel, weil das Unternehmen Konkurs anmelden muss. Der zeitliche Aspekt ist ebenfalls sehr wichtig. Die antizyklische Strategie ist nichts für Börsianer, die auf schnelle Gewinne aus sind. Die Kurserholung folgt zwar mit Sicherheit, wenn man die richtigen Aktien auswählt, aber es kann lange dauern, bis die Mehrheit der Anleger den wahren Wert dieser Titel entdeckt. Und das muss sie, wenn die Strategie aufgehen soll.

Die wenigen echten Antizykliker unter den Börsianern haben nicht das nötige Geld, um Aktienkurse wirklich in die Höhe zu treiben. Dazu ist es erforderlich, dass die Masse der Investoren ihre Meinung ändert und das kauft, was der Antizykliker schon Monate oder vielleicht sogar ein Jahr zuvor gekauft hat. Erwähnenswert ist auch, dass diese Strategie einen echten Vorteil für Kleinanleger bietet. Institutionelle Großinvestoren wie zum Beispiel Investmentfonds können sie kaum anwenden. Fondsmanager stehen unter ständigem Performancedruck und können es sich gar nicht leisten, zwei, drei Jahre lang zu warten, bis ihre Investments die erhofften Gewinne abwerfen. Großanleger steigen daher in der Regel erst ein, wenn ein Trend an Fahrt gewonnen hat. Ihre Käufe treiben dann die Kurse der Aktien nach oben, die der Antizykliker längst im Depot hat.

Wie aber unterscheidet man vielversprechende Titel von Depotleichen? Schließlich braucht man feste, quantifizierbare Kriterien für die

4. Einige bewährte Aktienstrategien

Aktienauswahl. In den USA gibt es reichlich Fachliteratur zum Thema, deren Argumente teilweise auch durch umfangreiche wissenschaftliche Studien untermauert werden. Zwar setzen die einzelnen Autoren unterschiedliche Schwerpunkte, aber letztlich läuft es auf einige ganz wesentliche Punkte hinaus:

- Die Aktie muss gegenüber dem Jahreshöchstkurs erheblich an Wert verloren haben (mindestens 40 bis 50 Prozent).
- Das Kurs-Gewinn-Verhältnis sollte möglichst niedrig sein (Anhaltspunkt: nicht höher als 12).
- Das Kurs-Cash-Flow-Verhältnis sollte ebenfalls niedrig sein (nicht höher als 10).
- Das Kurs Buchwert-Verhältnis sollte nicht über 1,0 liegen (abgemilderte Version: nicht höher als 1,2).
- Das Verhältnis zwischen Aktienkurs und anteiligem Jahresumsatz je Aktie (KUV) sollte nicht höher sein als 1,0.

Einige Autoren gehen auch noch auf die Höhe der Dividendenrendite und auf die Rolle von Insiderentscheidungen ein, also auf Käufe und Verkäufe durch Führungskräfte des betreffenden Unternehmens. Gerade der letztgenannte Punkt wäre zwar auch für deutsche Anleger interessant, aber die Informationen sind, soweit sie deutsche Unternehmen betreffen, nicht zu bekommen. In den USA dagegen müssen solche Transaktionen der Börsenaufsichtsbehörde SEC gemeldet werden. Die Dividendenrendite ist allerdings kaum aussagekräftig, denn sie bezieht sich in der Regel auf die jeweils letzte Ausschüttung, und bis zur Hauptversammlung des Unternehmens kann niemand sagen, wie hoch die nächste Dividende sein wird.

Ein berechtigter Einwand: Es gibt kaum Aktien, die alle genannten Kriterien erfüllen. Das ist aber auch gar nicht nötig, denn in der Regel genügt es schon, wenn die erste und mindestens zwei der anderen Voraussetzungen gegeben sind. Ein wichtiger und meist zu wenig beachteter Punkt ist das Kurs-Umsatz-Verhältnis. Die meisten Anleger betrachten fast ausschließlich die Gewinnsituation eines Unternehmens und verabschieden sich von Aktien, die sinkende Profite aufweisen. Gerade bei Unternehmen aus konjunktursensitiven Branchen kommt es aber in mehr oder weniger regelmäßigen Abständen zu Gewinneinbrüchen. Solange der Umsatz einigermaßen stabil bleibt, ist das kein Beinbruch. Schließlich ist Umsatz die Voraussetzung für Gewinn, und der nächste

Teil III: Die Strategie

Konjunkturaufschwung kommt bestimmt. Die Börsengeschichte ist voll von Beispielen.

Ein kleiner Nachteil der antizyklischen Strategie ist es, dass der Anleger einige Detektivarbeit leisten muss, um geeignete Aktien zu finden. Grundkriterium ist ein heftiger Kurseinbruch, was die Anzahl der in Frage kommenden Aktien zumindest in normalen Zeiten schon einmal stark reduziert. Die anderen Daten lassen sich in Geschäftsberichten und Fachzeitschriften finden. Ausgesprochene Hitlisten antizyklischer Kaufgelegenheiten gibt es allerdings nicht. Das liegt eher an den Anlegern selbst als an den Medien, denn die meisten von ihnen interessieren sich nun einmal mehr für die Börsenrenner von heute als für die potentiellen Stars von übermorgen, und die Medien bedienen dieses Bedürfnis.

Charttechnisch orientierte Anleger würden dem Grundgedanken der Strategie wohl zustimmen, allerdings mit einer Einschränkung: Sie würden erst dann kaufen, wenn Kursentwicklung und Börsenumsatz einer Aktie klare Indizien für eine Trendwende nach oben liefern. Gerade davon wird in der US-Fachliteratur aber abgeraten. Wer erst einsteigt, wenn eine Aktie wieder klar nach oben dreht, hat einen großen Teil des Kurspotentials bereits verpasst.

Auch bei sorgfältigster Auswahl kann es natürlich passieren, dass eine Aktie die Erwartungen nicht erfüllt. Das ist kein Problem, wenn man die Grundregeln des Risikomanagements befolgt: Streuung des Anlagekapitals auf verschiedene Wertpapiere und Anwendung von Stop-Kursen. Wer mit kleinen Verlusten verkauft und nur wenig eingesetzt hat, dem macht ein Flop unter zehn bis 20 Depotwerten wenig aus. Als Anlagezeitraum muss ein antizyklischer Anleger mindestens zwei bis drei Jahre einkalkulieren. Geduld ist also gefragt. Sie zahlt sich aber auch aus, wie zahlreiche wissenschaftliche Studien zeigen. Ein konsequent nach antizyklischen Kriterien zusammengestelltes Aktiendepot hätte die Entwicklung der wichtigsten Indizes in jedem beliebigen Fünfjahreszeitraum dieses Jahrhunderts deutlich in den Schatten gestellt.

Anthony Gallea und William Patalon stellen in ihrem Buch „Antizyklisch Investieren" (Originaltitel: „Contrarian Investing") auch einige Regeln für den Verkauf auf, über die man allerdings durchaus geteilter Meinung sein kann:

- Sofort nach dem Kauf wird ein Stop-Kurs gesetzt, der 25 Prozent unter dem Einstandskurs liegt. Dies führt zu strikter Risikokontrolle, ohne dass der Anleger sich darum kümmern

4. Einige bewährte Aktienstrategien

muss. Wird der Stop unterschritten, erfolgt der Verkauf automatisch.
- Fällt die Aktie nicht unter den Stop-Kurs, dann sollte nach drei Jahren verkauft werden, oder wenn die Aktie einen Kursgewinn von 50 Prozent erzielt hat. Der Grund: Historische Untersuchungen haben gezeigt, dass bei antizyklischen Investments die größten Gewinne erst im zweiten und dritten Jahr nach dem Kauf erreicht werden. Bei der Regel, nach 50 Prozent Kursanstieg zu verkaufen, sind Ausnahmen zulässig. Allerdings nur dann, wenn sich bei dem entsprechenden Unternehmen eine besonders positive Entwicklung abzeichnet.

Es gibt auch feste Kriterien zur Risikodiversifikation:

- Zum Kaufzeitpunkt sollte eine Aktie nicht mehr als fünf, noch besser: nicht mehr als drei Prozent des Depotvolumens ausmachen. Kombiniert mit dem 25-prozentigen Stop-Kurs stellt diese Fünf-Prozent-Regel sicher, dass man mit jedem Einzelengagement höchstens 1,25 Prozent des Gesamtkapitals verlieren kann.
- Nicht mehr als 20 Prozent des Depotvolumens dürfen auf eine Branche oder eine bestimmte Spekulation entfallen. Branchenspezifische Risiken, mit denen man immer rechnen muss, können so nur einen relativ kleinen Teil des Portefeuilles in Mitleidenschaft ziehen.
- High-Tech-Aktien sollte man prinzipiell nicht in antizyklisch ausgerichtete Depots integrieren. In der Regel genügen sie ohnehin nicht den Auswahlkriterien der niedrigen Bewertungskennzahlen.

Über die letztgenannte Regel lässt sich allerdings streiten. Manchmal weisen auch Technologiewerte attraktive Kennzahlen auf, und vor allem kommt es in diesen Branchen oft zu atemberaubenden Kurseinbrüchen, die zu einem antizyklischen Engagement geradezu einladen. Am allerwichtigsten: In einigen High-Tech-Bereichen, zum Beispiel bei den Festplatten- und bei den DRAM-Produzenten, gibt es klassische Branchenzyklen, wie man sie in anderen Industrien kaum noch findet.

Diese Zyklen lassen sich wunderbar nutzen, wenn man ein wenig Erfahrung mit diesen Branchen gesammelt hat und die weitere Entwicklung einzuschätzen vermag. Hinzu kommt: Gerade in den High-Tech-Branchen sind viele institutionelle Großanleger investiert. Wenn diesen Investoren ein Branchentrend nicht passt, werfen sie oft auch fundamental gute Aktien weg wie heiße Kartoffeln. Dadurch kommt es zu einem sich selbst verstärkenden Abwärtstrend, und nervenstarke Privatanleger haben gute Chancen, die Aktien schließlich zu äußerst gedrückten Kursen zu erwerben. Mit ein wenig Geduld und Glück lassen sich mit solchen Titeln Gewinne erzielen, die in kaum einer anderen Branche möglich sind. Allenfalls noch mit Goldminen, wenn die Edelmetallpreise rasant steigen.

Man muss sich ja auch nicht sklavisch an die Regeln halten, die ein bestimmter Autor aufgestellt hat. Sinnvoll erscheint es allerdings, bei der Auswahl streng nach fundamentalen Bewertungskriterien vorzugehen und keine Ausnahme zuzulassen – auch wenn eine Aktie aus irgendwelchen Gründen noch so verlockend aussieht.

Unbedingt erforderlich ist auch die Risikokontrolle durch Stop-Kurse und/oder Depotdiversifikation. Meine persönliche Erfahrung spricht vor allem für die Bedeutung des zweiten Aspekts.

Beachten sollte man jedenfalls, dass die antizyklische Strategie – im Gegensatz zu den meisten anderen Vorgehensweisen an der Börse – ein Mehrfaktorenmodell ist. Eine Aktie muss eine Vielzahl von Kriterien erfüllen, um für den antizyklischen Investor überhaupt in Frage zu kommen.

Das engt die Auswahl ein, was aber kein Manko ist. An den Börsen dieser Welt gibt es zu jedem beliebigen Zeitpunkt mehr antizyklische Chancen, als ein einzelner Anleger überhaupt registrieren, geschweige denn nutzen kann.

Meine persönliche Erfahrung entspricht jedenfalls den Ergebnissen der meisten Langfriststudien. Ich halte die antizyklische Vorgehensweise für die Börsenstrategie mit der attraktivsten Chance/Risiko-Relation. Ein kleines Manko ist allerdings zu erwähnen: Kaufkandidaten für die prozyklische Vorgehensweise werden dem Anleger in allen Medien geradezu um die Ohren gehauen. Alle Börsenmagazine dieser Welt sind voll von Hitlisten und Relative-Stärke-Tabellen. Aktien für die antizyklische Strategie muss man dagegen sorgfältig suchen. Als erstes Auswahlkriterium empfiehlt sich die 50-Prozent-Verlust-Regel, was den Kreis potentieller Kandidaten deutlich einengt. Die Titel, die nun noch übrig sind, muss man sorgfältig untersuchen. Das ist eine oft recht mühselige Arbeit.

4. Einige bewährte Aktienstrategien

Nicht zuletzt deshalb, weil sich darunter oft Aktien von Unternehmen finden, über die man nicht in jeder beliebigen Zeitung lange Artikel lesen kann.

Aber die Mühe lohnt sich. Man stößt auf diese Weise manchmal auf wirklich hervorragende Gewinnchancen. Wenn man nun noch die Regeln der Depotdiversifikation befolgt, kann nicht mehr viel schiefgehen.

4. 6. Wachstumsorientierte Strategien

Ich kenne einen amerikanischen Aktienanalysten, der seit Jahrzehnten für eines der traditionsreichsten US-Investmenthäuser tätig ist, das zu den Gründungsmitgliedern der New York Stock Exchange zählt. Ich treffe ihn so etwa zwei bis drei Mal im Jahr, und er hat mir schon viele wissenswerte Dinge über die Börse, verschiedene Unternehmen und seine Erfahrungen mit ihnen erzählt. Die wohl interessanteste Geschichte ist die folgende:

In den 70er Jahren besuchte er mit einigen Kollegen von anderen Investmenthäusern die allererste Analystenkonferenz eines jungen Unternehmens, das seinen Sitz in der Nähe von Seattle hatte. Es handelte sich wirklich um ein sehr junges Unternehmen; das sah man schon daran, dass der Mann, der die Konferenz leitete, wie ein Schuljunge aussah. Worum es ging, was das Unternehmen eigentlich produzierte und plante, war für viele der Konferenzteilnehmer nur teilweise verständlich, denn es handelte sich nicht nur um ein sehr junges Unternehmen, es kam auch aus einer Branche, die eigentlich erst im Entstehen war.

Nach dem Meeting traf er sich mit einigen seiner Kollegen noch in der Hotelbar, und sie sprachen darüber, was von der ganzen Sache zu halten sei. Die meisten waren der Ansicht, es klinge durchaus interessant, was der junge Mann da erzählt hatte. Womöglich könne tatsächlich etwas aus diesem Unternehmen werden. Mit einer Einschränkung allerdings: Dieser junge Mann, der da auf der Konferenz gesprochen hatte, machte nicht den Eindruck eines fähigen Managers. Und er war, wie sie kopfschüttelnd bemerkten, der Gründer und Chef des Unternehmens. Nein, auf diese Weise würde das Unternehmen wohl keinen Erfolg haben; dieser Schuljunge würde den Laden sicher krachend an die Wand fahren. In diesem Punkt waren sich eigentlich alle einig. Daher habe seines Wissens auch keiner der Teilnehmer die Aktie des Unternehmens gekauft oder seinen Kunden empfohlen, sagte mir der alte Analyst.

Teil III: Die Strategie

Dumm gelaufen: Das Unternehmen hieß Microsoft. Der Schuljunge hieß Bill Gates und ist heute der reichste Mann der Welt. Allenfalls der Sultan von Brunei, so sagen Experten, könne dem blassen Mann mit den dicken Brillengläsern in dieser Hinsicht eventuell Paroli bieten.

Jeder, der damals auch nur 1000 Dollar in die Aktie investiert hätte, wäre heute vielfacher Millionär. Mein Bekannter meinte – nicht ohne leise Wehmut: Allein das Geld, das er und seine Kollegen in der Hotelbar und beim Lunch gelassen hatten, hätte ausgereicht, jedem von ihnen einen äußerst geruhsamen Lebensabend zu sichern. Das mag stimmen. Ich bin allerdings überzeugt, dass die Herren auch so nicht den Weg zum Sozialamt antreten müssen. Näheres über die Gehälter, die in der amerikanischen Analystenzunft so üblich sind, finden Sie in Abschnitt III.5.

Verständlicherweise ist es der Traum vieler Anleger, so etwas wie eine zweite Microsoft zu finden. Es wäre ja auch zu schön, mit einem einzigen Volltreffer den ganz großen Börsenerfolg zu landen, nie wieder arbeiten zu müssen und den Rest seiner Tage in Luxus und Wohlstand zu verbringen. Unmöglich ist das nicht, denn Microsoft ist zwar das spektakulärste Beispiel, aber beileibe kein Einzelfall. In der amerikanischen High-Tech-Branche gibt es zahlreiche Unternehmen, die ihre Gründer und die ersten Aktionäre von außen längst zu vielfachen Millionären, ja zu Milliardären gemacht haben.

Man braucht aber gar nicht einmal über den Atlantik zu schauen, um auf derartige Erfolgsgeschichten zu stoßen. In Deutschland hat SAP eine ganz ähnliche Entwicklung vollzogen, und auch am Neuen Markt gibt es spektakuläre Erfolge, wofür EM.TV & Merchandising wohl das beste Beispiel ist. Auch in Zukunft wird es solche Phänomene geben. Mini-Betriebe werden ein ungeahntes Wachstum aufweisen und zu Milliardenkonzernen heranwachsen. Wer gezielt nach solchen Chancen sucht, kann durchaus fündig werden. Zumindest ist ein solcher Schatzfund weitaus wahrscheinlicher als ein nennenswerter Lottogewinn.

Es spricht also im Prinzip nichts dagegen, einen Teil seines Depots in Aktien kleiner, sehr vielversprechender Unternehmen zu investieren. Es ist allerdings alles andere als leicht, eine gute Auswahl zu treffen. Das hat mehrere Ursachen:

- Die Unternehmen kommen oft aus Branchen, deren Zukunftsaussichten sehr unsicher sind.
- Sie haben oft nur ein einziges Produkt oder eine einzige Dienstleistung anzubieten. Aufkommende Konkurrenz oder

4. Einige bewährte Aktienstrategien

die technologische Entwicklung können das Unternehmen daher vom Markt fegen.
- Die Unternehmen haben nur eine kurze Vorgeschichte. Oft handelt es sich um Neuemissionen. Daher ist eine technische Analyse der Aktien nicht sehr ergiebig.
- Die fundamentalen Kennzahlen bringen den Anleger auch nicht wesentlich weiter. Die Unternehmen arbeiten meist noch in der Verlustzone, und der Buchwert ist zu vernachlässigen.
- Die Wachstumsprognosen sind oft überaus vollmundig, aber ob sie sich bewahrheiten werden, steht in den Sternen.
- Da es viele Anleger gibt, die nach einer zweiten SAP oder Microsoft fahnden, sind die Aktien wirklich vielversprechender junger Unternehmen sehr begehrt und entsprechend teuer.
- Um die Chancen des Unternehmens wirklich beurteilen zu können, muss man in der Regel Spezialkenntnisse über Nischenbereiche der Computer-, Software- oder Biotech-Branche mitbringen. Die wenigsten Anleger erfüllen diese Voraussetzung. Sie müssen sich daher auf Fremdmeinungen verlassen, die zutreffen können oder auch nicht.

Man könnte noch mehr Aspekte aufzählen, die eine sinnvolle Auswahl erschweren. Doch allein aus den oben angeführten Argumenten dürfte schon deutlich werden, dass man hier niemals alles auf eine Karte setzen darf. Zu groß sind die Unsicherheiten, zu gering die Wahrscheinlichkeit, ausgerechnet mit einer ganz bestimmten Aktie den großen Treffer zu landen.

Es gibt institutionelle Anleger, die sich darauf spezialisiert haben, in Aktien vielversprechender junger Unternehmen zu investieren. Sie streuen ihr Anlagekapital sehr breit, und einzelne Depotpositionen nehmen zumindest zum Zeitpunkt des Kaufs oft nicht einmal ein Prozent des Gesamtportefeuillevolumens ein. Ein Privatanleger kann mangels Masse zwar nicht genauso vorgehen, aber das Prinzip sollte er beherzigen: Der Depotanteil, der in Aktien junger Unternehmen investiert werden soll, muss breit gestreut werden. Wer 20 solche Titel im Depot hat, besitzt bessere Chancen, einen Volltreffer zu landen, als jemand, der sein Kapital nur auf zwei Titel verteilt.

Profis, die auf diese Weise vorgehen, kalkulieren von Anfang an mit ein, dass sich ein Großteil der gekauften Aktien als Nieten erweisen wird. Das dort investierte Kapital ist möglicherweise verloren. Kein Problem, wenn sich auch zwei oder drei Aktien im Depot befinden, die zu Kursraketen werden. Der Gewinn mit diesen Titeln gleicht die Verluste der anderen locker aus. Wenn der Plan aufgeht, erweisen sich auch noch einige der anderen Titel zumindest als lohnende, wenn auch nicht unbedingt spektakuläre Investitionen. Wenn von 20 Aktien nur zwei zu Kursraketen werden, müssen sich ja nicht alle 18 anderen als absolute Flops erweisen. Die Fahndung nach einer zweiten Microsoft hat zwar durchaus etwas von einer Lotterie, aber sie ist doch nicht ganz damit zu vergleichen.

Wohlgemerkt: Es hat nichts, aber auch gar nichts mit Strategie zu tun, dann und wann einem heißen Tipp nachzulaufen und zu hoffen, dass der Aktienkurs sich verhundertfachen wird. Zur Strategie wird die Investition in vielversprechende junge Unternehmen erst, wenn man die erheblichen damit verbundenen Verlustrisiken durch breite Depotdiversifikation in den Griff bekommt. Außerdem ist es erforderlich, sich einige feste Auswahlkriterien zurechtzulegen. Zum Beispiel könnte sich ein Anleger vornehmen, nur solche Aktien ins Depot zu nehmen, auf die folgende Eigenschaften zutreffen:

- Das Unternehmen muss einen positiven Cash Flow erwirtschaften.
- Das für die kommenden Jahre von angesehenen Branchenanalysten – nicht vom Unternehmen selbst! – prognostizierte Umsatzwachstum muss mindestens 50 Prozent betragen.
- Das Unternehmen muss ein Alleinstellungsmerkmal aufweisen. Das hergestellte Produkt darf nicht obsolet werden, wenn ein kapitalkräftigeres Unternehmen sich vornimmt, den betreffenden Markt zu erobern. Das Problem: Speziell auf dem Gebiet der Biotechnologie-Aktien kann diese Frage eigentlich nur beantworten, wer sehr viel von der Materie versteht. Hier spielen medizinische, pharmakologische, patentrechtliche und oft auch gesundheitspolitische Aspekte eine Rolle.

4. Einige bewährte Aktienstrategien

Man kann natürlich auch noch andere Kriterien anlegen. Wichtig ist nur, dass man sich später auch strikt daran hält und keinerlei Ausnahmen zulässt. Von einem dreistelligen Kurs-Gewinn-Verhältnis muss man sich nicht unbedingt abschrecken lassen. Bei Unternehmen, die für solche Strategien in Frage kommen, ist es ja schon bemerkenswert, wenn sie überhaupt schwarze Zahlen schreiben. Sollten sie noch in der Verlustzone stecken, ist das auch kein Beinbruch. Es dauert nun einmal seine Zeit, bis ein Newcomer Gewinne macht. Sehr wichtig ist allerdings, dass das Unternehmen in seiner kurzen Geschichte bisher alle Erwartungen erfüllt, besser noch: weit übertroffen hat. Exakt dieser Punkt nämlich zeichnet die Microsofts, Intels und SAPs dieser Welt aus. In den Anfangsjahren der Unternehmensgeschichte haben sie niemals für negative Überraschungen gesorgt. Nicht zuletzt deshalb kommt es oft zu regelrechten Kursmassakern, wenn ein Unternehmen an der NASDAQ, an der EASDAQ oder am Neuen Markt ein enttäuschendes Ergebnis vorlegt. In solchen Fällen verabschieden sich viele Anleger für immer von der Aktie, und zwar fast um jeden Preis.

Ebenso wie jede andere Strategie ist auch die Konzentration auf junge, wachstumsstarke Titel nicht für jeden Anleger geeignet. Man muss große Risikobereitschaft mitbringen, wenn man so vorgehen will, und das ist nicht jedermanns Sache. Vielleicht finden Sie an anderen, konservativeren Strategien mehr Gefallen. Wie schon gesagt: Letzten Endes kommt es auf zwei Dinge an, wenn man an der Börse Erfolg haben will: Man muss eine Strategie finden, mit der man sich wohl fühlt und die man im Rahmen der Zeit, die man für Börsenengagements erübrigen will, auch managen kann. Und man muss sich streng an die Kriterien halten, die man als die richtigen erkannt hat. Jede andere Vorgehensweise ist keine Strategie, sondern allenfalls Börsendilettantismus oder Spielerei.

5.

Die Rolle der Analysten oder: Was heißt eigentlich „Halten"?

Die meisten Anleger verlassen sich bei Aktieninvestments nicht völlig auf ihr eigenes Urteil. Sie vertrauen lieber auf die Empfehlungen von Fachleuten oder beziehen deren Aussagen zumindest in ihre Überlegungen mit ein. Dagegen ist im Prinzip nichts zu sagen. Schließlich handelt es sich bei diesen Experten um hochbezahlte Spezialisten, die in der Regel ihr Handwerk auch verstehen.

Aktienanalysten wirken bei Banken und Investmenthäusern oft still im Hintergrund. Manche von ihnen sind aber eher extrovertiert, und da sich Millionen von Menschen rund um den Globus für ihre Arbeit interessieren, haben sich einige Analysten – vor allem amerikanische – eine Art Kultstatus erworben. Wenn Byron Wien, Ralph Acampora oder Elaine Garzarelli ihre Ansichten verkünden, spitzt man an der Wall Street die Ohren. Ein negatives Urteil über eine bestimmte Aktie oder eine Branche kann sich spürbar auf die Kursentwicklung auswirken.

Auch in Deutschland haben Aktienanalysten heute ein weit höheres Ansehen als noch vor wenigen Jahren. Man schätzt sie als Experten auf einem Gebiet, wo eigentlich jeder ein Experte sein möchte, weil sich dort viel Geld verdienen lässt. Natürlich spielt auch eine Rolle, dass einige Fernsehsender in ihren Börsenbeiträgen den Analysten ein öffentliches Forum bieten, das noch vor kurzem gar nicht existiert hat. Wer im TV-Programm zu sehen ist, so die verbreitete Meinung, muss wichtig sein, muss zumindest etwas Bedeutendes zu sagen haben.

Amüsant war vor allem zu beobachten, wie in den vergangenen Jahren die Fachleute zum Thema Neuer Markt geradezu aus dem Boden geschossen sind. Viele hatten auch tatsächlich Interessantes zu sagen, aber einige andere konnten bei Detailfragen nicht viel mehr bieten als stereotype Sprüche aus der untersten Schublade der Binsenweisheiten. Etwa in der Preisklasse, dass Wachstumsunternehmen eben anderen Bewertungskriterien unterliegen als Standardwerte oder den ebenso beliebten wie hinkenden Vergleich des Neuen Markts mit der NASDAQ. Viele ver-

5. Die Rolle der Analysten oder: Was heißt eigentlich „Halten"?

schwanden auch relativ schnell wieder in der Versenkung. Das Kursmassaker vom Sommer 1998 hat in dieser Hinsicht für eine gesunde Marktbereinigung gesorgt.

Es gibt aber auch viele Aktienanalysten, die ihrem guten Ruf gerecht werden. Ich würde sogar sagen: Die weit überwiegende Mehrzahl leistet sehr gute Arbeit. Ein kleines Problem dabei ist lediglich, dass sich alle Aktienanalysten dieser Welt einer Sprache bedienen, die nur für Informierte verständlich ist. Ich meine damit nicht die Spezialausdrücke, die es in der Börsensprache natürlich ebenso gibt wie in jedem anderen Fachcode auch. Vielmehr meine ich die offenkundige Diskrepanz zwischen dem, was die Analysten sagen und dem, was sie damit meinen.

Ein anschauliches Beispiel: Bei vielen Aktienbesprechungen kommt der jeweilige Verfasser zu dem Fazit, Anleger sollten die Aktie „halten". Was meint er damit?

Ein logisch denkender Mensch, der keine Ahnung von der Börsensprache hat, würde diese Empfehlung wohl so interpretieren: Halten kann man nur etwas, das man schon besitzt. Der Verfasser der Analyse setzt also stillschweigend voraus, dass alle Leser die Aktie schon gekauft haben. Für alle anderen wäre seine Empfehlung ja sinnlos. Nun gibt es aber zweifellos auch Anleger, die diese Aktie noch nicht besitzen. Wenn sie haltenswert ist, dann ist es sicher gut, sie im Depot zu haben. Wer sie noch nicht hat, sollte sie daher kaufen. Es macht ja keinen Unterschied, ob man den Titel schon erworben hat oder erst jetzt kauft, wenn es wirklich von Vorteil ist, ihn zu besitzen. Zwischen „Kaufen" und „Halten" gibt es keinen logischen Widerspruch. Beide Aussagen laufen darauf hinaus, dass man die Aktie besitzen sollte. Wie gesagt: Wer den Geheimcode der Analysten nicht kennt, des logischen Denkens aber mächtig ist, würde wohl zu dieser oder einer ähnlichen Schlussfolgerung gelangen. Er könnte allerdings kaum weiter von der Wahrheit entfernt sein. Um das zu verstehen, müssen wir uns zunächst die bei Analysten verbreitetsten Aktienbewertungen ansehen. Sie lauten:

- Strong Buy (starke Kaufempfehlung; sozusagen die Höchstnote der Analysten)
- Buy oder Moderate Buy (Kaufempfehlung, allerdings schon mit einer gewissen Einschränkung)
- Hold oder Accumulate (wörtlich „halten" bzw. „einsammeln", zum Beispiel bei nachgebenden Kursen. Zur tatsächlichen Bedeutung siehe unten)

Teil III: Die Strategie

- Sell oder Moderate Sell (Verkaufsempfehlung)
- Strong Sell (starke Verkaufsempfehlung. Die denkbar schlechteste Bewertung).

Soweit wäre eigentlich alles in Ordnung. Nun kommt aber das Problem: Nach einer amerikanischen Untersuchung machten in den vergangenen beiden Jahren die Verkaufsempfehlungen nicht mehr als drei Prozent aller Analystenurteile aus. De facto ist „Hold" oder „Halten" die schlechteste Bewertung, die vergeben wird. Letzten Endes ist sie nichts anderes als eine verkappte Verkaufsempfehlung.

Vor einiger Zeit habe ich einem amerikanischen Aktienanalysten mit langer Erfahrung an der Wall Street die folgende Frage gestellt: „Würden Sie eine Aktie kaufen, die ein Kollege, dessen Urteil Sie schätzen, mit „Hold" bewertet hat?"

Seine Antwort hätte nicht deutlicher ausfallen können: „Not in a lifetime!". Nie im Leben würde dieser Fachmann also eine „haltenswerte" Aktie anfassen. Das sagt eigentlich alles.

Nun stellt sich natürlich die Frage, warum das eigentlich so sein muss. Wenn ein Analyst meint, man solle eine Aktie besser verkaufen oder wenigstens meiden, warum sagt er dann, man solle sie halten?

Dafür gibt es vor allem zwei Gründe: Um seine Arbeit tun zu können, ist ein Analyst auf nichts so sehr angewiesen wie auf schnelle und gründliche Informationen aus allererster Hand. Diese Informationen können nur vom Unternehmen selbst kommen. Für den Analysten ist es daher extrem wichtig, im Unternehmen einen vetrauten Ansprechpartner zu haben, der ihn zuverlässig mit Neuigkeiten füttert. Kaum etwas nehmen Manager aber so übel wie eine unverblümte Verkaufsempfehlung für die eigene Aktie. Vor allem im Zeitalter des Shareholder Value werden sie damit ja schließlich zu Versagern gestempelt, die offensichtlich nicht in der Lage sind, das Unternehmen im Interesse der Aktionäre zu führen. Daher grenzt eine „Sell"-Empfehlung schon fast an eine persönliche Beleidigung. Nicht zuletzt deshalb, weil ein solches Urteil wie erwähnt die ganz große Ausnahme ist.

Daher wird es sich jeder Analyst dreimal überlegen, ob er wirklich eine Verkaufsempfehlung aussprechen soll. Er riskiert damit, seine Ansprechpartner zu brüskieren und sich den Informationsfluss abzugraben, auf den er dringend angewiesen ist. Unter diesem Gesichtspunkt ist es also durchaus verständlich, dass er „halten" sagt, wenn er „verkaufen" meint.

Der zweite Grund: Analysten leben in einem Umfeld, das von be-

5. Die Rolle der Analysten oder: Was heißt eigentlich „Halten"?

trächtlichem Wettbewerb gekennzeichnet ist. Kein Wunder, denn in diesem Metier werden Traumgehälter bezahlt. In Deutschland hält man sich bedeckt, was Analysteneinkünfte betrifft, aber die Amerikaner sind da von erfrischender Offenheit: Nach einer Meldung in „International Herald Tribune" vom 19. Juli 1999 gab es in diesem Jahr 2427 professionelle Aktienanalysten an der Wall Street – 32 Prozent mehr als noch 1997. Das Jahresdurchschnittsgehalt für „Junior Analysts", also für Experten in den ersten Berufsjahren, betrug 350 000 Dollar.

Die Top-Analysten würden sich für solche Beträge allerdings kaum im Bett umdrehen: Ihre Jahresgehälter, so das US-Blatt, erreichen inzwischen zehn Millionen Dollar und mehr.

Angesichts dieser Zahlen wird es wohl niemanden wundern, dass solche Jobs sehr begehrt sind. Die Konkurrenz ist entsprechend gnadenlos, und vor allem die Analysten in den unteren Rängen der Investmentbanken denken verständlicherweise nicht im Traum daran, eine solche Karriere aufs Spiel zu setzen. Auf diese Weise entsteht ein nicht zu unterschätzender Konformitätsdruck, ähnlich dem Anpassungszwang, den wir im Abschnitt über Börsenpsychologie schon kurz erörtert haben.

Wenn sich ein Analyst nun der Mehrheit seiner Kollegen anschließt und nicht unangenehm auffällt, kann er wenig falsch machen. Wenn alle Analysten Pharma-Aktien empfehlen und diese Branche anschließend zusammenkracht, ist es schwer, einen einzelnen Sündenbock ausfindig zu machen. Ganz anders aber liegt die Sache, wenn ein Analyst eine Aktie zum Verkauf empfiehlt, die von den Kollegen als „Strong Buy" eingestuft wird. Wenn sich seine Einschätzung als falsch erweist, kann er schon mal ans Kofferpacken denken. Verständlich, dass er das nicht riskieren will. Daher wird er sich zurückhalten, seine negative Einschätzung als „Hold" verbrämen und allenfalls zwischen den Zeilen deutlich werden lassen, was er wirklich über diese Aktie denkt. An der Wall Street sagt man: Noch niemand ist gefeuert worden, weil er IBM empfohlen hat. Das galt selbst zwischen 1987 und 1993, als IBM von etwa 200 auf weniger als 50 Dollar sank.

Die genannten Faktoren machen wohl verständlich, warum unverblümte Verkaufsempfehlungen einen derartigen Seltenheitswert haben. Wenn Sie einen Internetanschluss haben, können Sie das übrigens selbst nachprüfen. Unter http://www.bigcharts.com/resources/analysts können sie die von Zacks Research gesammelten Analystenempfehlungen zu Einzelaktien abrufen. Sie werden lange nach offen ausgesprochenen Verkaufsempfehlungen suchen müssen.

Teil III: Die Strategie

Am 15. Oktober 1999 habe ich noch einmal die Probe aufs Exempel gemacht und bei vier nach dem Zufallsprinzip (Fallenlassen eines Kugelschreibers auf den Kursteil des „Wall Street Journal Europe") ausgewählten Aktien nach den Analystenmeinungen gesucht. Hier das Gesamtergebnis:

Strong Buy	14 + 1 + 13 + 1	= 29
Moderate Buy	11 + 5 + 7 + 1	= 24
Hold	7 + 13 + 3 + 3	= 26
Moderate Sell	0 + 0 + 0 + 0	= 0
Strong Sell	0 + 0 + 0 + 0	= 0

Das Resultat hätte also nicht eindeutiger ausfallen können. „Hold" war in der Tat die schlechteste real vorkommende Bewertung. Bei der Aktie mit den 13 „Hold"-Empfehlungen handelte es sich übrigens um den Titel des Flugzeugherstellers Boeing. Am Tag vor meinem Test hatte Erzkonkurrent Airbus Boeing einen Großauftrag von British Airways vor der Nase weggeschnappt. Soviel zum Thema „Halten".

Nun ist die oben gezeigte Bewertungsskala von „Strong Buy" bis „Strong Sell" zwar die verbreitetste, aber bei weitem nicht die einzige. Zum Beispiel gibt es die vor allem in den Researchabteilungen deutscher Großbanken übliche Skala:

- Übergewichten
- Neutral gewichten
- Untergewichten

Mit diesem System werden in erster Linie Branchen bewertet. Anhand konjunktureller, fundamentaler und technischer Daten ziehen die Analysten ihre Schlüsse, welche Wirtschaftszweige in den kommenden Monaten besser abschneiden könnten als der Marktdurchschnitt. Ergänzt werden diese Brancheneinschätzungen durch Einzelempfehlungen bestimmter Aktien aus den am besten bewerteten Industrien.

5. Die Rolle der Analysten oder: Was heißt eigentlich „Halten"?

Diese Vorgehensweise ist verständlicher und logischer als das oben genannte fünfstufige Rating-System. Ehrlicher ist sie außerdem, denn hier kann man die Einschätzung in der Tat wörtlich nehmen.

Die in vielen Fachzeitschriften verbreitete Skalierung

- Kaufen
- Halten
- Verkaufen

hat die gleichen Nachteile wie die fünfstufige. Auch hier ist „Halten" oft nicht ganz wörtlich zu nehmen. Ehrlicher ist da schon die Unterscheidung zwischen

- Überdurchschnittlich
- Durchschnittlich
- Unterdurchschnittlich

Es kommt allerdings durchaus vor, dass von den 30 DAX-Werten 15 als überdurchschnittlich, zehn als durchschnittlich und fünf als unterdurchschnittlich eingestuft werden, was sich mit den Gesetzen der Mathematik nur schwer unter einen Hut bringen lässt.

Weit verbreitet sind Zahlenratings. Um die Einschätzung richtig zu interpretieren, muss man allerdings das System des jeweiligen Analysehauses kennen. So verwendet zum Beispiel Value Line ein System von 1 bis 5, wobei 1 die beste, 5 die schlechteste Bewertung ist. Beim kanadischen Investmenthaus Nesbitt Burns ist es exakt umgekehrt. Die Kanadier haben das System noch verfeinert: Sie vergeben zunächst für die Branchen Noten von 5 bis 1, und innerhalb dieser Branchen werden die einzelnen Titel ebenfalls so eingestuft. Das Optimum in diesem System wäre also ein Rating von 5 für eine Aktie aus einer ebenfalls mit 5 bewerteten Branche.

Es herrscht also ein ziemliches Durcheinander bei den international verbreiteten Bewertungssystemen. Zumindest im Aktienbereich. Die Fans festverzinslicher Wertpapiere haben es da wesentlich besser: Bei Anleihen-Ratings gibt es zwei international akzeptierte Bewertungsstandards, nämlich die von Standard & Poor's und von Moody's, die zudem nach dem gleichen Prinzip zu interpretieren sind: AAA beziehungsweise Aaa ist die beste Bewertung, D die schlechteste.

6.
Risikomanagement –
Das A und O des Börsenerfolgs

Nachdem wir ausführlich Aktienstrategien erörtert haben, die seit langem gewährt sind, kann es nicht schaden, einen Blick auf die andere Seite der Medaille zu werfen. Jeder Aktionär freut sich über Kursgewinne, aber letzten Endes geht es in erster Linie darum, die unvermeidlichen Verluste in den Griff zu bekommen. Wer das schafft, hat den wichtigsten Schritt zum Erfolg schon getan. Wenn man seine Verluste auf ein Minimum begrenzt und ab und zu auch einmal eine gute Aktie erwischt, wird man unter dem Strich Gewinne machen.

In diesem Zusammenhang ist es sinnvoll, sich einmal alle Risiken zu vergegenwärtigen, die den gewünschten Anlageerfolg eines Aktienengagements bedrohen. Es ist nun überhaupt nicht mein Anliegen, Sie durch übertriebene Schwarzmalerei von Aktienkäufen abzuhalten, aber es hat auch keinen Sinn, die Risiken zu verschweigen.

1. Unternehmensspezifische Risiken

Vor dem Kauf einer bestimmten Aktie, sagen wir zum Kurswert von 50 Euro, haben Sie sich gründlich über Substanz, Ertrag und Wachstumspotential des betreffenden Unternehmens informiert. Sie haben diesen Titel aber nicht gekauft, weil er damals 50 Euro kostete, sondern weil Sie der Meinung waren, er sei eigentlich mehr wert und werde bald auf ein angemesseneres Niveau steigen. Zum Beispiel auf 80 Euro. Für eine solche Entwicklung ist es aber erforderlich, dass das Unternehmen eine sehr positive Entwicklung nimmt, denn sonst würde man an der Börse nicht plötzlich wesentlich mehr für die Aktie bezahlen.

Bleibt diese Entwicklung aus, dann kann die Aktie deutlich unter Ihren Einstandskurs sinken. Das kann viele unternehmensspezifische Ursachen haben: Eine enttäuschende Umsatz- und Gewinnentwicklung, wachsende Konkurrenz oder technologischen Fortschritt, der die

Absatzchancen für die Produkte des Unternehmens schmälert. Im Prinzip kann jede enttäuschende Neuigkeit über das Unternehmen dazu führen, dass die Aktie an Kurswert verliert. Dieses Risiko ist desto höher, je stärker die Aktie zu Ihrem Kaufzeitpunkt im Zentrum des Anlegerinteresses stand. Die Börsengeschichte ist voll von Beispielen: Ungezählte Aktien sind schon innerhalb weniger Monate von Börsen-Darlings zu elenden Mauerblümchen geworden.

2. Branchenspezifische Risiken

Möglicherweise haben Sie bei der Aktienauswahl große Sorgfalt walten lassen und sind schließlich zu dem Schluss gekommen, die großen internationalen Ölkonzerne seien besonders attraktiv. Überdurchschnittliche Dividenden, vergleichsweise niedrige KGVs, und der Ölpreis sollte langfristig steigen, so Ihre Überlegung. Anfang 1998 hätte man exakt so argumentieren können – und dennoch wäre man an Sylvester mit einem dicken Minus ins neue Jahr gegangen. Die Ölpreise sanken nämlich auf ein ungewöhnlich tiefes Niveau, und die großen Öltitel verloren deutlich an Kurswert. Es gibt negative Einflüsse, die nicht nur Einzelaktien, sondern eine ganze Branche betreffen. In solchen Fällen leiden die besseren Aktien aus dem betreffenden Wirtschaftszweig oft sogar noch stärker als die schlechteren. Der Grund: Internationale Großanleger trennen sich von der Branche, und zunächst werden dabei die Titel verkauft, mit denen man noch einen Gewinn realisieren kann.

3. Zinsrisiken

Wir haben ja schon erörtert, dass ein Ansteigen des Renditeniveaus an den internationalen Kapitalmärkten meist einen äußerst negativen Einfluss auf die Aktienbörsen ausübt. Wenn Anleihen immer höhere Renditen abwerfen, steigen mehr und mehr Anleger von Aktien auf Festverzinsliche Wertpapiere um. An den Aktienmärkten wird also das Angebot größer, und die Nachfrage dürfte in einem solchen Umfeld sinken. Die Folge sind fallende Kurse, und zwar quer Beet. In solchen Situationen kümmert sich kaum noch jemand um die fundamentalen Kennzahlen von Einzelaktien, und auch die besten Titel haben größte Mühe, ihr Kursniveau zu halten.

4. Währungsrisiken

Wenn Sie ausländische Wertpapiere im Depot haben, die nicht aus dem Euro-Raum stammen, müssen Sie der Wechselkursentwicklung große Aufmerksamkeit schenken. Ein Kursverlust der Auslands- im Vergleich zur Heimatwährung kann Ihre Performance empfindlich beeinträchtigen.

5. Politische Risiken

Während eine für Aktienengagements negative Zins- oder Währungsentwicklung meist längere Zeit in Anspruch nimmt, kommen politische Einflüsse oft wie ein Blitz aus heiterem Himmel. Erfahrene Anleger werden sich noch an den Putsch gegen Gorbatschow und an den Einmarsch irakischer Truppen in Kuwait erinnern. Beide kamen völlig überraschend. Während in Russland der Spuk nach wenigen Tagen vorbei war, läutete die Kuwait-Krise eine monatelange Baisse an allen Weltmärkten ein.

Ein wichtiges Ereignis aus dem Bereich der Politik, das zudem überraschend kommt, kann auch die sorgfältigste Analyse über Nacht zu Makulatur werden lassen. Und ein solches Ereignis kann jederzeit eintreten; man muss ständig damit rechnen, ohne auch nur zu ahnen, wann und aus welcher Richtung es kommen könnte. Der Rücktritt eines angesehenen Politikers, ein überraschendes Wahlergebnis oder gar ein Attentat auf einen wichtigen Staatsmann kann zumindest vorübergehend für einen Kurseinbruch sorgen.

Mit all diesen Gefahren muss man leben, wenn man Aktien besitzt. Aber zum Glück hatte der Dichter recht, der sagte: „Wo die Gefahr am größten ist, da wächst das Rettende auch".

Es gibt relativ simple und zuverlässige Maßnahmen, die Risiken von Aktienengagements zu begrenzen. Hier existiert also kein objektives Problem. Der Anleger kann allerdings große persönliche Schwierigkeiten bei der Anwendung dieser Maßnahmen bekommen, denn sie setzen etwas voraus, was bei weitem nicht jeder Investor mitbringt: Die Bereitschaft, mit Verlust zu verkaufen.

Im Prinzip kann man zwei Gruppen von Risikomanagement-Maßnahmen unterscheiden:

6. Risikomanagement – Das A und O des Börsenerfolgs

- Maßnahmen zur Verlustbegrenzung bei Einzelengagements
- Maßnahmen zur Verlustbegrenzung des Gesamtportefeuilles

Natürlich können beide Gruppen einander bestens ergänzen: Wer jede einzelne Depotposition gegen Verluste abgesichert hat, verfügt quasi automatisch auch über einen wirksamen Schutz für das Gesamtportefeuille. Den Begriff „Absicherung" darf man allerdings nicht ganz wörtlich nehmen. Man kann sich an der Börse nicht wirksam davor schützen, überhaupt Verluste zu erleiden. Man kann diese Verluste allerdings sehr wohl begrenzen.

Wie wichtig eine solche Begrenzung ist, wird bei einem Blick auf die untenstehende Tabelle deutlich. Wer Verluste nicht relativ schnell durch Verkauf realisiert, kann bei einem weiteren Kursverfall in eine sehr unangenehme Situation kommen. Ab einem bestimmten Punkt wird es sogar fast unmöglich, den Verlust wieder aufzuholen. Die Tabelle zeigt, wieviel man mit einem zweiten Börsengeschäft gewinnen muss, nachdem man mit dem ersten einen bestimmten Prozentsatz seines Kapitals verloren hat.

Zum Erreichen der ursprünglichen Ausgangsposition erforderlicher Kursgewinn nach einem vorangegangenen Kursverlust.

Kursverlust mit dem ersten Engagement	Erforderlicher Kursgewinn mit dem zweiten Engagement
10	11,1
20	25
30	42,9
40	66,6
50	100
60	150
70	233,3
80	400
90	900

Alle Angaben in Prozent

Bei diesen Zahlen könnte man an den Spruch denken: „Lieber ein Ende mit Schrecken als ein Schrecken ohne Ende". Je schneller man sich dazu entschließt, eine Schieflage durch Verkauf zu beenden, desto einfacher ist der dadurch entstandene Verlust wieder aufzuholen.

Andererseits hat kein Geringerer als André Kostolany gesagt: „Wer einen Verlust von 50 Prozent nicht verkraften kann, hat an der Börse nichts zu suchen". Was stimmt also, und wonach sollte man sich richten? Auf den ersten Blick erscheint es zwar unwahrscheinlich, aber beide Positionen lassen sich tatsächlich vereinbaren. Man kann sich das so vorstellen: Wer eine Position hochspekulativer und entsprechend volatiler Aktien kauft, muss tatsächlich einkalkulieren, dass die Papiere zunächst um 20, 30 oder mehr Prozent sinken, bevor sie zum erhofften Höhenflug ansetzen. Einen solchen Buchverlust kann man auch ohne weiteres verkraften, wenn diese hochspekulative Position nur einen relativ kleinen Anteil am Gesamtportefeuille einnimmt. Kostolany hatte schon recht: Wer auf die ganz großen Gewinne mit hochriskanten Papieren aus ist, muss einen Verlust von 50 Prozent durchaus verkraften können. Kann er das nicht, dann darf er keine solchen Titel ins Portefeuille nehmen. Auf gar keinen Fall aber darf ein Anleger riskieren, dass sein gesamtes Portefeuille die Hälfte des Einstandswerts verliert. So etwas hat nämlich mit kalkuliertem Risiko und vernünftiger Strategie nichts mehr zu tun. Es ist schlicht und einfach sinnlose Zockerei. Man kann sein Geld auf weit amüsantere Weise zum Fenster hinauswerfen.

Die beiden bekanntesten Maßnahmen im Rahmen des Risikomanagements sind Stop-Kurse und Einsatzbegrenzung. In der Fachliteratur liegt der Schwerpunkt der Aufmerksamkeit mal hier und mal da. Ich bin allerdings der folgenden Meinung: Risikomanagement ist wie erwähnt mit der Fähigkeit verbunden, notfalls Buchverluste zu realen Verlusten zu machen. Das ist ein sehr sensibler Bereich der Psyche eines jeden Anlegers, und daher kommt man mit sachlichen Argumenten nicht sehr weit. Manche Börsianer haben ganz einfach eine Abneigung gegen Stop-Kurse. Sie mögen diesen Automatismus nicht, denn bei Unterschreiten des Stop-Kurses wird der Verkauf ja sofort ausgelöst. Auch in einer solchen Situation wollen sie erst einmal prüfen, ob ein Verkauf nun tatsächlich die richtige Entscheidung wäre. Obwohl sie rational vollkommen einsehen, dass Stop-Kurse eine sehr sinnvolle Maßnahme sein können, machen sie in ihrer eigenen Börsenpraxis keinen Gebrauch davon. Sie arbeiten viel lieber mit einer vernünftigen Portefeuillediversifikation und mit der Begrenzung jeder einzelnen Position auf wenige Prozent

6. Risikomanagement – Das A und O des Börsenerfolgs

des Gesamtdepotwerts. Ich weiß das deshalb so genau, weil ich selbst zu dieser Spezies von Börsianern gehöre.

Auch so lässt sich eine gute Risikoabsicherung erreichen: Wenn sich eine Position als Flop erweist, bleibt der Einfluss auf den Depotwert recht gering. Unter der Voraussetzung natürlich, dass die Korrelation unter den einzelnen Depotwerten möglichst gering ist, denn sonst besteht die Gefahr, dass ein negativer Einfluss sich auf das gesamte Portefeuille auswirkt.

Der sinnvolle Einsatz von Stop-Kursen

Wohlgemerkt: Wir sprechen hier von Engagements am Aktienmarkt. Aktien haben gegenüber derivativen Finanzprodukten, etwa Optionsscheinen, einen großen Vorteil: Ihre „Lebensdauer" ist theoretisch unbeschränkt.

Daher kann man es sich durchaus leisten, auch größere Buchverluste einzelner Depotpositionen auszusitzen, wenn man mit einer Erholung rechnet und auch gerade keine bessere Idee hat, wie das Geld sinnvoller oder gewinnbringender einzusetzen wäre.

Beim Trading mit Optionen oder gar Futures muss man dagegen mit Stop-Kursen arbeiten. Alles andere wäre finanzieller Selbstmord. Wenn man mit einer Futures-Position in eine Schieflage gerät, hat man gar keine Zeit, die Situation eingehend zu prüfen. Wenn die Sache wirklich schiefgeht, kann man Stunden später auf Lebenszeit ruiniert sein.

Wer sich dazu entschließt, bei seinen Aktienengagements mit Stop-Kursen zu arbeiten, hat zwei Möglichkeiten:

- Er kann den maximalen Verlust jeder einzelnen Depotposition auf den gleichen Prozentsatz begrenzen. Zum Beispiel auf zehn oder 15 Prozent.
- Er kann differenzieren, indem er je nach Volatiliät und charttechnischer Situation der einzelnen Papiere unterschiedliche Stop-Loss-Limits setzt.

Um es gleich vorweg zu sagen: Die zweite Alternative ist die weitaus sinnvollere. Man kann an der Börse nicht alle Papiere über einen Kamm scheren. Eine Siemens, Allianz oder BASF weist nun einmal weitaus geringere Kursausschläge auf als ein kleiner Titel vom Neuen Markt. Bei letzterem wäre es daher ziemlich sinnlos, einen Stop-Kurs zehn Prozent

Teil III: Die Strategie

unter dem Einstandsniveau zu setzen, denn der könnte schon am nächsten Tag unterschritten sein. Bei den drei genannten Standardwerten wäre eine solche Differenz zwischen Kauf- und Stop-Kurs dagegen durchaus diskutabel.

Meines Erachtens ist es die vernünftigste Vorgehensweise, für jede Depotposition einen individuellen Stop-Kurs festzulegen und dabei die möglichen Auswirkungen auf das Gesamtdepot im Auge zu behalten. Dazu ein Beispiel. Nehmen wir an, ein Anleger möchte insgesamt vier Positionen im Depot haben, wobei die einzelnen Papiere folgende Eigenschaften aufweisen.

- Aktie A ist ein DAX-30-Wert der konservativeren Sorte mit geringer Volatilität. Die Aktie weist eine überdurchschnittliche Dividendenrendite auf.
- Aktie B, ein ausländischer Titel, ist zwar ein weltbekannter Blue Chip, stammt aber aus einer zyklischen Branche.
- Aktie C stammt ebenfalls aus dem Ausland und ist ein Wert mit kleiner Marktkapitalisierung aus einer konjunkturresistenten Branche. Zum Beispiel aus dem Bereich Lebensmittel.
- Aktie D ist ein vielversprechender Wachstumswert vom Neuen Markt. Die Kursschwankungen sind allerdings erheblich.

Nehmen wir nun weiter an, der Anleger wolle für jede Position gleich viel Geld einsetzen und sei bereit, ein Verlustrisiko von insgesamt 15 Prozent einzugehen.

Er kann nun natürlich bei jeder Position einen Stop-Kurs setzen, der 15 Prozent unter seinem Einstandspreis liegt, aber das erscheint wenig sinnvoll:

- Aktie A mit ihrer geringen Volatilität neigt nicht zu so starken Kurseinbußen. Das lässt sich schon am Langfristchart des Titels ablesen.
- Aktie B stammt aus einer Branche, in der man schon wegen der Konjunktursensitivität mit starken Schwankungen rechnen muss. Hier erscheint ein Verlust von weit mehr als 30 Prozent durchaus denkbar.
- Für Aktie C gilt im Prinzip das gleiche wie für Titel A.

6. Risikomanagement – Das A und O des Börsenerfolgs

– Bei Aktie D ist alles möglich. Der Kurs kann sich vervielfachen, der Titel kann aber auch ins Bodenlose sinken.

Ein 15-prozentiger Stop-Kurs hat den Zweck, den Anleger vor Verlusten zu schützen, die weit über diese 15 Prozent hinausgehen. In den Fällen A und C erscheint dies unnötig, denn die Wahrscheinlichkeit so hoher Kurseinbußen ist denkbar gering. Bei den Titeln B und D muss der Anleger allerdings mit weit höheren Verlusten rechnen. Zudem sollte der Stop-Kurs hier wegen der überdurchschnittlichen Schwankungsbreite (Volatilität) der Papiere nicht zu eng gesetzt werden. Kaum etwas ist schließlich ärgerlicher, als gewissermaßen umsonst ausgestoppt zu werden und kurz darauf weinenden Auges zuschauen zu müssen, wie der eben verkaufte Titel zu einem Höhenflug ansetzt.

Für unseren Anleger bietet es sich also an, ein wenig zu differenzieren. Zum Beispiel kann er A und C ein maximales Verlustpotential von zehn Prozent zugestehen, während er bei B und D den Stop-Kurs 20 Prozent unter dem Einstandsniveau setzt. Auch auf diese Weise erreicht er sein Ziel, das Gesamtdepotrisiko auf 15 Prozent zu begrenzen.

Natürlich lässt sich diese Prozedur noch weiter verfeinern, und das kann sogar sehr sinnvoll sein. Zum Beispiel bietet es sich an, die Charts der vier Papiere zu untersuchen. Möglicherweise lässt sich bei der einen oder anderen Aktie ein sehr sensitiver Kursbereich ermitteln, der zur Festlegung des Stop-Kurses herangezogen werden kann. Nehmen wir an, der zyklische Standardwert B weise in einem bestimmten Bereich eine sehr stabil wirkende Unterstützung auf. Der Kurs ist schon mehrmals auf dieses Niveau zurückgefallen, aber die Aktie hat sich immer wieder erholt. Wenn die Unterstützung allerdings durchbrochen werden sollte, steht Schlimmeres zu befürchten.

In diesem Fall erscheint es sehr sinnvoll, den Stop-Kurs etwa drei bis fünf Prozent unterhalb der Unterstützungszone zu plazieren. Die Stops der anderen drei Titel müssten dann entsprechend angepasst werden, wenn der Anleger sein Gesamtrisiko wieder bei 15 Prozent des Einsatzes fixieren will. Natürlich sollte der Anleger auch bei den drei übrigen Aktien prüfen, ob der Chartverlauf Hinweise auf einen optimalen Stop-Kurs liefert. So kann er nicht nur sein Risiko begrenzen, sondern auch die Wahrscheinlichkeit minimieren, dass die einzelnen Stops erreicht und die verlustbringenden Verkäufe ausgelöst werden.

Natürlich lassen sich Stop-Kurse nicht nur zur Verlustbegrenzung einsetzen, sondern auch zur teilweisen Absicherung bereits angefallener

Kursgewinne. Wenn Sie mit einer Aktie einen Buchgewinn von 50 Prozent erreicht haben, wäre es natürlich nicht gerade erfreulich, den schönen Profit wieder restlos dahinschmelzen zu sehen. Natürlich kann man den Gewinn sofort durch Verkauf realisieren, aber dadurch verschenkt man womöglich weiteres Kurspotential. Außerdem weiß schon jeder Börsennovize, dass man Gewinne laufen lassen sollte, so lange sie eben laufen.

Im geschilderten Fall erscheint es sinnvoll, einen Stop-Kurs derart zu plazieren, dass ein großer Teil des Gewinns abgesichert ist. Wenn der Stop nicht ausgelöst wird – um so besser. Steigt der Kurs weiter, kann man den Stop nachziehen. Auf diese Weise ist es möglich, das ganze Kurspotential einer Aktie auszuschöpfen und dennoch davor sicher zu sein, dass der schöne Buchgewinne sich wieder in Rauch auflöst.

Das klingt fast zu schön, um wahr zu sein – und ganz so narrensicher ist die Sache in der Tat nicht. Eine kleine, aber manchmal wichtige Einschränkung ist nämlich zu machen: Es kann geschehen, dass eine Aktie durch ein unerwartetes und an der Börse sehr negativ aufgenommenes Ereignis von einem Tag auf den anderen weit unter den Stop-Kurs sinkt. In diesen Fällen kommt es zu einer bösen Überraschung: Wenn der Stop unterschritten wird, tritt ja automatisch ein unlimitierter Verkaufsauftrag in Kraft. Das heißt, dass der tatsächliche Verkaufskurs deutlich unter dem Stop liegen kann. Die ganze für das Risikomanagement aufgewendete Mühe war also für die Katz. Mit diesem Risiko muss man leben, wenn man mit Stop-Kursen arbeitet. Zum Glück sind solche Kurseinbrüche recht selten, aber möglich sind sie allemal. Da sie meist nur einzelne Depotpositionen betreffen, kann man dieses Risiko verkraften. Absolute Sicherheit gibt es in diesem Leben eben leider nicht – und an der Börse schon gar nicht.

Risikomanagement durch Einsatzbeschränkung und Diversifikation

Die Alternative zu Stop-Kursen ist eine sinnvolle Diversifikation des Depots. Sinnvoll bedeutet in diesem Zusammenhang, dass man sein Kapital auf relativ viele Aktien verteilt, die wenig miteinander zu tun haben. Das heißt, dass sie aus verschiedenen Ländern und Branchen stammen sollten. So stellt man sicher, dass ein einzelner negativer Einfluss nicht das ganze Portefeuille in Mitleidenschaft ziehen kann.

Ein wirklich gut diversifiziertes Wertpapierdepot enthält übrigens

6. Risikomanagement – Das A und O des Börsenerfolgs

nicht nur Aktien, sondern immer auch einen beträchtlichen Anteil festverzinslicher Wertpapiere, die natürlich von Emittenten bester Bonität stammen sollten. So lässt sich das Gesamtportefeuillerisiko weiter reduzieren, denn erstens unterliegen Anleihen größtenteils anderen Einflüssen als Aktien, und zweitens werden sie zurückgezahlt, wenn man sie bis zum Laufzeitende hält. Wer zu solcher Geduld entschlossen ist, braucht sich wegen zwischenzeitlicher Kursverluste seiner Anleihen keine Sorgen zu machen. Damit unterliegt ein mehr oder weniger großer Teil des Depots keinem Verlustrisiko, was das Gesamtrisiko automatisch schrumpfen lässt.

Betrachten wir aber dennoch den Fall eines reinen Aktien-Portefeuilles. Neben der bereits erwähnten Aufteilung des Anlagebetrags auf mehrere Werte ist noch ein zweiter Faktor von Bedeutung. Hier handelt es sich um die Korrelation als Gradmesser des Zusammenhangs zwischen den einzelnen Titeln. Statistisch betrachtet ist die Korrelation ein Maß für den Parallelitätsgrad von Zahlenreihen. In unserem Fall entsprechen diesen Zahlenreihen die Kursentwicklungen der verschiedenen Aktien im Depot.

Sinnvollerweise sollte man sicherstellen, dass die im Depot vertretenen Aktien untereinander möglichst wenig korreliert sind. Man kann das teilweise schon dadurch erreichen, dass man Titel aus verschiedenen Ländern und Branchen wählt, aber bei näherer Untersuchung stellt man oft eine überraschend hohe Korrelation zwischen Dividendentiteln fest, die auf den ersten Blick nicht viel miteinander zu tun haben.

Wichtig ist in diesem Zusammenhang auch, dass man einen einigermaßen langen Zeitraum betrachtet. Sechs Monate sollten das Minimum darstellen. Betrachtet man einen recht kurzen Zeitraum, der dazu noch von einer kräftigen Gesamtmarkttendenz geprägt war, erhält man einen verfälschten Messwert. Der Zusammenhang wird höher dargestellt als er im langfristigen Vergleich wirklich ist. Dieses Problem können Sie umgehen, indem Sie den Betrachtungszeitraum ausdehnen.

Nachdem Sie sich nun auf diese Weise ein Aktiendepot aus zwölf bis 20 Werten zusammengestellt haben, die untereinander gering korreliert sind, müsste es schon mit dem Teufel zugehen, wenn Ihr Depot durch irgendeinen Einzelfaktor hohe Verluste erleiden würde. Allenfalls ein allgemeiner Börsencrash könnte Ihnen dann noch gefährlich werden.

Natürlich ist es auch möglich, Stop-Kurse mit einzubeziehen. Einige Verfechter der antizyklischen Anlagestrategie weisen sogar ausdrücklich darauf hin, wie wir bereits gesehen haben. Die Kombination von Einsatzbeschränkung und Stop-Kursen sorgt für eine weitere Verminderung des Verlustpotentials. Ein einfaches Beispiel: Sie haben zehn Aktien im Depot, und bei jeder von ihnen haben sie einen Stop-Kurs gesetzt, der zwölf Prozent unter Ihrem Einstandsniveau liegt. In diesem Fall können Sie mit jedem Einzelangagement nur

$$0,1 \cdot 12 = 1,2 \text{ Prozent}$$

des Gesamtdepotwerts verlieren – falls die betreffende Aktie nicht über Nacht weit unter den Stop fällt. Das aber kommt, wie bereits gesagt, sehr selten vor.

Depotabsicherung mit Put-Optionen

Es gibt noch eine weitere Möglichkeit der Depotabsicherung, die allerdings den Einsatz von derivativen Finanzinstrumenten mit einbezieht: Die Absicherung mit Puts. Dabei handelt es sich um Verkaufsoptionen beziehungsweise Verkaufsoptionsscheine (Put Warrants), die das Recht gewähren,

- ein bestimmtes Basisobjekt (zum Beispiel eine Einzelaktie oder einen Aktienindex)
- bis zu einem bestimmten Datum (Laufzeit)
- zu einem bestimmten Preis (Basispreis)

zu verkaufen. Diese Instrumente lassen sich natürlich hervorragend für Spekulationen auf fallende Kurse einsetzen, aber das ist hier nicht unser Thema. Mit Puts kann man auch sehr konservative Zwecke verfolgen; zum Beispiel die Absicherung eines Aktiendepots gegen Kursverluste.

Nehmen wir an, ein Anleger besitze einen größeren Posten der XY-Aktie, die derzeit einen Kurswert von 100 Euro aufweist. Auf lange Sicht ist er optimistisch, aber kurzfristig rechnet er mit Turbulenzen. Verkaufen möchte er nicht, denn auf längere Sicht rechnet er ja mit stark anziehenden Kursen. Er hat nun die Möglichkeit, Puts oder Put Warrants auf die XY-Aktie mit einem Basispreis von 100 Euro zu erwerben. Falls sich seine Befürchtung bewahrheitet und der Kurs einbricht, steigen die Verkaufsoptionen entsprechend im Wert und gleichen den Verlust der Aktienposition aus. Eventuell möchte der Anleger aber auch gar keine Vollkasko-Variante der Depotabsicherung, denn die ist recht teuer. Al-

6. Risikomanagement – Das A und O des Börsenerfolgs

lerdings will er sich gegen Kurseinbrüche unter die Marke von 80 Euro absichern. Dann sollte er Puts mit Basispreis 80 Euro erwerben.

Einige Einschränkungen sind allerdings zu machen:

- Die Depotabsicherung mit Puts ist nicht billig.
- Nicht jede Einzelaktie kann mit Puts abgesichert werden.

Letzteres liegt daran, dass Puts vor allem auf große, hochkapitalisierte Aktien emittiert werden. Puts auf die Aktien von BASF oder Deutsche Bank gibt es in reicher Auswahl, bei den Nebenwerten sieht es allerdings weit magerer aus. Noch ein Problem: Der Anleger möchte in bestimmten Situationen vielleicht nicht nur einzelne Aktien, sondern sein gesamtes Portefeuille absichern. Nun kann er natürlich Puts auf sämtliche Einzelpositionen kaufen, aber das ist umständlich und aus den erwähnten Gründen vielleicht auch gar nicht möglich. Eine Notlösung: Puts auf Aktienindizes gibt es in reicher Auswahl. Der Anleger kann nun die Korrelation seines Aktiendepots mit bekannten Indizes errechnen, zum Beispiel mit dem DAX, dem MDAX oder dem Euro Stoxx 50. Vielleicht stößt er auf eine überraschend hohe langfristige Korrelation mit einem bestimmtem Index. Er kann dann davon ausgehen, dass sein Depot sich auch in Zukunft recht ähnlich entwickeln wird wie dieser Index, und entsprechende Puts erwerben. Zugegeben: Das ist eine Notlösung, aber nicht die schlechteste.

Die Depotabsicherung mit Puts eignet sich vor allem für Anleger, die aus bestimmten Gründen keine Stop-Kurse einsetzen wollen. Eventuell möchten sie einfach nicht verkaufen, was zum Teil auch an steuerlichen Erwägungen liegen kann. Für solche Investoren, zumal wenn sie sehr umfangreiche Aktiendepots besitzen, ist der Erwerb von Puts keine schlechte Lösung.

Der Preis für die Optionen oder Optionsscheine ist quasi als Depotversicherungsprämie zu verstehen. Bleibt der befürchtete Einbruch aus, dann werden die Optionen am Ende ihrer Laufzeit wertlos verfallen. Der Anleger aber kann das verkraften, wenn er nicht zuviel Geld für diesen Versicherungsschutz aufwenden musste.

Teuer ist die erwähnte Vorgehensweise vor allem in Zeiten hoher Volatilität. Wenn an den Wertpapiermärkten Turbulenzen herrschen und die Kursausschläge entsprechend heftig ausfallen, werden Optionsscheine recht kostspielig. In ruhigen Börsenphasen ist die Depotabsicherung weitaus preiswerter. In jedem Fall sollte der Anleger prüfen, wieviel ihn die Versicherung kostet, wenn er später keine unangenehmen Überraschungen erleben will. In sehr volatilen Börsenphasen nämlich kann die Versicherungsprämie so hoch ausfallen, dass diese Vorgehensweise zu teuer und damit unattraktiv wird.

7.
Und was der Autor empfiehlt

Nachdem wir nun die wichtigsten Bewertungs- und Strategieaspekte kennengelernt haben, interessiert Sie vielleicht, welche Vorgehensweise der Autor dieses Buches empfiehlt und wie er selbst bei der Aktienauswahl vorgeht. Ich beschäftige mich seit mehr als 20 Jahren intensiv mit Börsenthemen und habe vor allem zu Beginn dieser Zeit natürlich auch fast alle Fehler gemacht, die man nur begehen kann. Vor allem war ich unfähig, einen Verlust durch Verkauf zu realisieren. Das hätte ja bedeutet, einen Irrtum einzugestehen – vom finanziellen Aspekt ganz abgesehen. Zu meinem größten Schaden ist das sogar lange gut gegangen. Auch die happigsten Buchverluste wurden im Lauf der Zeit zu Gewinnen. Letzteres lag wohl in erster Linie an der allgemeinen Börsentendenz, denn vor allem zwischen 1982 und 1986 wurde einem an den Aktienmärkten fast jeder Fehler verziehen. Man konnte kaum ein Papier kaufen, das nach einem oder zwei Jahren nicht mindestens 50 Prozent Kursgewinn abwarf.

Dennoch fiel mir damals auf, dass viele meiner Engagements zunächst einmal in die Verlustzone rutschten. Ich kaufte nämlich schon damals mit Vorliebe Titel, die nicht im Trend lagen, sondern im Gegenteil kräftige Kursverluste hinter sich hatten. Früher oder später, so dachte ich, würden die Aktien diese Einbußen schon wieder wettmachen. Dieser Denkweise bin ich im großen und ganzen treu geblieben, aber im Gegensatz zu damals weiß ich jetzt genau, was ich tue. Dazu später mehr.

Es lief also recht gut, und da ich tatsächlich mit jedem einzelnen Engagement früher oder später in der Gewinnzone landete, sah ich auch keinerlei Anlass, diese Vorgehensweise zu überdenken oder gar zu ändern. Selbst den Crash im Oktober 1987 überstand ich mit einem randvollen Aktiendepot. Zwar gab es grauenhafte Buchverluste, aber ich verkaufte kein Stück. Auch diesmal erwies sich meine Sturheit als richtig, denn jede einzelne meiner Aktien kam wieder in die Gewinnzone. Einige zwar erst 1989, aber im Prinzip fühlte ich mich in meiner Haltung bestätigt. Allerdings gab es da einen kleinen Wermutstropfen: Ich hatte auch einige Optionsscheine im Depot. Zwar nur kleine Positionen, aber immerhin. Bei diesen Papieren musste ich feststellen, dass es sich nicht auszahlte, stur zu bleiben. Der Zeitwertverlust erwies sich als so immens, dass die meisten dieser Titel sich nicht wieder erholten. Anstatt nun mit Verlust zu verkaufen, tat ich nichts dergleichen. Bis zum bitteren Ende hoffte ich auf eine Art Wunder, das aber ausblieb. Schließlich wurden die Scheine wertlos ausgebucht, denn ihre Laufzeit war zu Ende. Ich hatte also lieber einen Totalverlust meiner Papiere riskiert – und folglich auch erlitten – als meine Eitelkeit zu überwinden, den Irrtum einzugestehen und wenigstens einen Teil meines Einsatzes noch zu retten. Ein rein psychisches Problem also, wie ich nach einer nicht sehr angenehmen, aber ehrlichen Analyse meiner Einstellung zum Thema Börse feststellen musste.

Die damaligen Verluste erwiesen sich als gut angelegtes Lehrgeld: Man muss an der Börse eiskalt bleiben, darf keine emotionalen Beziehungen zu seinen Papieren entwickeln, und vor allem muss man sich einen Satz ins Stammbuch schreiben: Gewinne sind nicht auf die Genialität, Verluste nicht auf die Dummheit des Anlegers zurückzuführen. Und: Sturheit zahlt sich nicht aus. In diesem Punkt bin ich allerdings einmal rückfällig geworden: Den steilen Zinsanstieg im Jahr 1994 hielt ich für eine extreme Übertreibung und demzufolge für eine goldene Gelegenheit, mit Zins-Calls auf sinkende Zinsen zu setzen. Im Prinzip behielt ich sogar Recht, denn ab Oktober 1994 begannen die Zinsen zu sinken. Der Trend erwies sich als dauerhaft, und 1999 erreichten die Kapitalmarktzinsen in Deutschland ein Nachkriegstief. Mit Optionsscheinen – das habe ich damals gelernt – darf man allerdings nie auf eine Entwicklung setzen, bevor es erste Anzeichen gibt, dass sie bald einsetzen wird. Meine Prognose erwies sich als richtig, mein Timing aber war völlig falsch. Zunächst – also von Februar bis September 1994 – kletterten die Zinsen weiter. Und zwar kräftig. Kräftig genug jedenfalls, um die Kurswerte meiner Scheine bis auf Pfennigbeträge zusammenschrumpfen zu lassen. Wieder erlitt ich einen Totalverlust, der allerdings in absoluten Zahlen weitaus empfindlicher ausfiel als 1987. Alles in allem hatte ich in etwa ein Nettojahresgehalt durch den Schornstein geblasen. Es war also an der Zeit, meine Börsenstrategie gründlich zu überdenken, meine Stärken und Schwächen zu prüfen.

Auf der Plusseite war zu vermerken: Mit Aktien hatte ich noch nie einen Verlust erlitten. Die Erfolgsquote lag bei 100 Prozent. Die Auswahl

7. Und was der Autor empfiehlt

der „richtigen" Titel gehörte also offenbar zu meinen Stärken. Zudem hatte ich nie zuviel riskiert. Allerdings fiel mir auf, dass es oft recht lange dauerte, bis die Börsenentwicklung meine Einschätzung bestätigte. Oft gab es deutliche Buchverluste, bis meine Aktien sich wie erhofft entwickelten. Das führte direkt zu meiner größten Schwäche: Mit Aktien konnte ich es mir leisten, zu warten, bis mir die Börse recht gab, aber bei Optionsscheinen klappte das aus naheliegenden Gründen nicht, denn diese Papiere haben nun einmal eine begrenzte Laufzeit. Meine Börsenstrategie wies also zwei große Schwachstellen auf: Mein Timing war ganz offensichtlich nicht optimal, und zudem kostete es mich große Überwindung, Verluste zu akzeptieren. Was war also zu tun?

Ich muss nun hinzufügen, dass ich die technische Analyse lange Zeit für reinen Mumpitz gehalten und mich niemals mit gleitenden Durchschnitten, Widerständen und dergleichen beschäftigt hatte. Ich betrachtete das als eine Art von höherem Blödsinn, der nichts dazu beitragen konnte, meine Performance an der Börse zu verbessern. Als systematisch vorgehender Mensch studierte ich nun aber neben allen Standardwerken zur fundamentalen Wertpapieranalyse auch einige Bücher über Charttechnik. Ich stehe vielen ihrer Konzepte zwar auch heute noch skeptisch gegenüber, aber ich entdeckte doch einiges, das mir schlüssig erschien. Daher hielt ich es für sinnvoll, meine bis dahin rein fundamental ausgerichtete Vorgehensweise ein wenig zu modifizieren.

Der Grund: Vor allem beim Timing, das nicht eben zu meinen Stärken zählte, gab es in der technischen Analyse harte Kriterien. Und, so meine Überlegung, wenn sich Tausende von Chartgläubigen nach Widerständen und M-Formationen richten, dann muss sich das auf die Kursentwicklung auswirken. Schließlich agieren diese Leute aktiv an der Börse, und ihre an technischen Kriterien orientierten Käufe und Verkäufe werden die Kurse zwangsläufig beeinflussen. Diese Überlegung sollte sich in den folgenden Jahren als absolut zutreffend erweisen. Meine zweite große Schwäche, die Unfähigkeit, Verluste zu realisieren, lag auf einer anderen Ebene. Es handelte sich um ein rein emotionales Problem, das nur durch eine Veränderung meiner Einstellung zur Börse zu beheben war. Heute sehe ich Verluste als unvermeidlichen Bestandteil meiner Börsendispositionen, quasi als Betriebskosten. Natürlich macht es mir noch immer keinen Spaß, ein Engagement mit Verlust glattzustellen, aber es bereitet mir auch keine großen Probleme mehr.

Im Lauf der Zeit und unter dem Einfluss der genannten Erfahrungen und Überlegungen hat sich ganz von selbst eine persönliche Strategie entwickelt. Wir haben in diesem Buch ja schon erörtert, dass jeder Anleger eine Vorgehensweise finden muss, die auf seine Ziele und auf seine Persönlichkeit zugeschnitten ist. Diesen Punkt kann man gar nicht genug betonen. Wer das „Erfolgsrezept" eines Börsengurus kopieren will, kann massiv Schiffbruch erleiden, obwohl die Grundüberlegungen dieses Konzepts durchaus schlüssig sind. Ein Trader, der in Zeiträumen von Stunden oder Tagen denkt, sollte daher keine Wachstumsaktien kaufen. Er würde sich damit nicht wohl fühlen. Ein konservativer Anleger, der Wert auf Dividendenrenditen legt, sollte nicht nur Optionsscheine meiden wie die Pest, er muss es sich auch gründlich überlegen, bevor er Aktien aus ausgesprochen zyklischen Branchen kauft.

Meine persönliche Einstellung: Es macht mir manchmal Spaß, mit Optionsscheinen auf schnelle und kräftige Kursbewegungen zu setzen. Aber das ist ein anderes Thema, denn in diesem Buch geht es um Geldanlage in Aktien. Bei Aktien verfolge ich eine ganz andere Strategie. Zunächst agiere ich nicht an der Börse, um fünf oder zehn Prozent Kursgewinn zu erzielen. Für die Risiken, die ich eingehe, will ich eine entsprechende Kompensation. Das heißt: Es kommen überhaupt nur Aktien in Frage, denen ich über einen Zeitraum von zwei bis drei Jahren ein Kurspotential von etwa 200 Prozent zutraue. Solche Papiere findet man natürlich nicht ohne weiteres.

Fündig werde ich fast ausschließlich bei Titeln, die in den vorhergegangenen sechs bis 24 Monaten massive Kursverluste erlitten haben und sich ihrem zyklischen Tief nähern. Solche Aktien kommen zunächst auf eine Beobachtungsliste, und ihre weitere Entwicklung wird regelmäßig untersucht. Zudem sammle ich alle erhältlichen Informationen über das Unternehmen, den Grund des Kursrückgangs und die relevanten Aktienkennzahlen. Das dient dazu, mir ein Bild über die Situation zu verschaffen und zu einer Einschätzung zu kommen, bei welchem Kurs der Titel eine attraktive Einstiegschance bieten könnte. Wohlgemerkt: Ich kaufe eine Aktie nicht – oder nicht mehr –, weil sie 50 bis 80 Prozent ihres Kurswerts verloren hat und daher optisch billiger ist als einige Monate zuvor. Aber ein solcher Kurseinbruch ist für mich Grund genug, die Aktie zunächst einmal gründlich zu beobachten. Ich habe ja schon erwähnt, dass das Timing, also die richtige Wahl von Kauf- und Verkaufszeitpunkt, früher nicht zu meinen Stärken gehört hat. Die Börse neigt zu enormen Übertreibungen, nach oben genauso wie nach unten, und von dieser Tatsache kann man profitieren. Zunächst beim Kauf, denn oft genug werden in Ungnade gefallene Titel weit unter ein sachlich zu recht-

7. Und was der Autor empfiehlt

fertigendes Kursniveau gedrückt. Später auch beim Verkauf, wenn man nervenstark genug ist, einen Trend tatsächlich so weit wie möglich auszusitzen.

Zunächst geht es allerdings noch um die Frage des Kaufzeitpunkts. Dazu muss man vor allem folgendes wissen: Nachdem eine Aktie von 150 auf 50 Euro gefallen ist, kann sie durchaus auch noch auf 30 oder gar 20 Euro abstürzen, selbst wenn sie bei 40 Euro schon spottbillig erscheint. Wer nun zu diesem Kurs kauft, behält vielleicht später recht, aber zwischenzeitlich läuft er Gefahr, seine Nerven durch Buchverluste zu strapazieren. Ich weiß, wovon ich spreche, denn das ist mir oft genug passiert. „Never catch a falling knife", sagen die Börsianer an der Wall Street, und die Richtigkeit dieses Spruchs habe ich am eigenen Leib erfahren.

Wie findet man nun heraus, dass eine Aktie mit großer Wahrscheinlichkeit den Tiefpunkt erreicht hat und wieder nach oben drehen wird? Zur Beantwortung dieser Frage können wir die Krierien der fundamentalen und der technischen Analyse heranziehen. Und speziell in solchen Situationen stellt sich immer wieder heraus, dass beide Disziplinen sich nicht widersprechen müssen, sondern sich im Gegenteil hervorragend ergänzen können. Betrachten wir zunächst die fundamentalen Daten. Bei völlig zusammengeknüppelten Aktien fallen die gängigen Kennzahlen wie KBV und KCV oft verlockend niedrig aus (mehr dazu im Abschnitt über die antizyklische Anlagestrategie).

Die Frage lautet nun: Wann ist eine Aktie so niedrig bewertet oder wirft eine so hohe Dividendenrendite ab, dass sie sozusagen nach unten keinen Platz mehr hat und daher fast zwangsläufig steigen muss? Meine Erfahrungen in dieser Hinsicht decken sich zum Teil mit der klassischen antizyklischen Vorgehensweise, zum Teil stehen sie dazu im Widerspruch. So spielt das Kurs-Gewinn-Verhältnis bei der Auswahl meines Einstiegszeitpunkts so gut wie keine Rolle. Die meisten Aktien auf meiner Beobachtungsliste haben gar kein KGV, weil die Unternehmen Verluste schreiben. Schließlich sind die Titel nicht ohne Grund so weit abgestürzt. Zudem sind Schätzungen künftiger Gewinne gerade bei solchen Unternehmen äußerst unzuverlässig, bieten mir also kaum Anhaltspunkte. Die Dividendenrendite ist für mich nur bei solchen Unternehmen von Interesse, die weiterhin Gewinne erzielen. Dagegen interpretiere ich die Ausschüttung großzügiger Dividenden bei Unternehmen, die in der Verlustzone stecken, eher als Warnsignal. Offenbar sollen die letzten treuen Aktionäre bei der Stange gehalten werden. Das Unternehmen täte allerdings besser daran, keine Dividenden auszuschütten und stattdessen in seine Zukunft zu investieren. Eine große Gefahr kommt noch hinzu: Wenn ein solches Unternehmen sich endlich doch dazu entschließt, die Dividendenzahlungen auszusetzen, entfällt auch noch das letzte Kaufargument für die Aktie. Ein weiterer Kurseinbruch ist dann programmiert.

Großen Wert lege ich darauf, dass das Unternehmen trotz seiner offensichtlichen Krise einen positiven Cash Flow erwirtschaftet. In diesem Fall ist die Wahrscheinlichkeit hoch, dass sich die Lage früher oder später wieder bessern wird. Vor einem Kauf informiere ich mich natürlich so gründlich wie möglich darüber, ob die Erzielung eines positiven Cash Flow auch in den kommenden Jahren realistisch ist.

Mit dem Kurs-Buchwert-Verhältnis ist es so eine Sache: Im Prinzip ist es natürlich sehr positiv zu werten, wenn das KBV unter 1,0 liegt. Das bedeutet ja, dass der Kurswert niedriger als der Wert der Vermögensgegenstände je Aktie ist. Vor bösen Überraschungen ist man allerdings nie sicher: Anfang 1999 wurde zum Beispiel eine recht bekannte amerikanische Goldminenaktie zu einem Drittel des Buchwerts gehandelt. Sie rückte auf meiner Beobachtungsliste immer mehr in den Vordergrund, da auch die anderen Kennzahlen und die charttechnische Situation recht konstruktiv aussahen. Infolge des anhaltend niedrigen Goldpreises nahm das Unternehmen jedoch eine Wertabschreibung auf seine Goldreserven vor – und zwar eine erhebliche. Der Buchwert je Aktie sank damit quasi über Nacht von zwölf auf zwei Dollar, das KBV stieg von 0,3 auf 2,0. Immer noch niedrig zwar, aber bei weitem nicht mehr so verlockend. Ich halte das KBV durchaus für einen wichtigen Anhaltspunkt bei der Aktienauswahl, aber ich würde niemals eine Aktie allein aus dem Grund kaufen, weil der Buchwert je Aktie überdurchschnittlich hoch ist.

Mit größter Aufmerksamkeit beobachte ich allerdings die Umsatzentwicklung. Dafür gibt es zwei Gründe. Erstens: Der Umsatz lässt sich weit weniger manipulieren als der Unternehmensgewinn und gehört daher zu den zuverlässigsten fundamentalen Daten. Zweitens: Wenn ein Unternehmen bei einigermaßen stabilen Umsätzen einen Gewinneinbruch erleidet, handelt es sich mit großer Wahrscheinlichkeit um eine vorübergehende Erscheinung. Da die Mehrzahl der Titel auf meiner Beobachtungsliste aus zyklischen Branchen stammt, lege ich auf die aktuelle Umsatzentwicklung mehr Wert als auf die Gewinnsituation. Der nächste Aufschwung kommt bestimmt, und wenn ein zyklisches Unternehmen die üblichen Flautephasen ohne großen Umsatzeinbruch übersteht, ist es für diesen Aufschwung bestens gerüstet.

7. Und was der Autor empfiehlt

Die genannten Daten fügen sich allmählich zu einem Mosaik zusammen, und schließlich kommt es zur Entscheidung: Kauf, weitere Beobachtung oder Streichen von der Liste. Zuvor müssen jedoch noch einige wichtige Mosaiksteinchen hinzukommen. Da sind zunächst die nicht quantifizierbaren, aber wichtigen Nachrichten. Hier ist keine Verallgemeinerung möglich, da man tatsächlich jede Aktie separat betrachten muss. Wichtige neue Fakten sind zum Beispiel:

- Die Ablösung der bisherigen, offensichtlich unfähigen Unternehmensführung.
- Neue Produkte und Absatzmärkte.
- Deutliche Veränderungen der Gewinn- und Umsatzerwartungen.
- Kauf- und Verkaufsempfehlungen von Analysten.

Bislang haben wir uns auf dem Gebiet der fundamentalen Analyse bewegt. Speziell bei der Auswahl des Kaufzeitpunkts liefert allerdings die technische Analyse wichtige Anhaltspunkte. Ein Beispiel: Das Unternehmen veröffentlicht eine Warnung: Der Verlust je Aktie im laufenden Geschäftsjahr wird voraussichtlich doppel so hoch ausfallen wie von den Analysten geschätzt. Eine solche Hiobsbotschaft sollte eigentlich zu einem weiteren Kurssturz führen. Speziell bei völlig überverkauften Aktien kann diese Reaktion jedoch ausbleiben. Sollte der Kurs stabil bleiben oder sogar ein wenig anziehen, beobachte ich den Chart dieses Titels in den folgenden Tagen sehr genau oder nehme vielleicht sogar schon erste Käufe vor. Nun könnte nämlich die Situation eingetreten sein, dass alle Negativfaktoren schon im Aktienkurs stecken.

Bereits die kleinste positive Nachricht kann nun eine Trendwende einleiten. Ich kaufe allerdings nur dann, wenn die Vorgeschichte stimmt. Im Lauf der Zeit habe ich nämlich folgende Erfahrung gemacht: Der wohl wichtigste Faktor für das Chance-Risiko-Verhältnis bei meiner Aktienstrategie ist eine knüppelharte Unterstützung, die den Kursverfall bereits mehrmals aufgehalten hat. Wenn eine Aktie von 30 auf zehn Dollar gefallen ist, kaufe ich noch lange nicht. Wenn sie dann bei sieben Dollar nach oben dreht, wird die Sache allmählich interessant. Steigt sie nun ohne Unterbrechung auf sagen wir einmal 15 Dollar an, verabschiede ich den Titel mit leiser Wehmut von meiner Beobachtungsliste. Eine verpasste Chance. Ich trauere ihr aber nicht lange nach, denn erstens kommt eine solche Entwicklung sehr selten vor, zweitens gibt es jeden Tag neue Chancen, und drittens – ganz wichtig! – muss man seiner Strategie treu bleiben, wenn man sich nicht verzetteln will.

Nehmen wir an, die Aktie fällt nach einigen Wochen ein zweites Mal auf sieben Dollar zurück. Jetzt wird es interessant. Dreht sie erneut signifikant nach oben, sagen wir auf 8,50 Dollar, dann gibt es im Bereich von sieben Dollar ganz offensichtlich eine sehr stabile Unterstützung. Nun kommt es auf das Gesamtbild an. Wenn der restliche Datenkranz stimmt, dann kaufe ich jetzt. Manchmal bin ich von einer Aktie nach einer eingehenden fundamentalen Analyse so überzeugt, dass ich nur auf das geschilderte technische Signal warte, um einen möglichst optimalen Einstiegszeitpunkt zu finden. Manchmal aber auch nicht, und dann warte ich weiter ab. Wenn die fundamentale Situation nicht überzeugend genug ist, dann müssen eben von technischer Seite zusätzliche Argumente kommen. Das überzeugendste Argument ist für mich ein dritter erfolgreicher Test der Unterstützung. Bleiben wir bei unserem Beispiel: Die Aktie fällt noch einmal auf etwa sieben Dollar und erholt sich dann

1. rasch und
2. bei steigenden Umsätzen.

Eine solche Situation beschreibt nach meiner Erfahrung eine der besten Chance-Risiko-Relationen, die man an der Börse finden kann. Es lohnt sich, danach Ausschau zu halten. Welche Schlüsse können wir aus einer solchen Entwicklung ziehen? Zunächst gibt es offensichtlich eine knallharte Unterstützung, denn sie hat dreimal den Angriffen der Bären standgehalten. Und außerdem haben offenbar einige Anlager genau das erkannt, wie die steigenden Umsätze zeigen. Die Aktie könnte bald wieder positive Schlagzeilen machen. Wer jetzt einsteigt, hat daher sehr gute Kurschancen. Und es kommt noch besser: Die Verlustrisiken sind weit unterdurchschnittlich. Zum ersten weist der Kurs eine sehr stabile Unterstützung auf, und zum zweiten hat die Aktie ihren Crash ja schon längst hinter sich. Schließlich stand sie vor Monaten noch wesentlich höher. Als Sahnehäubchen kommt hinzu, dass man sein Verlustrisiko in solchen Situationen sehr gut begrenzen kann, falls wider Erwarten doch alle Stricke reißen sollten. Man setzt einen Stopp-Kurs fünf bis zehn Prozent unterhalb der Unterstützungszone. Damit kann man nicht viel verlieren, hat aber weit überdurchschnittliche Chancen. Diese Konstellation ist bemerkenswert. Normalerweise bedeutet die Kombination hoher Chancen und geringer Risiken ja so etwas wie die Quadratur des

7. Und was der Autor empfiehlt

Kreises und ist an der Börse fast unmöglich. Eine Ausnahme von der Regel gibt es aber, und die habe ich eben zu schildern versucht.

Ich habe nur sehr selten erlebt, dass eine zuvor schon massiv eingebrochene Aktie nach dreimaligem erfolgreichen Test einer Unterstützung dann doch noch weiter abgesackt ist. Es kann natürlich passieren, denn unmöglich ist an der Börse bekanntlich gar nichts, aber die Wahrscheinlichkeit ist doch sehr gering. Man könnte es – mit einer Analogie aus der Welt des Sports – so ausdrücken: An der Börse gibt es zwei Arten von Elfmeter: Die erste habe ich eben beschrieben. Die zweite ist dann gegeben, wenn man bei der Emission einer weit überzeichneten Aktie große Stückzahlen zugeteilt bekommt – aber das ist wiederum eine Frage von Glück oder Beziehungen.

Aus meinen Schilderungen ist hoffentlich hervorgegangen, dass ich bei der Aktienauswahl und beim Kaufzeitpunkt sehr konkrete Kriterien habe. Für den Verkauf gilt das nicht. Börsenaltmeister André Kostolany hat einmal geschrieben, er wisse nie, zu welchem Kurs er eine einmal gekaufte Aktie wieder verkaufen werde. Mir geht es genauso. Ich habe zwar meine Vorstellung über die weitere Kursentwicklung, aber ich behalte natürlich nicht immer recht. Daher bleiben die Aktien solange im Depot, wie sich meine ursprüngliche Einschätzung als richtig erweist. Zum Teil halte ich die Titel jahrelang, zum Teil stoße ich sie auch früher wieder ab. Zum Kaufzeitpunkt weiß man schließlich nie, was die Zukunft bringen wird; man kann lediglich versuchen, zu einer möglichst fundierten Prognose zu kommen. Ich habe erwähnt, dass ich in der Regel nur solche Aktien kaufe, denen ich ein Kurspotential von 200 Prozent zutraue. Meist handelt es sich dabei um Titel, die entweder aufgrund unternehmensspezifischer Umstände oder durch eine Branchenkrise massiv abgestürzt sind. Im letzteren Fall ist die Analyse leichter, denn falls das Unternehmen halbwegs konstruktive fundamentale Kennzahlen aufweist, ist eine Erholung meist nur eine Frage der Zeit. Zudem betrifft eine solche Krise viele Unternehmen zugleich. Das bietet den großen Vorteil, dass man sich unter mehreren Aktien die vielversprechendste aussuchen oder den Einsatz auf mehr als einen Titel verteilen kann. Stürzt eine Aktie aber wegen hausgemachter Probleme ab, muss man schon sehr genau hinsehen. In solchen Fällen kann es durchaus zum Konkurs kommen, und daher warte ich vor dem Kauf eine merkliche Verbesserung sowohl der fundamentalen als auch der charttechnischen Situation ab.

Typischerweise hat sich der Titel also schon vor meinem Kauf mehr oder weniger stark erholt, und dieser Teil des Kurspotentials ist folglich für mich verloren. Das nehme ich allerdings in Kauf, weil ich in solchen Situationen einfach deutlichere Anzeichen einer Trenderholung sehen möchte als nach Branchenkrisen. In der Regel bieten solche Titel auch nach der ersten Kurserholung noch genug Potential nach oben. Manchmal muss man allerdings recht lange warten, bis eine echte Trendwende einsetzt. Zuweilen – das will ich hier nicht verschweigen – bleibt diese Trendwende auch ganz aus. Dann ist es wichtig, die ursprüngliche Einschätzung zu revidieren und die Aktien möglichst sofort zu verkaufen – völlig unabhängig davon, ob man durch den Verkauf einen Gewinn erzielt oder einen Verlust erleidet.

Ich habe mir auch abgewöhnt, länger als ein Jahr auf die erhoffte Trendwende zu warten. Jeder Aktienkauf bindet schließlich Kapital, und während man auf die positive Entwicklung eines bestimmten Papiers wartet, gehen einem vielleicht fünf oder zehn andere, bessere Chancen durch die Lappen. Ich stelle oft fest, dass dieser Aspekt meiner Aktienstrategie wohl der schwierigste ist: Einerseits brauche ich viel Geduld, bis meine Kalkulation aufgeht, und daher rechne ich von Anfang an mit einem Investitionszeitraum von mindestens zwei Jahren. Andererseits stelle ich vielleicht nach einem halben Jahr fest, dass die Sache nicht ganz so rund läuft, wie ich erwartet hatte, obwohl sich an meiner ursprünglichen Einschätzung eigentlich nichts geändert hat. Jetzt stellt sich die Frage, ob ich das Engagement glattstellen oder noch ein wenig Geduld aufbringen soll. Die Entscheidung hängt vom Einzelfall ab, und ich gebe gerne zu, dass ich mich in solchen Fällen eher auf mein Gefühl und meine Erfahrung als auf harte Fakten verlasse. Natürlich hängt auch viel davon ab, ob ich zu einem solchen Zeitpunkt einige andere gute Anlagechancen sehe. Wenn ja, neige ich natürlich eher dazu, das alte Engagement aufzulösen und mein Glück mit einer neuen Aktie zu versuchen.

Meine Aktienstrategie entspricht in ihren Grundüberlegungen der antizyklischen Vorgehensweise: Eine Spekulation auf hohe Kursgewinne in einem vergleichsweise langen Zeitraum. Sie baut auf zwei Überzeugungen auf:

1. Aktienkurse fallen oft weit unter ein sachlich gerechtfertigtes Niveau.
2. Krasse Fehlbewertungen sind an der Börse nicht von Dauer.

7. Und was der Autor empfiehlt

Beide Prämissen wird wohl niemand bezweifeln, der sich einige Jahre lang mit dem Geschehen an den internationalen Börsen beschäftigt hat. Es kommt also „nur noch" darauf an, ob ich in der Lage bin, sowohl die aktuelle Situation eines Unternehmens als auch seine Zukunftschancen zutreffend zu analysieren. Ich muss also die zu Recht ins Bodenlose gefallenen Aktien von den zu Unrecht nach unten geprügelten unterscheiden können. Dabei muss ich mit einer gewissen Fehlerquote rechnen, weiß aber aus Erfahrung, dass ich in der überwiegenden Mehrzahl der Fälle richtig liege. Wenn ich es dann noch schaffe, die Folgen meiner Irrtümer zu begrenzen, sprich: die unvermeidlichen Verluste klein zu halten, und das Kurspotential der Aktien möglichst vollständig auszunutzen, bei denen ich richtig liege, wird unter dem Strich ein recht gutes Gesamtergebnis stehen. Ein wichtiger Aspekt ist natürlich auch der Verzicht auf Alles-oder-nichts-Spekulationen. Wenn ein Unternehmen aus irgendwelchen Gründen in seiner Existenz gefährdet ist, können mich auch die vielversprechendste Kennzahlenkombination und ein glasklares technisches Kaufsignal nicht zum Einstieg bewegen. Ich verlasse mich nun einmal nicht gern auf mein Glück, und zudem gibt es eigentlich immer eine Vielzahl anderer, weniger riskanter Aktien, die sich für meine Strategie eignen. Es erfordert natürlich viel analytische Arbeit, sie zu finden. Ich habe allerdings das Glück, dass die Aktienbewertung zu meinem Beruf gehört.

Wie aber verhindert man, dass eine Fehleinschätzung zu hohen Verlusten führt? Ein gängiges und bewährtes Mittel ist natürlich der Einsatz von Stop-Kursen. Ich wende sie allerdings nur in Ausnahmefällen an. Das wichtigste Beispiel habe ich schon erwähnt: Wenn eine Aktie durch eine zuvor sehr stabil wirkende Unterstützung fällt, stelle ich vorsichtshalber glatt. Ich weiß dann schon vor dem Kauf, bei welchem Kurs ich die Aktien abstoßen werde, wenn das Engagement schiefgeht. Das erleichtert die Auswahl eines optimalen Stop-Kurses sehr. Mein bevorzugtes Mittel der Risikobegrenzung ist allerdings die Diversifikation. Ich verteile meinen Einsatz nicht nur auf ziemlich viele verschiedene Papiere, sondern ich achte auch auf eine möglichst niedrige Korrelation zwischen den einzelnen Werten.

Damit meine ich folgendes: Das Ziel der Risikostreuung durch Diversifikation erreicht man nicht, indem man sein Kapital auf fünf verschiedene amerikanische Goldminen und fünf deutsche Bankaktien verteilt. Die Entwicklung der Minentitel hängt in erster Linie von einem einzigen Faktor ab, nämlich vom Goldpreis. Und auch deutsche Bankaktien entwickeln sich in der Regel mehr oder weniger parallel. Kein Wunder, denn die Banken betreiben schließlich alle das gleiche Geschäft im gleichen Umfeld. In diesem Punkt steckt eine Gefahr: Oft gerät an der Börse eine ganze Branche in Misskredit, und nach dem entsprechenden Kurssturz bieten mehrere oder alle Titel dieser Branche hervorragende Einstiegskurse. Dann darf man es sich nicht zu leicht machen und einen großen Teil des Gesamtdepotwerts in diese Aktien stecken. Ein einziger Negativfaktor könnte sonst nämlich zu herben Verlusten führen, weil er gleich mehrere Aktien im Depot betrifft. Auch in einem großen Portefeuille sollten daher niemals mehr als 20 Prozent aller Aktien der gleichen Branche oder eng verwandten Wirtschaftszweigen angehören.

Ich habe eine gewisse Schwäche für Rohstoffwerte, weil sie klare und ausgeprägte Kurszyklen aufweisen, die man mit der nötigen Geduld gut nutzen kann. Folglich komme ich hin und wieder in Versuchung, den Anteil solcher Titel im Depot stärker zu erhöhen als es meiner allgemeinen Überzeugung entspricht. Auch bei amerikanischen Technologiewerten kommt das vor. Meistens widerstehe ich einer solchen Versuchung, denn ich bin davon überzeugt, dass man langfristig nur dann wirklich Erfolg an der Börse hat, wenn man seiner Strategie treu bleibt.

Noch ein wichtiger Aspekt: Ich beschränke mich strikt auf Märkte und Branchen, von denen ich genug verstehe und wo es keine Probleme bereitet, umfassende und objektive Informationen zu erhalten. Das ist eine unerlässliche Voraussetzung für jeden, der eine derartige Strategie anwendet. Auf Märkten, mit denen man sich schon seit langem beschäftigt, entwickelt man allmählich ein Gefühl für Unter- oder Überbewertung. Zumindest aber braucht man zuverlässige, keinerlei Manipulationen unterliegende Informationen. Wer schon einmal versucht hat, das Kurs-Buchwert-Verhältnis einer russischen Aktie zu ermitteln, wird verstehen, was ich meine. Es kann auch nicht schaden, wenn eine Aktie von mehreren renommierten Analysten regelmäßig untersucht wird.

Aus ihren Bewertungen lassen sich viele nützliche Informationen ziehen, wobei man dem abschließenden Urteil eines Profi-Analysten zustimmen kann oder auch nicht. Ich kaufe grundsätzlich keine Aktien an Börsen, mit denen ich mich nie oder kaum beschäftigt habe. Daher habe ich noch nie eine osteuropäische, lateinamerikanische oder asiatische Aktie im Depot gehabt. Das ist kein Argument gegen diese Wertpapiermärkte. Ich verstehe vom dortigen Geschehen allerdings nicht genug, als dass ich mir ein Urteil über die Börse in Warschau oder gar über die

7. Und was der Autor empfiehlt

Aktie eines koreanischen Stahlherstellers zutrauen würde. Natürlich könnte ich mich gründlich darüber informieren, aber dazu müsste ich Zeit aufwenden, die ich lieber mit der Analyse der Märkte verbringe, auf denen ich mich zuhause fühle: USA, Kanada und die etablierten europäischen Börsen. Hinzu kommen Australien und Südafrika wegen der vielen dort notierten Rohstoffwerte.

Nun könnte man natürlich einwenden, dass einem ungezählte Chancen entgehen, wenn man halbe oder ganze Kontinente aus seiner Betrachtung des Börsengeschehens ausklammert. Ich sehe das allerdings anders. Man darf sich nun einmal nicht verzetteln, sondern muss sich auf seine Stärken konzentrieren, wenn man Erfolg haben will. Das gilt nicht nur an der Börse, aber vor allem dort. Zudem ist das Aktienspektrum auf „meinen" Märkten immer noch weit größer als ich es je umfassend bewältigen könnte. Jedenfalls leide ich keinen Mangel an vielversprechenden, für meine Vorgehensweise geeigneten Aktien. Im Gegenteil: Manchmal ist meine Beobachtungsliste so umfangreich, dass ich Werte streichen muss, um genug Zeit für die Analyse der anderen zu haben.

Und das, obwohl ich noch einige bislang nicht erwähnte Anforderungen stelle: Ich meide Aktien mit geringer Marktkapitalisierung und/oder mageren Börsenumsätzen. Titel mit einer Marktkapitalisierung von weniger als 200 Millionen Dollar (oder Euro, denn der Unterschied fällt bei dieser Regel kaum ins Gewicht) kommen für meine Vorgehensweise nicht in Betracht. Außerdem kommen nur Aktien in Frage, die eine lange Börsengeschichte aufweisen. Wenn ein Titel schon seit 20 oder mehr Jahren börsennotiert ist, fällt die Einschätzung leichter als bei einem Newcomer. Daraus folgt natürlich, dass ich bestimmte Börsensegmente meide. Am Neuen Markt in Deutschland mögen andere ihr Glück versuchen. Ich wünsche ihnen viel Glück, aber ich habe mich dort bislang noch nicht engagiert. Man soll allerdings niemals nie sagen: Es könnte ja möglich sein, dass es dort eines fernen Tages einmal Titel mit einem Kurs-Umsatz-Verhältnis von 1,0 und einem halbwegs erdnahen KGV geben wird.

Natürlich sind am Neuen Markt in den vergangenen Jahren enorme Gewinne erzielt worden. Ich kaufe aber keine Aktien, die ich für überbewertet halte, denn speziell in solchen Fällen kann es sehr schnell zu einer Trendwende kommen. Und die allermeisten Titel in diesem Marktsegment sind aus meiner Sicht zu hoch bewertet. Das kann böse enden. Zum Beispiel ist im Sommer 1998 am Neuen Markt viel Blut geflossen. Meines nicht. Man muss sich eben entscheiden, wie man an der Börse

Teil III: Die Strategie

agieren will. Wenn man auf langfristige Entwicklungen spekuliert, soll man nicht versuchen, nebenbei auch noch als Trader, Zocker oder Spieler zu agieren. Daher habe ich keine Probleme, auf die Möglichkeit schneller Gewinne mit hochgejubelten „Zukunftsaktien" bewusst zu verzichten. Ein anderer Punkt bereitet mir mehr Kopfzerbrechen: Es gibt an den internationalen Börsen einige erstklassige Qualitätstitel, die sich für meine Strategie leider nicht eignen. Ich habe noch nie eine Mark (geschweige denn einen Euro) mit Microsoft, Dell Computer, Amgen, ING, Veba, Novartis, Unilever oder British Telecom verdient. Diese Aktien erfüllten entweder niemals meine Kriterien, oder, wenn sie es schon mal taten, hatte ich gerade keine liquiden Mittel übrig. Ich kann die genannten Aktien und viele andere jedem empfehlen, der sein Geld langfristig ertragreich anlegen und sich nicht groß um sein Depot kümmern will. Ich beschäftige mich allerdings jeden Tag mit meinen Investitionen, und das ist für den Erfolg meiner Vorgehensweise auch unabdingbar.

Aus den obigen Ausführungen ist hoffentlich klar geworden, dass ich meine Aktienstrategie nicht als Patentrezept für den Börsenerfolg anpreisen will. Sie hat ihre Nachteile, denn sie erfordert bewussten Verzicht auf mögliche Chancen und ist zudem recht arbeitsaufwendig. Zu mir passt sie allerdings. Ich fühle mich wohl damit, sie bietet mir eine ständige intellektuelle Herausforderung, und im Lauf der Jahre bin ich auch nicht ganz erfolglos geblieben. Mehr kann man von einer Aktienstrategie eigentlich nicht verlangen.

Teil IV:

> Wie man sich
> Informationen
> beschafft

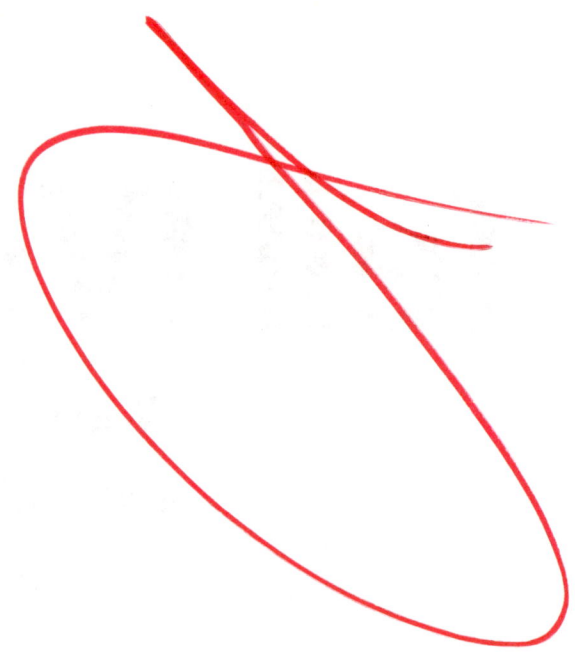

Fakten sind alles, wenn man an der Börse agieren will. Jeder Aktionär will sich natürlich möglichst aktuell über die neuesten Kurse seiner Papiere informieren, und die Möglichkeiten dazu sind heute ungleich besser als noch vor wenigen Jahren. Aber das ist längst nicht alles: Neben der Kursentwicklung sollte man auch die Nachrichtenlage kennen und wissen, was sich in denjenigen Unternehmen tut, deren Aktien man im Depot hat. Schließlich ist es auch wichtig zu wissen, was andere Anleger, Banker und Analysten über eine bestimmte Aktie denken und schreiben.

Ist die allgemeine Einschätzung einer Aktie auffallend optimistisch, dann kann dies für den antizyklischen Anleger ein Warnsignal sein. Erwartet dagegen so gut wie niemand mehr Positives von einem Unternehmen, dann könnte dessen Aktie schon bei der kleinsten positiven Überraschung zur Kursrakete werden. Es ist für den Anlageerfolg durchaus wichtig, das Umfeld einer Aktie zu kennen, und dazu zählt neben fundamentalen und charttechnischen Daten eben auch die Einschätzung des Papiers durch die Investoren.

Wer heute börsenrelevante Informationen sucht, findet ein weit größeres Angebot vor als noch in den 80er Jahren. Quasi in allen Medien wird man fündig. Es ist noch gar nicht so lange her, da musste man sich Fakten über bestimmte Aktien recht mühselig zusammensuchen. Bei ausgesprochenen Standardwerten wie Siemens oder Allianz war das noch vergleichsweise einfach, aber wer Näheres über eine relativ kleine Auslandsaktie wissen wollte, musste schon so etwas wie Abenteuerlust mitbringen. Zumindest musste er eine Menge Zeit und Geld investieren, um die gewünschten Informationen zu erhalten.

Heute besteht schon fast das gegenteilige Problem: Man wird in allen Medien derart mit börsenrelevanten Nachrichten, Fakten, Analysen und Meinungen zugeschüttet, dass man sorgfältig auswählen muss, welche Informationen man überhaupt an sich heranlassen will, und welche man besser meidet, weil sie sich als unzuverlässig oder subjektiv verfälscht erwiesen haben. Überhaupt muss man hier zwischen subjektiven und objektiven Nachrichten unterscheiden. Objektiv sind zum Beispiel Kurs- und Umsatzdaten. Hier gibt es nichts zu verfälschen, denn es handelt sich um harte Fakten. Einschätzungen von Analysten muss man dagegen als das nehmen, was sie sind: Subjektive Meinungen vermeintlicher oder tatsächlicher Fachleute, die Recht behalten, aber auch eklatant irren können. Dabei spielt es im Prinzip keine Rolle, ob es sich um die Einschätzung eines Unternehmens, einer Branche oder der konjunkturellen Situation handelt.

Wichtig für den Anleger ist natürlich auch die Unterscheidung zwischen denjenigen Informationen, für die er bezahlen muss, und solchen, die ihm gratis zur Verfügung stehen. In die erste Kategorie fallen vor allem die Printmedien, denn Tageszeitungen und Fachzeitschriften haben nun einmal ihren Preis. Enorm gewachsen ist in den vergangenen Jahren allerdings vor allem die zweite Kategorie. Wer weiß, wo er suchen muss, findet heute auch als Privat- oder Kleinanleger ein kostenloses Informationsangebot vor, von dem noch vor wenigen Jahren selbst Profis nur träumen konnten.

Vieles von dem, was man heute kostenlos erhält, war früher nicht einmal für Geld zu haben. Das liegt vor allem am Siegeszug eines Mediums, das es bis vor kurzem noch gar nicht gab. Die Rede ist natürlich vom Internet. Wer dort gezielt nach Finanzinformationen sucht, kommt aus dem Staunen nicht mehr heraus. Daher mein Rat: Legen Sie sich einen Computer und einen Internetanschluss zu.

Wenn Sie nun zunächst ein wenig skeptisch sind, können Sie meines vollen Verständnisses sicher sein. Auch ich bin kein Computerfreak und stand dem Internet lange Zeit eher zögerlich gegenüber. Meine Einstellung hat sich allerdings im Lauf der Zeit und mit wachsender Erfahrung stark verändert: Von Ablehnung über Skepsis und langsam steigendes Interesse bis zu heller Begeisterung. Ich kann mir gut vorstellen, dass es Ihnen ganz ähnlich ergehen wird, wenn Sie sich auf diese Erfahrung einlassen. Vor der Besprechung der Informationsmöglichkeiten im Internet wollen wir uns aber zunächst das Angebot der konventionellen Medien ansehen.

1.
Die Printmedien

Internet hin oder her – jeder Börsianer sollte eine überregionale Tageszeitung mit gutem Wirtschaftsteil abonniert haben. Hier findet man nicht nur Kurse und Börsentendenzen des Vortags, sondern auch informative Artikel über Unternehmen, Branchen und die allgemeine wirtschaftliche Lage. An deutschsprachigen Tageszeitungen haben vor allem die folgenden in dieser Hinsicht einiges zu bieten:

- Süddeutsche Zeitung
- Frankfurter Allgemeine Zeitung
- Die Welt
- Neue Zürcher Zeitung

Die vier genannten Blätter sind uneingeschränkt empfehlenswert, und das nicht nur wegen ihres guten und ausführlichen Wirtschaftsteils. Es gibt in Deutschland noch zwei weitere täglich erscheinende Zeitungen, die für Börsianer von ganz besonderem Interesse sind, weil sie reine Wirtschaftsmedien sind:

- Handelsblatt
- Börsenzeitung

In diesen beiden Zeitungen findet der Börsianer alles, was sein Herz begehrt: Ein umfassendes Kursangebot, Analysen, Nachrichten nicht nur von den etablierten, sondern auch von kleineren Börsenplätzen und vor allem in der Regel hervorragend recherchierte Artikel über alle Aspekte des Wirtschaftslebens. Als Nachteil ist vor allem der relativ hohe Bezugspreis zu nennen. Der Einzelpreis beträgt beim „Handelsblatt" 3,00 DM, bei der „Börsenzeitung" 7,30 DM. Da sich die meisten nicht nur für die Börse, sondern auch für andere Themen wie Sport, Lokales oder Kultur interessieren, sind „Handelsblatt" und „Börsenzeitung" auch kein vollwertiger Ersatz für SZ oder FAZ. Allerdings sind sie eine hervorragende Ergänzung.

Fortgeschrittene Börsianer, die sich weniger für das Geschehen in Deutschland als für die Weltbörsen interessieren, werden an folgenden Zeitungen Gefallen finden:

- International Herald Tribune
- Financial Times
- Wall Street Journal Europe

„International Herald Tribune" deckt die für eine allgemeine Tageszeitung üblichen Themen ab, weist aber einen hervorragenden Wirtschaftsteil auf. Der Schwerpunkt der Analysen und der Berichterstattung liegt auf dem Börsengeschehen in den USA. „Financial Times" und „Wall Street Journal" sind dagegen eher mit dem deutschen Handelsblatt vergleichbar: Sie behandeln zwar nicht ausschließlich Wirtschaftsthemen, haben sogar einen – bescheidenen – Sportteil, aber der Schwerpunkt liegt ganz eindeutig auf dem ökonomischen und auf dem Börsengeschehen. Alle drei Zeitungen sind natürlich englischsprachig, was beim Leser gewisse Sprachkenntnisse und die Vertrautheit mit dem börsenrelevanten Spezialwortschatz voraussetzt. „Financial Times" wird bald eine deutschsprachige Ausgabe auf den Markt bringen, die wohl ähnliche Inhalte bringen dürfte wie das Original aus London.

Die Lektüre ausländischer Wirtschaftsblätter ist übrigens nicht nur für den interessant, der Aktien aus den jeweiligen Ländern besitzt. Auch für Aktionäre deutscher Unternehmen ist es wichtig zu wissen, wie ausländische Experten über diese Aktien denken. Hier werden oft Aspekte angesprochen, die man in deutschsprachigen Zeitungen nicht findet. Es kann auch nicht schaden, die Einschätzung der allgemeinen Börsensituation in Deutschland durch ausländische Fachleute zu kennen. Ohne ausländisches Geld geht an deutschen Börsen bekanntlich wenig, und das gilt für die im DAX-30 versammelten Standardwerte noch mehr als für den MDAX oder den Neuen Markt.

Wer sich für das Börsengeschehen interessiert, sollte auch die einschlägigen Fachzeitschriften nicht links liegen lassen. Sie erscheinen in der Regel wöchentlich, was einen gewissen Nachteil mit sich bringt: Die Kurse, die man in diesen Zeitschriften findet, können gar nicht aktuell sein, weil sie in der Regel erst am zweiten Tag nach Redaktionsschluss beim Leser ankommen. Dafür findet man in manchen Wochen-

1. Die Printmedien

zeitschriften allerdings unverzichtbare Zusatzinformationen. Zum Beispiel Gewinn- und Dividendenschätzungen, was für den Anleger ja nicht ganz unwichtig ist. Darüber hinaus bieten einige Blätter noch weitere Daten zu Aktien, wie den Termin der Hauptversammlung, analytische Kennzahlen wie Kurs-Gewinn-, Kurs-Cash-Flow-, Kurs-Buchwert- und Kurs-Umsatz-Verhältnis sowie charttechnische Analysen.

Darüber hinaus findet man dort natürlich auch zahlreiche Artikel zu Einzelaktien, Branchen und Ländern, und zudem geizen die wöchentlich erscheinenden Fachzeitschriften nicht gerade mit Anlageempfehlungen. Hier gilt, was schon weiter oben gesagt wurde: Die Verfasser dieser Kauftipps gehen sicherlich nach bestem Wissen und Gewissen vor, aber sie können sich auch irren. Das gehört zum Spiel, denn selbst die beste und sorgfältigste Aktienanalyse kann durch ein unerwartetes, unvorhersehbares Ereignis von einem Tag auf den anderen ad absurdum geführt werden. Und im Langfristvergleich sieht die durchschnittliche Performance der Kauftipps nicht immer besser aus als die des DAX oder eines anderen Index, der als Messlatte für die Güte der Empfehlungen herangezogen werden kann. Hier wäre manchmal weniger mehr. Vor allem würde man sich wünschen, dass die allgemeine Börsensituation sich ein wenig mehr auf die Anzahl der wöchentlichen Kaufempfehlungen auswirkte.

An deutschsprachigen Fachzeitschriften sind vor allem zu nennen:

- BÖRSE ONLINE
- Das Wertpapier
- Effectenspiegel
- Der Aktionär
- Börse-Aktuell
- EURO am Sonntag
- Wirtschaftswoche
- Finanz und Wirtschaft (aus der Schweiz, erscheint am Mittwoch und am Samstag).

Um beim zuletzt genannten Magazin zu beginnen: Die in Zürich erscheinende „Finanz und Wirtschaft" ist uneingeschränkt jedem zu empfehlen, der sich für die Schweizer Börse und für das Geschehen an den internationalen Finanzmärkten interessiert. Man findet hier hervorragend recherchierte Branchen- und Länderanalysen. Bedingt durch die Erscheinungsweise, quasi ein Kompromiss zwischen Tageszeitung und

Wochenzeitschrift, ist das Blatt oft ein wenig aktueller als die reinen Wochenmagazine.

Die „Wirtschaftswoche" hat als allgemeines Wirtschaftsmagazin das Börsengeschehen früher oft ein wenig stiefmütterlich und nebenbei behandelt. Das hat sich gründlich geändert, und die Börsenthematik nimmt inzwischen einen recht breiten Raum ein.

„EURO am Sonntag" ist ein relativ junges Wochenmagazin mit, wie der Titel schon ausdrückt, ungewöhnlichem Erscheinungstag. Das Blatt orientiert sich sehr stark an Layout und Inhalten des seit Jahrzehnten etablierten amerikanischen Anlegermagazins „Barron's", und „Barron's" ist auf dem Gebiet der Börsenmagazine sicher nicht das schlechteste Vorbild. Daher hat sich „EURO am Sonntag" in kurzer Zeit einen festen Platz in der hart umkämpften Szene der deutschen Wirtschaftszeitschriften gesichert.

„Börse-aktuell" predigt seit Jahren eine durchaus sinnvolle und auch erfolgreiche Strategie: Der Anleger sollte sich auf Aktien konzentrieren, die durch langfristiges Wachstum überzeugen. Von spekulativen Titeln wird ausdrücklich abgeraten. Der Titel ist nur im Abonnement erhältlich und erscheint 14-tägig.

„Der Aktionär" bedient dagegen eher die Informationsbedürfnisse spekulativer Anleger. Die Berichterstattung über Neuemissionen, High-Tech-Werte und Titel mit relativ niedriger Marktkapitalisierung nimmt breiten Raum ein. Es werden auch drei Musterdepots für konservative, wachstumsorientierte und spekulative Investoren präsentiert

Der „Effectenspiegel" nimmt insofern eine Sonderstellung ein, als er sich noch deutlich stärker als die Konkurrenz auf deutsche Aktien konzentriert. Der redaktionelle Teil ist eher mager, den Großteil des Inhalts stellen Zitate von Fremdmeinungen und der Kursteil. Einen guten Ruf genießt der „Effectenspiegel" auf einem ganz speziellen Gebiet: Im Gegensatz zu den meisten Konkurrenzmagazinen gibt er auch ausdrückliche Verkaufsempfehlungen. Das betrifft vor allem solche Aktien, die weit überteuert sind, oder bei denen eine Schieflage droht. Durch frühzeitige Warnung vor solchen Gefahren hat der „Effectenspiegel" schon so manchen Leser vor Verlusten bewahrt.

„Das Wertpapier" ist die älteste deutsche Börsenzeitschrift und wird von der Deutschen Schutzgemeinschaft für Wertpapierbesitz (DSW) herausgegeben. Das Blatt hat einen guten Ruf in der Investmentszene und deckt alle Aspekte des Themas börsennotierter Wertpapiere ab. Die Erscheinungsweise: zweimal monatlich.

1. Die Printmedien

„BÖRSE ONLINE" hat sich in den vergangenen Jahren zum auflagenstärksten und meistverbreiteten deutschsprachigen Anlegermagazin entwickelt. Das Blatt hat vom Börsenboom in Deutschland weit mehr profitiert als die Konkurrenz. Bei Börsenprofis und Banken genoss „BÖRSE ONLINE" schon seit langem hohes Ansehen. Ich habe jahrelang als Redakteur für „BÖRSE ONLINE" gearbeitet und bin daher vielleicht ein wenig voreingenommen, aber dennoch: Es handelt sich hier um die beste und informativste Börsenzeitschrift Deutschlands. In Europa stehen nur „Finanz und Wirtschaft" und die französische „La Vie Francaise" auf der gleichen Qualitätsstufe – wenn man allgemeine Wirtschaftsmagazine wie „CAPITAL" oder „The Economist" einmal ausklammert. Neben der Qualität der redaktionellen Beiträge ist auch der umfangreiche Kursteil hervorzuheben. Vor allem bei deutschen Aktien und Optionsscheinen findet man alle aktuellen Kennzahlen, die man braucht, um eine vernünftige Auswahl zu treffen.

Mehr etwas für Spezialisten, aber immer interessant ist das NEBENWERTE-Journal. Das Blatt erscheint ein wenig unregelmäßig mit 18 Ausgaben pro Jahr; im Impressum findet sich jeweils ein Erscheinungsplan für das laufende Jahr. Die Zeitschrift liefert über kleinere deutsche Nebenwerte Informationen, die man sonst kaum findet. Die Redakteure berichten regelmäßig von den Hauptversammlungen und über interessante Entwicklungen in kleinen, börsennotierten Unternehmen. Wer deutsche Small Caps im Depot hat, sollte sich eine Ausgabe dieser Zeitschrift ansehen.

Wer sich vor allem für amerikanische Aktien interessiert, sollte sich einmal eine Ausgabe von „Barron's" kaufen. In kleineren Orten ist das zwar schwierig, aber in Großstädten, vor allem in den dortigen Bahnhöfen und Flughäfen, ist das wohl traditionsreichste Börsenmagazin der Welt in der Regel erhältlich. „Barron's" erteilt keine speziellen Anlageempfehlungen, bietet aber angesehenen Investoren und Analysten ein Forum für ihre Ansichten. Zudem enthält das Magazin das wohl umfangreichste Angebot an Kursen, analytischen Kennzahlen und sonstigen Informationen von den amerikanischen Börsenplätzen, das man finden kann. Der Schwerpunkt des Inhalts liegt zwar eindeutig auf dem Wirtschaftsgeschehen in den USA, aber es kommen durchaus auch andere Märkte und Aktien zur Sprache. Ein Lesegenuss der besonderen Art ist die wöchentliche Kolumne „Up and Down Wall Street" von „Barron's"-Herausgeber Alan Abelson. Ich kenne weltweit keinen anderen Wirtschaftsjournalisten, der so gut zu schreiben versteht.

Eher etwas für Spezialisten, leider recht teuer, aber eine Klasse für sich ist der in diesem Buch schon mehrfach zitierte „Value Line Investment Survey". Es gibt mehrere Angebote, die sich in Schwerpunkt und Umfang unterscheiden. Das verbreitetste umfasst etwa 1700 größtenteils amerikanische und kanadische Aktien, die nach Branchen unterteilt sind. Der „Survey" umfasst 13 Bände, von denen jede Woche einer erscheint. Es dauert also etwa ein Vierteljahr, bis alle Branchen abgehandelt sind. Value Line bringt umfassende Analysen und mehr Kennzahlen zu den einzelnen Aktien und Branchen, als man eigentlich benötigt. Wie bereits in diesem Buch erwähnt, teilt Value Line die Aktien in Kategorien von 1 bis 5 ein und genießt einen legendären Ruf, was die Treffsicherheit der Kursprognosen betrifft. Wer sich vor allem für nordamerikanische Aktien interessiert und die hohen Kosten nicht scheut, für den ist „The Value Line Investment Survey" ein fast konkurrenzlos gutes Informationsangebot.

Erhältlich ist „The Value Line Investment Survey" nur im Abonnement. Wer sich dafür interessiert, kann sich eine Preisliste der verschiedenen Angebote zusenden lassen. Die Adresse:

THE VALUE LINE INVESTMENT SURVEY
Value Line Publishing, Inc.
220 East 42nd Street
New York, NY 10017-5891
USA

Telefonnummer:
1-800-833-0046

Einen raschen Überblick kann man sich auf der Internetseite des Unternehmens mit vielen (leider durchwegs kostenpflichtigen) Angeboten verschaffen. Die Homepage finden Sie unter

http://www.valueline.com

Neben den spezialisierten Wirtschafts- und Börsenzeitschriften bieten natürlich auch die Publikumszeitschriften und Nachrichtenmagazine ein gewisses Maß an Börseninformationen. In Deutschland genießt der Wirtschaftsteil von „FOCUS" mit Recht einen guten Ruf. Während sich „DER SPIEGEL" lange gegen diese Thematik gesträubt hat und

1. Die Printmedien

sich damit auch heute noch ein wenig schwer tut, hat der „STERN" diesbezüglich stark aufgerüstet und bringt seit etwa zwei Jahren sogar Kaufempfehlungen für bestimmte Aktien.

In die Szene der deutschen Börsen- und Wirtschaftsblätter dürfte übrigens bald Bewegung kommen: Durch den phänomenalen Erfolg von BÖRSE ONLINE angespornt, haben zwei deutsche Großverlage angekündigt, neue, wöchentlich erscheinende Börsenmagazine auf den Markt zu bringen. Man darf gespannt sein, wie sich die Szene weiterentwickelt. Dem Anleger kann wachsende Konkurrenz der Verlage nur recht sein. Letzten Endes wird der Anbieter den größten Erfolg haben, der die besten Analysen und das umfassendste Kursangebot zu einem vernünftigen Preis liefert.

2.
Informationen im Fernsehen: Börsensendungen und Videotext

Wir betreten nun ein weites und sehr erfreuliches Feld: Das Gebiet der kostenlosen Börseninformationen im Fernsehen. Hier hat sich in den vergangenen Jahren viel getan. Mit n-tv hat sich sogar ein Sender mit ganz klarem Schwerpunkt auf den Themen Börsen- und Wirtschaftsnachrichten etabliert, und auch auf anderen Kanälen findet man in zunehmendem Maß aktuelle Börseninformationen.

Die Abfrage aktueller Aktienkurse, früher oft mit großem Aufwand verbunden, ist heute gar kein Problem mehr, wenn man ein Fernsehgerät besitzt. Hier – ohne Wertung – eine Auflistung des aktuellen Kursinformationsangebots im Videotext-Programm der verschiedenen Fernsehsender:

Kursinformationen im Videotext

Sender	Videotext-Seiten	Inhalte
ARD/ZDF	410	Börsen-Überblicksseite
	412	Indizes (DAX, REX, STOXX)
	413 – 415	XETRA-Kurse
	416	DAX-Werte
	417/418	MDAX-Werte
	419/420	Neuer Markt
	421/422	SMAX-Werte
	423 – 425	Deutsche Aktien
	426	Werte des Euro Stoxx 50
	427 – 431	Internationale Aktien (Börse Berlin)
	440	Internationale Indizes
	441	Börsenkurse New York
	442/443	Devisenkurse

2. Informationen im Fernsehen: Börsensendungen und Videotext

	444	Euro, Dollar, Yen
	445	Sortenkurse, Gold
	446 – 447	US-Aktien (Börse Berlin)
	448	Ad-hoc-Publizitätsservice
	449	Ausgewählte deutsche Aktien (Börse Berlin)
Bayerischer Rundfunk 3	520	Börsen-Überblicksseite
	521	Tendenz/Aktuelles/Devisenkurse
	522 – 525	Aktien/Optionsscheine Deutschland
	526 – 534	Auslandsaktien
	535 – 543	US-Aktien
	544	Deutsche Aktien
Hessischer Rundfunk 3	155	Börsen-Überblicksseite
	156	DAX-Werte
	157 – 158	MDAX-Werte
	159	Auslandsaktien
WDR	660	Überblicksseite
	661/662	Deutsche Industrieaktien
	663	Deutsche Banken und Versicherungen, Auslandsaktien
	664	Aktienindizes
n-tv	200	Börsen-Überblicksseite
	201	Inhalt auf einen Blick
	202 – 208	Indizes/Futures/Edelmetalle
	209	Indizes im Verlauf
	210	Übersicht Präsenzbörse
	211	Der Tag
	250	Auslandsaktien in Euro
	259 – 263	Weitere Aktien-Informationen
	265	Euro Stoxx
	270 – 277	Xetra-Handel in Euro
	280	Neuemissionen
	290 – 293	Devisen
	298	Feiertage, weltweit
	299	Auslandsbörsen

Teil IV: Wie man sich Informationen beschafft

Pro 7	160	Überblicksseite
	161	Aktienindizes etablierte Börsen
	162	Aktienindizes Nebenmärkte
	163	Devisenkurse
	170	DAX-Werte
	171	MDAX-Werte
	172	Neuer Markt-Werte
	173	Euro Stoxx-Werte
	174	Dow Jones-Werte
	175	Neuemissionen
SAT 1	130	Überblicksseite
	131	Indizes
	132	DAX, deutsche Aktien
	133	MDAX-Werte
	134	Neuer Markt
	135	Euro Stoxx-Werte
	138	Devisen, Edelmetalle
	143	Dow Jones, US-Aktien
RTL	162	DAX-Werte
3SAT	150	Überblicksseite Finanzinformationen
	151	Börse Frankfurt
	152	Börse Wien
	153	Börse Zürich
	154	Börse New York
	155	Börsen Amsterdam, Paris, London, Tokio
	156	Internationale Indizes
	157	Devisen
	158	Edelmetalle, Währungsoptionen
	180	3SAT Börse
Phoenix	220	Überblicksseite
	221	Indizes, REX, Umlaufrendite
	222/223	DAX-Werte
	224 – 227	MDAX-Werte
	228 – 231	Neuer Markt-Werte
	240 – 263	Internationale Aktien (Börse Berlin)

2. Informationen im Fernsehen: Börsensendungen und Videotext

TV5	150	Überblicksseite
	151	Devisen, Edelmetalle
	152	Internationale Aktienindizes
	153	Französische Aktien
	154	US-Aktien
	155	Kanadische Aktien
	156	Japanische Aktien
	157	Britische und belgische Aktien
	158	Schweizer Aktien
	159	Deutsche Aktien
Euro News	170	Überblicksseite
	171	Devisenkurse
	172	Indizes
BBC	150	Überblicksseite
	151–155	Aktienkurse der Londoner Börse
	156	Anleihenkurse
	157	Metallpreise
	160	Indizes
	161	US-Aktien
	162	Japanische Aktien
	163	Aktien aus Hongkong
	164	Deutsche Aktien
	165	Französische Aktien
	166	Devisenkurse in britischen Pfund
	167	Devisenkurse in US-Dollar

Diese Tabelle kann schon deshalb keinen Anspruch auf absolute Vollständigkeit erheben, weil das Angebot ständig breiter wird und die einzelnen Sender zuweilen auch die Seitenzahlen verändern. Den aktuellen Stand kann man jedoch problemlos im Gesamtvideotextverzeichnis der Sender abfragen.

Der Service im Fernsehen beschränkt sich jedoch nicht auf Kursinformationen im Videotext. Im „Mittagsmagazin" von ARD und ZDF wird dem Börsengeschehen seit einiger Zeit große Aufmerksamkeit gewidmet. Im Rahmen einer Direktschaltung an die Frankfurter Börse werden das Tagesgeschehen und aufsehenerregende Kursveränderungen einzelner Aktien erörtert. Darüber hinaus gibt es auch speziell auf die Informationsbedürfnisse von Börsianern zugeschnittene Sendungen.

Eine der wichtigsten ist „3SAT Börse" am späten Freitagabend. In dieser Sendung kommen Analysten und andere Experten zu Wort, und es werden auch Unternehmen porträtiert, wobei sich der Schwerpunkt in den letzten Jahren sehr deutlich und manchmal ein wenig einseitig auf diejenigen verlagert hat, deren Aktien am Neuen Markt notiert werden. Außerdem gibt es ein Börsenspiel. Drei Börsenexperten, zum Beispiel Vertreter von Banken und Brokerhäusern oder auch Repräsentanten von Börsenmagazinen, versuchen sechs Monate lang, ein fiktives Startkapital von 100 000 Euro durch geschicktes Agieren an den Wertpapiermärkten möglichst kräftig zu vermehren.

Von den Aktionen der Spielteilnehmer kann sich der Zuschauer durchaus inspirieren lassen, aber Vorsicht ist allemal geboten: Im Jahr 1993 erzielte ein Teilnehmer mit kurz zuvor an der Berliner Börse eingeführten amerikanischen Nebenwerten zunächst große Gewinne, und viele Kleinanleger haben damals diese Werte gekauft. Wer nicht schnell genug wieder ausgestiegen ist, erlitt mit diesen Titeln – Omega Environmental und Fuel-Tech waren wohl die besten Beispiele – horrende Verluste.

Zu einer Art Skandal kam es schließlich 1998. Der Herausgeber eines deutschen Börsenbriefes erwarb sich in Rekordzeit den Ruf eines Börsengurus, als er im 3SAT-Börsenspiel mit Aktien vom Neuen Markt hohe Gewinne erzielte. Er scharte sozusagen eine Schar von Gläubigen um sich, die blind kauften, was der Meister empfahl, und das konnte man anhand der Kursentwicklungen am ersten Börsentag nach der Sendung sehr deutlich verfolgen.

Der Glanz blätterte später allerdings ab, denn zum einen gaben einige dieser Werte wieder deutlich nach, zum anderen bekam der Guru Probleme juristischer Art: Er hatte Aktien, die er in der Sendung empfahl, zuvor selbst gekauft und profitierte so vom anschließenden Kaufrausch seiner Jünger. Meine persönliche Meinung dazu: Im Prinzip ist ihm nichts vorzuwerfen; zumindest nichts, was moralisch verwerflich oder strafrechtlich relevant wäre. Er hat die Kursanstiege nämlich nicht zu gewinnbringenden Verkäufen genutzt, sondern seine Papiere weiter gehalten. Außerdem: Welche Aktien sollte ein Börsenspielteilnehmer denn wählen, wenn nicht die, die er für die besten hält und demzufolge auch selbst mit „real money" kauft? Gerade in diesem Punkt gehen die Meinungen allerdings stark auseinander. Ein Grund mehr, den Empfehlungen von Börsenspielteilnehmern mit der nötigen Skepsis zu begegnen.

2. Informationen im Fernsehen: Börsensendungen und Videotext

Weil wir gerade beim Thema sind: Die Veranstalter von Börsenspielen geben zwar vor, ihre Veranstaltungen seien ein getreues Abbild des Marktgeschehens, aber das stimmt natürlich nicht. Bei solchen Spielen kann man nur siegen, wenn man ausschließlich hochspekulative Papiere kauft und dann das nötige Glück hat. Wer im realen Börsenleben so vorginge, fände sich mit größter Wahrscheinlichkeit nach einem Jahr in der Schlange vor dem Sozialamt wieder.

Vollends unsinnig wird die ganze Angelegenheit, wenn die Spielregeln den Teilnehmern erlauben, mehr als ein Depot zu eröffnen. Aus Sicht der Veranstalter ist dies reizvoll, denn es erhöht die Zahl der Depots, und durch die Anmeldegebühren kommt Geld ins Haus, das die Kosten reduziert. Aber eine solche Maßnahme pervertiert geradezu den vorgeblichen Zweck der Veranstaltung, eine Art Trockenübung für das reale Börsengeschehen zu ermöglichen. Ich kenne Fälle von Profi-Börsenspielern, die mit bis zu 40 verschiedenen Depots an ein und demselben Börsenspiel teilgenommen haben. Natürlich kommen nur hochspekulative Papiere in Frage, und es werden völlig unterschiedliche Strategien gefahren. In Depot 1 werden Dollar-Calls gekauft, in Depot 2 Dollar-Puts. In Depot 3 spekuliert man auf einen rasanten Anstieg der Siemens-Aktie und in Depot 4 auf ihren Zusammenbruch. Nach einer gewissen Zeit sind selbstverständlich die meisten dieser Depots hoffnungslos den Bach heruntergegangen. Einige wenige aber sind glänzend gelaufen, und das ist auch der wichtigste Grund, warum fast sämtliche Börsenspiele in Deutschland jahrelang von ein und demselben Mann, seinem Sohn oder sonst einem nahen Verwandten gewonnen worden sind.

Meiner Meinung nach sollte man sich solche Wettbewerbe daher entweder gänzlich sparen oder zumindest die Spielregeln so gestalten, dass tatsächlich jeder eine Gewinnchance hat. Dabei muss es eine Selbstverständlichkeit sein, dass kein Teilnehmer mit mehr als einem Depot ins Rennen gehen darf. Der Pferdefuß dabei: Natürlich kann man niemanden daran hindern, auch auf den Namen seiner Urgroßmutter, seines Opas oder seines neugeborenen Sohns Depots zu eröffnen und so de facto doch mehrere Eisen im Feuer zu haben. Zumindest dem gröbsten Missbrauch kann man aber Einhalt gebieten, wenn man nur ein Depot pro Teilnehmer zulässt und die Zahl der zur Verfügung stehenden Papiere auf vernünftige Weise begrenzt.

Nach diesem kleinen Exkurs aber nun wieder zurück zu unserem eigentlichen Thema, den börsenrelevanten Informationen im Fernsehen.

Am besten aufgehoben ist der Aktionär natürlich beim Nachrichtensender n-tv. Da ist zunächst das Laufband mit aktuellen Kursen, da ist das schon erwähnte umfassende Videotext-Angebot, und vor allem sind da die Sendungen zum Thema Börse, die von Montag bis Freitag mehrmals täglich geboten werden. Die Termine wechseln, daher sollten sie die aktuellen Sendezeiten ihrer Programmzeitschrift entnehmen.

Sehenswert sind vor allem die Direktschaltungen an die Frankfurter Börse, die durch die persönliche Art des Moderators Friedhelm Busch nicht nur Informations-, sondern durchaus auch Unterhaltungswert haben. Er bringt immer wieder interessante Gesprächspartner vor die Kamera, leidet sichtlich an Tagen mit fallenden Aktienkursen und sprüht vor Lebensfreude, wenn die Notierungen anziehen. Spätabends, nach Börsenschluss in New York, bringt n-tv Direktschaltungen an die New York Stock Exchange. Die dortige Tagestendenz ist nicht nur für Anleger interessant, die amerikanische Aktien besitzen. In der Regel ist das Geschehen an der Wall Street mit der wichtigste Einflussfaktor auf die Tendenz, die sich am folgenden Tag in Frankfurt und an den anderen europäischen Börsenplätzen durchsetzt. Wenn die Wall Street mit starken Verlusten schließt, kann man sich daher in etwa ausmalen, dass tags darauf in Frankfurt nicht eben strahlende Hausselaune herrschen wird.

Alles in allem lässt sich festhalten, dass ein Aktionär heute über das Fernsehen fast alle Informationen beziehen kann, die er für seine Entscheidungen braucht. Und wahrscheinlich wird das diesbezügliche Angebot in Zukunft noch weit aktueller, breiter und besser werden. Das liegt ganz einfach daran, dass das Interesse am Börsengeschehen weiter wächst. Immer breitere Bevölkerungsschichten halten den DAX nicht mehr für einen nachtaktiven Allesfresser aus der Gattung der Marder. Das Angebot der Medien und insbesondere des Fernsehens orientiert sich an der Nachfrage, an den Interessen des Publikums, und daher wird die Börsenberichterstattung in den elektronischen Medien immer wichtiger werden.

3.
Börseninformationen über das Telefon

Diese Informationsmöglichkeit gibt es schon relativ lange. Neu ist lediglich, dass in den vergangenen Jahren eine Vielzahl kommerzieller „Hotline"-Anbieter mit den verschiedensten Angeboten an den Markt gekommen ist.

Eine lange Tradition hat dagegen die gute alte Rufnummer 01168. Hier kann man den ganzen Tag über Börsenkurse abrufen, die auch immer wieder aktualisiert werden. Schon früh am Morgen werden die Vortagsnotierungen aus New York und Toronto geboten, es folgen die deutsche Vorbörse und schließlich die im Börsenhandel festgestellten Kurse. Unter der Nummer 011608 kann man die Kurse ausländischer Aktien erfahren.

Wer bei 0190er Nummern in erster Linie an schmuddelige Telefonsex-Angebote denkt, liegt nicht ganz falsch, aber eben auch nicht ganz richtig. Es gibt hier durchaus auch Seriöses, und für Börseninteressierte finden sich einige interessante Informationsangebote.

Der große Nachteil: Im Gegensatz zum Videotext muss man für Kursinfos über das Telefon zahlen, und zwar manchmal nicht zu knapp. Offenbar herrscht dennoch große Nachfrage, denn die Zahl der Angebote ist in den letzten Jahren enorm gewachsen. Der Anleger muss nun prüfen, was er will, und welcher Service sein Geld wert ist. Am seriösesten und informativsten sind sicherlich diejenigen Anbieter, die aktuelle Kurse in Echtzeit anbieten – und sonst nichts. Weniger empfehlenswert sind „Börsen-Hotlines", auf denen ein wirklicher oder selbsternannter Experte für teures Geld minutenlang über Gott und die Welt schwafelt, bevor er auf den Punkt kommt. Leider sind gerade solche Angebote in letzter Zeit wie Pilze aus dem Boden geschossen. Vor allem auf dem Gebiet des Neuen Markts tummeln sich etliche Scharlatane. Sie verbraten zum Teil Informationen, die längst veraltet sind, oder die man zumindest ebensogut kostenlos im Videotext und über das Internet erhalten kann. Hier wird in Zukunft wohl eine gesunde Marktbereinigung stattfinden, und die zweifelhaften Angebote werden verschwinden.

Teil IV: Wie man sich Informationen beschafft

In der folgenden Tabelle finden Sie eine Reihe von Anbietern, die einer Untersuchung am besten abgeschnitten haben, und die ihr Geld wert sind.

Empfehlenswerte Anbieter von Börsen-Hotlines

Börseninformationen

Name	Anbieter	Aktualisierung	Preis/Minute	Telefonnummer
Börsenflash	Michael Mross	9.30/12.30 und nach Bedarf	2,42 DM	0190/787878
Börsentelefon	Söhnke Köhler	9.45/12.00/14.30/18.30	1,21 DM	0190/362514
Nebenwerte-Hotline	Hans-W. Dort	meist dienstags	1,21 DM	0190/362520

Kursinformationen

Name	Anbieter	Aktualisierung	Preis/Minute	Telefonnummer
Carat	Silverline Neue Medien	realtime	1,21 DM	0190/361400
Real Time Phone	ConSors	realtime	1,21 DM	0190/361362
Kurs-Informationen	Bankgesellschaft Berlin	realtime	1,21 DM	0190/362266
Kurshotline	n-tv	realtime	2,42 DM	0190/776658
Kurs-Informationen	Bank24	realtime	1,21 DM	0190/242400
Investor Line	Handelsblatt	realtime	1,15 DM	0190/580580

Quelle: BÖRSE ONLINE

4.
Fundgrube Internet

Ich habe es ja schon am Anfang dieses Kapitels erwähnt: Wer einen Computer mit Internetanschluss besitzt, dem tut sich eine ganz neue Welt an börsenrelevanten Informationen auf. Vieles ist zudem kostenlos, allerdings berechnen manche Anbieter für besonders exklusive Informationen eine Benutzungsgebühr, die meist monatlich fällig wird.

Dazu ist zu sagen: Im Prinzip kommt man leicht mit denjenigen Angeboten aus, die kostenlos zur Verfügung stehen. Manchmal muss man ein wenig danach suchen, aber man wird fast immer fündig. Im Prinzip kann man folgende Angebote unterscheiden:

- Informationen von Seiten der börsennotierten Unternehmen
- Informationen von Banken und Brokerhäusern
- Informationen von den einzelnen Börsen
- Börsenmagazine im Internet.

Es ist nun nicht mein Ehrgeiz, hier eine Gebrauchsanweisung für die Navigation im Internet zu schreiben. Dazu fühle ich mich nicht berufen, zumal ich davon ausgehe, dass sich viele Leser dieses Buchs im Netz der Netze ohnehin längst wie zuhause fühlen. Für Neulinge auf diesem Gebiet möchte ich jedoch aufzeigen, wie man bestimmte Informationen findet und welche Seiten auf dem Gebiet der Wirtschafts- und Börsennachrichten besonders ergiebig sind. Und schließlich werde ich noch einige Anbieter aufzählen, die ich besonders gut finde und daher weiterempfehlen kann.

Wer eine bestimmte Information braucht, muss zunächst einmal wissen, wie und wo er danach zu suchen hat. Zu diesem Zweck gibt es im Internet die segensreiche Einrichtung der Suchmaschinen (Search Engines). Wenn man diese Seiten anwählt, ist man schon einen entscheidenden Schritt weiter. Unterscheiden muss man zunächst zwischen den Inhalts-

Teil IV: Wie man sich Informationen beschafft

und den textorientierten Suchmaschinen. Yahoo!, die wohl bekannteste Suchmaschine im Internet, ist nach Inhalten geordnet.

Natürlich findet man hier nicht nur Börsenrelevantes, sondern Nachrichten und Fakten zu allen erdenklichen Interessensgebieten. Am besten klickt man sich solange durch das Angebot, bis man auf die gewünschte Information gestoßen ist oder zumindest einen Hinweis darauf hat, wo sie zu finden ist.

Die Themenaufteilung der inhaltsorientierten Suchmaschinen unterscheidet sich von Anbieter zu Anbieter. Vieles ist einfach Geschmackssache, das habe ich selbst festgestellt. Einige Suchmaschinen kommen dabei meiner Vorstellung von Logik und Systematik recht nahe, andere sind ein ganzes Stück davon entfernt. Am besten probieren Sie selbst aus, welches Angebot Ihnen am besten liegt. Daher hier – ohne Wertung – die Homepages einiger wichtiger inhaltsorientierter Suchmaschinen.

>	Identity
>	http://www.identity.com
>	Lycos
>	http://www.lycos.com
>	Planet Search
>	http://www.planetsearch.com
>	Point Search
>	http://www.pointcom.com/categories
>	Yahoo!
>	http://www.yahoo.com

Manchmal gibt es allerdings Probleme mit den inhaltsorientierten Anbietern: Man findet eine ganz spezielle Information trotz längerer Suche nicht. Dann sollte man zu einer textorientierten Suchmaschine wechseln. Das Problem dabei: Diese Maschinen suchen das ganze Internet, zumindest aber bestimmte, vorzuwählende Teilsegmente, nach bestimmten Stichworten oder Textpassagen ab, die Sie eingeben. Versuchen Sie es also besser nicht mit einem sehr allgemeinen Begriff wie „Börse" oder „Stocks", sonst werden Sie bei der Suche nach der speziellen Information, die Sie eigentlich suchen, ihres Lebens nicht mehr froh.

Der amerikanische Optionsfachmann Bernie Schaeffer schreibt in seinem Buch „The Option Advisor" (dt. Millionen mit Optionen), er habe bei der Suche nach dem Begriff „Equity Options", also Aktienoptionen, bei der Suchmaschine AltaVista mehr als 300 000 Treffer ge-

4. Fundgrube Internet

landet. Angesichts eines derart überwältigenden Angebots hat man nun zwei Möglichkeiten: Man kann sein halbes Leben mit der Fahndung nach der eigentlich gesuchten, ganz speziellen Information verbringen, oder man teilt der Suchmaschine ein wenig genauer mit, was man eigentlich wissen will. Wiederum ohne Wertung eine Auflistung der bekanntesten textorientierten Suchmaschinen:

>AltaVista
>http://www.altavista.com
>Excite
>http://www.excite.com
>Infoseek
>http://www.infoseek.com
>OpenText
>http://www.opentext.com
>Webcrawler
>http://www.webcrawler.com

Ein wenig Zeit muss man schon investieren, bis man die Suchmaschinen gefunden hat, die einem am besten liegen. Aber interessant ist es allemal, das Angebot zu sichten. Manchmal geht es mir dabei exakt so wie bei der Suche nach einem bestimmten Begriffs im Lexikon: Bevor ich das Gesuchte nachgelesen habe stoße ich auf irgend etwas anderes, das mich interessiert, blättere weiter und weiter, und schließlich beginne ich mich zu fragen, was ich eigentlich ursprünglich gesucht hatte. Vielleicht ergeht es Ihnen im Internet ja genauso.

Mehr Spaß als die Suche macht natürlich das Finden. Wenn Sie auf eine Seite gestoßen sind, die Ihnen wirklich gefällt, dann sollten Sie sich die Internet-Adresse notieren. So erhalten Sie mit der Zeit ein Verzeichnis interessanter Websites und sparen eine Menge Zeit.

Manche Adressen brauchen Sie auch nicht zu suchen, weil Sie sie in diesem Buch nachlesen können. Bei den genannten Anbietern finden Sie eigentlich alles, was man an Börseninformationen braucht. Das Beste dabei: Die meisten dieser Informationsangebote sind völlig kostenlos für den Nutzer, weil sich die Anbieter, ähnlich wie die privaten Fernsehsender – ausschließlich durch Werbeeinnahmen finanzieren. Bei den Websites der börsennotierten Unternehmen liegen die Verhältnisse natürlich ein wenig anders: Auch hier ist die Nutzung kostenlos, aber sie dienen den Unternehmen nicht zur Erzielung zusätzlicher Einnahmen, sondern zur Selbstdarstellung und zur Pflege der Beziehungen zu den Aktionären.

4. 1. Informationen von Seiten der börsennotierten Unternehmen

Wenn man sich für eine bestimmte Aktie interessiert, sollte man vor dem Kauf möglichst viele Informationen sammeln. Relevant sind nicht nur Daten, die die Aktie, ihre Kennzahlen und die Kursentwicklung in der Vergangenheit betreffen. Es ist auch sehr sinnvoll, das Unternehmen selbst, seine Geschäftstätigkeit und die Bilanzzahlen möglichst genau zu kennen, bevor man sich als Aktionär engagiert.

Wohl die ergiebigste Informationsquelle auf diesem Gebiet sind die Websites der Unternehmen. Inzwischen kann man Jahresberichte, Umsatzzahlen und vieles mehr bequem am PC nachlesen. Manche Finanzzeitschriften prüfen regelmäßig die Qualität der Informationen, die die Unternehmen zur Verfügung stellen. Dabei wird immer wieder vermerkt, dass es durchaus große Unterschiede gibt, die aber längst nicht mehr so gewaltig ausfallen wie noch vor wenigen Jahren. Damals hatten tatsächlich erst wenige Unternehmen erfasst und verstanden, welche Möglichkeiten der Selbstdarstellung und der Eigenwerbung ihnen das Internet bietet. Vorreiter auf diesem Gebiet waren natürlich wieder einmal die Amerikaner, aber die Europäer, auch die Deutschen, haben inzwischen aufgeholt, und in ein paar Jahren werden wohl kaum noch große Qualitätsunterschiede festzustellen sein.

Wie findet man nun diese Seiten, zum Beispiel die Angebote der DAX-30-Aktien? Das ist ganz einfach. Es funktioniert nach dem Muster:

>http://www. Unternehmensname bzw. Kurzform
>(wie bmw oder telekom).de

Ausnahmen:

- Bei Adidas-Salomon genügt als Unternehmensname „adidas".
- Bei Daimler-Chrysler und Thyssen wird statt „de" „com" eingegeben.

4. Fundgrube Internet

- Die Internet-Adresse der Münchener Rück lautet: http://www.munichre.com.
- Bei Volkswagen muss der Unternehmensname ausgeschrieben werden; also nicht „vw".

Ein wenig komplizierter ist es bei den Euro Stoxx 50-Werten, weil sie aus verschiedenen Ländern kommen und die Adressen teilweise auch nicht ganz der üblichen Internet-Logik entsprechen. Daher hier das Verzeichnis der Homepages:

Internetadressen der Euro Stoxx 50-Werte

Aktie	Land	Homepage
ABN Amro	NL	http://www.abnamro.com
Aegon	NL	http://www.aegon.com
Ahold	NL	http://www.ahold.com
Air Liquide	F	http://www.airliquide.com
Alcatel	F	http://www.alcatel.com
Allianz	D	http://www.allianz.de
AXA-UAP	F	http://www.axa.com
Banco Bilbao Vizcaya	E	http://www.bbv.es
BASF	D	http://www.basf.de
Bayer	D	http://www.bayer.de
BSCH	E	http://www.bsch.es
Carrefour	F	http://www.carrefour.fr
DaimlerChrysler	D	http://www.daimlerchrysler.com
Deutsche Bank	D	http://www.deutschebank.com
Deutsche Telekom	D	http://www.telekom.de
Dresdner Bank	D	http://www.dresdner-bank.de
Electrabel	B	http://www.electrabel.com
Elf Aquitaine	F	http://www.elf.com
Endesa	E	http://www.endesa.es
ENI	I	http://www.eni.it
Fortis	B	http://www.fortis.com
France Télécom	F	http://www.francetelecom.com
Generali	I	http://www.generali.com
Hypovereinsbank	D	http://www.hypovereinsbank.de
ING Groep	NL	http://www.ing.com

KPN	NL	http://www.kpn.com
L'Oréal	F	http://www.loreal.com
LVMH	F	http://www.lvmh.com
Mannesmann	D	http://www.mannesmann.com
Metro ST	D	http://www.metro.de
Münchener Rück	D	http://www.munichre.com
Nokia	SF	http://www.nokia.com
Paribas	F	http://www.paribas.com
Philips Electronics	NL	http://www.philips.com
Repsol	E	http://www.repsol.com
Rhône Poulenc „A"	F	http://www.rhone-poulenc.com
Royal Dutch	NL	http://www.shell.com
RWE ST	D	http://www.rwe.de
Saint Gobain	F	http://www.saint-gobain.com
Sanofi-Synthélabo	F	http://www.sanofi-synthelabo.fr
Siemens	D	http://www.siemens.de
Société Générale	F	http://www.socgen.com
Suez Lyonnaise des Eaux	F	http://www.suez-lyonnaise-eaux.fr
Telecom Italia	I	http://www.telecomitalia.it
Telefónica	E	http://www.telefonica.es
Total Fina	F	http://www.fina.com
Unicredito Italiano	I	http://www.credit.it
Unilever	NL	http://www.unilever.com
Veba	D	http://www.veba.de
Vivendi	F	http://www.vivendi.com

4. 2. Informationen von Banken und Brokern

Wer in Deutschland Aktien kaufen will, muss sich an eine Bank oder an einen Discount-Broker wenden. Kein Wunder also, dass vor allem unter letzteren, die meist Tochterunternehmen von Geschäftsbanken sind, ein erheblicher Wettbewerb um Marktanteile herrscht. Das hat sich unter anderen insofern ausgewirkt, als sich die einzelnen Anbieter große Mühe geben, ein umfassendes Informationsangebot zur Verfügung zu stellen. Sie stellen Kursinformationen, Kennzahlen, Börsenlexika und vieles mehr zu Verfügung. Erfreulicherweise handelt es sich auch hier um größtenteils kostenlose Informationen, die man sich nicht entgehen lassen sollte.

4. Fundgrube Internet

Auf den Webseiten der Banken muss man dagegen ein wenig länger nach Börsenfakten suchen, denn hier geht es in erster Linie um Informationen über das jeweilige Geldinstitut selbst. Dennoch kann man auch hier allerhand Interessantes finden.

Die Websites deutscher Banken

Deutsche Bank	http://www.deutsche-bank.de
Hypo-Vereinsbank	http://www.hypovereinsbank.de
Dresdner Bank	http://www.dresdner-bank.de
Commerzbank	http://www.commerzbank.de
Bankgesellschaft Berlin	http://www.bankgesellschaft.de
Citibank	http://www.citibank.de
DG Bank	http://www.dgbank.de
Sparda-Bank	http://www.sparda.de
Bankers Trust	http://www.bankerstrust.com
Sparkassen	http://www.snet.de
Volks- und Raiffeisenbanken	http://www.vrnet.de

Die Websites der Discount-Broker

Advance Bank	http://www.advance-bank.de
Bank 24	http://www.bank24.de
Comdirect	http://www.comdirect.de
ConSors	http://www.consors.de
Direkt Anlage Bank	http://www.diraba.de

4.3. Informationen von den einzelnen Börsen

Per Internet kann man sich quasi direkt an die Börse seiner Wahl begeben. Das Informationsangebot der einzelnen Börsenplätze wird immer besser. Im Prinzip kann man, ein wenig zeitverzögert, problemlos jeden Aktienkurs abrufen, den man haben will – wenn man nicht gerade an einem ausgesprochen exotischen Markt agiert. Es würde zu weit führen, das Serviceangebot jedes einzelnen Börsenplatzes zu schildern, zumal es hier laufend Veränderungen und Verbesserungen gibt. In der folgenden Tabelle finden Sie die Websites der wichtigsten deutschen und internationalen Börsen.

Websites der Weltbörsen

Deutsche Börsenplätze

Frankfurt	http://www.exchange.de
Düsseldorf	http://www.rwb.de
München	http://www.bayerische-boerse.de
Stuttgart	http://www.boerse-stuttgart.de
Berlin	http://www.berlinerwertpapierboerse.de
Hamburg	http://www.boerse-hamburg.de
Bremen	http://www.boerse-bremen.de
Hannover	http://www.boerse-hannover.de

Europäische Börsenplätze

Amsterdam	http://www.aex.nl
Brüssel	http://www.bourse.be
Budapest	http://www.fornax.hu
Helsinki	http://www.hse.fi
Kopenhagen	http://www.xcse.dk
London	http://www.londonstockex.co.uk
Madrid	http://www.bolsamadrid.es
Mailand	http://www.borsaitalia.it
Oslo	http://www.nettvik.no/finansen
Paris	http://www.bourse-de-paris.fr
Prag	http://www.pse.cz
Stockholm	http://www.xsse.se
Warschau	http://www.atm.com.pl
Zürich	http://www.bourse.ch
Wien	http://www.vienna-stock-exchange.at

Börsen in Übersee

Chicago	http://www.chicagostockex.com
Nasdaq	http://www.nasdaq.com
New York	http://www.nyse.com
Philadelphia	http://www.phlx.com

4. 4. Börsenmagazine im Internet

Viele etablierte deutsche Printmagazine hatten lange Zeit sehr große Hemmungen, sich mit dem neuen Medium Internet anzufreunden oder auch nur abzufinden. Verständlich, denn erstens erfordert die Erstellung eines attraktiven Internet-Auftritts eine Menge redaktioneller Arbeit und bindet somit knappe Ressourcen, und zweitens bedeutet ein Internet-Angebot ja auch, dass man Inhalte, die man an die Leser zu verkaufen gewohnt war, plötzlich gratis zur Verfügung stellt.

In erster Linie war es der Konkurrenzdruck, der die Magazine ins Internet zwang. Heute kann man es sich eigentlich kaum noch leisten, dort nicht präsent zu sein. Ein angenehmer Nebeneffekt: Auch auf den Web-Seiten lassen sich Anzeigen verkaufen, und zudem ist ein gut aufgemachtes Internet-Angebot auch eine hervorragende Werbung für jede Zeitschrift, mit der man Leser „ins Blatt ziehen" kann, wie die Marketing-Profis sagen.

Zwar haben die Börseninfos der Anbieter aus dem Printbereich noch nicht den Umfang und die Qualität erreicht, wie sie zum Beispiel die Discount-Broker bieten, aber es wird besser. Daher – ohne Einzelwertung – einige Adressen, unter denen Sie sich am besten selbst diejenigen aussuchen, die ihnen besonders gut gefallen:

> http://www.boerse-online.de
> http://www.focus.de
> http://www.dm-online.de
> http://www.sac.de
> http://www.investornet.de
> http://www.finanzenonline.de
> http://www.vwd.de

Neben diesen Angeboten der Printmagazine und Wirtschaftsinformationsdienste haben sich in den vergangenen Jahren auch reine Internet-Magazine etabliert, hinter denen keine Zeitschrift steht. Der Wettbewerb ist hier recht hart, was die Anbieter dazu zwingt, immer besser zu werden. Die wichtigsten Adressen:

> http://www.wallstreet-inside.de
> http://www.aktiencheck.de
> http://www.stockmaster.com

In diesem Punkt muss ich nun doch ein Wort in eigener Sache loswerden: Unter der Adresse

http://www.fnet.de

finden Sie das Börseninformationsangebot von Financial News Network. Dort bin ich seit Oktober 1999 Chefredakteur. Klicken Sie doch mal rein.

4. 5. Einige „Lieblingsseiten" und spezielle Tipps

Wer im Internet surft und nach speziellen Informationen sucht, stößt manchmal auf wirklich hervorragende Angebote. Die Geschmäcker sind allerdings verschieden, und daher kann ich an dieser Stelle nur mit einigen Adressen dienen, die ich persönlich besonders interessant finde. Da wäre zum Beispiel die Website von Global Financial Data, auf der Sie unter der Adresse

http://www.globalfindata.com

stoßen. Hier wird vor allem fündig, wer sich für internationale Börsen-, Finanz- und Wirtschaftsgeschichte interessiert. Börsendaten, Warenpreise, Inflationsraten und vieles mehr, wobei die Zeitreihen zum Teil über mehrere Jahrhunderte zurückreichen. Sie interessieren sich für die Performance südafrikanischer Goldminenaktien zwischen 1900 und 1910? Dann wissen Sie jetzt, wo Sie die entsprechende Information bekommen.

Sehr gut finde ich auch das Angebot von Bigcharts unter der Adresse

http://www.bigcharts.com.

Hier findet man neben Charts und allen erdenklichen Börseninformationen die Analysteneinschätzungen vor allem nordamerikanischer Aktien, die wir in Teil III dieses Buchs erörtert haben.

4. Fundgrube Internet

Wer sich für amerikanische Aktien interessiert, der sollte sich auch die folgenden Homepages notieren:

> http://www.wsrn.com
> http://www.wsj.com
> http://www.dowjones.com
> http://www.bloomberg.com.

Auf manchen Seiten gibt es zwar auch kostenpflichtige Angebote, aber das, was gratis zu haben ist, reicht für die Informationsbedürfnisse eines Anlegers locker aus. Überhaupt herrscht für die Besitzer amerikanischer Aktien im Internet eine Art Schlaraffenland. Hier haben die europäischen Anbieter noch einigen Nachholbedarf.

Wer sein Herz an japanische Aktien verloren hat, muss ein wenig länger suchen. Viele Angebote haben nämlich einen ganz entscheidenden Nachteil: Sie sind nur für denjenigen geeignet, der der japanischen Sprache mächtig ist.

Einen wertvollen Hinweis in dieser Hinsicht hat BÖRSE ONLINE in Ausgabe 32/99 veröffentlicht: Über die Seite

> http://www.toyokeizai.co.jp/english/e_link/index.html

findet man die Homepages von 800 japanischen Aktiengesellschaften. Und zwar dankenswerterweise in englischer Sprache. Kurse japanischer Aktien an der Tokioter Börse kann man gratis unter

> http://stock.nikkei.co.jp

abrufen. Zwar erscheinen japanische Schriftzeichen auf dem Bildschirm, aber das ist kein großes Problem, denn die Kurse werden ja in Zahlen wiedergegeben. Um eine bestimmte Notierung zu erfahren, muss man den vierstelligen japanischen Aktiencode eingeben. Die einzige Schwierigkeit ist also, die Kennzahlen derjenigen Aktien in Erfahrung zu bringen, für die man sich interessiert. Ein kleiner Tipp dazu: BÖRSE ONLINE veröffentlicht einmal vierteljährlich im Kursteil anstatt der Wertpapier-Kennnummern die Reuters-Kürzel (RICs) der in Deutschland gehandelten Auslandsaktien.

Bei den „Japanern" bestehen die RICs aus dem japanischen Aktiencode und dem Kürzel für den deutschen Börsenplatz. Auch im Internet

Teil IV: Wie man sich Informationen beschafft

wird man fündig, und zwar auf der Homepage der Börse Tokio unter der Adresse

http://www.tse.or.jp/english/top/eframein.html

Selbst für Anhänger ganz bestimmter Strategien gibt es interessante Anlaufstellen: Überzeugte Antizykliker finden unter

http://www.contraryinvestor.com

Gleichgesinnte und viele nützliche Informationen. Das ist insofern bemerkenswert, als man Tipps für antizyklische Investments ansonsten in allen Medien suchen muss wie die sprichwörtliche Nadel im Heuhaufen. Wer sich für die Dow-Dividend-Strategie erwärmen kann, findet alle nötigen und aktuellen Informationen unter

http://www.dogsofthedow.com

Anhänger von Benjamin Graham und seinem substanzwertorientierten Ansatz haben gleich mehrere Anlaufstellen. Zunächst wäre da

http://www.valuestocks.net

zu nennen. Hier finden auch Antizykliker wertvolle Informationen über Aktien, die eventuell zu Unrecht tief gesunken sind. Eine weitere interessante Adresse für Graham-Fans ist die Website von Berkshire Hathaway, dem Unternehmen von Warren Buffett. Die Adresse:

http://www.berkshire-hathaway.com.

Noch ein interessanter Ankerplatz für substanzwertorientierte Anleger:

http://www.stockresearch.com.

Hier gibt es einschlägige Empfehlungen, Diskussionsforen und regelmäßige Marktberichte.

4. Fundgrube Internet

Das Geschehen an deutschen Börsen können Sie ohnehin auf den genannten Seiten der Börsen, der Banken, der Discount-Broker, der Zeitschriften und der spezialisierten Internet-Börsenmagazine verfolgen. Sie sollten sich die verschiedenen Angebote einfach einmal durchsehen und dann entscheiden, welches Angebot Ihnen am besten liegt.

5. Empfehlenswerte Börsenbücher

Bücher über die Börse kann man in Hülle und Fülle kaufen. Im kaum überschaubaren Angebot gibt es viel Gutes, manche mittelmäßigen Werke, wenig wirklich Schlechtes und einige echte Perlen, die man unbedingt gelesen haben sollte.

Im folgenden habe ich einige Bücher aufgelistet, aus denen ich viel gelernt habe, und die ohne Abstriche ihr Geld wert sind. Natürlich ist diese Liste sehr subjektiv und kann gar nicht vollständig sein, da wohl kein Mensch auf dieser Welt alle Börsenbücher gelesen hat. Vielleicht kennen Sie andere Bücher, die Sie für absolut herausragend halten. Jedenfalls enthält die Auflistung ausschließlich Werke, die ich uneingeschränkt empfehlen kann, die ich selbst immer wieder zur Hand nehme und auch schon in zahlreichen Exemplaren an Freunde verschenkt habe. In meiner Favoritenliste finden sich einige amerikanische Titel, die (noch) nicht in deutscher Übersetzung vorliegen. Wer die nötigen Sprachkenntnisse hat, sollte sich davon nicht abschrecken lassen.

James P. O'Shaugnessy: Die besten Anlagestrategien aller Zeiten.
ISBN 3-478-36580-5. 380 Seiten, 129,00 DM

Das amerikanische Original dieses Buchs ist unter dem Titel „What Works on Wall Street" in kurzer Zeit zum Bestseller und Börsenklassiker geworden. Der Originaltitel gibt den Inhalt auch recht genau wieder: Auf wissenschaftlich fundierte Weise untersucht O'Shaugnessy, welche Anlagestrategien sich an der Börse im langjährigen Vergleich wirklich bewährt haben – und welche nicht. Man erfährt Überraschendes: Kennzahlen, die bei Standardaktien gute Prognosen ermöglichen, erweisen sich bei Small Caps als untauglich – und umgekehrt. Das Kurs-Gewinn-Verhältnis als am weitesten verbreitete und bekannteste Aktienkennzahl versagt in bestimmten Situationen regelmäßig, während das weitgehend unbeachtete Kurs-Umsatz-Verhältnis weit bessere Ergebnisse erzielt. Das Buch überzeugt durch die ungeheure Datenfülle und die streng wissenschaftliche Vorgehensweise der Untersuchung. Absolut lesenswert.

Anthony M. Gallea und William Patalon: Antizyklisch investieren. ISBN 3-932114-22-1. 302 Seiten, 89,00 DM

Es ist eine Binsenweisheit, dass es sich an der Börse meist nicht auszahlt, das zu tun, was die Mehrheit der Anleger tut. Die ganz großen Gewinne werden entweder von Langfristanlegern oder von antizyklischen Investoren gemacht. Jeder möchte gern billig kaufen und teuer verkaufen, aber die meisten gehen dabei eher planlos vor. Gallea und Patalon gebührt das Verdienst, feste Regeln für antizyklisches Vorgehen entwickelt zu haben. Anhand zahlreicher wissenschaftlicher Studien legen sie dar, dass diese Strategie tatsächlich funktioniert und langfristig deutlich überdurchschnittliche Ergebnisse bringt. Wer sich für die antizyklische Vorgehensweise interessiert, findet hier eine Fülle an Informationen und Argumenten.

Donald L. Cassidy: It's when you sell that counts. ISBN 1-55738-594-7. 300 Seiten, (derzeit vergriffen)

Cassidys Buch nimmt in der Börsenliteratur insofern eine Sonderstellung ein, als sich der Autor völlig auf einen einzelnen Aspekt konzentriert: Auf den richtigen Verkaufszeitpunkt als entscheidenden Faktor für den Börsenerfolg. Cassidy ist ein strikter Verfechter der antizyklischen Vorgehensweise, und er findet gute Argumente dafür. Die Wahl des richtigen Verkaufszeitpunkts in den verschiedensten Börsensituationen, Vor- und Nachteile von Stop-Loss-Orders und die richtige Interpretation börsenrelevanter Nachrichten werden ausführlich diskutiert. Am Ende des Buchs gibt Cassidy dem Leser noch eine ausführliche Checkliste an die Hand, die ihm die Entscheidung für oder gegen den Verkauf erleichtern soll.

Jeremy J. Siegel: Stocks for the long Run. ISBN 0-07-058043-X. 302 Seiten, 29,95 US-$

Dieses Buch ist gewissermaßen die Bibel des Langfristanlegers. Anhand von Börsenuntersuchungen, die bis zum Anfang des 19. Jahrhunderts zurückreichen, weist Siegel nach, dass Aktien nicht nur rentierlicher, sondern per Saldo auch sicherer sind als zum Beispiel Sparbucheinlagen.

Für jeden, der Interesse an Börsengeschichte mitbringt, ist Siegels Buch eine wahre Fundgrube. Der Autor beleuchtet wirklich alle Aspekte von Aktienengagements, auch Steuern, Inflation und langfristige Kaufkraftentwicklung. Große Aufmerksamkeit widmet Siegel dem wirtschaftlichen Umfeld und seinen Implikationen für Wertpapierinvestments. Nicht ganz unwichtig: Mit einem Preis von 29,95 US-Dollar ist dieses Werk in Anbetracht des Gebotenen geradezu spottbillig.

Fred Schwed: Where are the Customers' Yachts?. ISBN 0-47111-978-4. 215 Seiten, 16,95 US-$

Zugegeben: So richtig genießen kann dieses Buch nur, wer sehr gute Englischkenntnisse mitbringt und zudem einigermaßen mit dem speziellen Jargon der Wall Street vertraut ist. Aber der Versuch lohnt sich. Schwed schreibt so brillant und mit einem derart ausgefeilten Wortwitz, dass tatsächlich etwas versäumt, wer dieses Buch nicht kennt. Der Autor, in den 20er Jahren als professioneller Trader an der Wall Street tätig, hat „Where are the Coustomers' Yachts?" 1940 veröffentlicht und 1955 leicht überarbeitet. Seither ist es in zahlreichen Neuauflagen erschienen.

Humorvoll schildert Schwed das Geschehen und die Typen an der Börse. Die Nachwelt verdankt ihm Perlen der Erkenntnis wie: „Reiche Broker leidet an dem unstillbaren Drang, arme Bankiers zu werden" oder „Gentlemen prefer Bonds". Ein echtes Lesevergnügen also, das leider nicht in deutscher Übersetzung vorliegt. Vielleicht ist das aber auch ganz gut so, denn viele von Schweds Wortspielen sind wohl gar nicht zu übersetzen, ohne dass der Witz auf der Strecke bliebe.

5. Empfehlenswerte Börsenbücher

Benjamin Graham und David Dodd: Geheimnisse der Wertpapieranalyse. ISBN 3-932114-24-8. 737 Seiten, 98,00 DM

„Security Analysis", so der amerikanische Originaltitel, ist sicherlich das grundlegende und auch das umfassendste Werk über fundamentale Wertpapieranalyse. Dies ist um so erstaunlicher, als es schon aus den 40er Jahren stammt. Hier bleibt wirklich keine Frage offen, wenn es um die Analyse von Aktien geht. Dieses Standardwerk kann oder sollte man nicht einfach lesen, sondern man muss es durcharbeiten. Angesichts des Umfangs dieses Buchs keine ganz leichte Aufgabe.

Das macht die Lektüre oft zu harter Arbeit, die sich aber für jeden Börseninteressierten lohnt. Ein bekannter amerikanischer Börsenexperte hat geschrieben, er kenne niemanden, der dieses Buch von vorne bis hinten gelesen hat. Das sollte natürlich nur ein Scherz sein, drückt aber eine ganze Menge Respekt vor der Informationsfülle aus, die das Werk zu bieten hat.

Benjamin Graham: Intelligent investieren. ISBN 3-932114-17-5. 316 Seiten, 79,00 DM

Das zweite wichtige Werk, das Benjamin Graham vorgelegt hat. Auch hier geht es um fundamentale Wertpapieranalyse, aber während „Geheimnisse der Wertpapieranalyse" vor allem die Theorie behandelt, geht es in diesem Buch vornehmlich um die Umsetzung der analytischen Erkenntnisse in die Börsenpraxis.

Graham unterscheidet defensive und aggressive Investoren, beziehungsweise Anleger und Spekulanten, denen er durchaus unterschiedliche Wertpapiere und Strategien empfiehlt. „The Intelligent Investor", so der Originaltitel, stammt aus den 30er Jahren, wurde später allerdings grundlegend überarbeitet und aktualisiert. Bei so „alten" Büchern irritiert manchmal, dass die Aktien aus den Berechnungsbeispielen gar nicht mehr existieren oder heute einen völlig anderen Stellenwert im Börsengeschehen haben. Das heißt jedoch nicht, dass Grahams analytische Vorgehensweise an Aktualität eingebüßt hätte oder für die Anleger von heute weniger relevant wäre.

André Kostolany: Das ist die Börse. ISBN 3-922669-37-9. 217 Seiten, 69,00 DM

Keine Aufzählung empfehlenswerter Börsenbücher wäre vollständig ohne ein Werk des im Herbst 1999 verstorbenen Kosmopoliten und Börsengurus André Kostolany. Sein erstes, im Jahr 1961 erschienenes Börsenbuch in deutscher Sprache ist wohl auch sein bestes. Man findet hier schon all die Anekdoten, die Kostolany in späteren Werken und zahlreichen Zeitschriftenkolumnen immer wieder aufgewärmt hat. Das Faszinierende an diesem Buch ist allerdings, wie der Autor – ganz offensichtlich mit großem Erfolg – versucht hat, ein damals für das deutsche Publikum recht exotisches Gebiet zu schildern und seine Faszination für die Börse eben diesem Publikum zu vermitteln. Kein Ratgeber im engeren Sinn, kein analytisches Werk, aber eine sehr vergnügliche Lektüre.

Martin S. Fridson: Investment Illusions. ISBN 0-471-56950-X. 230 Seiten, 24,95 US-$

Fridson nimmt in diesem Buch einige der am meisten verbreiteten „Börsenweisheiten" unter die Lupe und schildert anhand realer Beispiele, wie man hereinfallen kann, wenn man sich auf diese Weisheiten verlässt, statt den gesunden Menschenverstand und dazu die nötige Vorsicht walten zu lassen. Manchmal nicht ohne eine gewisse Schadenfreude kann man hier lesen, wie selbst berühmte Börsengrößen und Wirtschaftskapitäne auf geradezu tölpelhafte Weise in Fallen getappt sind, die an der Börse immer wieder lauern.

Im Lauf der Lektüre wird schnell deutlich, dass es an der Börse zwar sinnvolle Strategien, aber eben keine Patentrezepte geben kann, denn nur allzu oft macht ein unerwartetes Ereignis, eben der berühmte Faktor X, auch die sorgfältigsten Berechnungen zu Makulatur. „Investment Illusions" ist nicht nur ein äußerst lehr- und aufschlussreiches Börsenbuch, es ist auch sehr amüsant geschrieben.

5. Empfehlenswerte Börsenbücher

Garet Garrett: Wo das Geld wächst. ISBN 3-932114-10-8. 128 Seiten, 39,00 DM

Die Originalausgabe ist 1911 erschienen, und das Buch wurde in kurzer Zeit zu dem Börsenklassiker, der es bis heute geblieben ist.

In kurzen Episoden schildert Garrett Szenen und Typen an der Wall Street, zum Beispiel den „Wolf von der Wall Street", den „Bankpräsidenten" und die „Halle der Selbsttäuschung". Welche Probleme sich ein verheirateter Börsianer einhandeln kann, wenn er erfolglos bleibt, kann man in „Wie man sich Ärger mit nach Hause nimmt" nachlesen. Das Buch ist zwar fast 90 Jahre alt, aber die Börse hat sich seither kaum verändert. Der zweite Teil des Werks, „Die Anatomie des Kreditschwindels", 20 Jahre später erschienen, ist eine Art Schnellkurs in Volkswirtschaftslehre. Am Beispiel der ägyptischen Pyramiden macht Garrett deutlich, welche Folgen es hat, wenn wirtschaftliche Ressourcen für die falschen Zwecke ausgegeben werden. Absolut lesenswert.

6. Verzeichnis wichtiger Börsenbegriffe

Ad-hoc-Mitteilung

Nach § 15 Wertpapierhandelsgesetz müssen kursrelevante Nachrichten unverzüglich veröffentlicht werden, um eine gleichmäßige Informationsversorgung aller Marktteilnehmer zu gewährleisten. Dies gilt für alle Nachrichten, die geeignet sind, den Kurswert an deutschen Börsen zur Emission zugelassener oder notierter Wertpapiere erheblich zu beeinflussen. Für die Veröffentlichung der Ad-hoc-Informationen ist das jeweilige Unternehmen verantwortlich.

Advance/Decline-Linie (ADL)

Wichtiger Indikator aus der technischen Wertpapieranalyse. Die ADL stellt die Differenz zwischen der Zahl der gestiegenen (Advances) und der gesunkenen (Declines) Aktien dar und zeigt somit an, ob eine allgemeine Tendenz an der Börse von einer großen oder einen kleinen Gruppe von Aktien getragen wird.

AG

Aktiengesellschaft

Aktie

Anteilspapier, das wirtschaftliches Miteigentum an einer Aktiengesellschaft verbrieft. Die Höhe des Anteils am Grundkapital und somit am bilanziellen Gesamtvermögen der AG wird durch den Nennwert festgelegt. Der Marktpreis der Aktie entspricht hingegen dem börsentäglich ermittelten Kurswert – falls die betreffende Aktie börsennotiert ist. Die Aktienurkunde besteht aus Mantel und Bogen: Auf dem Mantel finden sich die genaue Unternehmensbezeichnung und der Nennwert, der Bogen enthält die Dividendenscheine (Coupons) und den Erneuerungsschein (Talon), der zum Bezug eines neuen Bogens berechtigt, wenn der erste nach der entsprechenden Anzahl von Jahren verbraucht ist. Die Aktie bietet dem Inhaber zwei Ertragsquellen: Zum einen die Dividende als dem Aktionär zustehende Beteiligung am Gewinn der AG, zum anderen die Möglichkeit auf einen Vermögenszuwachs durch einen steigenden Kurswert, wenn das Unternehmen profitabel arbeitet und die Aktie somit für einen breiten Anlegerkreis an Attraktivität gewinnt.

Aktienanalyse

Untersuchung von Aktien für Zwecke der kurz- oder langfristigen Geldanlage. Ein Unternehmen bzw. dessen Aktie wird nach bestimmten Kriterien untersucht, wobei der Analyst versucht, aus Daten der Vergangenheit und der Gegenwart Rückschlüsse auf die zukünftige Entwicklung zu ziehen. Während sich die Fundamentalanalyse auf die Untersuchung der Unternehmensdaten (Umsatz, Gewinn, Gewinnmargen, Marktanteile, Produkte, Dividendenrendite u. a.) sowie des gesamtwirtschaftlichen Umfelds konzentriert, steht bei der technischen Aktienanalyse die Beobachtung von Kurs- und Umsatzverläufen der Aktie im Vordergrund. Trotz ihrer grundsätzlich verschiedenartigen Herangehensweisen können sich beide Schulen durchaus sinnvoll ergänzen.

Aktienarten

Nach dem Kriterium der Übertragbarkeit unterscheidet man Inhaber-, Namens- und vinkulierte Namensaktien. Inhaberaktien können durch einfache Einigung und Übergabe übertragen werden. Dem die Urkunde präsentierenden Inhaber stehen sämtliche Aktionärsrechte zu. Bei Namensaktien ist der Eigentümer auf der Aktienurkunde bezeichnet. Eine Eigentumsübertragung erfordert einen Übertragungsvermerk (Indossament) auf der Rückseite des Aktienmantels. Bei der Besitzübertragung an vinkulierten (gebundenen) Namensaktien ist neben dem Indossament noch die Zustimmung der AG erforderlich. Nach dem Kriterium des Stimmrechts unterscheidet man Stamm- und Vorzugsaktien: Stammaktien verbriefen das volle Stimmrecht auf der Hauptversammlung. Bei Vorzugsaktien ist das Stimmrecht meist ausgeschlossen, dafür stehen dem Vorzugsaktionär eine höhere Dividende bzw. eine Garantiedividende und andere Vorrechte zu, zum Beispiel eine Bevorzugung bei der Liquidation der AG. Die rechtlichen Bestimmungen in anderen Ländern können von denen in Deutschland abweichen.

Aktiengesellschaft

Handelsgesellschaft mit eigener Rechtspersönlichkeit (juristische Person), deren Gesellschafter (Aktionäre) mit ihren Einlagen auf das Grundkapital beteiligt sind. Die Aktionäre haften nicht persönlich: Ausschließlich das Aktienkapital (Grundkapital) haftet für die Verbindlichkeiten der Aktiengesellschaft. Das im Handelsregister eingetragene Grundkapital muss bei Gründung der Aktiengesellschaft mindestens 100 000 DM betragen. Die Organe der Aktiengesellschaft sind Vorstand, Aufsichtsrat und Hauptversammlung. Die Rechtsform der Aktiengesellschaft findet sich in sämtlichen Industriestaaten, wobei die rechtlichen Regelungen Unterschiede aufweisen.

Aktienrückkauf

In den USA seit langem übliche, in Deutschland erst seit kurzem zulässige Maßnahme. Unternehmen kaufen ihre eigenen Aktien an der Börse zurück, um das Volumen umlaufender Titel zu reduzieren und somit den Kurswert der einzelnen Aktien zu erhöhen.

Aktionär

Eigentümer von Aktien einer AG und damit Gesellschafter bzw. Miteigentümer des Unternehmens.

A la baisse

Bezeichnung für eine Spekulation auf fallende Warenpreise, Wertpapier- oder Devisenkurse.

A la hausse

Bei einer Spekulation à la hausse setzt der Anlager auf stark steigende Kurswerte der betreffenden Wertpapiere, Waren oder Devisen.

6. Verzeichnis wichtiger Börsenbegriffe

Amtlicher Handel

Der amtliche Handel ist in Deutschland die Form des Wertpapierhandels mit den strengsten Zulassungs- und Publizitätsvorschriften. Nach § 36 Börsengesetz muss bei der Einführung in den amtlichen Handel ein Prospekt vorgelegt werden, der genaue Angaben über die betreffende AG enthält. Wertpapiere, die zur Schädigung allgemeiner Interessen oder offenkundig zu einer Übervorteilung des Anlegerpublikums führen könnten, werden nicht zugelassen. Ausländische Unternehmen, die die Zulassung zum amtlichen Handel beantragen, haben die den Vorschriften in dem jeweiligen Land entsprechenden Unterlagen einzureichen. Bundes- und Länderanleihen sind kraft Gesetzes ohne Prüfverfahren zum amtlichen Handel zugelassen. Zuständig für den amtlichen Handel ist der Börsenvorstand unter Mitwirkung der amtlichen Kursmakler.

Analyst/in

Wertpapierfachmann/frau, der oder die mit Hilfe der technischen Wertpapieranalyse und/oder der Fundamentalanalyse ein möglichst genaues Bild über die Situation einer Aktiengesellschaft und die Kurschancen ihrer Aktien zu gewinnen versucht.

Anlagestrategie

Gezielte, längerfristig ausgerichtete Vorgehensweise zur Erzielung eines möglichst gewinnbringenden Anlageerfolgs an den Wertpapiermärkten. Die Strategie richtet sich neben objektiven Kriterien, die die fundamentale und die technische Wertpapieranalyse liefern, auch nach finanzieller Situation und persönlichen Präferenzen des Anlegers.

Anleihe

Sammelbezeichnung für Schuldverschreibungen mit fester oder variabler Verzinsung, längerer Laufzeit und vertraglich fixierter Tilgung.

Antizyklisches Vorgehen

Dem herrschenden Trend an den Wertpapiermärkten entgegengesetztes Anlageverhalten. Der antizyklische Investor kauft bei stark fallenden

Kursen und verkauft im Aufwärtstrend. Die zugrundeliegende Idee ist, dass sich auf diese Weise das Hauptziel des Anlegers erreichen lässt, bei möglichst tiefen Kursen zu kaufen und die Papiere später wesentlich teurer wieder zu verkaufen.

Asset Allocation

Vermögensstrukturierung. Forschungsansätze zur Asset Allocation beschäftigen sich mit der Fragestellung, mit welchen prozentualen Anteilen unterschiedliche Anlageobjekte (Assets) in einem optimal strukturierten Vermögen bzw. Depot vertreten sein sollen. Entscheidungskriterien sind dabei neben Eigenschaften der Assets (Chance-Risiko-Relation, Rendite) auch die Präferenzen bzw. die finanzielle Situation des Investors. Während sich Risiko und Rendite verschiedener Anlageobjekte mit Hilfe mathematischer Modelle objektiv ermitteln lassen, spielen subjektive Präferenzen des Anlegers (Risikobereitschaft, Höhe des Gesamtvermögens) ebenfalls eine wichtige Rolle.

Aufsichtsrat

Organ der Aktiengesellschaft und anderer juristischer Personen. Dem Aufsichtsrat obliegt die Überwachung der Geschäftsführung der AG, wobei die Aufsichtsratsmitglieder nicht Aktionäre der betreffenden Aktiengesellschaft sein müssen. Er besteht aus mindestens drei Mitgliedern, die aus ihrer Mitte einen Aufsichtsratsvorsitzenden und einen Stellvertreter wählen. Zu seinen wichtigsten Aufgaben gehört die Einberufung der Hauptversammlung (HV).

Ausgabekurs, Emissionskurs

Derjenige Kurs, den Investoren bei der Ausgabe (Emission) von Wertpapieren zu zahlen haben. Bei Anleihen kann der Ausgabekurs dem Nennwert entsprechen, darüber oder darunter liegen. Aktien dürfen in Deutschland nur zum Nennwert oder zu einem darüber liegenden Kurs an die Ersterwerber ausgegeben werden (Verbot der Unterpari-Emission).

6. Verzeichnis wichtiger Börsenbegriffe

Ausgereizt

Bezeichnung für Wertpapierkurse, die ihr Potential nach oben oder unten ausgeschöpft haben dürften.

Ausgesetzt

Kurszusatz bei Wertpapieren, die an einem oder an mehreren Börsentagen vom Handel suspendiert sind. Die Aussetzung vom Börsenhandel erfolgt in der Regel im Vorfeld der Veröffentlichung wichtiger Unternehmensnachrichten, die geeignet sind, den Kurswert der betreffenden Aktie massiv zu beeinflussen. Die Verhinderung von Insidergeschäften gehört somit zu den wichtigsten Gründen für eine solche Maßnahme.

Ausschüttung

Auszahlung von Dividenden, Boni, Liquidationserlösen und dergleichen an die Anteilseigner.

Averaging

Vom englischen Wort für Durchschnitt abgeleitete Bezeichnung für eine längerfristig angelegte Strategie, deren Ziel es ist, einen möglichst günstigen durchschnittlichen Kaufkurs für ein Wertpapier zu erreichen. Es werden zu bestimmten, zuvor festgelegten Zeitpunkten immer gleiche Stückzahlen eines Wertpapiers gekauft oder soviele Stücke erworben, wie für einen festgelegten Geldbetrag erhältlich sind. Die letztgenannte Variante ist erfolgversprechender, weil in Zeiten niedriger Kurse mehr Stücke erworben werden, wodurch sich der durchschnittliche Einstandspreis quasi automatisch verringert. Liegt dieser wesentlich unter dem aktuellen Kurswert des Wertpapiers, kann durch Verkauf ein oft beträchtlicher und wegen des langen Zeithorizonts der Averaging-Strategie steuerfreier Kursgewinn vereinnahmt werden.

Bär

Im englischen Sprachraum verbreitete (bear) und von dort übernommene Bezeichnung für Personen, die mit fallenden Börsenkursen rechnen und „à la baisse" spekulieren. Gegensatz: Bulle.

Bärenfalle

Begriff aus der technischen Wertpapieranalyse. Als Bärenfalle bezeichnet man ein Verkaufssignal, das sich im Nachhinein als Fehlsignal erweist. Der Bär tappt in die Falle, indem er auf fallende Kurse spekuliert, auf dem falschen Fuß erwischt wird und Verluste hinnehmen muss.

Baisse

Aus dem Französischen übernommene Bezeichnung für eine über längere Zeit anhaltende Phase starker Kursverluste an der Börse. Seltener werden auch entsprechende Tagestendenzen als Baisse bezeichnet.

Bardividende

Der Teil der Dividende, der tatsächlich an den Aktionär ausgezahlt wird. Die Bardividende ist von der Höhe der Bruttodividende und der Körperschaftssteuergutschrift abhängig.

Bedingte Kapitalerhöhung

siehe: Kapitalerhöhung, bedingte

Behauptet

Tendenzbezeichnung an Börsentagen, die gegenüber dem Vortag kaum Veränderungen bringen.

Berichtigungsaktien, Gratisaktien

Bei einer Kapitalerhöhung aus Gesellschaftsmitteln werden offene oder stille Rücklagen der AG in dividendenberechtigtes Grundkapital umgewandelt. Die Aktionäre erhalten zusätzliche Aktien entsprechend ihrer vorherigen Beteiligung. Da die Eigenmittel der AG auf diese Weise nicht verändert werden, ist die häufig benutzte Bezeichnung „Gratisaktien" irreführend: Zwar braucht der Aktionär nichts für seine zusätzlichen Aktien zu bezahlen, doch er erhält auch nichts geschenkt. Zwar besitzt er nach der Kapitalerhöhung mehr Aktien als zuvor, der Wert der einzelnen Aktie vermindert sich jedoch entsprechend dem Umfang der Kapitalerhöhung.

6. Verzeichnis wichtiger Börsenbegriffe

Bestens

Zusatz zu einem unlimitierten Verkaufsauftrag. Das Kreditinstitut wird angewiesen, zum höchstmöglichen Kurs, also „bestens" aus der Sicht des Auftraggebers, zu verkaufen. Im Gegensatz zum limitierten Auftrag ist es jedoch nicht erforderlich, dass beim Verkauf ein festgelegter Kurswert erreicht wird.

Bezugsfrist

Zeitraum von mindestens zwei Wochen zur Ausübung des Bezugsrechts. Während der Bezugsfrist kann sich der Aktionär entscheiden, ob er an der Kapitalerhöhung teilnehmen oder seine Bezugsrechte veräußern möchte.

Bezugspreis

Der bei einer Kapitalerhöhung festgelegte Ausgabepreis der jungen bzw. neuen Aktien. Nach § 186 Aktiengesetz hat der Aktionär das Recht, bei einer Kapitalerhöhung entsprechend seiner bisherigen Beteiligung am Grundkapital neue bzw. junge Aktien zu erwerben. Bei einer Kapitalerhöhung im Verhältnis 4:1 kann er daher für je vier bisher gehaltene Aktien eine neue zum festgelegten Bezugspreis erwerben. Er muss aber nicht: Während des Bezugsrechtshandels kann er seine Rechte veräußern und den für die Bezugsrechte zu erlösenden Preis vereinnahmen. Nach § 186 Abs. 3,4 Aktiengesetz kann die Hauptversammlung mit einer Dreiviertelmehrheit auch einen Ausschluss des Bezugsrechts beschließen.

Bezugsrechtsabschlag

Am ersten Tag des Bezugsrechtshandels wird die betreffende Aktie „ex Bezugsrecht" gehandelt. Der Kurswert des Wertpapiers verringert sich um den Wert des Bezugsrechts.

Bezugsrechtshandel

Börsenhandel von Bezugsrechten während der Bezugsfrist.

Bezugsverhältnis

Relation zwischen der Zahl der „alten" und der neu emittierten Aktien bei einer Kapitalerhöhung. Ein Bezugsverhältnis von 4:1 bedeutet zum Beispiel, dass Altaktionäre für je vier Altaktien eine neue beziehen können.

Bilanz

Gegenüberstellung der Aktiva und Passiva eines Unternehmens zur Darstellung ihrer Vermögens-, Kapital- und Finanzstruktur. Die Erstellung der AG-Bilanz unterliegt umfangreichen gesetzlichen Vorschriften, betreffend die Anordnung der einzelnen Bilanzpositionen, die Bewertung von Vermögensgegenständen etc. Die sogenannten Bilanzkennzahlen, Verhältniszahlen aus Positionen der Aktiv- und/ oder Passivseite, gehören zu den meistbeachteten Kriterien der Fundamentalanalyse.

Billigst

Zusatz zu einem unlimitierten Kaufauftrag. Das Kreditinstitut wird angewiesen, zum niedrigstmöglichen Kurs, also „billigst" aus der Sicht des Auftraggebers, zu kaufen.

Blue Chip

Aus dem angelsächsischen Sprachgebrauch übernommene Bezeichnung für Standardaktien mit hohem internationalem Ansehen.

Börse

Markt für Wertpapiere, Devisen und Waren, wo vereidigte Kursmakler aufgrund der ihnen vorliegenden Kauf- und Verkaufsaufträge börsentäglich aktuelle Kurse (Preise) feststellen und einen funktionierenden Handel gewährleisten.

6. Verzeichnis wichtiger Börsenbegriffe

Börsenplatz

Bezeichnung für den geographischen Ort einer Wertpapierbörse. Die acht deutschen Börsenplätze sind Frankfurt, Düsseldorf, München, Hamburg, Stuttgart, Berlin, Bremen und Hannover.

Börsenzulassung

Zulassung von Wertpapieren zum Handel an der Börse. Die Zulassung ist je nach Handelsart von verschiedenen Voraussetzungen abhängig. Manchmal meint die Bezeichnung auch die Berechtigung bestimmter Personen zur Teilnahme am Börsenhandel oder deren Berechtigung, das Börsengebäude zu betreten.

Bogen

Bestandteil der Aktienurkunde. Der Bogen enthält die Dividendenabschnitte (Coupons) und den Erneuerungsschein (Talon), der nach einer entsprechenden Anzahl von Jahren zum Bezug eines neuen Dividendenscheinbogens berechtigt.

Bond

International übliche Bezeichnung für festverzinsliche Wertpapiere.

Bonität

Maßstab für die Kreditwürdigkeit von Anleiheschuldnern, insbesondere für die Fähigkeit, die laufende Verzinsung und die Rückzahlung bei Fälligkeit der Anleihe zu gewährleisten. Je schlechter die Bonität eingeschätzt wird, desto höhere Zinsen wird ein Emittent bezahlen müssen, um seine Schuldverschreibungen am Markt zu plazieren. Es gibt international angesehene Ratingagenturen, die die Bonität von Schuldnern prüfen und „benoten". Die bekanntesten Ratingsysteme sind die von Moody's und Standard & Poor's. Die Skala reicht dabei von AAA bzw. Aaa (höchste Bonitätsstufe, faktisch mündelsicher) bis D (Schuldner in Zahlungsschwierigkeiten, Rückzahlung bereits notleidend).

Bonus

Sonderausschüttung einer Aktiengesellschaft an die Aktionäre. Boni werden in der Regel als einmalige Sondervergütung in Jubiläumsjahren des Unternehmens, bei außerordentlichen Erträgen oder in Jahren mit außergewöhnlich hohen Gewinnen gezahlt.

Book-Building-Verfahren

In der jüngsten Vergangenheit immer häufiger angewandtes Verfahren zur Festlegung des Emissionspreises von neu an der Börse eingeführten Aktien. Beim Book-Building-Verfahren wird kein fester Preis vorgegeben, sondern Interessenten können innerhalb eines vorgegebenen Preisspektrums Zeichnungsangebote abgeben. Bei hoher Nachfrage wird sich der Emissionspreis am oberen Ende des Spektrums bewegen, und Interessenten mit zu niedrigen Geboten kommen nicht zum Zug. Für die neu an die Börse kommende AG besteht allerdings auch die Gefahr, dass bei geringer Nachfrage schließlich ein niedrigerer als der ursprünglich angestrebte Emissionserlös erzielt wird.

Boom

Börsenphase, die sich durch stark steigende Wertpapierkurse und hohe Umsätze auszeichnet.

Branche

Wirtschaftszweig, z. B. die Automobil-, Stahl- oder chemische Industrie.

Branchenrotation

Abwechselnde Bevorzugung der Aktien bestimmter Branchen an der Börse. Wenn die Aktien einer Branche bereits stark gestiegen sind, rücken oft die einer anderen in den Mittelpunkt des Anlegerinteresses, weil man diesen noch zusätzliches Kurspotential zutraut. Auch politische Entwicklungen und Veränderungen des Zinsniveaus können eine Branchenrotation auslösen.

6. Verzeichnis wichtiger Börsenbegriffe

Branchenstreuung

Verteilung des Aktienvermögens auf Papiere von in verschiedenen Branchen tätigen Unternehmen. Sinn der Branchenstreuung ist eine Risikominimierung, da die Erfahrung zeigt, dass in Zeiten fallender Kurse am Aktienmarkt nicht alle Branchen gleich stark betroffen sind.

Briefkurs

Kurs, zu dem ein Marktteilnehmer bereit ist, ein bestimmtes Volumen eines Wertpapiers zu verkaufen. Gegensatz: Geldkurs.

Broker

Angelsächsische Bezeichnung für Makler. Broker sind Wertpapier-, Waren- und Devisenhändler, die im Kundenauftrag Börsengeschäfte durchführen.

Bruttodividende, Bruttorendite

Dividende bzw. Rendite ohne Berücksichtigung darauf zu entrichtender Steuern.

Bruttogewinnmarge

Unternehmensgewinn während eines bestimmten Zeitraums (z. B. Quartal oder Geschäftsjahr), ausgedrückt in Prozent vom Umsatz, ohne Berücksichtigung von Steuern.

Bruttosozialprodukt

Wert sämtlicher Güter und Dienstleistungen, die in einer Volkswirtschaft innerhalb eines bestimmten Zeitraums hergestellt bzw. erbracht werden.

Buchgewinn

Ein Buchgewinn entsteht, wenn der Verkaufserlös eines Vermögensgegenstandes über dem Buchwert liegt. Im Börsenjargon wird auch ein noch nicht durch Verkauf realisierter Kursgewinn als Buchgewinn bezeichnet.

Buchverlust

Wird ein Vermögensgegenstand zu einem unter dem Buchwert liegenden Preis veräußert, so entsteht ein Buchverlust. In der Börsensprache werden auch noch nicht durch Verkauf realisierte Kursverluste als Buchverluste bezeichnet.

Buchwert

Der in der Bilanz ausgewiesene Wert von Vermögensgegenständen und Verbindlichkeiten eines Unternehmens.

Bulle

Bezeichnung für den „Optimisten" an der Börse, der mit steigenden Kursen rechnet und sich entsprechend engagiert. Wie sein Gegenstück, der Bär, stammt auch der Bulle ursprünglich aus dem angelsächsischen Sprachraum.

Bullenfalle

Gegenstück zur Bärenfalle. Ein falsches Kaufsignal lässt den Bullen auf steigende Kurse spekulieren, und er erleidet Verluste.

Bundesanleihe

Von der Bundesrepublik Deutschland emittierte festverzinsliche Wertpapiere verschiedener Laufzeit. Bundesanleihen sind per Gesetz ohne Prospekt zum amtlichen Handel zugelassen.

Cash Flow

Wichtige Kennzahl zur Bewertung der Finanz- und Ertragskraft eines Unternehmens. Der Cash Flow setzt sich zusammen aus dem Jahresüberschuss, den Abschreibungen, den Veränderungen der langfristigen Rückstellungen und den Steuern auf Einkommen und Ertrag.

C-Dax

Auch: Composite Dax. Alle in Frankfurt amtlich notierten Aktien umfassender, nach Marktkapitalisierung gewichteter deutscher Aktienindex. Der C-Dax ist in mehrere Branchenindizes unterteilt, die die Kursentwicklung der Aktien aus den jeweiligen Wirtschaftszweigen dokumentieren. Im einzelnen enthält er Unterindizes der folgenden Branchen: Automobile, Bau, Chemie, Beteiligungen, Elektronik, Brauereien, Hypothekenbanken, Geschäftsbanken, Transport, Maschinenbau, Papier, Energieversorger, Stahl, Textil, Versicherungen und Konsum (Kaufhäuser).

Chart

Grafische Darstellung der Kurs- und Umsatzentwicklung von Wertpapieren, Branchen oder Börsen. Charts sind die Grundlage der technischen Wertpapieranalyse.

Computerhandel

Vermittlung von Wertpapier-Kauf- und Verkaufsaufträgen durch ein zentrales Computernetz. Während an der Präsenzbörse der Kursmakler dafür zuständig ist, Angebot und Nachfrage abzustimmen, übernimmt diese Aufgabe im Computerhandel ein Zentralrechner. Der Computerhandel gewinnt im Vergleich zur Präsenzbörse immer mehr an Bedeutung. Viele Experten erwarten, dass er den früher ausschließlich üblichen Handel auf dem Börsenparkett früher oder später ganz verdrängen wird.

Coupon

Zins- oder Dividendenabschnitt, Bestandteil des Bogens. Gegen Einreichung des Coupons erfolgt die Gutschrift der Dividende bzw. des vereinbarten Zinsbetrags.

Courtage

Maklergebühr. Der in Prozent vom Kurswert festgelegte Betrag, den der Makler dem Kunden für die Vermittlung von Börsengeschäften in Rechnung stellt.

Crash

Massiver Kurseinbruch von Wertpapieren auf breiter Front. Neben dem Crash von 1929 (Schwarzer Freitag) ist vor allem der Einbruch vom Oktober 1987 noch in Erinnerung, der jedoch weit weniger schwerwiegende Folgen hatte.

DAX (Deutscher Aktien-Index)

Eigentlich: DAX-30. Fortlaufend berechneter Index, in dem 30 bedeutende, nach der Marktkapitalisierung gewichtete deutsche Aktien repräsentiert sind. Eine Erweiterung des DAX auf mehr als 30 Werte wird seit einiger Zeit diskutiert.

DAX-100

Dieser Index umfasst die 30 im DAX-30 und die 70 im MDAX repräsentierten Aktien. Er besteht also im Prinzip aus den 100 größten deutschen Aktien nach den Kriterien der Marktkapitalisierung und des Umsatzes. Der DAX 100 ist in zehn Branchenindizes unterteilt.

DAX-Werte

Gängige Bezeichnung für die 30 im Deutschen Aktien-Index (DAX-30) repräsentierten Unternehmen bzw. deren Aktien. Die derzeitigen DAX-Werte in alphabetischer Reihenfolge: Adidas, Allianz, BASF, Bayer, BMW, Commerzbank, DaimlerChrysler, Degussa-Hüls, Deutsche Bank, Deutsche Telekom, Dresdner Bank, Fresenius Medical Care, Henkel (Vorzugsaktie), Hypo-Vereinsbank, Karstadt, Linde, Lufthansa, MAN, Mannesmann, Metro, Münchener Rück, Preussag, RWE, SAP (Vorzugsaktie), Schering, Siemens, Thyssen, Veba, Viag, Volkswagen.

Depot

Bezeichnung für die Gesamtheit der für einen bestimmten Anleger bei einer Bank hinterlegten Wertgegenstände, hier insbesondere Wertpapiere.

6. Verzeichnis wichtiger Börsenbegriffe

Depotaufteilung, -strukturierung

Zusammenstellung eines Wertpapierdepots nach bestimmten Kriterien. Abhängig von den persönlichen Anlagezielen des Depotinhabers. Renditeorientierte Anleger sollten festverzinsliche Wertpapiere und Standardaktien mit hoher Dividendenrendite übergewichten. Spekulative, nach hohen Kursgewinnen strebende Anleger sollten dagegen Aktien kleinerer, aufstrebender Unternehmen ins Depot aufnehmen.

Depotgebühren

Gebühren, die die Bank ihren Depotkunden für die Verwahrung und Verwaltung von Wertpapieren in Rechnung stellt. Maßgebend sind dabei die Anzahl der Einzelposten, Nennwert oder Kurswert der Wertpapiere. Da die Gepflogenheiten der einzelnen Banken unterschiedlich sind, sollte der Anleger die Gebühren mehrerer Häuser vergleichen, bevor er sich zur Einrichtung eines Wertpapierdepots bei einer bestimmten Bank entschließt.

Diskontsatz

Der vom Zentralbankrat festgelegte Zinssatz, der den Geschäftsbanken beim Ankauf von Wechseln berechnet wird. Er dient als Grundlage für den Zinssatz, den die Banken wiederum ihren Kunden beim Ankauf von Wechseln berechnen. Dem Diskontsatz kommt große Bedeutung innerhalb der Zinspolitik der Zentralbank zu. Neben dem Lombardsatz zählt er zu den sogenannten Leitzinsen.

Diversifikation, Diversifizierung

Streuung des Anlagekapitals auf verschiedene Investmente zum Zweck der Risikokontrolle. Sinn der Diversifikation ist die Verlustbegrenzung: Je kleiner der Depotanteil eines Einzelinvestments, desto geringere Auswirkungen hat ein hoher Wertverlust dieses Investments auf das Gesamtvermögen des Anlegers.

Dividende

Auf eine Aktie entfallender Anteil an der Gewinnausschüttung einer AG. Die Höhe der Dividende wird von der Hauptversammlung nach Vorschlag von Vorstand und Aufsichtsrat beschlossen. Die Dividende ist von der allgemeinen Geschäftslage der AG abhängig und daher Schwankungen unterworfen. Deutsche Unternehmen schütten einmal jährlich aus, doch im Ausland ist dies nicht überall üblich: So gibt es bei US-Unternehmen in der Regel viermal jährlich Quartalsdividenden

Dividendenabschlag

Am Tag der Dividendenausschüttung ermäßigt sich der Kurswert der betreffenden Aktie rein rechnerisch (ohne Berücksichtigung anderer Einflüsse auf die Kursfeststellung) um die Höhe der Bruttorendite. Auf dem Kurszettel wird dies mit dem Zusatz „ex Dividende" festgehalten.

Dogs of the Dow

Scherzhafte Bezeichnung für die „vernachlässigten" Aktien, die für die Dow-Dividend-Strategie ausgewählt werden.

Dow-Dividend-Strategie

Vor allem in den USA verbreitete Anlagestrategie. Sie sieht vor, dass jeweils zum Jahresbeginn die zehn (Top-10-Variante) oder fünf (Low-5-Variante) Aktien aus dem Dow Jones Industrial Average gekauft werden, die die höchste Dividendenrendite aufweisen.

Dow Jones Industrial Average

Weltweit meistbeachteter Aktienindex. Der „Dow" errechnet sich durch Addition der Kurse von 30 der bedeutendsten US-Industrieunternehmen und anschließende Multiplikation mit einem Faktor, der bei jedem Split eines dieser Unternehmen nach unten adjustiert wird. Im Gegensatz zu den meisten anderen Aktienindizes sind die einzelnen Aktien im Dow Jones Industrial Average nicht nach Marktkapitalisierung gewichtet.

Dow-Jones-Werte

Gängige Bezeichnung für die 30 im Dow Jones Industrial Average repräsentierten Industriewerte. In alphabetischer Reihenfolge: Allied Signal, Alcoa, American Express, AT&T, Boeing, Caterpillar, Citigroup, Coca-Cola, Disney (Walt), DuPont, Eastman Kodak, Exxon, General Electric, General Motors, Hewlett-Packard, Home Depot, IBM, Intel, Johnson & Johnson, International Paper, McDonald's, Merck, Microsoft, Minnesota Mining & Manufacturing, Morgan (J. P.), Philip Morris, Procter & Gamble, United Technologies, SBC Communication, Wal-Mart Stores.

Dow Jones Transportation Index

Aktien von 20 US-amerikanischen Transportunternehmen umfassender Branchenindex.

Dow Jones Utilities Index

Aktien von 15 US-amerikanischen Energieversorgungsunternehmen umfassender Branchenindex. Dem Dow Jones Utilities Index wird eine gewisse Vorreiterrolle gegenüber dem Dow Jones Industrial Average und somit dem Gesamtmarkt zugesprochen. Eine freundliche Tendenz bei den Versorgungswerten gilt daher als Vorbote eines allgemeinen Aufwärtstrends am US-Aktienmarkt.

DTZ

Abkürzung für Deutsches Zertifikat. Analog zum ADR handelt es sich hierbei um von deutschen Banken ausgegebene Hinterlegungsscheine, die eine oder mehrere ausländische Aktien verbriefen.

DVFA

Deutsche Vereinigung für Finanzanalyse und Anlageberatung. 1960 gegründeter Verband, dem meist bei Banken und Kapitalanlagegesellschaften beschäftigte Analysten und Anlageberater angehören. Ziele der DVFA sind die stetige Verbesserung der Finanz- und Wertpapieranalyse, die Förderung des Verständnisses der Öffentlichkeit für die Bedeutung der Effektenanalyse und die Zusammenarbeit mit Institutionen gleicher Zielsetzung im Ausland.

DVFA-Ergebnis

Von der Kommission für Methodik der Finanzanalyse der Deutschen Vereinigung für Finanzanalyse und Anlageberatung entworfenes Schema zur Berechnung des Jahresüberschusses bzw. -fehlbetrags von Unternehmen. Das nach einer vereinheitlichten Formel errechnete DVFA-Ergebnis soll vor allem die vergleichende Kursbeurteilung verschiedener Unternehmen anhand des KGV erleichtern.

EASDAQ

European Association of Securities Dealer's Automated Quotation. Börse für europäische Wachstumswerte, vornehmlich aus den Technologiebranchen. Sitz der EASDAQ ist Brüssel.

Effizienter Markt

Die Theorie des effizienten Marktes besagt – das Börsengeschehen betreffend –, dass sich Börsenkurse entsprechend den realen ökonomischen Bedingungen entwickeln. Kursrelevante neue Informationen gehen sofort in die Kursbildung ein. Es gibt, bezogen auf die Börse, mehr oder wenige strenge Fassungen der Theorie des effizienten Marktes. Die strengste geht davon aus, dass selbst Insiderinformationen bereits in der Kursentwicklung eskomptiert sind. Weder durch diese noch mit Hilfe der Chartanalyse ließen sich folglich auf Dauer Gewinne erzielen. Siehe auch: Random-Walk-Hypothese.

Eigenkapital

Im weitesten Sinn des Wortes umfasst das Eigenkapital alle Mittel, die den Gläubigern eines Unternehmens haften. Meist ist jedoch das sogenannte bilanzielle Eigenkapital gemeint, das sich nach der Formel berechnet: Vermögen – Schulden + Einlagen + einbehaltene Gewinne – Entnahmen – eingetretene Verluste. Neben der Haftungs- und Garantiefunktion für den Gläubiger dient das Eigenkapital vor allem der Finanzierung von Vermögensgegenständen und Produktion. Die Eigenkapitalausstattung eines Unternehmens ist ein wichtiges Kriterium für seine Finanzkraft und seine Fähigkeit, schwierige Zeiten einigermaßen unbeschadet zu überstehen. Im Rahmen der Fundamentalanalyse spielt sie daher eine wichtige Rolle.

Elliott-Wellen-Theorie

Erklärungsmodell zur Entwicklung und Bewegung von Märkten, das insbesondere den auf die Marktteilnehmer und somit auf die Kursentwicklung einwirkenden psychologischen Einfluss berücksichtigt. Im idealen Modell besteht eine Aufwärtsbewegung aus drei Antriebswellen (Up-Trends) und zwei Reaktionswellen (Down-Trends) die die heftige Aufwärtsbewegung der Up-Trends wieder etwas zurücknehmen. Analoges gilt für längerfristige Abwärtsbewegungen. Durch die Up- und Down-Trends entsteht ein Trendkanal, mit dessen Hilfe zukünftige Kursentwicklungen prognostiziert werden.

Emerging Markets

Sammelbezeichnung für die Wertpapiermärkte der jungen, aufstrebenden Volkswirtschaften Lateinamerikas, Asiens und Afrikas, die sich durch starkes Wirtschaftswachstum auszeichnen.

Emission

Ausgabe neuer Wertpapiere (Aktien, Anleihen, Genussscheine etc.) Sie dient dem Emittenten zur Beschaffung von Kapital und erfolgt meist durch öffentliche Ausschreibung. Auch die Gesamtheit der zu einer Emission gehörenden Wertpapiere (Emissionsvolumen) wird oft kurz als Emission bezeichnet.

Emissionskonsortium

Als Gesellschaft des Bürgerlichen Rechts organisierte Vereinigung von Banken zum Zweck der gemeinsamen Durchführung einer Emission.

Eskomptiert

Vorweggenommen. Bereits seit längerem erwartete gute oder schlechte Nachrichten, die die Kursentwicklung eines Wertpapiers beeinflussen könnten, haben schließlich doch keine Auswirkungen, da sie durch die Erwartungshaltung der Marktteilnehmer bereits im Kurs eskomptiert sind. Die Kursentwicklung wird durch das erwartete Ereignis also schon vor dessen tatsächlichem Eintreten beeinflusst.

Euro Stoxx Indizes

Von der Deutschen, der Pariser und der Schweizer Börse in Zusammenarbeit mit dem US-Unternehmen Dow Jones konzipierte, internationale Aktienindizes. Der meistbeachtete ist der Euro Stoxx 50, in dem 50 Top-Unternehmen aus den Teilnehmerländern der Europäischen Währungsunion vertreten sind. Daneben gibt es einen Index mit 50 Werten aus ganz Europa, also inklusive Schweiz und Großbritannien, und zwei breiter gefasste Indizes, die 326 bzw. 666 Werte beinhalten.

Fest

Tendenzbezeichnung für Handelstage mit deutlichen Kurssteigerungen von durchschnittlich über einem Prozent.

Flagge

Trendbestätigungsformation im Rahmen der technischen Wertpapieranalyse. Hoch- und Tiefpunkte des Chart innerhalb eines bestimmten Zeitraums werden miteinander verbunden, die Flaggenformation ist dadurch gekennzeichnet, dass die Begrenzungslinien parallel und entgegengesetzt zur Trendbewegung verlaufen. Die Flaggenformation gilt technischen Analysten als Indiz für die Fortsetzung des in der Vergangenheit zu konstatierenden Trends.

Freigrenze

Begriff aus dem Steuerrecht. Für Börsengeschäfte relevant ist vor allem die Freigrenze von 1000 DM pro Kalenderjahr, bis zu der Spekulationsgewinne steuerfrei bleiben. Wird die Freigrenze überschritten, so ist im

Unterschied zu einem steuerlichen Freibetrag nicht nur die Differenz, sondern die volle Summe zu versteuern. Es kann also sich lohnen, am Ende des Jahres genau nachzurechnen. Falls die erzielten Spekulationsgewinne die Freigrenze nur knapp übersteigen, kann durch die Realisierung von kleinen Buchverlusten die Steuerfreiheit wieder erreicht werden.

Freiverkehr

Börsenhandel von Wertpapieren, die nicht im amtlichen Handel oder im geregelten Markt notiert werden. Man unterscheidet zwischen geregeltem und ungeregeltem Freiverkehr (Telefonverkehr). Die Zulassung zum geregelten Freiverkehr erfordert die Stellung eines Antrags beim Ausschuss für Geschäfte in amtlich nicht notierten Werten (Freiverkehrsausschuss) der jeweiligen Börse und das Durchlaufen eines Zulassungsverfahrens, das jedoch weniger streng verläuft als bei der Zulassung zum amtlichen Handel. Wie im amtlichen Handel ist die Möglichkeit zur effektiven Lieferung der Wertpapiere Voraussetzung für die Zulassung zum geregelten Freiverkehr. Im ungeregelten Freiverkehr werden zum Teil Wertpapiere notiert, bei denen die Voraussetzungen zur Zulassung zum amtlichen Handel oder zum geregelten Freiverkehr (noch) nicht gegeben sind, zum Teil auch solche, die an anderen Börsen amtlich notiert sind. Letzteres liegt daran, dass viele Unternehmen die hohen Kosten einer Zulassung zum amtlichen Handel an mehreren Börsen scheuen. Die Zulassung zum ungeregelten Freiverkehr kann jederzeit ohne besonderes Prüfungsverfahren beim zuständigen Überwachungsausschuss der jeweiligen Börse beantragt werden.

Fremdkapital

Summe aller Verbindlichkeiten eines Unternehmens, Passiva abzüglich Eigenkapital, eventuell um Wertberichtigungen korrigiert. Nach der Fristigkeit unterscheidet man kurzfristiges (z.B. Bankkredite, Wechselverbindlichkleiten) und langfristiges (z.B. Anleihen, langfristige Kredite) Fremdkapital.

Freundlich

Tendenzbezeichnung an Tagen mit lebhaftem Handel und steigenden Kursen.

FTSE-100-Index

Meistbeachteter Aktienindex der Londoner Börse. Ersetzte 1984 den 1935 entwickelten FT-30-Index. Nach Marktkapitalisierung gewichtet, umfasst der FTSE-100-Index 100 der wichtigsten Finanz- und Industrieaktien Großbritanniens. Er wird von der bedeutenden Tageszeitung Financial Times betreut.

Fundamentalanalyse

Bezeichnung für Vorgehensweisen der Wertpapieranalyse, die sich nicht wie die technische Analyse an Kursverläufen der Vergangenheit orientieren, sondern politische, volkswirtschaftliche, monetäre und unternehmensspezifische Einflussfaktoren auf die Kursentwicklung untersuchen. Zunächst wird diagnostiziert, ob zum Beispiel eine Aktie im historischen Vergleich, im Branchenvergleich oder aufgrund von Ertrags- und Substanzwertgesichtspunkten über- oder unterbewertet ist. Aus dieser Diagnose wird eine Prognose der zukünftigen Entwicklung abgeleitet.

Fusion

Zusammenschluss von zwei oder mehr zuvor selbständigen Unternehmen. Die Fusion kann durch Aufnahme oder Unternehmensneugründung erfolgen. Mögliche Ziele einer Fusion sind eine Verbesserung von Marktstellung und Wettbewerbssituation, die Sicherung von Beschaffungs- und/oder Absatzmärkten und eine Ausweitung der Produktpalette. Auch steuerliche Gründe können eine Rolle spielen.

Gap

Kurslücke in einem Chart, die dann entsteht, wenn der erste Kurs eines Handelstages wesentlich über oder unter dem Schlusskurs des Vortags liegt.

Geldkurs

Kurs, zu dem ein Marktteilnehmer bereit ist, ein bestimmtes Volumen eines Wertpapiers zu erwerben. Geldkurse, die nicht auf entsprechende Nachfrage gestoßen sind, werden auf dem Kurszettel mit dem Zusatz „G" für „Geld" versehen.

Geldmenge

Die Bezeichnung wird zum Teil für Geldvolumen (Bargeldumlauf) zum Teil auch im Sinn von Zentralbankgeldmenge angewandt. Man unterscheidet drei Geldmengenarten: M1 bezeichnet den Geldumlauf: Bargeldumlauf (ohne Kassenbestände der Banken) und Sichteinlagen inländischer Nichtbanken. M2 umfasst M1 plus Termingelder inländischer Nichtbanken mit Laufzeiten unter vier Jahren. Das meistbeachtete Geldmengenvolumen M3 schließlich beinhaltet M2 plus Spareinlagen inländischer Nichtbanken mit gesetzlicher Kündigungsfrist.

Genehmigtes Kapital

Nach §§ 202 bis 206 Aktiengesetz stellt das genehmigte Kapital für den Vorstand der AG den durch die kHauptversammlung beschlossenen Ermächtigungsrahmen für eine ordentliche Kapitalerhöhung dar. Der Vorstand hat in den auf den Beschluss folgenden fünf Jahren die Möglichkeit, eine ordentliche Kapitalerhöhung bis maximal zur Höhe des genehmigten Kapitals durchzuführen oder die Ermächtigung verfallen zu lassen.

Geregelter Markt

Im Mai 1987 ins Leben gerufenes Segment des Börsenhandels in Deutschland. Im Vergleich zum amtlichen Handel bestehen im geregelten Markt geringere Anforderungen an den Börseneinführungsprospekt, auch die Publizitätsvorschriften sind weniger streng. Der geregelte Markt eignet sich daher vor allem für mittelgroße Aktiengesellschaften, die hohe Kosten bei der Börseneinführung ihrer Aktien vermeiden wollen.

Geschäftsjahr

Das Geschäftsjahr von Unternehmen, hier insbesondere Aktiengesellschaften, deckt sich in Deutschland meist – jedoch nicht immer – mit dem Kalenderjahr. International, vor allem in den USA, ist die Zahl der Unternehmen mit vom Kalenderjahr abweichenden Geschäftsjahren größer als hierzulande.

Gewinn pro/je Aktie

Eine der wichtigsten Kennzahlen der fundamentalen Aktienanalyse. Der innerhalb eines bestimmten Zeitraums (Quartal, Geschäftsjahr) erzielte Unternehmensgewinn wird durch die Anzahl der von dem Unternehmen ausgegebenen Aktien dividiert. Der Gewinn je Aktie dient vor allem zum Vergleich verschiedener Unternehmen derselben Branche und zur Untersuchung der Ertragssituation eines einzelnen Unternehmens über die Zeit.

Gewinnmarge

Gewinn, z.B. Jahresgewinn eines Unternehmens, ausgedrückt in Prozent des Umsatzes. Bei der Unternehmensanalyse wird unterschieden zwischen der Bruttogewinnmarge (Gewinnmarge ohne Berücksichtigung anfallender Steuerzahlungen) und der Nettogewinnmarge, die den Gewinn nach Steuern in Prozent des Gesamtumsatzes zum Ausdruck bringt.

Gleitender Durchschnitt

Statistisches Glättungsverfahren. Die technische Wertpapieranalyse bedient sich gleitender Durchschnitte zur Interpretation typischer Kursverläufe und zur Trendprognose. Am jedem Börsentag wird der durchschnittliche Kurswert eines Wertpapiers für eine bestimmte Zahl zurückliegender Handelstage gebildet. Kurzfristige Bewegungen werden so geglättet, was mit der Erwartung verbunden ist, dass Trends sich auf diese Weise erkennen und vorherbestimmen lassen. Als besonders aussagekräftig gilt die Zweihundert-Tage-Linie, die aus den Kurswerten der jeweils letzten 200 Börsentage gebildet wird. Ein signifikantes Unter- oder Überschreiten dieser Linie wird als Zeichen einer Trend-

6. Verzeichnis wichtiger Börsenbegriffe

umkehr gedeutet. Auch der Neunzig-Tage-Linie kommt im Rahmen der technischen Wertpapieranalyse prognostische Bedeutung zu.

Greenshoe

Beim Börsengang von Aktiengesellschaften wird oft ein gewisser Teil der zu emittierenden Papiere zunächst zurückgehalten. Ist die Nachfrage deutlich höher als das Angebot, dann werden die Titel ausgegeben. Wenn kein Nachfrageüberhang besteht, kommen die zurückgehaltenen Titel zunächst nicht an die Börse. Diese „Eiserne Reserve" nennt man Greenshoe.

Gut behauptet

Tendenzbezeichnung an Handelstagen mit kleinen Kursgewinnen von durchschnittlich nicht mehr als etwa einem halben Prozent.

Hauptversammlung (HV)

Organ der Aktiengesellschaft. In der Regel einmal jährlich stattfindende Versammlung der Aktionäre. Zugang zur Hauptversammlung und Stimmrecht stehen nur den Inhabern von stimmberechtigten Stammaktien zu, nicht aber Vorzugsaktionären. Die Haupversammlung wird vom Vorstand der AG mit einer Frist von mindestens einem Monat einberufen. Wichtigste Aufgaben der Hauptversammlung sind die Bestellung der Mitglieder des Aufsichtsrats, Beschlussfassung über die Verwendung des Bilanzgewinns, Entlastung der Mitglieder von Vorstand und Aufsichtsrat, Bestellung der Abschlussprüfer, Beschlussfassung über Satzungsänderungen, Maßnahmen zu Kapitalbeschaffung und Kapitalherabsetzung, Bestellung von Prüfern zur Prüfung von Vorgängen bei Gründung oder Geschäftsführung und die Beschlussfassung zur Auflösung der AG.

Hausse

Aus dem Französischen übernommene Bezeichnung für eine über längere Zeit anhaltende starke Aufwärtsbewegung an der Börse. Gegensatz: Baisse.

Index, Aktienindex

Kennzahl, die die Entwicklung bestimmter Größen – hier: die Entwicklung der Kurswerte von Wertpapieren – über die Zeit zum Ausdruck bringt. Gibt die Grundtendenz an einem Kapitalmarkt an. An der Börse stehen vor allem die wichtigen Aktienindizes im Vordergrund des Interesses. Neben Branchenindizes werden vor allem die allgemeinen Indizes beachtet, in denen die Aktien der wichtigsten Unternehmen eines Landes repräsentiert sind. Zusammenstellung und Genauigkeit einzelner Aktienindizes weisen große Unterschiede auf. In den meisten Indizes sind die Einzelaktien nach ihrer Marktkapitalisierung gewichtet – so zum Beispiel im DAX und im Standard & Poor's 500 –, doch macht gerade der wohl bekannteste Aktienindex der Welt, der Dow Jones Industrial Average, hier eine Ausnahme.

Index-Zertifikat

Wertpapier, das die Entwicklung eines Index exakt nachvollzieht. Index-Zertifikate bieten gegenüber dem Kauf von Einzelaktien den Vorteil der Diversifikation und sind so eine Alternative zu Fonds, zumal im Gegensatz zu letzteren kein Ausgabeaufschlag anfällt. Index-Zertifikate haben eine beschränkte Laufzeit, viele von ihnen sind jedoch mit einer Laufzeitverlängerungsoption ausgestattet. Neben Zertifikaten auf klassische Indizes wie DAX oder CAC-40 gibt es mittlerweile auch Papiere auf Aktien-Baskets, die von den Emittenten selbst zusammengestellt werden.

Indikator

Im Rahmen der technischen Wertpapieranalyse ein Anzeichen für einen bestimmten Kursverlauf in der Zukunft, unter Umständen für eine Umkehr des bisherigen Verlaufs. Die technische Wertpapieranalyse hat eine Vielzahl von Indikatoren entwickelt, etwa den MACD und den Stochastik-Indikator.

Indossament

Schriftlicher Übertragungsvermerk bei Orderpapieren wie z.B. Namensaktien. Das Eigentum an der Urkunde und die daraus erwachsenden Rechte werden durch das meist auf der Rückseite des Orderpapiers angebrachte Indossament vom alten auf den neuen Eigentümer übertragen.

Inflation

Prozess, in dessen Verlauf die gesamtwirtschaftliche Nachfrage nach Gütern und Dienstleistungen das zur gleichen Zeit am Markt vorhandene Angebot deutlich übersteigt. Die Folge sind steigende Preise bzw. Entwertung (Kaufkraftverlust) des Geldes.

Inflationsrate

Maß für den allgemeinen Preisanstieg in einem bestimmten Zeitraum. Die in Prozent ausgedrückte Inflationsrate besagt, in welchem Ausmaß die allgemeinen Lebenshaltungskosten zu einem Zeitpunkt B im Vergleich zu einem früheren Zeitpunkt A angestiegen sind.

Insider

Person, die aufgrund ihrer beruflichen Stellung kursrelevante Informationen über eine AG früher als die Öffentlichkeit erfährt. Man unterscheidet zwischen Primär- und Sekundärinsidern: Sekundärinsider kann nicht nur ein Mitarbeiter oder ein dem Unternehmen Nahestehender sein, sondern im Prinzip jeder, dem Insiderinformationen gewollt oder ungewollt zur Kenntnis gelangen. Das Ausnutzen von Insiderinformationen zu Börsengeschäften wird mit Geldstrafe oder Freiheitsstrafe bis zu fünf Jahren bedroht. Primärinsidern ist es darüber hinaus verboten, anderen Insiderinformationen zugänglich zu machen oder den Kauf bzw. Verkauf von Wertpapieren zu empfehlen.

Insiderinformationen

Kenntnisse über kursrelevante Informationen durch Insider. Insbesondere sind Kenntnisse über Ertragsveränderungen, Dividendenpolitik, geplante Kapitalmaßnahmen und Änderungen in der Unternehmensstruktur (z.B. Umwandlung oder Auflösung) Insiderinformationen, deren Ausnutzung zu Börsengeschäften strafbar ist.

Inverse Zinsstruktur

Bezeichnung für eine Situation, da die Umlaufrenditen von Anleihen tendenziell desto höher liegen, je kürzer ihre Restlaufzeit ist. Die inverse Zinsstruktur ist gewissermaßen die Umkehrung der normalen Situation am Kapitalmarkt: Je länger die Laufzeit, desto höher – bei gleicher Bonität des Schuldners – liegt die Anleihenrendite.

Junge Aktien, Neue Aktien

Bei der Kapitalerhöhung einer AG neu ausgegebene Aktien. In der Regel werden junge Aktien nach der auf die Emission folgenden Dividendenausschüttung den alten Aktien gleichgestellt und verschwinden daher vom Kurszettel.

Kapitalerhöhung, Grundkapitalerhöhung

Maßnahme zur Finanzierung der AG durch Erhöhung des Grundkapitals.

Kapitalerhöhung aus Gesellschaftsmitteln

Erhöhung des Grundkapitals durch Umwandlung von Rücklagen. Der Aktiengesellschaft fließt – im Gegensatz zur ordentlichen Kapitalerhöhung – somit kein neues Kapital zu, es erfolgt lediglich eine Umschichtung von Bilanzpositionen. Die Aktionäre erhalten neue Aktien (Berichtigungsaktien, Gratisaktien), ohne Einzahlungen leisten zu müssen. Sinn der Kapitalerhöhung aus Gesellschaftsmitteln ist es, das haftende Eigenkapital in ein angemessenes Verhältnis zu den Rücklagen zu bringen. Ein Nebeneffekt ist die Kurssenkung der Aktie: Bei einer Erhöhung im Verhältnis 4:1 sinkt der Aktienkurs rein rechnerisch um

20 Prozent, da die AG nach der Kapitalerhöhung aus Gesellschaftsmitteln ja ebensoviel „wert" ist wie zuvor. Insofern ist auch der Begriff Gratisaktie irreführend: Der Aktionär bekommt nichts geschenkt, da er die neuen Aktien indirekt durch den rechnerischen Wertverlust der alten Aktien bezahlt.

Kapitalerhöhung, bedingte

Kapitalerhöhung nach § 192 – 201 Aktiengesetz. Sie wird nur insoweit durchgeführt, wie von Umtausch- oder Bezugsrechten Gebrauch gemacht wird, die die AG auf die neuen Aktien einräumt. Sie ist vorgesehen für die Gewährung von Umtauschrechten der Inhaber von Wandelanleihen und Optionsanleihen, zum Umtausch von Aktien einer Gesellschaft gegen die einer anderen, zur Vorbereitung einer Fusion und zur Gewinnbeteiligung von Arbeitnehmern durch Ausgabe von Belegschaftsaktien.

Kapitalerhöhung, ordentliche

Nach §§ 182 – 191 Aktiengesetz die Kapitalerhöhung gegen Einlagen. Zu einem festgesetzten Emissionspreis werden neue (junge) Aktien ausgegeben. Die Aktionäre sind gemäß ihrem bisherigen Anteil am Grundkapital zum Bezug der neuen Aktien berechtigt (Bezugsrecht). Das Grundkapital der AG erhöht entsprechend.

Kassakurs

Kursfeststellung derjenigen Wertpapiere, für die börsentäglich nur ein Kurs bestimmt wird (Einheitskurs) oder für diejenigen Aufträge in variabel notierten Wertpapieren, die den festgesetzten Mindestschluss (Mindeststückzahl) nicht erreichen.

Kaufsignal

Begriff aus der technischen Wertpapieranalyse. Zeigt der Kurs einen bestimmten Verlauf, durchbricht er etwa einen Widerstand, einen gleitenden Durchschnitt, oder bildet eine bestimmte Formation aus, so entsteht ein Kaufsignal.

KCV

Siehe: Kurs-Cash-Flow-Verhältnis.

KGV

Siehe: Kurs-Gewinn-Verhältnis.

Knapp behauptet

Tendenzbezeichnung an Börsentagen mit kleinen Verlusten von durchschnittlich nicht mehr als etwa einem halben Prozent.

Konkursverfahren

Zwangsverfahren über das Vermögen eines zahlungsunfähigen Schuldners. Bei der Aktiengesellschaft kommt als Konkursgrund noch die Überschuldung (Überwiegen der Schulden über das Vermögen) hinzu. Zweck des Konkursverfahrens ist die gerechte und gleichmäßige Verteilung des noch verbliebenen Schuldnervermögens auf die Gläubiger zum Zweck einer möglichst vollständigen Befriedigung der Gläubigeransprüche.

Konservative Anlagestrategie

Im Gegensatz zur spekulativen Anlagestrategie stehen bei der konservativen Geldanlage Sicherheit und Rendite im Vordergrund. Weniger der Erwerb als das Bewahren eines Vermögens ist das Anlageziel. Der konservative Investor meidet daher Wertpapiere mit hohen Verlustrisiken. Neben Immobilien setzt er vor allem auf festverzinsliche Wertpapiere mit erstklassiger Bonität und auf internationale Standardaktien. Bei der Geldanlage in Aktien geht es dem konservativen Anleger nicht um die Realisierung schneller Kursgewinne, sondern um einen Vermögenszuwachs durch Wertsteigerung der Aktien über die Zeit. Aus demselben Grund bevorzugt der konservative Investor Aktien, die überdurchschnittliche Dividendenrenditen abwerfen und sich seit vielen Jahren durch stetig steigendes Ertragswachstum auszeichnen. Gegenüber der spekulativen Anlagestrategie zeichnen sich konservative Formen der Geldanlage nicht zuletzt durch den wesentlich längeren Zeithorizont der einzelnen Investitionen aus. Die Begrenzung von Verlustrisiken ist zwar auch für den konservativen Anleger wichtig, doch sichert er sich schon durch sorgfältige Auswahl möglichst risikoarmer Anlageobjekte gegen allzu schwerwiegende Einbußen ab.

Konsolidierung

Eigentlich die Umwandlung von kurzfristigen in langfristige Schulden, etwa durch Emission einer Anleihe zur Ablösung von Bankverbindlichkeiten. Im Börsensprachgebrauch ist mit Konsolidierung eine Stabilisierung der Kursentwicklung von Wertpapieren in Reaktion auf vorangegangene starke Kursbewegungen gemeint.

Kurs

Oft anstelle von Kurswert gebrauchte Bezeichnung für den aktuellen Preis eines Wertpapiers, einer Devise oder einer Ware an der Börse.

Kurs-Cash-Flow-Verhältnis (KCV)

Aktienkurs dividiert durch den anteiligen Cash-Flow pro Aktie. Wichtige Kennzahl zur Bewertung der Finanz- und Ertragskraft eines Unternehmens.

Kursgewinn

Neben den laufenden Erträgen wie Dividenden oder Zinsen die zweite Möglichkeit, mit Wertpapieren Geld zu verdienen. Von Kursgewinnen spricht man, wenn Wertpapiere zu einem niedrigeren als dem aktuellen Kurs gekauft wurden.

Kurs-Gewinn-Verhältnis (KGV)

Die wohl meistbeachtete Kennzahl der fundamentalen Aktienanalyse. Das KGV errechnet sich aus dem aktuellen Börsenkurs dividiert durch den für ein bestimmtes Jahr ausgewiesenen oder von Wertpapieranalysten erwarteten Gewinn pro Aktie. Je niedriger das KGV, desto preiswerter ist – unter Ertragsgesichtspunkten – eine Aktie. Ein Vergleich anhand des KGV ist jedoch nur bei Papieren derselben Branche wirklich aussagekräftig, denn manche Branchen haben traditionell ein weitaus höheres KGV als andere.

Kurswert

Im Gegensatz zum Nennwert bezeichnet der Kurswert denjenigen Preis, zu dem ein Wertpapier aktuell an der Börse gehandelt wird.

Kurszusätze

Zusätzliche Erläuterungen zum Kurswert eines Wertpapiers, die über Einzelheiten der Kursfeststellung oder der Angebots-Nachfrage-Situation informieren sollen. Zum Teil werden in der Tages- und Wirtschaftspresse unterschiedliche Bezeichnungen und Kürzel für bedeutungsidentische Kurszusätze verwendet.

Leerverkauf

Vor allem in den USA verbreitete Technik zur Spekulation auf fallende Wertpapierkurse. Der Verkäufer veräußert Papiere, die er zum Zeitpunkt des Verkaufs nicht besitzt, sondern in der Regel von einem Broker geliehen hat, in der Hoffnung, sie später zu einem niedrigeren Kurs zurückkaufen zu können und damit einen Gewinn zu realisieren. Das Risiko des Leerverkäufers ist dabei beträchtlich, theoretisch sogar unbegrenzt hoch, da das betreffende Wertpapier ja ad infinitum steigen könnte.

Liquidation

Auflösung und Abwicklung eines Unternehmens. Bei der Liquidation einer AG wird das nach Befriedigung der Gläubiger verbleibende Vermögen unter die Aktionäre verteilt. Gründe für die Liquidation einer AG sind der Ablauf der in der Satzung bestimmten Zeit, Beschluss der Hauptversammlung oder die Eröffnung eines Konkursverfahrens über das Vermögen der AG. In letzterem Fall erfolgt die Liquidation, falls das Konkursgericht die Eröffnung des Verfahrens „mangels Masse" ablehnt, also wenn die Konkursmasse die Kosten des Verfahrens nicht deckt.

Liquidationswert

Verkaufswert sämtlicher Vermögensteile eines Unternehmens bei dessen Liquidation.

Liquidität

Die Liquidität bezeichnet die Fähigkeit eines Unternehmens, allen fälligen Zahlungsverpflichtungen fristgerecht nachzukommen.

Lombardsatz

Von der Zentralbank festgelegter Zinssatz, zu dem sie Kreditinstituten gegen Verpfändung von Wertpapieren Kredite gewährt. Neben dem Diskontsatz eines der wichtigsten Mittel der Zentralbank zur Regulierung der Kreditversorgung einer Volkswirtschaft.

Low-5

Variante der Dow-Dividend-Strategie (siehe dort).

M-Formation

Trendwendeformation aus der technischen Wertpapieranalyse. Der Chart zeigt die Form eines M mit drei auf etwa gleicher Höhe liegenden Tiefen und zwei Spitzen. Die M-Formation zeigt die Wende von einem Aufwärts- zu einem Abwärtstrend an. Ihre Ausbildung sollte sich zumindest über einen Zeitraum von etwa zwei Monaten erstreckt haben.

MACD

Trendfolge-Indikator aus der technischen Wertpapieranalyse. Er beruht auf der Differenz zweier exponentiell geglätteter gleitender Durchschnitte. Diese Differenz wird erneut exponentiell geglättet, wodurch man die sogenannte Signallinie erhält. Durchbricht der MACD die Signallinie von unten nach oben, so wird dies als Kaufsignal gewertet. Ein Durchbrechen von oben nach unten gilt als Verkaufssignal.

Mantel

Neben dem Bogen zweiter Bestandteil der Aktienurkunde. Auf dem Mantel sind Unternehmensname, Nennwert und fortlaufende Nummer der betreffenden Aktie angegeben.

Marktkapitalisierung

Gibt den aktuellen Börsenwert eines Unternehmens an. Die Marktkapitalisierung wird durch Multiplikation des Börsenkurses mit der Zahl der ausgegebenen Aktien der betreffenden AG errechnet. Je kleiner die Marktkapitalisierung, desto dünner sind für gewöhnlich auch die täglichen Börsenumsätze der Aktie, was bei der Limitierung von Kauf- und Verkaufsaufträgen berücksichtigt werden sollte.

MSCI-Welt-Aktien-Index

Vom US-Investmenthaus Morgan Stanley entwickelter Index, der die globale Entwicklung der Aktienmärkte misst. Neben dem MSCI-Welt-Index gibt es auch MSCI- Erdteil-, Länder- und Branchenindizes, die jeweils nach Marktkapitalisierung gewichtet sind.

Nachgebend

Tendenzbezeichnung an Börsentagen mit durchschnittlichen Kursverlusten von etwa einem halben bis einem Prozent.

Namensaktie

Auf den Namen des Eigentümers lautende Aktie. Die Übertragung erfolgt durch Einigung, Übergabe und schriftliche Abtretungserklärung (Indossament) auf der Rückseite der Aktienurkunde. Vorgesehen ist ausserdem die Umschreibung im Aktienbuch der AG. Sonderfall: Vinkulierte Namensaktie.

NASDAQ

National Association of Securities Dealers' Automated Quotation System. Computerisierter Freiverkehrshandel in den USA.

NE-Metalle

Gebräuchliche Abkürzung für Nichteisenmetalle, auch Basis- oder Industriemetalle genannt. In Abgrenzung zu Eisen einerseits und zu Edelmetallen andererseits steht der Sammelbegriff für Metalle, die in der industriellen Produktion – zum Beispiel in der Maschinenbau- und Automobilindustrie – eine herausragende Rolle spielen. Die wichtigsten NE-Metalle sind Aluminium, Blei, Kupfer, Zink und Zinn. Die Produzenten von NE-Metallen gehören aufgrund der hohen Konjunkturabhängigkeit der Branche zu den Zyklikern.

Nebenwerte

Gängige Bezeichnung für die Aktien junger bzw. kleinerer Unternehmen, die international wenig bekannt sind oder wenig Beachtung finden. Gegensatz: Standardwerte, Blue Chips.

NEMAX

1999 konzipierte Indexfamilie für die am neuen Markt in Deutschland gehandelten Aktien. Der NEMAX-50 umfasst die 50 Aktien mit der höchsten Marktkapitalisierung, der NEMAX-All-Share-Index sämtliche am Neuen Markt gehandelten Titel.

Nennwert

Der auf einer Wertpapierurkunde abgedruckte Währungsbetrag. Bei Aktien gibt er den auf eine Aktie entfallenden Anteil am Grundkapital der AG an. In Deutschland lautet der Mindestnennwert von Aktien auf fünf, bis vor kurzem noch auf 50 DM. Im Zug der Einführung der gemeinsamen europäischen Währung wird der Mindestnennwert aller Aktien aus dem Euro-Raum jedoch auf einen Euro umgestellt. Im Gespräch ist auch die Einführung der früher in Deutschland nicht zulässigen nennwertlosen Aktie.

Neuer Markt

Am 10. März 1997 gegründetes Handelssegment für wachstumsstarke deutsche Aktien. Im Neuen Markt dürfen nur Stammaktien emittiert werden, mindestens 50 Prozent des Emissionsvolumens müssen aus einer Kapitalerhöhung stammen und quartalsmäßige Berichterstattung der Unternehmen ist Pflicht.

Neuer-Markt-Index

Nach Marktkapitalisierung gewichteter Index, in dem die am Neuen Markt gehandelten Aktien repräsentiert sind.

Nichtzyklische Aktien

Aktien von Unternehmen, deren Ertragslage von konjunkturellen Entwicklungen relativ unabhängig ist. Typische nichtzyklische Branchen sind Banken, Versicherungsunternehmen, Nahrungsmittel- und Haushaltsbedarfshersteller, Brauereien und Produzenten von Erfrischungsgetränken.

Normale Zinsstruktur

Bezeichnung für die „normale", meist vorherrschende Situation am Kapitalmarkt: Die Umlaufrenditen von Anleihen liegen tendenziell desto höher, je länger ihre Restlaufzeit ist. Gegensatz: Inverse Zinsstruktur.

NYSE (New York Stock Exchange)

Bedeutendste Aktienbörse der Welt. Wird fälschlicherweise häufig mit dem US-Aktienmarkt gleichgesetzt, obwohl neben den Regionalbörsen (z.B. in Chicago, Boston und Philadelphia) und dem immer mehr an Bedeutung gewinnenden Computerhandelssystem NASDAQ auch in New York noch eine wichtige andere Börse (American Stock Exchange) existiert, die 1998 mit der NASDAQ fusioniert hat.

Opération Blanche

Mögliche Verhaltensweise des Aktionärs bei einer ordentlichen Kapitalerhöhung. Es werden gerade soviele Bezugsrechte verkauft, dass mit dem Veräußerungserlös die verbleibenden Bezugsrechte genutzt und der Emissionspreis für die neuen Aktien bezahlt werden kann. Nach der

Opération Blanche bleibt die absolute Höhe der Kapitalanlage des Aktionärs in Aktien der betreffenden AG unverändert, es verringert sich jedoch der relative Anteil am Grundkapital.

Parketthandel

Bezeichnung für den Wertpapierhandel an der Präsenzbörse im Gegensatz zum Computerhandel.

Performance

Bezeichnung für die Wertentwicklung eines Anlageobjekts über einen bestimmten Zeitraum.

Präsenzbörse

Von Maklern durchgeführter Wertpapierhandel im Börsengebäude, im Gegensatz zum Computerhandel.

Prozyklisches Vorgehen

Die prozyklische Strategie folgt dem Markttrend: Gekauft wird erst, wenn charttechnische Signale eine anhaltende Aufwärtstendenz anzeigen, mit dem Verkauf wartet der Prozykliker, bis der Trend sich klar nach unten gewendet hat. Ziel ist es, ausgeprägte Trends zu nutzen, möglichst am Anfang einer Aufwärtsbewegung zu kaufen und an deren Ende zu verkaufen.

Quartalsdividende

Im Gegensatz zu Deutschland erfolgt die Dividendenausschüttung in den USA nicht einmal jährlich für das gesamte Geschäftsjahr, sondern in der Regel viermal jährlich für das jeweils abgeschlossene Quartal.

Rallye

Gängige Bezeichnung für eine schnelle und kräftige Aufwärtsbewegung an der Börse.

Random-Walk-Hypothese

Auf der Theorie des effizienten Markts beruhendes Erklärungsmodell der Kursentwicklung von Wertpapieren. Die Hypothese besagt, vereinfacht ausgedrückt, dass aus der Beobachtung und Interpretation von Kursverläufen der Vergangenheit keinerlei Rückschlüsse auf die zukünftige Entwicklung gezogen werden können, denn in die jeweils letzte Kursfeststellung sind alle verfügbaren relevanten Informationen eingeflossen. Der jeweils letzte Kurs ist daher die bestmögliche Schätzung aller künftigen Kurse. Nach der Random-Walk-Hypothese ist folglich die technische Wertpapieranalyse ohne jegliche prognostische Relevanz. Strenggenommen sind nach dieser Hypothese allerdings auch mit den Mitteln der Fundamentalanalyse keine sinnvollen Prognosen über zukünftige Kursentwicklungen möglich.

Relative Stärke

Maß für die Kursentwicklung einer Aktie im Vergleich zu einem Index. Nicht die Entwicklung in absoluten Zahlen wird hier gemessen, sondern die prozentuale Veränderung seit einem bestimmten festgelegten Zeitpunkt. Eine relative Stärke von +15 Prozent bedeutet, dass die betreffende Aktie sich um 15 Prozent besser entwickelt hat als der zum Vergleich herangezogene Index.

Relative-Stärke-Index (RSI)

Im Rahmen der technischen Wertpapieranalyse ein Maß für die Stärke eines Trends. Der RSI setzt den innerhalb eines bestimmten Zeitraums gemessenen Durchschnitt der Aufwärtskursdifferenzen eines Index – etwa des DAX – ins Verhältnis zum Durchschnitt der Abwärtskursdifferenzen. Durch die Messung der Stärke eines Trends soll bestimmt werden, wann ein Index überkauft oder überverkauft ist, wann also ein Ein- oder Ausstieg aus technischer Sicht ratsam erscheint.

Rendite

Ertrag eines Wertpapiers in Relation zum investierten Kapital. Die Dividendenrendite von Aktien wird errechnet, indem man die Dividende mit 100 multipliziert und das Produkt durch den aktuellen Kurswert teilt.

Rentenmarkt

Teil des Kapitalmarkts. Börsenmäßiger Handel festverzinslicher Wertpapiere (Rentenpapiere).

Reverse Split

Zusammenfassung mehrerer Aktien zu einer, Gegenteil eines Split. In den USA übliche Maßnahme, wenn ein optisch höherer Kurswert erreicht werden soll. Zum Beispiel werden bei einem Reverse Split im Verhältnis 1:10 je zehn „alte" Aktien zu einer neuen zusammengefasst. Reverse Splits sind wesentlich seltener als Splits. Bei mit einem Nennwert ausgestatteten Aktien erhöht sich dieser gemäß dem Reverse-Split-Verhältnis, bei nennwertlosen Aktien steigt entsprechend der auf eine Aktie entfallende Anteil an Vermögen und Ertrag des Unternehmens. Ebenso wie Splits sind Reverse Splits nicht mit einer Veränderung des Grundkapitals verbunden.

Rücklagen

Kapitalreserven eines Unternehmens, die zum Ausgleich eventuell in späteren Jahren anfallender Verluste dienen. Durch Bildung von Rücklagen soll verhindert werden, dass im Fall von Verlusten das Nominalkapital reduziert wird. Sie stellen daher für Gläubiger des Unternehmens eine Art Garantieposten dar, da sie das Risiko eines Konkurses vermindern. Rücklagen werden in der Bilanz auf gesonderten Passivkonten ausgewiesen. Man unterscheidet zwischen gesetzlichen Rücklagen, deren Bildung der Gesetzgeber vorschreibt, und freien Rücklagen, die aus verschiedenen Gründen gebildet werden. In der Bilanz ausgewiesene Rücklagen (offene Rücklagen) sind zu unterscheiden von den sogenannten „stillen" Rücklagen oder stillen Reserven: Diese erscheinen nicht in der Bilanz, sondern sind in überhöhten Rückstellungen bzw. durch Unterbewertung von Vermögensteilen (z.B. Immobilien) „versteckt". Bei der Kapitalerhöhung aus Gesellschaftsmitteln werden offene Rücklagen in dividendenberechtigtes Grundkapital umgewandelt, es erfolgt die Ausgabe neuer Aktien (Berichtigungsaktien) ohne Einzahlungen seitens der Aktionäre.

Schlusskurs

Letzte variable Notierung eines Wertpapiers an einem bestimmten Handelstag.

Schulter-Kopf-Schulter-Formation

Begriff aus der technischen Wertpapieranalyse. Der Kursverlauf eines Wertpapiers bildet drei Spitzen aus, deren mittlere die beiden anderen deutlich überragt, während die erste und die dritte Spitze in etwa auf demselben Niveau liegen. Die Ausbildung der Formation sollte sich zumindest über zwei Monate erstreckt haben. Eine Schulter-Kopf-Schulter-Formation wird als Anzeichen dafür interpretiert, dass der Kurs auf erheblichen Widerstand stößt und in der Folge nach unten tendieren dürfte. Die umgekehrte Schulter-Kopf-Schulter Formation mit drei entsprechend ausgeprägten Kurstiefen gilt dagegen als Vorbote steigender Notierungen: Der Kurs hat eine tragfähige Unterstützung gefunden und sollte in Zukunft nach oben tendieren.

Schwach

Tendenzbezeichnung an Börsentagen mit deutlich nachgebenden Kursen. Durchschnittliche Kursverluste von mehr als einem Prozent.

Schwarzer Freitag

Unter diesem Namen ging der 25. Oktober 1929 in die Börsengeschichte ein, der an der New Yorker Wall Street den bis dahin größten Kurseinbruch brachte. Eigentlich erfolgte der Einbruch bereits am Donnerstag, doch wurden die Ereignisse erst am Tag darauf in Europa bekannt. Der Schwarze Freitag von 1929 markierte das Ende des langjährigen Konjunkturaufschwungs in den USA und leitete die Weltwirtschaftskrise der 30er Jahre ein.

Sehr fest

Tendenzbezeichnung an Börsentagen mit sehr lebhaftem Handel und stark anziehenden Kursen. Kursgewinne von durchschnittlich mehr als zwei Prozent.

Sehr schwach

Tendenzbezeichnung an Börsentagen mit stark fallenden Kursen. Durchschnittliche Kursverluste von mehr als zwei Prozent.

Soft Landing

Ausdruck für einen bestimmten Verlauf der Konjunktur bzw. für die Hoffnung auf diesen Verlauf. Nach einer Phase der Hochkonjunktur kommt es nicht zur Rezession, sondern zu einem über längere Zeit anhaltenden moderaten Wirtschaftswachstum ohne nennenswerte Inflation, ohne markante Gewinneinbrüche bei den Unternehmen und ohne starken Anstieg der Arbeitslosenzahlen.

Spekulationsgewinne

Nach deutschem Steuerrecht sind Kursgewinne aus Wertpapiergeschäften dann als steuerpflichtige Spekulationsgewinne zu werten, wenn zwischen Kauf und Verkauf nicht mindestens ein Jahr und ein Tag vergangen ist, beziehungsweise wenn der Verkauf vor dem Kauf erfolgt ist (Leerverkäufe oder Short Selling). Bis zur Freigernze von 1000 DM pro Jahr und Person bleiben jedoch auch Spekulationsgewinne steuerfrei, wobei innerhalb eines Kalenderjahrs Spekulationsgewinne und – verluste gegeneinander aufgerechnet werden können.

Spekulative Anlagestrategien

Im Gegensatz zu konservativen, renditeorientierten Formen der Geldanlage steht bei spekulativen Strategien die Erzielung hoher Kursgewinne im Vordergrund. Die Zeitperspektive ist meist kürzer als bei konservativem Vorgehen, kann sich aber auch, zum Beispiel im Rahmen einer Turnaround-Spekulation – über mehrere Jahre erstrecken. Bevorzugte Objekte spekulativer Anleger sind neben Derivaten (Optionsscheine, Optionen, Futures) vor allem Nebenwerte mit hohem Wachstumspotential oder Titel, die zuvor hohe Kursverluste erlitten haben. Wegen der hohen Risiken solcher Investitionen ist für spekulative Investoren die Absicherung gegen Verluste unerlässlich. Spekulative Investoren sollten grundsätzlich mit Stop-Kursen und/oder Depotdiversifikation arbeiten. Bei Papieren mit niedrigen Börsenumsätzen sind zudem Limits zu empfehlen. Wegen des oft kurzen Zeithorizonts spekulativer Investitionen ist es angebracht, die Spekulationsfrist zu beachten: Verlustbringende Engagements werden noch vor Ablauf eines Jahres nach dem Kauf glattgestellt, da solche Verluste gegen im gleichen Kalenderjahr angefallene Spekulationsgewinne bis maximal zur Höhe der letzteren aufgerechnet werden können. Gewinnbringende Engagements werden hingegen länger als ein Jahr gehalten, da die Kursgewinne in diesem Fall in jeder Höhe steuerfrei vereinnahmt werden können.

Spitzen

Überhang neuer Aktien bei einer Kapitalerhöhung, die nicht dem Bezugsverhältnis entsprechend auf die Inhaber der alten Aktien verteilt werden können. Über die Verwendung entstandener Spitzen entscheidet die Hauptversammlung. Beim Aktionär entsteht eine Spitze, wenn die Zahl seiner Bezugsrechte nicht durch das Bezugsverhältnis teilbar ist (z. B. fünf „alte" Aktien bei einer Kapitalerhöhung im Verhältnis 4:1). Er muss in diesem Fall zum Spitzenausgleich entweder eines seiner Bezugsrechte verkaufen, oder, wenn er eine weitere neue Akte beziehen will, drei zusätzliche Bezugsrechte erwerben.

Spitzenausgleich

An- und Verkauf von Spitzen.

Split, Stock Split

Aktienteilung. In den USA seit langem übliche, in jüngster Zeit auch in Europa verbreitete Maßnahme zur Vermeidung optisch hoher Aktienkurse. Nach einem Split im Verhältnis 2:1 besitzt der Aktionär statt einer nun zwei Aktien mit (rechnerisch) je dem halben Kurswert. Ein Split ist nicht mit der in Deutschland üblichen Ausgabe von Berichtigungsaktien zu verwechseln, weil er nicht mit einer Erhöhung des Grundkapitals verbunden ist. Da in den USA dreistellige Aktienkurse oft als zu hoch empfunden werden, finden Splits meist dann statt, wenn die betreffende Aktie die Marke von 100 Dollar deutlich übersteigt. Bei mit einem Nennwert ausgestatteten Aktien verringert sich dieser gemäß dem Split-Verhältnis. Bei nennwertlosen Aktien reduziert sich analog dazu der

Anteil jeder einzelnen Aktie an Ertrag und Vermögen der Aktiengesellschaft.

Spread

Ausdruck für die Differenz zwischen Geld- und Briefkurs eines Wertpapiers zum gleichen Zeitpunkt. Vor allem im Zusammenhang mit dem außerbörslichen Handel von Wertpapieren gebräuchlich.

Stammaktie

Aktie, die dem Anteilseigner die im Aktiengesetz vorgesehenen Aktionärsrechte gewährt, insbesondere das Stimmrecht auf der Hauptversammlung.

Stämme

Börsenübliche Kurzbezeichnung für Stammaktien.

Standard & Poor's 500

Auch kurz als S&P 500 bezeichneter amerikanischer Aktienindex, der die Titel von 500 der größten US-Aktiengesellschaften umfasst. Der S&P 500 ist nach Marktkapitalisierung gewichtet und gehört neben dem Dow Jones Industrial Average, dem DAX-30 und dem Nikkei-225 zu den meistbeachteten Aktienindizes der Welt.

Standardwerte

Übliche Bezeichnung für Aktien großer, hochkapitalisierter Unternehmen. Die internationale Bezeichnung lautet Blue Chips.

Stille Reserven

Sie entstehen durch bilanzielle Unterbewertung von Vermögensgegenständen eines Unternehmens oder durch Überbewertung von Verbindlichkeiten. So stehen oft vor langer Zeit erworbene Immobilien mit dem Anschaffungspreis in der Bilanz, der weit unter dem aktuellen Marktwert liegt. Auch voll abgeschriebene, aber noch funktionstüchtige Produktionsanlagen spielen hier eine Rolle. Stille Reserven können einen erheblichen Beitrag zum Substanzwert eines Unternehmens leisten. Kursrelevant werden stille Reserven in erster Linie bei der Liquidation einer AG oder bei einer geplanten Übernahme. Stille Reserven werden zuweilen auch als stille Rücklagen bezeichnet.

Stimmrechtsquote

Die Stimmrechtsquote eines einzelnen Aktionärs errechnet sich als Quotient des Gesamtnennwerts der von ihm gehaltenen Stammaktien zum stimmberechtigten Grundkapital. Als stimmberechtigtes Grundkapital bezeichnet man den auf Stammaktien entfallenden Anteil am Grundkapital der AG.

Stochastik-Indikator

Begriff aus der technischen Wertpapieranalyse. Er zeigt, an welcher Position innerhalb des während eines festgelegten Zeitraums beobachtbaren Kursspektrums die letzte oder aktuelle Notierung liegt. Mit Hilfe dieses Indikators sollen Fragen des Timing, also des richtigen Zeitpunkts von Kauf und Verkauf beantwortet werden.

Stop-Kurs

Wichtiges Instrument zur Verlustbegrenzung im Rahmen des Risikomanagements bei Börsengeschäften. Schon beim Kauf kann der Anleger einen in der Regel unterhalb des Einstandskurses liegenden Stop-Kurs festlegen, bei dessen Unterschreiten die Position verkauft wird. Das Verlustrisiko ist somit auf die Differenz zwischen Kauf- und Verkaufskurs begrenzt. Die Entgegennahme von Stop-Kursen wird von den Banken unterschiedlich gehandhabt. Bei Papieren mit heftigen Kursschwankungen sollte der Anleger beachten, dass Stop-Aufträge natürlich nur ausgeführt werden können, wenn der Kurs „bezahlt" war und Umsätze stattgefunden haben. Falls die Bank keine Stop-Aufträge entgegennimmt, sind Aufmerksamkeit und Selbstdisziplin des Anlegers gefordert. Er muss sich in diesem Fall überlegen, welchen Verlust er maximal in Kauf zu nehmen bereit ist und bei Unterschreiten dieses Kursniveaus sofort einen Verkaufsauftrag erteilen.

Streifbandverwahrung

Im Gegensatz zur Girosammelverwahrung werden Wertpapiere bei der Streifbandverwahrung für jeden Hinterleger (Eigentümer) gesondert aufbewahrt. Der Name des Eigentümers ist auf der Banderole (Streifband) vermerkt, mit der die Papiere gebündelt werden.

Streubesitz

Prozentualer, nicht in festen Händen befindlicher Anteil der von einer AG ausgegebenen Aktien. Die Schätzung des Streubesitzes ist stets mit Unwägbarkeiten verbunden.

Stufenlimits

Strategie, die den Erwerb von Aktien in mehreren Teilpaketen zu fallenden und/oder den Verkauf zu steigenden Kursen vorsieht. Dadurch kann ein Kursgewinn erreicht werden, da der durchschnittliche Kaufkurs unter dem durchschnittlichen Verkaufskurs liegt

Substanzwert

Bei Unternehmen versteht man unter dem Substanzwert die Summe aller Vermögenswerte abzüglich der Verbindlichkeiten. Besonders wichtig ist der Substanzwert bei der Liquidation einer Aktiengesellschaft und im Fall einer Unternehmensübernahme, da unter Umständen erhebliche stille Reserven vorhanden sind, die im Kurswert der betreffenden Aktie zuvor kaum berücksichtigt worden waren.

Substanzwertorientierte Anlagestrategie

Hier steht nicht die Ertragskraft eines Unternehmens im Vordergrund, sondern der Substanzwert. Daher ist das Kurs-Buchwert-Verhältnis das wichtigste Kriterium, während die für ertragswertorientierte Investoren ungleich wichtigeren Kennzahlen wie Kurs-Gewinn-Verhältnis und Kurs-Cash-Flow-Verhältnis in den Hintergrund rücken. Substanzwertorientierte Anleger konzentrieren sich vor allem auf solche Aktien, deren Buchwerte in der Vergangenheit konstant gestiegen sind und bei denen eine Fortsetzung dieser Tendenz zu erwarten ist. Fällt der Kurswert der Titel zurück, etwa wegen einer allgemeinen Schwächephase an der Börse, dann ist für solche Anleger, die stets langfristig doisponieren, ein attraktiver Einstiegszeitpunkt gekommen.

Super-Bowl-Indikator

Die Super Bowl ist die begehrteste Trophäe des American Football und wird jährlich zwischen den Champions der beiden Profiligen National Football Conference (NFC) und American Football Conference (AFC) ausgespielt. Nicht nur die Trophäe, auch dieses Endspiel, das stets im Januar stattfindet, wird Super Bowl genannt. In der Vergangenheit folgte einem Sieg des NFC-Vertreters fast immer ein gutes Börsenjahr. Wenn der Sieger aus der AFC kam – was allerdings selten der Fall war – lief es an der Börse meist weit weniger gut. 1998 und 1999 waren jedoch Ausnahmen: Beide Male siegte mit den Denver Broncos ein AFC-Team – und die Börsentendenz blieb dennoch freundlich.

Tagesgültig

Auftrag, der nur für einen bestimmten Börsentag gültig ist und bei Nichtausführbarkeit erlischt. Üblich sind zum Beispiel tagesgültige Limits bei Wertpapierkäufen.

Talon

Erneuerungsschein, der dem Dividendenbogen einer Aktie beigelegt ist. Wenn der alte Dividendenscheinbogen nach Jahren aufgebraucht ist, kann man mit dem Talon einen neuen anfordern.

Taxkurs

Vom Kursmakler an der Börse mangels tatsächlicher Kauf- und Verkaufsaufträge geschätzter (taxierter) Kurs eines Wertpapiers.

Technische Reaktion

Kurzfristige Gegenreaktion innerhalb eines intakten Auf- oder Abwärtsstrends. Die Charttechniker interpretieren solche Phänomene als Reaktion auf vorhergegangene starke Kursgewinne oder -verluste.

Technische Wertpapieranalyse

Die technische Wertpapieranalyse untersucht im Gegensatz zur Fundamentalanalyse nicht monetäre, volkswirtschaftliche oder unternehmensspezifische Entwicklungen, sondern die Kurs- und Umsatzverläufe von Wertpapieren. Diese Verläufe werden grafisch in sogenannten Charts dargestellt. Die Grundannahme dabei lautet, dass alle Faktoren, die eine Aktie beeinflussen, unmittelbar im Kurs und im Umsatz zum Ausdruck kommen. Die Analyse dieser Verläufe ermöglicht daher Rückschlüsse auf künftige Entwicklungen.

Telefonverkehr

Bezeichnung für den ungeregelten Freiverkehr. Der Wertpapierhandel findet außerbörslich statt, meist zwischen Banken. Im Telefonverkehr werden Papiere gehandelt, die an der jeweiligen Börse nicht im amtlichen Handel, im geregelten Markt oder im geregelten Freiverkehr notiert sind. Der Telefonverkehr liegt in der Verantwortung der beteiligten Banken und Händler, eine explizite Überwachung durch den Börsenvorstand findet nicht statt.

The Trend is your friend

Alte Börsenweisheit, die darauf abzielt, dass es sich an der Börse nicht auszahlt, gegen einen stabilen und intakten Trend zu agieren. Vielmehr handelt in der Regel derjenige richtig, der sowohl die Richtung und die Intensität als auch die Dauer eines Trends richtig zu prognostizieren vermag und seine Engagements entsprechend gestaltet.

Timing

Wahl des „richtigen", also möglichst gewinnbringenden Zeitpunkts von Kauf und Verkauf an der Börse.

Top

Im Rahmen der technischen Wertpapieranalyse die Bezeichnung für die Spitze und somit für das vorläufige Ende einer Aufwärtsbewegung.

Top-10

Variante der Dow-Dividend-Strategie (siehe dort).

Totalverlust

Verlust des gesamten für den Kauf eines Wertpapiers eingesetzten Betrags. Bei Aktien ist ein Totalverlust möglich, wenn die betreffende AG in Konkurs geht.

Trader

Eigentlich „Händler". Im Zusammenhang mit Börsengeschäften bezeichnet man solche Marktteilnehmer als Trader, die durch schnelles Kaufen und Verkaufen kurzfristige Trends auszunutzen versuchen.

Trend

Über längere Zeit andauernde Kursbewegung in eine gleichbleibende Richtung. Die Trendanalyse von Wertpapieren und Märkten hat den Zweck, aus Daten der Vergangenheit Rückschlüsse auf die wahrscheinliche künftige Tendenz zu generieren.

Treppenlimits

Siehe Stufenlimits

Turnaround

Aus dem Amerikanischen übernommene Bezeichnung für die Rückkehr eines Unternehmens in die Gewinnzone, das zuvor Verluste ausgewiesen hatte. Im allgemeinen Sinn wird auch eine grundlegende Verbesserung einer Unternehmenssituation als Turnaround bezeichnet.

Turnaround-Spekulation

Kauf von Aktien eines Unternehmens, das sich in einer schwierigen Phase befindet. Die Hoffnung dabei: Die AG könnte den Turnaround schaffen und bald wieder Gewinne erwirtschaften. Die Aktien solcher

Unternehmen weisen meist einen Kurswert auf, der im historischen Vergleich äußerst niedrig liegt. Wenn der Turnaround gelingt, kann der Anleger oft erhebliche Gewinne erzielen. Wenn nicht, ist ein Totalverlust nicht völlig auszuschließen.

Überkauft

Nach einer Phase stark anziehender Notierungen sprechen technische Analysten von einer überkauften Situation. Überkaufte Aktien und Märkte sind anfällig für eine Gegenbewegung nach unten.

Übernahme

Aufkauf eines Unternehmens durch ein anderes. Der Interessent macht den Anteilseignern der zu übernehmenden AG ein Angebot, das meist deutlich über dem aktuellen Kurswert der Aktien liegt. Eine Übernahme kann in gegenseitigem Einvernehmen oder gegen den erklärten Willen des zu Übernehmenden erfolgen. Im letzteren Fall spricht man von einer feindlichen Übernahme.

Überschuldung

Überwiegen der Verbindlichkeiten eines Unternehmens über sein Vermögen. Bei Aktiengesellschaften ist die Überschuldung neben der Zahlungsunfähigkeit ein Insolvenzgrund.

Überverkauft

Überverkauft ist eine Aktie nach einer Phase des starken Kursrückgangs bei hohen Umsätzen. Analog zur überkauften Situation ist auch hier eine Gegenbewegung (Konsolidierung) wahrscheinlich.

Überzeichnung

Von Überzeichnung spricht man, wenn bei einer Wertpapieremission, zum Beispiel beim Börsengang einer AG, das nachgefragte Volumen das zur Zeichnung anstehende Angebot übersteigt. Bei Aktien-Neuemissionen kam es in den vergangenen Jahren sehr häufig zu einer solchen Situation. Die dann erforderliche Zuteilung der Papiere erfolgt entweder prozentual – bei einer 100prozentigen Überzeichnung erhält zum Beispiel jeder Interessent exakt die Hälfte der von ihm angeforderten Titel – oder in der Form, dass kleine Zeichnungsbeträge voll zugeteilt und große gekürzt werden. Oft werden allerdings auch die Kunden der an der Emission beteiligten Banken bevorzugt bedient.

Ultimo

Bezeichnung für den letzten Börsenhandelstag des Monats.

Ultimogültig

Bezeichnung für Wertpapieraufträge, die vom Tag der Erteilung bis zum letzten Börsenhandelstag des Monats gültig bleiben sollen.

Umkehrformation

Begriff aus der technischen Wertpapieranalyse. Sammelbezeichnung für einige Chartformationen, die als Zeichen einer Trendumkehr interpretiert werden. Die wichtigsten Trendumkehrformationen sind M-Formation, W-Formation, Schulter-Kopf-Schulter-Formation und Untertassenformation.

Umlaufrendite

Aktuelle Rendite im Umlauf befindlicher festverzinslicher Wertpapiere im Gegensatz zu deren Rendite bei der Emission. Die Entwicklung der Umlaufrendite hat große Auswirkungen auf den Aktienmarkt, wobei sich steigende Zinsen in aller Regel negativ auswirken.

Umsatz

Bei Unternehmen bezeichnet der Umsatz die Erlössumme aus dem Verkauf von Produkten und Dienstleistungen, an der Börse die Summe der Kurswerte der an einem Tag gehandelten Wertpapiere.

6. Verzeichnis wichtiger Börsenbegriffe

Und-Depot

Gemeinschaftliches Wertpapierdepot, über das die Inhaber nicht einzeln, sondern nur gemeinsam verfügungsberechtigt sind.

Uneinheitlich

Tendenzbezeichnung an Börsentagen ohne klaren Trend. Manche Aktien steigen, andere sinken, aber gemessen am Index ergeben sich keine wesentlichen Veränderungen.

Unterstützung

Wichtiger Begriff aus der technischen Weretpapieranalyse. Fällt der Kurs einer Aktie mehrmals auf ein bestimmtes Niveau, um sich anschließend zu erholen, so spricht man von einer Unterstützung. Ursache einer Unterstützung kann sein, dass jeweils auf diesem Niveau massive Käufe einsetzen oder weitere Verkäufe unterbleiben. Dies lässt den Kurs wieder nach oben drehen. Wird eine Unterstützung schließlich doch nach unten durchbrochen, so wird sie zum Widerstand.

Untertassenformation

Begriff aus der technischen Wertpapieranalyse. Eine schwächer werdende Abwärtsbewegung kommt zum Stillstand, der Kurs verharrt zunächst auf dem erreichten, tiefen Niveau, um anschließend langsam in eine Aufwärtsbewegung überzugehen. Die Untertassenformation wird als Anzeichen einer Trendumkehr interpretiert und gilt als eine der wichtigsten Umkehrformationen.

Unterzeichnung

Von Unterzeichnung spricht man, wenn bei einer Wertpapieremission die Nachfrage geringer ausfällt als das zur Zeichnung stehende Angebot, so dass die Emission nicht gänzlich am Markt plaziert werden kann. Bei Aktienemissionen kommt es relativ selten zu einer Unterzeichnung, bei Emissionen festverzinslicher Wertpapiere dagegen weitaus häufiger.

Variable Notierung/variabler Kurs

Die Kursfeststellung eines Wertpapiers, das zum variablen Handel zugelassen ist. Im Gegensatz zum einmal täglich festgestellten Einheitskurs werden so viele variable Kurse ermittelt, wie in dem betreffenden Papier Abschlüsse zustande gekommen sind. Variabel sind die Notierungen insofern, als die Kursfeststellungen durchaus unterschiedlich ausfallen, wobei oft eine gewisse Tagestendenz nach oben oder unten festzustellen ist.

Verbilligung

Nachkauf weiterer Stücke eines bereits früher erworbenen Wertpapiers zu niedrigeren Kursen, um einen günstigeren durchschnittlichen Einstandskurs zu erreichen. Diese Vorgehensweise ist nicht ohne Gefahren, denn der Kurs kann ja immer weiter absinken, so dass sich der Anleger schließlich „zu Tode verbilligt".

Verkäufermarkt

Beschreibung einer Situation auf dem Kapitalmarkt, die sich durch beträchtlichen Nachfrageüberhang oder durch rasch steigendes Nachfragevolumen auszeichnet.

Verkaufssignal

In der technischen Wertpapieranalyse werden bestimmte Kursverläufe als Zeichen für künftig sinkende Notierungen interpretiert. In diese Kategorie fallen zum Beispiel: Das Absinken unter eine zuvor stabil wirkende Unterstützung, das mehrmalige Scheitern an einem Widerstand und das Absacken des Kurses unter einen gleitenden Durchschnitt.

Verlustbegrenzung

Sammelbezeichnung für gezielte Maßnahmen zur Reduzierung des mit Börsengeschäften unvermeidlich verbundenen Verlustrisikos. Die Risikobegrenzung kann sich dabei auf die Gesamtheit des Anlagekapitals beziehen (Asset Allocation) oder auf eine einzelne Wertpapierposition. Neben dem Management des absoluten Verlustrisikos durch Einsatzbegrenzung steht die prozentuale Verlustbegrenzung durch Stop-Kurse im Vordergrund. Der Anleger setzt dabei – meist schon unmittelbar nach dem Kauf des Papiers – einen unter dem Einstandspreis liegenden Kurs fest, bei dessen Unterschreiten die gesamte Position sofort verkauft wird.

Verlustpotential

Maximales Verlustrisiko eines Börsengeschäfts, messbar in Währungseinheiten oder in Prozentpunkten des Einsatzes.

Vinkulierte Namensaktie

Sonderform der Namensaktie. Nach § 68/2 Aktiengesetz ist für die Eigentumsübertragung an vinkulierten Namensaktien außer den bei gewöhnlichen Namensaktien vorgesehenen Bedingungen auch die Zustimmung der jeweiligen Aktiengesellschaft erforderlich.

Volatilität

Die Volatilität ist das Maß für die relative Schwankungsbreite und damit für das Kursrisiko eines Wertpapiers innerhalb eines bestimmten Zeitraums. Sie wird mit Hilfe statistischer Streuungsmaße wie Varianz oder Standardabweichung gemessen. Eine Volatilität von 30 Prozent innerhalb eines Jahres bedeutet, dass der Kurs in diesem Zeitraum durchschnittlich zwischen 70 und 130 Prozent des aktuellen Kurswerts geschwankt hat. Je höher die Volatilität, desto größere Schwankungen hat das Wertpapier in der Vergangenheit gezeigt – und desto riskanter ist eine Investition. Ein wenig problematisch ist dabei, dass man die Volatilität der Vergangenheit (historische Volatilität) nicht ohne weiteres in die Zukunft extrapolieren kann. Für die Zukunft ist man daher stets auf Schätzungen (implizite oder implizierte Volatilität) angewiesen.

Vorbörse

Wertpapierhandel vor Beginn der offiziellen Börsenhandelszeit. Die Vorbörse ist ein guter Indikator für die voraussichtliche Tagestendenz.

Vorstand

Organ der Aktiengesellschaft. Der Vorstand besteht aus einer oder mehreren Personen und hat unter eigener Verantwortung die AG zu leiten. Vorstand oder Vorstandsmitglied kann nur eine natürliche, unbeschränkt geschäftsfähige Person sein. Neben Geschäftsführung und Berichterstattung gehört die gerichtliche und außergerichtliche Vertretung der Gesellschaft zu den Aufgaben des Vorstands. Der Vorstand wird vom Aufsichtsrat der AG bestellt und abberufen.

Vorzugsaktie

Aktie, die mit bestimmten Vorrechten ausgestattet ist. Meist liegt die Dividende höher als bei der Stammaktie der betreffenden AG, oder die Vorzugsaktie ist mit einer Garantiedividende ausgestattet. Die Satzung der AG sieht meist auch eine Besserstellung der Vorzugsaktionäre für den Fall der Abwicklung (Liquidation) der Gesellschaft vor. Im Gegenzug ist das Stimmrecht auf der Hauptversammlung ausgeschlossen.

Vorzüge

Börsenübliche Kurzbezeichnung für Vorzugsaktien

W-Formation

Trendumkehrformation aus der technischen Wertpapieranalyse. Der Chart zeigt die Form des Buchstaben W mit drei auf etwa gleicher Höhe liegenden Spitzen und zwei Tiefen. Die W-Formation wird als Zeichen einer Trendwende von einer Abwärts- zu einer Aufwärtsbewegung interpretiert, wobei sich ihre Ausbildung mindestens über einen Zeitraum von zwei Monaten erstreckt haben sollte.

Wachstumswert/Wachstumsaktie

Bezeichnung für die Aktie eines Unternehmens, das sich durch überdurchschnittliches Umsatz- und Ertragswachstum auszeichnet. Kennzeichnend für Wachstumswerte sind innovative Produktpolitik, hoher Aufwand für Forschung und Entwicklung sowie erfolgreiche Durchdringung neuer Absatzmärkte.

Währungsgewinne

Bezeichnung für den Vermögenszuwachs, der dem Inhaber auf Fremdwährung lautender Wertpapiere (auch Bankguthaben oder Forderungen) entsteht, wenn die Fremdwährung gegenüber der Heimatwährung im Wechselkurs zulegt.

Währungsrisiko

Beschreibt das Risiko für Eigentümer auf Fremdwährung lautender Wertpapiere, durch Wechselkurseinbußen der Fremdwährung im Vergleich zur Heimatwährung Verluste zu erleiden.

Wall Street

Straße in Manhattan, in der die New York Stock Exchange beheimatet ist. Wall Street wird im Börsenjargon daher häufig als Synomym für den US-Kapitalmarkt schlechthin und insbesondere für den Aktienmarkt verwendet.

Wertpapier

Sammelbezeichnung für Urkunden, die ein Vermögensrecht in der Art verbriefen, dass dieses Recht ohne die Urkunde weder geltend gemacht noch übertragen werden kann. Börsenfähige Wertpapiere werden auch Effekten genannt.

Wertpapierdarlehen

Darlehen, das eine Bank ihrem Kunden zum Zweck des Erwerbs von Wertpapieren gewährt. Die Wertpapiere dienen dabei zur Besicherung des Darlehens, wobei die von der Bank festgesetzte Beleihungsgrenze bei Aktien meist etwa 60, bei festverzinslichen Wertpapieren von erstklassigen Schuldnern 80 Prozent beträgt.
Wird diese Beleihungsgrenze unterschritten, so kann die Bank vom Kunden eine Zuzahlung (Nachschuss) fordern. Ziel des Kunden ist es, mit den gekauften Wertpapieren einen Ertrag zu erwirtschaften, der die Aufwendungen aus Darlehenszinsen und Spesen übertrifft. Der Wertpapierkauf auf Kredit kann allerdings auch sehr teuer werden: Verspeku-

liert sich der Darlehensnehmer, dann hat er neben den Kursverlusten auch noch die Zinsaufwendungen für das Darlehen zu verkraften.

Wertpapier-Kennummer

Sechsstellige Zahl, die Wertpapieren zugeordet wird und ihrer eindeutigen Identifizierung dient. Die untenstehenden Angaben betreffen nur den Wertpapierhandel in Deutschland, denn in anderen Ländern (US-Kennummer, Schweizer Valorennummer) sind andere Zahlensysteme gebräuchlich. In Deutschland werden die einzelnen Wertpapiere folgenden Gruppen zugerechnet:

A: Schuldverschreibungen, geordnet nach Emittenten
100 000 bis 199 999	Bund, Länder, Gemeinden, öffentliche Verbände
200 000 bis 349 999	Emissionsinstitute
350 000 bis 399 999	Industrieunternehmen
400 000 bis 499 999	ausländische Emittenten

B: Aktien, Kuxe, Anteilsscheine, Optionsscheine, geordnet nach Branchen
500 000 bis 789 999	Industrieunternehmen
790 000 bis 799 999	Kuxe
800 000 bis 819 999	Banken
820 000 bis 839 999	Verkehrsunternehmen
840 000 bis 846 939	Versicherungen

C: Sonstige
847 000 bis 849 939	inländische Investmentzertifikate
850 000 bis 879 999	Auslandsaktien
880 000 bis 909 999	Bezugsrechte
910 000 bis 939 999	junge Aktien
940 000 bis 969 999	jüngste Aktien und Sonderfälle
970 000 bis 979 999	ausländische Investmentzertifikate
980 000 bis 999 999	Immobilienzertifikate

Wertpapier-Sammelbanken/Kassenvereine

Spezialinstitute, denen die Abwicklung des Wertpapierverkehrs und die Verwahrung von Wertpapieren obliegt. Die Wertpapier-Sammelbanken, die die Titel verwahren, führen alle erforderlichen Verwaltungsmaßnahmen durch. Hier sind vor allem zu nennen: Abtrennung und Einlösung fälliger Dividenden- und Zinscoupons sowie die Beschaffung neuer Zins- und Dividendenbögen.

Widerstand

Begriff aus der technischen Wertpapieranalyse. Wenn der Kurs einer Aktie mehrmals bis auf ein bestimmtes Niveau steigt und anschließend wieder zurückfällt, dann spricht man von einem Widerstand oder einer Widerstandszone. Bedeutende Widerstände liegen oft im Bereich runder Zahlen wie 100 oder 1000 und bei ehemaligen Höchstständen des betreffenden Titels. Offenbar finden sich auf diesem Niveau stets neue Verkäufer, wodurch ein weiterer Kursanstieg verhindert wird. Wenn der Kurs einen Widerstnd schließlich doch nach oben überwindet, so fungiert dieser fortan als Untesrtützung.

Wimpel

Trendbestätigungsformation im Rahmen der technischen Wertpapieranalyse. Der Chart zeigt die Form eines Wimpels, also eines rechts seitlich zugespitzten Dreiecks. Der Wimpel entsteht folgendermaßen: Einem deutlichen Kursanstieg folgt eine Konsolidierung. Die Kursausschläge werden immer geringer, der Chart verläuft schließlich recht flach und bildet so die Spitze des Wimpels aus. Mit umgekehrten Vorzeichen tritt die Wimpelformation auch bei Abwärtstrends auf.

Windfall Profits

Gewinne, die einem Unternehmen aufgrund einer allgemeinen Änderung der Marktsituation, nicht aber aufgrund eigener Anstrengungen zufliegen. Ein typisches Beispiel: Ein unerwarteter und starker Ölpreisanstieg beschert den Ölkonzernen Windfall Profits, falls deren Produktionskosten im gleichen Zeitraum nicht entsprechend steigen.

Window Dressing

So bezeichnet man den Versuch institutioneller Anleger, ihre Performance durch gezielte Käufe kurz vor Ablauf einer Rechnungsperiode – also etwa am Quartals – oder am Jahresende – zu schönen. Dabei werden bevorzugt Aktien gekauft, die sich im Jahresverlauf besonders gut entwickelt haben. Befinden sich Nieten im Depot, dann können deren Kurse durch gezielte Käufe nach oben getrieben werden, um die Bilanz am Stichtag besser aussehen zu lassen. Dafür ist oft ein erheblicher Kapitaleinsatz erforderlich. Erfahrene Kleinaktionäre können durch geschicktes Taktieren durchaus davon profitieren, dass die großen institutionellen Anleger auf diese Weise ihre Leistungen in einem besseren Licht erscheinen lassen wollen.

WPKN/WPK

Börsenübliche Kurzbezeichnung für die Wertpapier-Kennummer.

XETRA

Elektronisches System zum außerbörslichen Handel umsatzstarker Wertpapiere. XETRA löste Ende 1997 das IBIS-Handelssystem ab. Es ermöglicht Investoren auch außerhalb der offiziellen Börsenhandelszeiten den Kauf und den Verkauf von Wertpapieren.

XETRA-DAX

Stand des DAX im Handelssystem XETRA

Zahlungsunfähigkeit

Auf dem Mangel an Zahlungsmitteln beruhendes, dauerhaftes Unvermögen eines Schuldners, seine sofort zu erfüllenden Verbiindlichkeiten noch im wesentlichen zu begleichen. Die Zahlungsunfähigkeit ist ein allgemeiner Insolvenzgrund.

Zero-Bond/Nullcoupon-Anleihe

Schuldverschreibung ohne Zinscoupon. Im Gegensatz zu herkömmlichen Anleihen werden Zero-Bonds nicht laufend verzinst. Die Papiere werden weit unter dem Nominalwert emittiert und bei Fälligkeit zum Nominalwert eingelöst (getilgt). Zero-Bonds weisen in Zeiten deutlich fallender Kapitalmarktrenditen oft starke Kurssteigerungen auf.

Zeichnung

Abgabe eines Angebots zum Kauf von Wertpapieren bei deren Emission. Durch schriftliche Erklärung verpflichtet sich der Zeichnende dabei zur Abnahme eines bestimmten Wertpapiervolumens. Im Fall einer Überzeichnung muss er allerdings damit rechnen, weniger Papiere zu erhalten als er gezeichnet hatte.

Zeichnungsfrist

Festgelegter Zeitraum, während dessen Interessenten zur Emission anstehende Wertpapiere zeichnen können.

Zeichnungsschein

Die Urkunde, auf der sich der Zeichnende durch schriftliche Erklärung zur Übernahme eines bestimmten Betrags einer Wertpapieremission verpflichtet.

Zentralbank

Staatliches oder supranationales Geldinstitut, das die Verantwortung für Währungs und Kreditpolitik sowie für den Zahlungsverkehr trägt. Zentralbanken haben außerdem das Privileg inne, Banknoten und Münzen auszugeben.

Zins

Preis, den ein Kreditnehmer für die zeitweilige Überlassung von Geld oder Kapital zu zahlen hat. Die Zinsentwicklung ist einer der wichtigsten Einflussfaktoren auf die Tendenz an den Aktienbörsen.

Zinsinversion

Umkehrung der normalerweise vorherrschenden Zinsstruktur: In der Regel werfen Anleihen desto höhere Renditen ab, je länger ihre Restlaufzeit ist, da der Anleger hier sein Geld erst später zurückgezahlt bekommt. Bei einer inversen Zinsstruktur ist es umgekehrt: Je kürzer die Laufzeit, desto höher die Rendite. Solche Situationen sind allerdings selten und halten meist auch nicht lange an.

Zinssatz

In Prozent des Nominalwerts ausgedrückte jährliche Vergütung.

Zinssensitive/zinsreagible Aktien

Im Prinzip wirkt sich die Zinsentwicklung auf die gesamte Börsensituation und somit auf alle Aktien aus. Anleihen sind eine wichtige Konkurrenz der Geldanlage in Aktien. Je höher die Anleihenrendite, desto attraktiver werden diese Papiere, und desto weniger attraktiv wirkt im Umkehrschluss die Investition in Aktien. Daher sind steigende Zinsen für die Entwicklung an den Aktienmärkten in der Regel sehr negativ. Es gibt jedoch Branchen, deren Ertragsentwicklung direkt von der Zinstendenz betroffen ist, und die daher noch stärker als andere Wirtschaftszweige auf diesen Einfluss reagieren. Hierzu zählen insbesondere Banken, Versicherungen und Finanzdienstleister. Deren Aktien schneiden bei steigenden Zinsen im Vergleich zum Gesamtmarkt oft unterdurchschnittlich ab.

Zinsstrukturkurve

Systematische Darstellung der Renditen festverzinslicher Wertpapiere in Abhängigkeit von ihrer Restlaufzeit.

Zinstrend

Längere Zeit anhaltende Aufwärts- oder Abwärtsbewegung der am Anleihenmarkt zu erzielenden Renditen.

Zusatzaktien

Synonyme: Berichtigungs- oder Gratisaktien, die im Rahmen einer Kapitalerhöhung aus Gesellschaftsmitteln an die Anteilseigner ausgegeben werden. Die letztere Bezeichnung ist allerdings irreführend, da die Anleger durch die Ausgabe von Zusatzaktien keinen Vermögenszuwachs erfahren.

Zweihundert-Tage-Linie

Gleitender Durchschnitt, der aus den Kursen der jeweils letzten 200 Börsenhandelstage gebildet wird. Im Rahmen der technischen Analyse wird dieser Linie erhebliche prognostische Relevanz eingeräumt: Schneidet der aktuelle Kurs die Zweihundert-Tage-Linie von unten nach oben, so ist dies ein Kaufsignal. Im umgekehrten Fall entsteht ein Verkaufssignal. Am stärksten ist die Signalwirkung, wenn aktueller Kurs und gleitender Durchschnitt in die gleiche Richtung verlaufen. Wird eine aufwärts gerichtete Linie nach oben durchbrochen, so ist dies ein recht deutliches Kaufsignal.

Zykliker, zyklische Aktien

Aktien von Unternehmen, deren Umsatz- und Gewinnentwicklung in hohem Maß vom Konjunkturverlauf abhängig ist. Typisch zyklische Branchen sind Metall, Papier, Maschinenbau, Basischemie und Ölförderung. Der Kursverlauf zyklischer Aktien nimmt die konjunkturelle Entwicklung oft vorweg. Steigen die Stahlaktien, dann dürfte diese Branche bald einen Aufschwung erleben.

Literatur

Abell, Howard: Erfolgsrezept Day Trading. München, 1998.
A Century of Investing. In „Wall Street Journal", 28. 5. 1996.
Aschinger, Gerhard: Bestimmung des optimalen Anlageverhaltens. In „Finanz und Wirtschaft", 27. 10. 1990.
Beike, Rolf und Schlütz, Johannes: Finanznachrichten lesen – verstehen – nutzen. Stuttgart, 1999.
Bernstein, Jake: The Investor's Quotient. New York, 1993.
Blum, Andrew: Wag the Dogs Dividend Theory. In „International Herald Tribune", 27. 3. 1999.
Büschgen, Hans: Das kleine Börsen-Lexikon. Frankfurt a. M., 1985.
Carret, Philip: Die Kunst des Spekulierens. München, 1998.
Cassidy, Donald: It's When you Sell that Counts. Chicago, 1994.
Claus, Simone: Mit deutschen Standardwerten ... . In „Süddeutsche Zeitung" 12. 6. 1999.
Clements, Jonathan: The Upside of Stock Market Plunges. In „Wall Street Journal Europe", 17. 6. 1999.
Cook, Wade: Stock Market Miracles. Seattle, 1997.
Cook, Wade: Wall Street Money Machine. Seattle, 1997.
Deel, Robert: Trading the Plan. New York, 1997.
Der DAX. In „Börsenzeitung", 21. 2. 1998.
Du Bois, Peter: Manipulating Tokyo's Nikkei Index. In „Barron's", 10. 6. 1996.
Eliades, Peter: Nasty Numbers. In „Barrons'", 22. 3. 1999.
Esser, Werner: Trends und Timing: Vermögen richtig aufbauen. Regensburg, 1998.
Freud, Sigmund: Massenpsychologie und Ich-Analyse. Frankurt a. M., 1967.
Fridson, Martin: Investment Illusions: New York, 1993.
Gallea, Anthony und Patalon, William: Antizyklisch Investieren. München, 1999.

Glassmann, James: Forecasting Formulas for Unpredictable Wall Street. In *„International Herald Tribune"*, 19. 12. 1998.
Graham, Benjamin: The Intelligent Investor. New York, 1973.
Graham, Benjamin: Security Analysis. New York, 1986.
Groß-Kaun, Karin: Was Sie beim Kauf von Anleihen beachten sollten. In: *„BÖRSE ONLINE SPEZIAL"* 2/98.
Hammerschmidt, Ruprecht und Reimer, Hauke: Nur abgespeist. In *„Wirtschaftswoche"*, 6. 5. 1999.
Handelsblatt Special: Aktienindizes. In *„Handelsblatt"*, 9. 8. 1999.
Imbacher, Heinz: Hart an der Grenze. In *„BÖRSE ONLINE"* 31/99.
Ip, Greg: Milestone Eludes U.S. Blue Chips. In: *„Wall Street Journal Europe"*, 19. 3. 1999.
Janßen, Birgit und Rudolph, Bernd: Der deutsche Aktienindex DAX. Frankfurt a. M., 1992.
Jünemann, Bernhard und Schellenberger, Dirk (Hrsg): Psychologie für Börsenprofis. Stuttgart, 1997.
Jumpertz, Norbert: Bald Depot zum Nulltarif. In *„BÖRSE ONLINE"*, 37/99.
Laing, Jonathan: Almost there. In *„Barron's"*, 15. 3. 1999.
Le Bon, Gustave: Psychologie der Massen. Stuttgart, 1978.
Lehner, Alois; Halsch, Anja; Bettzieche, Jochen: Einen Tick vor den Profis. In *„BÖRSE ONLINE"*, 32/99.
Magee, John: Mit Charts zum Erfolg. München, 1998.
Morgenson, Gretchen: Rating the Analysts Who Rate the Market. In *„International Herald Tribune"*, 19. 7. 1999.
Müller, Giorgio: Happy birthday, Dow Jones! In *„Finanz und Wirtschaft"*, 25. 5. 1996.
Nesbitt Burns Research: Red Book. Third Quarter 1999. Montreal, 1999.
O'Higgins, Michael: Beating the Dow with Bonds. New York, 1999.
O'Shaugnessy, James: Die besten Anlagestrategien aller Zeiten. Landsberg, 1998.
Pankau, Martin: Japan online. In *„BÖRSE ONLINE"*, 32/99.
Quinn, Jane: Buy and Hold – Sound Advice, but Who Listens? In *„International Herald Tribune"*, 11. 5. 1999.
Prudential Securities: Dow Dividend Strategy. Hamburg, 1996.
Reiff, Wolf-Dietrich: Durch Vermögenssteuerung das Anlagerisiko mindern. In *„Finanz und Wirtschaft"*, 26. 10. 1990.
Reichmann, Dirk: Was heißt hier Wissenschaft? In *„BÖRSE ONLINE SPEZIAL"* 2/98.

Schaeffer, Bernie: The Option Advisor. New York, 1997. Dt. Millionen mit Optionen, München 1998
Schleis, Konrad: Börsenpsychologie und Aktienkursprognose. Zürich, 1993.
Schmitt, Matthias: Die Lizenz zum Reichwerden. In: *„BÖRSE ONLINE"*, 19/98.
Schwager, Jack: Fundamentale Analyse. München, 1997.
Schwager, Jack: Technische Analyse. München, 1997.
Schwed, Fred: Where are the Customers' Yachts? New York, 1995.
Scott, David: Wall Street Words. Boston, 1997.
Siegel, Jeremy: Stocks for the Long Run. New York, 1998.
Sienel, Wolfgang: Wer ist Markowitz? In *„Wirtschaftswoche"*, 2. 11. 1990.
Sloan, Allan: Dow 10 000: Much Ado about Nothing. In *„Washington Post"*, 22. 3. 1999.
Stelzer – O'Neill, Barbara: Investment-Analyse. Regensburg, 1998.
Sullivan, Aline: The Big Get Bigger. In *„International Herald Tribune"*, 14. 8. 1999.
Tainer, Evelina: Using Economic Indicators to Improve Investment Analysis. New York, 1993.
Tharp, Van: Trade your Way to Financial Freedom. New York, 1999.
Walter, Tonio: Nur wenige Wege führen am Nikkei-225 vorbei. In *„Finanz und Wirtschaft"*, 27. 10. 1999.
Waters, Richard: 10 001: A Stock Odyssey. In *„Financial Times"*, 17. 3. 1999.
Yakal, Kathy: Eternal Values. In *„Barron's"*, 11. 10. 1999
Zenger, Christoph: Primär ein Risikomanagement. In *„Finanz und Wirtschaft"*, 26. 9. 1990.
Zürcher Kantonalbank: Einführung in die Portefeuille-Analyse. Zürich, 1989.